머신 러닝·딥 러닝에 필요한
기초 수학 with 파이썬

머신 러닝·딥 러닝에 필요한 기초 수학 with 파이썬

초판 1쇄 발행 2020년 11월 4일 **3쇄 발행** 2024년 1월 5일 **지은이** 조준우 **펴낸이** 한기성 **펴낸곳** (주)도서출판인사이트 **편집** 백주옥 **영업마케팅** 김진불 **제작·관리** 이유현 **용지** 월드페이퍼 **출력·인쇄** 예림인쇄 **제본** 예림바인딩 **등록번호** 제2002-000049호 **등록 일자** 2002년 2월 19일 **주소** 서울시 마포구 연남로5길 19-5 **전화** 02-322-5143 **팩스** 02-3143-5579 **이메일** insight@insightbook. co.kr **ISBN** 978-89-6626-285-4 책값은 뒤표지에 있습니다. 잘못 만들어진 책은 바꾸어 드립니다. 이 책의 정오표는 https:// blog.insightbook.co.kr에서 확인하실 수 있습니다.

프로그래밍 인사이트

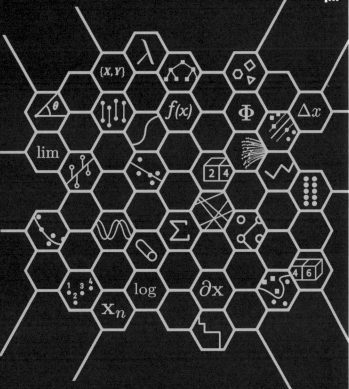

머신 러닝·딥 러닝에 필요한 **기초 수학 with 파이썬**

조준우 지음

인사이트

차례

5장　여러 미분법과 다변수 함수의 도함수: 변화율과 도함수를 복잡한 함수로 확장하기　105

6장　수치미분과 자동미분: 컴퓨터로 복잡한 미분을 간편하게　137

9장   인공신경망: 복잡한 입력과 출력의 관계를 표현하기   255

10장   다시 만나는 선형회귀: 모두 모아   319

지은이의 글

머신 러닝 공부를 결심한 독자 여러분께

머신 러닝의 열풍은 학계를 넘어 산업계에 지대한 영향을 끼치고 있습니다. 당연한 결과지만 정말 많은 분이 머신 러닝을 공부하고 있고 또 새롭게 공부하려고 결심하고 있습니다. 머신 러닝과 관련 없는 직업을 가진 직장인, 심지어 아직 고등학교 수학을 배우지 않은 어린 학생까지도 머신 러닝을 배우고자 블로그나 관련 서적을 탐독하고 있습니다.

다행스럽게도 머신 러닝 학습을 위한 훌륭한 교재들이 서점을 가득 채워 진입장벽을 낮추고 있습니다. 하지만 이론의 기초가 되는 수학, 그중에서도 가장 기본적인 부분부터 설명하고 그것을 이론과 연결시켜 주는 형태를 갖춘 책은 부족한 것이 사실입니다. 그렇기 때문에 수학 공부를 하려면 결국 고등학교 교과서나 참고서를 다시 보거나 대학 교재를 살펴봐야 합니다.

하지만 그게 쉬운 일이 아닙니다. 생업에 종사하면서 수학을 한동안 잊고 살았던 직장인들이 전공서나 고등학교 교과서를 다시 보기엔 너무 부담스럽습니다. "머신 러닝에서는 미적분과 선형대수가 중요합니다"라는 이야기를 많이 하는데 상당 시간 수학과 떨어져 살았거나, 모르는 사람 입장에서 어떻게 그 두꺼운 책을 다 볼 수 있을까요? 어렵게 책을 읽고 공부한다 해도 공부한 내용과 머신 러닝 알고리즘이 어떻게 연결되어 있는지 알기 또한 쉽지 않습니다. 공부에 투자한 시간을 낭비라 할 수는 없겠지만 때로는 당장 필요하지 않는 부분을 공부하느라 결과적으로 시간을 낭비하게 되기도 합니다. 이런 이유로 머신 러닝 학습에 필요한 기초 수학을 간추려 친절하게 설명하고 독자와 머신 러닝 사이의 간극을 메우는 책이 있으면 좋겠다고 생각했습니다.

취지가 좋다고 해서 책의 내용까지 좋다는 보장은 없습니다. 좋은 내용을 쓰기 위힌 필지의 바람보다 객관적인 검증 절차가 있다면 내용을 보다 신뢰할 수 있을 것입니다. 이 책의 내용은 소위 머신 러닝 '왕초보'라 할 수 있는 분들을 대상으로 약 2년간 여러 차례 강의를 진행한 콘텐츠를 토대로 만들어졌습니다. 강의가 지속되는 동안 내용들이 삭제되고 추가되면서 머신 러닝에 입문하려는 독자뿐만 아니라 딥 러닝을 공부하는 독자들의 눈높이에 잘 맞게 다듬어져 있습니다.

강의 경험을 바탕으로 생각해 보면 이 책의 주요 독자층은 다음과 같습니다.

- 1차 대상: 배경 지식이 전혀 없거나 너무 오래전에 배운 내용이라 수학의 대부분을 잊어버린 상태에서 이제 막 머신 러닝에 흥미를 느끼고 시작하려는 독자
- 2차 대상: 머신 러닝에 이미 관심이 높지만 당장 구현보다는 체계적으로 내용을 이해하고 싶은 개발자들 또는 비전공자들

이 책에서 소개하는 내용이 머신 러닝 학습을 위해 필요한 수학을 모두 설명하는 것은 결코 아닙니다. 하지만 이 책에서 설명하는 수준의 수학이라도 그 내용이 익숙치 않다면 머신 러닝을 공부할 때 불편함을 느끼게 될 겁니다. 이 책을 바탕으로 독자 여러분이 수식을 두려워하지 않고 조금씩 도전해 머신 러닝과 친숙해지기 바랍니다.

이 책의 특징

머신 러닝을 위한 수학을 친절하게 설명한다거나 머신 러닝과 수학의 연결점을 설명한다는 내용만으로 쏟아지는 머신 러닝 관련 책들과 이 책을 차별화하기는 쉽지 않았습니다. 집필하면서 다른 수학책과 다르게 다음과 같은 특징으로 차별화를 시도하였습니다.

- 가능한 실용적인 비유와 예를 들어 설명합니다.
  수학을 공부하다 보면 내가 가진 질문도 추상적이고 그에 대한 대답도 추상적일 때가 많습니다. 그래서 내가 뭘 궁금해했는지조차 혼란스러운 경우가 자주 있습니다. 예를 들어 보죠. 미분계수라는 개념을 공부하고 나서 많은 분이 "미분계수란 도대체 어디에 쓰이는 것이냐?"란 궁금증을 가지게 됩니다. 대부분 교과서에서도 그에 대한 답을 제시하는데, "함수의 증가, 감소를 판단할 수 있다", "그래프 모습 또는 함수의 특성을 빠르게 파악할 수 있다"는 정도의 개념으로 설명하고

있습니다. 물론 중요한 내용이기는 하지만 이런 답을 원해서 궁금함을 얘기하진 않았을 것입니다. 이 책은 가능한 한 배운 내용이 머신 러닝에 어떻게 활용되는지 구체적인 예로 설명하였습니다.

- 배운 수학 개념을 확인하기 위해 파이썬 등 프로그래밍 도구를 이용합니다.

  배운 개념을 확실히 이해하기 위해 파이썬 코드를 제공합니다. 수학 개념을 배우고 이해를 다지기 위해서 주변에서 사용할 수 있는 도구를 최대한 사용하는 것이 좋습니다. 가급적 계산 결과나 그래프를 눈으로 확인하는 것이 좋은데, 내용이 조금만 복잡해져도 종이와 연필로만 학습하기가 쉽지 않습니다. 그래서 이 책은 그런 어려움을 파이썬과 자바스크립트 같은 프로그래밍 언어를 사용하여 해결합니다. 물론 파이썬 문법에 익숙하지 않아도 문제없습니다. 이 책에서는 변수에 값 할당하기, 함수를 만들어 호출하기 정도 수준의 기본 문법만 사용합니다. 기본 문법만 사용하므로 부록에서 제공하는 파이썬 개요를 읽으면 충분합니다. 파이썬이 아닌 다른 언어에 익숙하다면 굳이 파이썬을 따로 학습하지 않아도 됩니다.

- 수학과 실제 작업을 단단하게 연결합니다.

  1장에서 9장까지 배운 내용을 10장에서 모두 사용해 보는 형식으로 내용이 구성되어 있습니다. 우선 1장에서 간단한 선형회귀를 직접 손으로 시도해 보면서 선형회귀에 대한 감을 익힙니다. 그리고 2장에서 9장까지 함수, 미분, 행렬과 벡터, 최적화, 인공신경망에 대한 내용을 학습합니다. 이렇게 학습한 내용으로 다시 선형회귀를 10장에서 구현합니다. 구현 과정에서 배운 내용과 코드를 모두 사용합니다. 이렇게 수학과 실제 작업을 단단하게 연결하는 경험을 통해서 앞으로 새로운 알고리즘을 공부할 때도 스스로 학습할 수 있는 능력을 기를 수 있도록 하였습니다.

쉽게 설명하고 직관적인 비유를 잘 드는 책이라 해도, 그 책만으로 필요한 수학 지식을 모두 갖추기는 어렵습니다. 제대로 공부할 결심을 하였다면 기본적인 교과서는 꼭 갖추는 게 좋습니다. 이 책에서 설명하는 내용을 이해하고 실험하면서 기본 개념을 빠르게 잡고 심화된 내용이 필요할 때 정식 교과서를 함께 보면 학습에 큰 도움이 될 것입니다. 부록 A에서는 이 책을 읽은 다음 어떻게 학습을 이어 나갈지 간략하게 소개합니다.

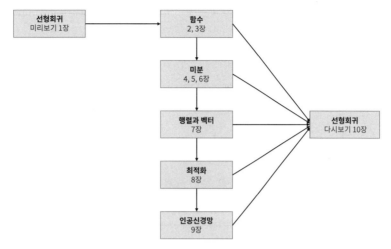

그림 P-1 장별 연결 관계

이 책의 구성

코드 블록

코드는 아래처럼 주석 번호를 달아 제공하고, 번호가 붙은 해당 코드에 대한 설명을 최대한 자세히 했습니다. 제시되는 모든 코드는 주피터 노트북 셀에 입력하는 것을 가정하고 작성되었으니 별도로 실행되는 스크립트 파일을 사용하는 경우에는 동일한 출력을 얻기 위해 약간의 수정이 필요할 수도 있습니다. 주피터 노트북이 무엇이고 어떻게 사용하는지는 파이썬 문법과 함께 부록에 정리되어 있습니다.

```
print('Hello, Machine Learning!') # ❶
#>>> Hello, Machine Learning
```

코드에서 생성하는 출력은 '#>>>' 기호로 나타냈습니다.

노트

수학 개념과 공식을 설명할 때 수식이 길고 복잡하면 전체 맥락을 이해하는 데 방해가 되고 집중도 역시 떨어질 수 있습니다. 이런 경우 관련 내용을 다음과 같은 노트박스로 표시하여 이 노트 부분은 적당히 넘기면서 본문에 대한 집중도를 잃지 않고 내용을 파악할 수 있게 하였습니다. 전체적인 문맥을 파악하기 위해서는 읽지 않고 넘겨도 되는 부분이나 대체로 중요한 내용이므로 나중에 꼭 다시 읽기를 권합니다.

✓ <u>NOTE</u>

이 박스의 내용은 수식 전개, 참고자료, 제안, 팁 등을 나타냅니다.

또한 지은이의 부족함과 지면의 한계로 모든 내용을 이 책에 포함시킬 수는 없었기 때문에 참고할 만한 좋은 내용이나 제안, 팁 등도 노트로 함께 제공하였습니다. 예를 들면 이 책은 가끔 웹 앱 주소를 노트박스로 제시할 때가 있습니다. 수학 개념을 더 잘 이해하기 위해서 사용자와 상호작용하는 간단한 앱을 사용하는 것이 도움이 되기 때문입니다. 이런 앱을 실행시켜 놓고 설명을 읽어 나가길 당부 드립니다.

예제 코드 다운로드

이 책에 수록된 모든 예제의 소스 코드는 다음 주소에서 내려받을 수 있습니다.

https://github.com/metamath1/noviceml

감사의 글

이 책이 나오기까지 많은 분과 인연이 있었습니다. 제게 강의를 할 수 있는 기회를 주신 패스트캠퍼스 이샘 매니저, 강호준 매니저, 윤형진 매니저께 감사드립니다. 저에게 처음 연락을 주신 인사이트 출판사의 이지연 편집자님, 뒤를 이어 책을 마무리해주신 백주옥 편집자님, 문장 하나하나를 믿을 수 없을 정도로 꼼꼼히 수정해주신 한기성 사장님께 감사드립니다. 아울러 미흡한 원고를 정성껏 읽고 추천해주신 나성호 님, 이진원 님께도 특별히 감사를 드립니다.

베타리더의 글

머신 러닝 강의를 하면서 많은 직장인, 대학생 및 취업 준비생들과 이야기를 나누다 보면 데이터 과학자에 대한 동경과 함께 막연한 두려움을 가지고 있는 것 같아 보였습니다. 데이터 과학자가 되면 취업이 잘 될 거라는 생각에 일단 공부를 시작하기는 했는데, 간단한 머신 러닝 알고리즘이라 해도 조금만 파고 들면 수학적인 표현식에 맞닥뜨리게 되면서 문과 출신 '수포자'였던 사람들에게는 아무리 노력을 해도 쉽게 넘기 어려운 거대한 장애물처럼 보이기 때문이리라 생각됩니다. 늦은 나이에 머신 러닝 공부를 시작하게 된 저 역시 대학에서 수학이나 통계학을 체계적으로 배운 적이 없어 구글링과 유튜브에 의존하면서 당장 필요한 지식을 조금씩 채워 나갔습니다. 그렇게 몇 년 간 공부를 하면서 최소한의 수학에 익숙해진 상태에서 이 책의 저자이신 조준우 선생님의 강의를 듣게 되었을 때 제가 그동안 공부했던 거의 모든 내용이 정리되어 있는 것을 보면서 반가움과 동시에 안타까움이 교차했습니다. 제가 공부를 시작했던 시점에 선생님의 강의를 들었더라면 자료를 찾는 시간을 크게 줄일 수 있었을 것이라는 생각 때문이었습니다.

머신 러닝 알고리즘에 대한 이해가 충분하지 않아도 얼마든지 데이터를 다루는 일을 할 수 있습니다. 하지만 아는 만큼 보인다고 했습니다. 특히 데이터 과학자가 되려고 한다면 반드시 알고리즘에 대한 이해가 필요하고, 이를 위해 기초적인 수학 지식을 갖추고 있어야 합니다. 이 책은 추상화되어 쉽게 와닿지 않는 수학적인 개념을 구체적인 예시로 설명하고 있어 머신 러닝을 공부하려는 분들에게, 특히 문과 출신의 '수포자'들에게 도움이 되리라 생각합니다. 여러 권의 책을 한 번씩 보는 것보다 이 책을 여러 번 보는 것이 더욱 효과적일 것입니다. 아무쪼록 이 책을 통해 여러분들이 바라는 데이터 과학자에 한 걸음 더 나아가는 계기가 되기를 기원합니다. 화이팅!

—나성호(빅데이터·머신 러닝 전문 강사, 멀티캠퍼스, 러닝스푼즈 머신 러닝 전임강사)

머신 러닝을 공부하는 데 있어서 수학은 필수적입니다. 하지만 수학은 어렵습니다. 우리 모두 초등학교 시절부터 수학을 배워왔지만, 저를 포함한 대부분의 사람들에게 늘 수학은 어려움의 대상입니다. 그래서 대부분 머신 러닝에 입문할 때, 기본적인 원리와 구현 예제를 수행해 보는 방식으로 공부를 시작합니다. 지금처럼 정보와 자료가 풍부하던 때는 아니었지만, 저 역시 비슷한 방법으로 머신 러닝 공부를 시작했습니다. 그리고 시간이 지나면서, 어쩌면 너무나도 자연스럽게 수학에 대한 갈증을 자주 느끼게 되었습니다. 또한 그럴 때마다 공부해야 할 수학 과목들을 떠올리면 막막함이 느껴지기도 했습니다. 힘든 과정을 거치며 수학 공부를 하고 이론과 하나씩 연결해 보면서 처음부터 머신 러닝에 꼭 필요한 수학과 머신 러닝 이론이 잘 연결된 책이나 자료가 있었다면 정말 큰 도움이 되었을 것 같다는 생각을 여러 번 했습니다. 이 책은 이렇게 저와 비슷한 어려움을 겪었거나, 이제 막 머신 러닝에 입문하여 앞으로 저와 비슷한 어려움을 겪게 될 분들에게 더없이 훌륭한 출발점이 되어줄 것입니다.

선형회귀는 가장 기본적인 머신 러닝 방법 중 하나이자, 딥 러닝에서도 인공신경망의 마지막 층에서 매우 자주 사용되는 알고리즘입니다. 그리고 이 책을 통해 여러분은 이러한 선형회귀를 이해하기 위한 수학의 모든 것을 쉽게 배울 수 있으리라 생각됩니다. 인공신경망과 신경망의 학습법에 대한 수학적 원리까지도 포함하여 딥 러닝을 공부하는 분들에게도 이 책이 큰 도움이 되어줄 것입니다.

책장을 넘기며 꼼꼼하고 상세한 설명뿐만 아니라 쉬운 비유와 예제들에 여러 번 감탄하였습니다. 개념 하나하나를 코드를 통해 눈으로 직접 확인할 수 있는 점도 정말 좋았습니다. 부디 이 책을 통하여 많은 분이 탄탄한 기본기를 갖춘 머신 러닝 입문자가 되길 기원합니다.

—이진원(삼성전자 Staff Engineer, 텐서플로코리아 운영진)

1장

머신 러닝과 선형회귀

머신 러닝이란?

이번 장에서는 머신 러닝의 의미를 간략히 소개합니다. 그리고 선형회귀라는 머신 러닝 방법에 수학이 어떻게 적용되는지 알아봅니다. 아울러 왜 선형회귀를 선택해 배운 내용을 적용하려는지 이야기하겠습니다.

수학이 머신 러닝에서 왜 중요한가를 알아보기 전에 우선 머신 러닝이 무엇인지 알아봅시다. 머신 러닝에서 머신이란 우리가 늘 사용하는 컴퓨터가 될 것입니다. 그래서 단어 그대로 해석한다면 컴퓨터가 무엇인가 배울 수 있도록 혹은 컴퓨터에게 무엇인가 가르칠 수 있도록 하는 기술이라 짐작해 볼 수 있습니다. 이 분야에서 많이 인용되는 정의를 적어보자면 다음과 같습니다.

> 만약 P에 의해 측정되는 작업 T에 대한 성능이 경험 E와 함께 개선된다면, 컴퓨터 프로그램이 어떤 작업 T와 성능 평가기준 P에 대한 경험으로부터 학습한다고 한다.[1]

설명이 추상적이라 잘 와닿지 않으므로 좀 더 풀어서 다음처럼 이야기할 수 있습니다.

> 우리가 하고 싶은 어떤 작업을 설정합니다. 그리고 그 작업이 잘되었는지 잘못되

---

[1] 원문은 Well-posed Learning Problem: A computer program is said to learn from experience E with respect to some task T and some performance measure P, if its performance on T, as measured by P, improves with experience E.(Mitchell, T., 1997, Machine Learning, McGraw Hill)

었는지 판단할 수 있는 평가기준을 마련합니다. 작업을 수행하고 평가하기를 반복적으로 경험하면서 작업 결과를 개선해 나갑니다.

아주 간단한 예를 들어 다시 알아봅시다.

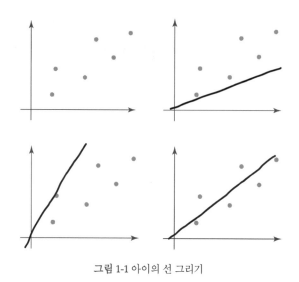

그림 1-1 아이의 선 그리기

어린 아이에게 그림 1-1의 왼쪽 상단과 같은 그림을 보여줍니다. 그리고 점들과 가장 '친할' 것 같은 곧은 선 하나를 그려 볼 텐데, 잘 그린 것 같으면 이야기해 달라고 합니다. 우선 오른쪽 위처럼 그렸습니다. 마음에 드는지 물어봤더니 조금 선을 위로 올리라고 하는군요. 왼쪽 아래처럼 그리고 다시 물어봤더니 이번엔 약간 내려 그리라고 합니다. 최종적으로 오른쪽 아래처럼 그리고 마무리를 하였습니다.

결과를 보니 아이는 점과 선이 떨어진 정도를 보고 점과 선의 '친함'을 판단한 것 같습니다. 얼마나 친한지 판단 기준이 있으니 그려보고 좀 더 친한 쪽으로 선을 수정해 갈 수 있습니다. 즉, 경험 또는 학습을 통해서 결과를 개선해 나가는 것입니다. 이런 과정을 컴퓨터에게 시키는 것을 머신 러닝이라 할 수 있습니다. (예로 든 상황은 머신 러닝 중에서도 지도 학습supervised learning에 국한된 내용입니다.)

반면, 그렇게 하지 않는 아이도 있을 수 있습니다. 매우 똑똑한 아이가 있어서 그 아이는 이렇게 생각했습니다. "그림을 보니 대충 왼쪽 첫 점과 오른쪽 끝점을 연결하는 선이면 되겠다." 이 방법을 사용하면 반복 없이 단번에 그림 1-2와 같은 꽤 좋은 결과를 만들어 낼 수 있습니다.

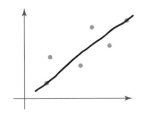

그림 1-2 성공적인 첫 점 끝점 잇기 방법

주어진 문제가 갖는 규칙 또는 특성을 잘 분석하고 그 결과로 첫 점과 끝점을 연결하는 방법을 만들어 낸 것입니다. 하지만 이 방법은 다음과 같은 점들에게는 통하지 않습니다.

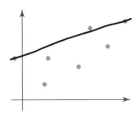

그림 1-3 실패한 첫 점 끝점 잇기 방법

그림을 보면 선은 대부분 점과 동떨어져 있는 것을 확인할 수 있습니다. 머신 러닝 알고리즘은 이 경우 어떤 결과를 내게 될까요? 간단한 실험을 해보겠습니다.

✓ **NOTE**

다음 예시에 나오는 코드가 모두 이해되지 않아도 상관없습니다. 파이썬 문법을 어느 정도 알고 있어도 numpy, matplotlib 같은 라이브러리에 익숙하지 않다면 코드가 어렵게 느껴질 수 있습니다. 여기서 코드를 예시한 이유는 코드 자체를 이해하기 위해서가 아니라 선형회귀를 전체적으로 소개하기 위한 것입니다. 이 코드들은 10장에 가서야 제대로 이해되도록 만들어진 코드입니다. 그러므로 당장은 세부적인 부분을 무시하고 코드를 그대로 주피터 노트북 셀에 입력하여 실행하면서 읽도록 합시다.

주피터 노트북을 실행하는 방법은 부록을 참고하면 됩니다.

```
import numpy as np #❶
import matplotlib.pyplot as plt

D1 = np.array([[1.0, 1.2, 3, 4, 5, 6],         # x좌표         #❷
               [1.5, 3, 2.3, 5.3, 3.8, 5.5]])  # y좌표
D2 = np.array([[-0.6, 1.0, 1.2, 3, 4, 5, 6],
               [2.9, 1.5, 3, 2.3, 5.3, 3.8, 5.5]])
```

위 코드를 주피터 노트북 셀에 입력하고 실행하여 데이터 두 벌을 만듭니다. ❶ 계산에 필요한 넘파이numpy 패키지와 그래프 그리기에 필요한 매트플롯립matplotlib 패키지를 임포트합니다. ❷ 넘파이 어레이를 사용하여 데이터 두 벌을 만듭니다.

두 어레이 중 D1은 그림 1-1에서 예를 든 점 여섯 개짜리 데이터고, D2는 D1에 제일 왼쪽 점 하나가 더 추가된 데이터입니다. 각 어레이의 첫째 줄에는 점들의 x좌표가, 둘째 줄에는 y좌표가 저장됩니다. 두 데이터를 다음 코드로 그려봅시다.

```
fig, (ax1, ax2) = plt.subplots(1, 2, sharex=True, sharey=True)
fig.set_size_inches((15,6))

ax1.plot(D1[0], D1[1], 'ko', markersize=10)
ax1.set_xlim([-1,7])
ax1.set_ylim([1,6])
ax1.set_title('D1', fontsize=18)

ax2.plot(D2[0], D2[1], 'ko', markersize=10)
ax2.set_xlim([-1,7])
ax2.set_ylim([1,6])
ax2.set_title('D2', fontsize=18)

plt.show()
```

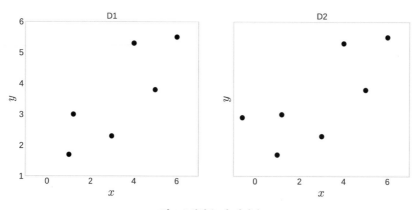

그림 1-4 실험용 점 데이터

이 책에서 사용하는 그래프는 모두 파이썬을 사용하여 그린 것들입니다. 2장에서 파이썬으로 그래프 그리는 방법을 설명하기 때문에 코드를 제시할 때 그래프 그리는 부분은 지면 관계상 생략하였습니다. 그래프를 생성한 코드는 모두 깃허브 저장소에서 제공하고 있으니 필요에 따라 참고하면 됩니다(*https://github.com/metamath1/noviceml*).

그려진 두 데이터를 비교해 보면 본문에서 설명한 데이터와 비슷한 모습인 것을 확인할 수 있습니다. 이제 다음 코드로 필요한 함수를 정의합니다.

```
def machine_learning(D):
    N = D.shape[1]
    X = np.c_[np.ones(N), D[0]] #❶
    y = D[1]

    w = np.linalg.solve(np.dot(X.T, X), np.dot(X.T, y)) #❷
    return w

def more_clever(D): #❸
    first, last = D[:,0], D[:,-1]
    w1 = (last[1]-first[1]) / (last[0]-first[0])
    w0 = -w1 * first[0] + first[1]
    return (w0, w1)

def f(x, w):  #❹
    return w[1] * x + w[0]
```

machine_learning() 함수는 선형회귀 알고리즘을 사용하여 최적의 직선을 계산합니다. ❶ 데이터의 개수를 N에 할당하고 1열에는 모두 숫자 1을 가지고, 2열에는 데이터의 x좌표를 가지는 어레이 X를 만듭니다. 이 코드의 결과로 생기는 어레이 X는 2차원 어레이입니다. 어레이의 모양은 N행 2열입니다. 앞으로 행과 열을 (N,2)라는 식으로 표시하겠습니다. y는 (N,)인 1차원 어레이입니다. ❷ 앞으로 배울 노멀 방정식normal equation을 풀어서 직선의 계수를 구합니다.

여기서 보인 직선을 구하는 과정은 지금껏 설명한 경험을 통해 수정해 나가는 방식이 아닙니다. 경험을 통해 직선을 수정해 나가다 보면 최종적으로 그리게 되는 가장 좋은 직선을 처음부터 바로 그리는 방식입니다. 지금 여기서 다루는 직선을 찾는 문제는 볼록 계획 문제convex optimization라는 특수성 때문에 이렇게 할 수 있습니다. 코드를 간결하게 만들기 위해 우선 이 방식으로 소개했습니다. 경험을 통해 직선을 찾아가는 방식은 잠시 후에 정식으로 다시 보겠습니다.

❸ more_clever() 함수는 첫 점과 끝점을 잇는 방식으로 직선을 계산합니다. 코드는 두 점 (x_1, y_1), (x_2, y_2)를 지나는 직선을 구하는 다음 공식을 그대로 이용했습니다.

$$y - y_1 = \frac{y_2 - y_1}{x_2 - x_1}(x - x_1)$$

❹ 마지막으로 직선을 그리기 위해 입력 x와 계수 w를 넘겨주면 출력 y를 계산해주는 f() 함수를 정의합니다. 우리는 보통 직선의 방정식을 $y = ax + b$로 표현하는데 익숙합니다. 여기서도 a 대신 w[1], b 대신 w[0]라는 기호를 사용했을 뿐 동일한 식을 사용했습니다. 이제 두 함수를 실행하고 결과를 그림으로 나타냅니다.

```
w_ml_d1 = machine_learning(D1) #❶
w_mc_d1 = more_clever(D1)

w_ml_d2 = machine_learning(D2) #❷
w_mc_d2 = more_clever(D2)

x = np.linspace(-1, 7, 100)

fig, (ax1, ax2) = plt.subplots(1, 2, sharex=True, sharey=True)
fig.set_size_inches((15,6))

ax1.plot(D1[0], D1[1], 'ko', markersize=10) #❸
ax1.plot(x, f(x, w_ml_d1), c='k', lw=2, label='machine learning')
ax1.plot(x, f(x, w_mc_d1), '--', c='k', lw=2, label='more clever')
ax1.set_xlim([-1,7])
ax1.set_ylim([1,6])
ax1.legend(fontsize=18)

ax2.plot(D2[0], D2[1], 'ko', markersize=10) #❹
ax2.plot(x, f(x, w_ml_d2), c='k', lw=2, label='machine learning')
ax2.plot(x, f(x, w_mc_d2), '--', c='k', lw=2, label='more clever')
ax2.set_xlim([-1,7])
ax2.set_ylim([1,6])
ax2.legend(fontsize=18)

plt.show()
```

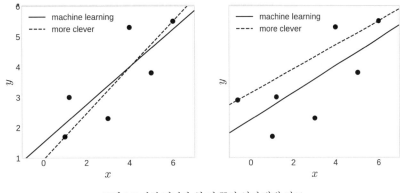

그림 1-5 머신 러닝과 첫 점 끝점 잇기 방법 비교

❶ D1에 대해서 두 가지 방식으로 계산을 하고 ❷ D2에 대해서도 계산을 반복합니다. 계산 결과 얻어진 직선의 방정식 계수 w를 사용하여 ❸, ❹ 부분으로 그림을 그립니다. 그림은 머신 러닝 알고리즘과 첫 점과 끝점을 잇는 규칙 기반 알고리즘의 결과를 비교한 것입니다. 왼쪽 그림은 두 방식 모두 적절히 동작하고 있음을 보여 줍니다. 이제 오른쪽 그림을 주목해 봅시다. 오른쪽 그림에서 machine_learning() 에 의해 만들어진 직선은 여전히 점들 사이를 지나가고 있습니다. 하지만 more_ clever()에 의해 만들어진 직선은 대부분의 점 위쪽으로 지나가고 있는 것을 확인 할 수 있습니다. 간단하면서 빠르고 더 똑똑할 것 같은(그래서 more_clever였죠!) 알고리즘이었지만 사실은 그렇지 않은 것을 확인했습니다. 이런 현상은 D1에 추가 된 점의 y좌표가 크면 클수록 더 두드러질 것입니다.

간단한 코드로 확인해 본 결과 머신 러닝 알고리즘으로 구한 직선이 두 번째 데 이터 D2에 대해서도 훨씬 신뢰할 만한 결과를 만드는 것을 확인할 수 있습니다. 따 라서 머신 러닝이 규칙 기반 알고리즘보다 데이터에 대한 강인함과 범용성에 있어 서 더 뛰어난 것을 알 수 있습니다. 이런 특성이 바로 머신 러닝이 각광받게 된 원 인 중 하나입니다.

입력과 출력의 관계
이제 결과로 얻게 된 직선의 의미를 생각해 봅시다. 우리가 얻게 된 직선은 입력과 출력의 관계를 나타낸다고 볼 수 있는데, 정확하게 모든 점을 다 지나가지 않지만 전체 데이터에 대해 입력-출력 관계를 설명할 수 있는 선이 됩니다.

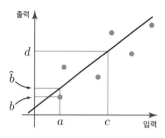

그림 1-6 입력과 출력의 직선 관계

그림 1-6에서 가로축을 입력, 세로축을 출력이라 하면 첫 번째 점은 '입력 a에 대한 출력은 b'라는 것을 의미합니다. 우리는 문제를 풀기 전에 입력-출력 관계를 여섯 개 가지고 있었습니다. 그림 1-4의 점 데이터가 바로 그것입니다. 이것을 바탕으로 직선을 결정하고 나면 그림 1-6의 가로축에서 가능한 모든 입력 대한 출력을 근사적으로 계산할 수 있게 됩니다. 직선이 알려주는 관계에 의하면 입력 a에 대한 출력은 원래 출력과는 약간 다르지만 $\hat{b}$이 됩니다. 물론 이 오차가 허용할 만해야 합니다. 입력과 출력의 관계가 직선 모양일 것이라는 가정이 잘 맞는다면 오차는 허용할 만할 것입니다.

기존에 있던 데이터에 대한 출력만 계산할 수 있다면 우리 결과는 아무런 의미를 가지지 못합니다. 이미 입력에 대한 출력을 가지고 있는데 굳이 이를 다시 계산할 필요가 없기 때문입니다. 데이터로부터 획득된 직선을 가지고 있으면 입력-출력 관계가 없던 입력 구간에 대한 출력도 계산할 수 있게 됩니다. 즉, 입력 c에 대한 출력이 d라고 예측할 수 있게 되는 것입니다. 따라서 우리가 선 긋기 작업을 통해서 하고자 하는 일은 데이터로부터 입력과 출력 관계를 찾아내고 이를 통해 예측까지 하는 것입니다.

이때 데이터가 없는 구간에서 직선에 의해 예측된 값을 신뢰할 수 있느냐 하는 문제가 발생합니다. 즉, 직선이 일반적으로 발생 가능한 데이터에 대해서 잘 맞아야 입력-출력 관계를 잘 묘사한다고 할 수 있습니다. 머신 러닝에는 이런 일반화 문제를 해결하기 위한 기법들이 있습니다. 10장에서 자세히 알아보도록 하겠습니다.

실제로 우리가 풀고 싶은 문제는 입력과 출력의 관계가 이렇게 간단한 직선이 아닐 가능성이 큽니다. 곡선이 될 수도 있고, 곡면이 되기도 하고 더 나가서는 매우 고차원에 존재하는 곡면이 될 수도 있습니다. 하지만 이 경우에도 입출력의 관계를 찾고자 하는 본질은 변하지 않습니다. 따라서 우리는 머신 러닝을 '입력과 출력이 있을 때 숨어있는 입력과 출력의 관계를 찾는 과정'으로 이야기하겠습니다.

✓ **NOTE**

본문에서 말한 '곡선으로 표현되는 관계'는 지금 시점에서 어느 정도 상상이 가지 만, 곡면으로 표현되는 관계니 고차원 곡면이니 하는 이야기는 전혀 와닿지 않을 것입니다. 이는 다변수 함수와 다변수 함수로 표현되는 목적함수objective function 또는 손실함수loss function라는 개념을 배우고 나면 자연스럽게 이해가 되니 너무 걱정하지 않아도 됩니다.

수학이 사용되는 순간

이제 다시 경험을 통해 배우는 머신 러닝 쪽으로 돌아가서 수학이 사용되는 순간 에 대해 이야기해 봅시다. 이 장의 서두에 들었던 예에서 선을 그리는 아이는 앞서 묘사한 모든 과정을 직관적으로 처리합니다. 하지만 이 직관적인 과정을 기계에게 시키기 위해서는 각 단계마다 약간 복잡한 과정을 거쳐야 합니다. 어떤 단계가 있 으며 그 단계마다 어떤 수학으로 이것을 해결하는지 우선 개략적으로 살펴보겠습 니다.

가장 먼저 점과 선이 떨어진 정도를 계산해야 합니다. 점 위치와 선 위치를 비교 하기 위해서 좌표라는 개념이 필요합니다. 우리가 본 선 긋기 문제에서 점은 2차원 평면에 놓였으므로 가로축 위치 값과 세로축 위치 값을 나타내는 숫자 두 개를 사 용하여 표시할 수 있습니다.

$$\text{point} = (x, y)$$

다음으로 직선을 수식으로 나타낼 수 있어야 합니다. 직선을 어떻게 나타낼 수 있 는지는 이미 알고 있습니다.

$$h = ax + b \tag{1.1}$$

식 (1.1)에서 x는 입력, h는 출력이 됩니다. 보통 y를 많이 쓰지만 여기서는 가설 hypothesis이라는 의미로 h를 사용했습니다. 즉, 입력-출력의 관계가 $ax + b$가 아닐 까라는 가설을 세운 것입니다. a는 입력 x에 곱해지고 b는 입력과 상관없이 ax에 더해집니다. 그런데 항상 1인 입력이 하나 더 있다고 보면 다음처럼 생각할 수도 있습니다.

$$h = ax + b \times 1$$

식을 이렇게 바꿔 놓고 보니 입력 x와 1에 적당한 수 a, b를 곱해서 다른 수로 만든 다음, 둘을 더해서 결과를 만들어 내는 것으로 보입니다. 즉, 입력은 숫자 두 개, 출력은 숫자 한 개로 표현되는 것입니다.

$$입력: (x, 1)$$
$$출력: ax + b \times 1$$

머신 러닝에서는 입력에 곱하는 적당한 두 수를 가중치weight로 자주 이야기합니다. 같은 가중치이기 때문에 a, b를 따로 표시하는 대신 이 두 수를 묶어 벡터라는 도구를 사용하여 표시합니다. 우리가 7장에서 배울 벡터는 보통 볼드체를 사용하므로 $\mathbf{w}$를 이용해서 표시하면 $\mathbf{w}$는 내부에 숫자 두 개를 가지게 되며 첫 번째 숫자는 $w_0 = b$, 두 번째 숫자는 $w_1 = a$가 됩니다. 최종적으로 직선을 다음처럼 표시할 것입니다.

$$h(x, \mathbf{w}) = w_1 x + w_0 \tag{1.2}$$

직선의 모양은 w_1과 w_0에 의해 변하므로 직선을 그리는 작업은 이제 w_1과 w_0를 결정하는 것이 되었습니다. 그림을 그린다는 행동이 w_1과 w_0을 결정한다는 수치적 과정으로 모델링 된 것입니다.

　그러면 그려진 선이 마음에 들지 않았을 때 선과 점의 '친함'을 높이기 위해 선을 어느 방향으로 이동시켜야 할지 어떻게 알 수 있을까요? 첫 번째 선 그리기 시도 후 선을 약간 위로 그리면 '친함'이 증가한다고 아이는 직관적으로 알 수 있었지만 컴퓨터는 그렇게 할 수 없습니다. 여기서부터 조금 복잡한 수학이 필요하게 됩니다.

　우선 점과 선이 얼마나 친한가를 선과 점들 사이의 수직 거리로 나타내기로 합시다. 그림 1-7에 몇 가지 예시가 있습니다. 그림 1-7에서 표시된 loss라는 숫자가 점과 선의 수직 거리 총합을 나타냅니다. 점선으로 표시된 점과 선의 수직 거리를 모두 더한 총합이 9.54에서 4.68까지 줄어드는 모습을 확인할 수 있습니다.

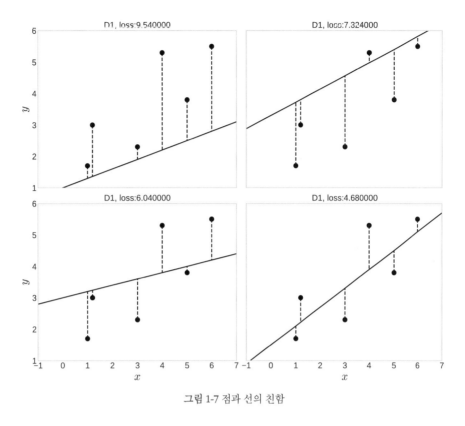

그림 1-7 점과 선의 친함

이 수직 거리를 모두 더한 총합을 손실loss이라고 하고 다음처럼 정의합니다.

$$L = \frac{1}{2} \sum_{n=1}^{N} \{h(x_n, \mathbf{w}) - y_n\}^2 \tag{1.3}$$

식 (1.3)의 구체적인 뜻을 아직 자세히 알 필요는 없습니다. 여기서는 L이 점과 직선 사이의 수직 거리 합이라고만 알고 있으면 됩니다. 정의된 식을 보면 시그마 기호도 나오고 제곱항도 나옵니다. 기호와 항이 가진 의미에 대해서도 앞으로 자세히 다루겠습니다.

손실은 아이가 봤을 때 점과 선이 친하지 않은 정도를 나타냅니다. 아이는 점과 선을 친하게 만들고 싶어하므로 이 손실을 줄여야 할 것입니다. 정의된 손실을 줄이려면 그림처럼 선의 위치와 기울기를 이렇게 저렇게 바꿔봐야 합니다. 선의 위치와 기울기를 바꾸는 작업은 이미 직선을 나타내는 식에서 w_1과 w_0을 바꾸는 작업으로 대치해 놓았습니다. 하지만 w_1과 w_0을 자칫 잘못 바꾸게 되면 손실이 커질 수도 있습니다. 그래서 우리는 항상 손실이 작아지도록 w_1과 w_0을 바꿀 수 있게 해주는 어떤 '안전장치'가 필요합니다.

그 안전장치는 바로 '경사도벡터gradient'라는 것입니다. 손실에 대한 $\mathbf{w}$의 경사도 벡터는 다음처럼 구할 수 있습니다.

$$\nabla_{\mathbf{w}} L = \frac{\partial}{\partial \mathbf{w}}\left(\frac{1}{2} \sum_{n=1}^{N} \{h(x_n, \mathbf{w}) - y_n\}^2 \right) \tag{1.4}$$

이제 식에서 익숙하지 않은 기호들이 보이기 시작합니다. 그래서 이 정보가 왜 $\mathbf{w}$ 를 변경할 때 L이 커지지 않도록 하는 안전장치가 될 수 있는지 이해하기에는 아직 갈 길이 너무 멉니다. 이 기호를 다 이해하기 위해서는 벡터와 미분을 학습해야 합니다. 그에 대해서는 이 책 전체를 통해 차차 알아가도록 하겠습니다. 우선은 식 (1.4)에 담긴 정보를 이용해서 $\mathbf{w}$를 변경시킬 수 있고 그렇게 변경하면 절대 L이 커지지 않는다는 것만 알아 둡시다.

이제 다음 식을 이용하여 조금씩 $\mathbf{w}$를 수정해 나갑니다.

$$\mathbf{w} \leftarrow \mathbf{w} - \eta \frac{\partial}{\partial \mathbf{w}}\left(\frac{1}{2} \sum_{n=1}^{N} \{h(x_n, \mathbf{w}) - y_n\}^2 \right) \tag{1.5}$$

$\mathbf{w}$를 수정, 즉 업데이트한다는 것은 앞서 설명한 것처럼 선을 수정하면서 그려 나간다는 뜻입니다. 우리는 업데이트 식 (1.5)를 사용하여 아이가 직관적으로 선을 수정해 나가던 작업과 동일한 작업을 수행할 수 있습니다. 이 작업이 머신 러닝에서 이른바 '학습'이라고 하는 과정입니다. 여기서 η('에타'라고 발음합니다)는 아주 작은 양수로 경사도벡터로부터 얻은 정보를 아주 약간씩만 업데이트하기 위해 사용한 것입니다. 이 η를 학습률이라고 하는데, 더 자세한 내용은 8장 "최적화" 편에서 다룹니다.

지금까지 내용은 선형회귀를 아주 개략적으로 살펴본 것입니다. 구체적으로 배운 것은 아니지만 관련된 수식과 코드를 써보면 다음과 같습니다.

점 데이터: $\mathbf{x} = (x_1, x_2, \ldots, x_N)$

각 점 데이터 x_n에서 직선의 값: $h(x_n, \mathbf{w}) = w_1 x_n + w_0$

점과 선이 서로 친하지 않은 정도: $L = \dfrac{1}{2} \sum_{n=1}^{N} \{h(x_n, \mathbf{w}) - y_n\}^2$

$\mathbf{w}$ 업데이트: $\mathbf{w} \leftarrow \mathbf{w} - \eta \dfrac{\partial}{\partial \mathbf{w}}\left(\dfrac{1}{2} \sum_{n=1}^{N} \{h(x_n, \mathbf{w}) - y_n\}^2 \right)$

아래 코드는 150번 반복해서 선을 그리면서 점점 최적의 선을 찾아가는 과정을 수행합니다.

```python
import numpy as np                          # ❶
import matplotlib.pyplot as plt

D1 = np.array([[1.0, 1.2, 3, 4, 5, 6],      # ❷
               [1.5, 3, 2.3, 5.3, 3.8, 5.5]])

num_iters = 150         # ❸
eta = 0.02

np.random.seed(2)
w = np.random.randn(2)  # ❹
N = D1.shape[1]

ws, L = [], []

# 1열에는 숫자 1이 있고, 2열에는 데이터의 x좌표가 있는 행렬 X를 만듭니다.
# X: (N,2), y: (N,)
X = np.c_[np.ones(N), D1[0]]
y = D1[1]

# 여기서 우리의 경험 E를 반복하면서 태스크 T를 개선합니다.
for i in range(num_iters) :                 # ❺
    # grad L
    c = np.dot(X.T, np.dot(X, w) - y)       # ❻
    # 안전장치 grad L을 이용해서 w를 수정합니다.
    w -= eta * c                            # ❼
    # w가 변화되는 과정을 저장합니다.
    ws.append(w)

    # 손실을 계산합니다.
    L.append( ((np.dot(X, w) - y)**2).sum()/2 ) # ❽
```

❶, ❷ 필요한 패키지와 데이터를 정의합니다. ❸ 선 긋기를 150번 반복할 것이므로 150이란 수를 num_iters에 저장합니다. ❹ 우리가 구할 w를 아무렇게나 초기화 합니다. ❺ 실제로 150번 반복하면서 ❻ 경사도벡터를 구합니다. ❼ 구한 경사도벡터를 이용해서 w를 업데이트합니다. ❽ 업데이트된 w를 이용해서 현재 직선에 대한 손실값을 구합니다. ❼, ❽은 파이썬 기본 문법을 넘어서는 듯 보입니다. 이는 파이썬에 있는 넘파이를 사용한 부분으로 7장 "행렬" 편에서 자세히 다루니 이해가 되지 않더라도 너무 걱정하지 마세요.

　모든 반복을 마치고 그림을 그립니다.

```
x = np.linspace(-1, 7, 100)

fig, (ax1, ax2) = plt.subplots(1, 2)
fig.set_size_inches((15,6))

ax1.plot(D1[0], D1[1], 'ko', markersize=8)
ax1.plot(x, f(x, w), c='k', lw=2, label='machine learning')
ax1.set_xlim([-1,7])
ax1.set_ylim([1,6])
ax1.legend(fontsize=18)

ax2.plot(L[:50], '—', c='k', label='loss')
ax2.legend(fontsize=18)
plt.show()
```

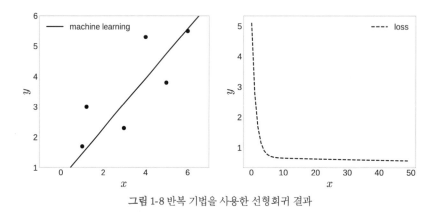

그림 1-8 반복 기법을 사용한 선형회귀 결과

✓ **NOTE**

지금까지 그림을 그리는 코드를 계속 반복해서 사용하고 있습니다. 그림을 그리는 방법은 2장 "함수" 편에서 자세히 알아보겠습니다.

결과는 위와 같습니다. 왼쪽은 150번 반복으로 얻어진 직선과 점들을 나타냅니다. 결과로 얻어진 직선을 이전 실험에서 machine_learning() 함수로 얻은 결과와 비교해 보세요. 두 결과를 비교해 보면 이번에 구해진 직선이 시계방향으로 조금 더 돌아가야 할 것 같습니다. 이런 현상은 충분히 반복하지 않아 생긴 현상입니다. (w 초기화 상태에 따라 그림과 다르게 충분히 좋은 결과가 나올 수도 있습니다.) num_iters를 250 정도로 하고 다시 시도해 보세요. machine_learning() 함수에서 얻은 결과와 거의 동일한 결과를 얻을 수 있습니다. 오른쪽 그래프는 우리가 정의한 손

실을 매 반복마다 그려본 것입니다. 그래프에서는 50번 반복까지 그렸고 우리 예상대로 꾸준히 감소하고 있는 것을 알 수 있습니다. 손실 값이 절대 증가하지 않으므로 우리가 의도한 안전장치도 잘 작동하고 있는 것으로 보입니다.

지금까지 우리는 간단한 선 긋기 문제를 예로 머신 러닝이 어떤 것인지 알아보았습니다. 그리고 그 과정에서 비교적 간단한 문제지만 수학의 힘을 빌려야 한다는 사실도 알았습니다. 이제 주제를 약간 바꿔서 머신 러닝의 분류를 알아보고 그 분류 중 왜 하필 우리는 선형회귀를 배우는가에 대해서 이야기해 보겠습니다.

머신 러닝의 분류

범용성을 강조하는 머신 러닝이지만 모든 문제를 잘 풀 수 있는 하나의 풀이법을 만드는 것은 쉬운 일이 아닙니다. 이런 방법이 있다면 그것은 소위 '마스터 알고리즘'이라 부를 만할 것입니다. 마스터 알고리즘이란 용어는 페드로 도밍고스Pedro Domingos가 그의 저서 《마스터 알고리즘》[2]에서 사용했습니다. 마치 물리학에서 얘기하는 모든 현상을 설명할 수 있는 대통일 이론과도 비슷한 개념이라 할 수 있겠네요. 하지만 아직은 그런 알고리즘이 존재하지 않기 때문에 머신 러닝 분야에서도 아래 그림처럼 다양한 문제 형태에 적용할 수 있는 여러 방법론이 각각 존재하고 있습니다.

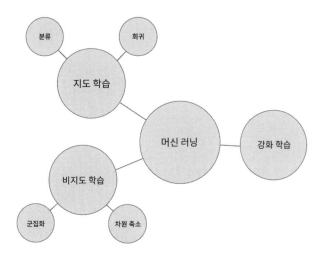

그림 1-9 머신 러닝 분류

---

2 Domingos, Pedro, 강형진(역), 2016, 마스터 알고리즘, 비즈니스북스

열거된 방법 중 현재 산업에서 크게 성공을 거두고 있는 분야는 지도 학습입니다. 지도 학습이란 지금까지 우리가 이야기했던 입력과 출력이 있을 때 이것들 사이의 관계를 찾아내는 과정을 말합니다. 이 과정을 성공적으로 수행하기 위해서는 입력과 출력이 매우 많아야 합니다. 입력에 대한 적절한 출력을 많이 준비하여 "이 입력에 대한 정답은 이것이다"란 식으로 끊임없이 가르쳐 주어야 하기에 '지도' 학습이라는 이름이 붙었습니다. 문헌에 따라서는 '교사 학습'이란 용어도 사용합니다. 지도 학습에는 분류classification와 회귀regression가 있으며, 두 작업의 대표적인 예로는 스팸 메일 필터링, 이미지 분류, 주택 가격 예측, 물건의 판매량과 대여량 예측 등이 있습니다.

반면 비지도 학습unsupervised learning은 입력과 출력이 쌍으로 주어지지 않고 입력만 사용해서 의미 있는 결과를 이끌어 내는 것입니다. 세부적으로 군집화clustering와 차원 축소dimension reduction가 있습니다. 군집화는 입력된 데이터가 가진 특성으로부터 유사도similarity를 계산하고 이것을 기반으로 데이터끼리 그룹화 하는 방법입니다. k-평균 군집화k-means clustering 알고리즘이 대표적인 예입니다. 그림 1-10은 k-

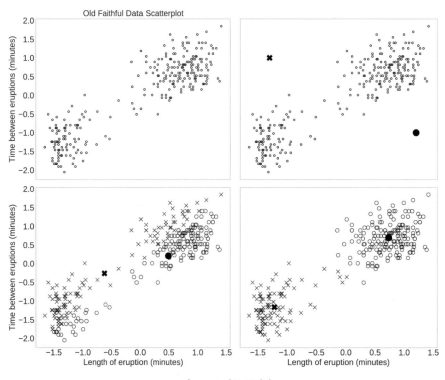

그림 1-10 k-평균 군집화

평균 군집화 알고리즘이 평면에 흩뿌려진 점들을 두 그룹으로 묶는 단계를 보여줍니다. ✖와 ●는 두 그룹으로부터 계산한 평균점을 나타냅니다. 이 알고리즘에서도 평균을 점점 개선해 나가는 머신 러닝의 전형적인 특징을 확인할 수 있습니다.

우리가 살펴본 선 긋기 예제는 주어진 점 데이터 사이에 존재하는 입력-출력 관계를 찾아내는 것이므로 지도 학습이라 할 수 있습니다. 선을 주어진 점에 맞춘다는 의미로 이런 선 찾기 작업을 보간interpolation 또는 근사approximation라고 합니다. 모든 점을 다 지나가는 선을 찾는다면 보간이라 하고 우리가 한 것처럼 점 근방을 지나가는 선을 찾는다면 근사라고 합니다. 보간은 점과 점 사이에 있는 빈 공간을 채운다는 의미입니다. 머신 러닝에서는 이 과정을 통계학적인 관점으로 바라보는데 데이터들이 특정 평균을 가지는 분포로부터 발생했다고 보는 것입니다. 그림 1-11은 점 열 개를 그리고 단순히 점들의 높이값 평균을 직선으로 그린 것입니다. 그려진 선은 우리가 선 찾기 작업을 통해 찾을 것 같은 선과 매우 유사해 보입니다.

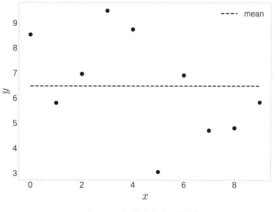

그림 1-11 점 데이터의 평균선

선 찾기 작업은 주어진 점들이 보여주는 분포에서 평균을 찾는 과정으로 해석할 수 있습니다. 점들이 특정 분포에서 발생했다고 가정하면 이런 점들은 평균으로 회귀하는 성질이 있습니다. 따라서 점들이 회귀regression하고자 하는 평균선을 찾는다고 해서 회귀라는 용어를 사용합니다. 통계학을 다루지 않는 분야에서는 피팅fitting이라고 이야기하기도 합니다. 선을 점에 맞춘다는 뜻이겠죠. 이 책에서는 회귀와 피팅을 함께 사용하도록 하겠습니다. 앞서 이야기했듯이 우리의 선 긋기 작업은 회귀에 해당합니다. 앞으로 우리는 회귀, 그중에서도 선형회귀linear regression에 집중할 것입니다.

그림 1-9를 보면 딥 러닝이란 분류는 없는데 현재 가장 이슈가 되는 딥 러닝이란
무엇이고 머신 러닝과 어떤 관계인지 궁금할 수 있습니다. 딥 러닝을 간단하게 몇
줄로 정의하기는 힘들지만 우리 책에서도 딥 러닝이란 용어를 사용하므로 최대한
간략하고 명료하게 정의하도록 하겠습니다.

앞으로 우리가 배우게 될 인공신경망을 사용하는 머신 러닝 중에서 인공신경망이
이루는 층 수가 매우 많을 때 딥 러닝이란 용어를 사용합니다.

왜 선형회귀를 배울까?

그렇다면 이렇게 다양한 머신 러닝의 분류 중에서 왜 하필 선형회귀를 가장 먼저
배우려는 것일까요? 앞서 우리는 머신 러닝의 좁은 의미로 관계 찾기를 이야기했습
니다. 넓게 보면 머신 러닝이 이런 관계 찾기에만 해당하는 것은 아닙니다.

입력-출력 관계를 찾지 않고 주어진 데이터를 그대로 이용하는 k-최근접 이웃
k-nearest neighbors이라는 알고리즘이 있습니다. 임의의 입력이 들어오면 가지고 있던
데이터 중에서 가장 비슷한 것을 k개 골라 평균한 값을 출력으로 돌려주는 방법입
니다. 만약 $k = 1$이라면 입력과 가장 비슷한 데이터 하나를 찾아서 그냥 그것을 출
력으로 돌려줍니다.

그림 1-12는 우리의 예제 데이터에 k-최근접 이웃과 선형회귀를 적용한 예시입니
다. 굵은 점은 이미 가지고 있는 데이터고 직선은 −1에서 7까지 입력하면서 알고리
즘이 만들어 낸 출력입니다. $k = 1$인 경우 기존 데이터의 y값만이 출력됩니다. 입
력이 0이라면 0과 가장 가까운 점의 높이 값이 출력으로 나오게 됩니다. $k = 3$인
경우 데이터가 존재하는 범위 내에서 제법 그럴듯하게 상승하는 결과를 보여줍니
다. 하지만 거친 계단식으로 직선이 그려져서 전체적으로 정밀하다는 느낌은 없습
니다.

선형회귀의 경우는 입력-출력이 가질 것 같은 직선 관계를 잘 표현하고 있습니
다. 이 두 알고리즘의 결정적인 차이는 모델을 설정하느냐 하지 않느냐입니다. 선
긋기 예제에서 우리는 직선이라는 모델을 선택해서 입력-출력 관계를 모델링한 것
입니다. k-최근접 이웃은 그런 모델이 없고 그냥 데이터 기반으로 결과를 만들어
냅니다. 이 두 알고리즘이 '러닝'하는 것은 무엇일까요? k-최근접 이웃에서 '러닝'이

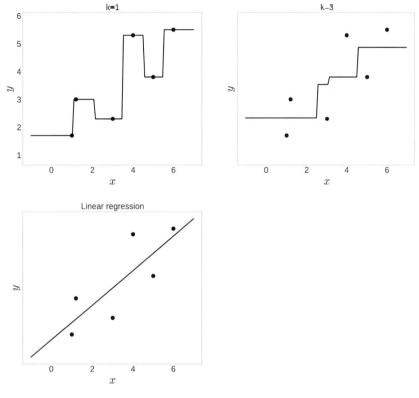

그림 1-12 k-최근접 이웃과 선형회귀

란 데이터를 적당한 장소에 저장하는 것입니다. 반면 선형회귀에서는 w_1과 w_0라는 분명하게 알고리즘이 결정하는 요소들이 있습니다. 우리의 관심은 모델을 설정하고 관계를 찾는 알고리즘이며, 선형회귀는 그런 알고리즘의 출발점이라 할 수 있습니다.

분류를 위한 가장 기본적인 알고리즘은 로지스틱 회귀입니다. 로지스틱 회귀는 회귀 과정 끝에 S자 곡선 함수가 더해진 형태이기 때문에 선형회귀를 먼저 이해하면 로지스틱 회귀를 더 쉽게 이해할 수 있습니다. 더 나아가 로지스틱 회귀를 여러 단계로 묶으면 다층 퍼셉트론을 구성할 수 있습니다. 다층 퍼셉트론multi-layer perception은 최근 인공지능의 핵심인 딥 러닝의 출발점이라 할 수 있습니다.

그림 1-13은 선형회귀 출력단에 S자형 함수를 추가한 것이 로지스틱 회귀임을 보여줍니다. 또 이것들이 모여 다층 퍼셉트론까지 이어지는 흐름을 보여줍니다. 이 흐름을 9장에서 직접 실험해 볼 것입니다. 이처럼 선형회귀가 딥 러닝으로 가는 출

발점이라 해도 과언이 아니기에 선형회귀를 이해하고 완전히 구현하는 것을 이 책의 목표로 삼았습니다.

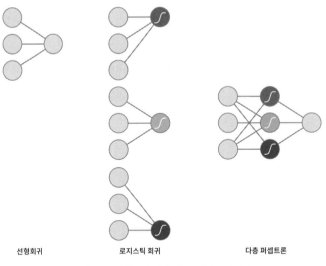

선형회귀 로지스틱 회귀 다층 퍼셉트론

그림 1-13 선형회귀에서 다층 퍼셉트론까지

선형회귀를 주로 다루는 또 다른 이유는 이 책이 머신 러닝을 학습하기 위해 필요한 수학의 기초를 다진다는 목적을 갖고 있기 때문입니다. 우리는 다항식과 다항식 미분만 사용하여 선형회귀를 학습할 수 있습니다. 이 학습 과정에서 자연스럽게 머신 러닝의 중요한 부분인 모델 설정, 경사도벡터, 최적화와 같은 개념을 배울 수 있습니다. 그리고 추가적으로 과대적합overfitting과 규제regularization 같은 개념도 익힐 수 있습니다. 이 모든 과정을 최소한의 수학 개념을 사용하여 설명할 수 있다는 것은 매우 매력적인 장점입니다. 최신 딥 러닝 알고리즘들도 따지고 보면 앞서 말한 세 가지 단계로 구성되어 있습니다. 다만 각 단계가 조금씩 복잡해지고 추가 수학 개념이 들어간다는 차이가 있습니다. 추가 개념은 필요한 시점에 다시 학습하면 되는 것입니다. 따라서 선형회귀는 풀고자 하는 문제 자체의 복잡함을 떨어뜨리고 그 대신 문제를 푸는 방법론에 좀 더 집중할 수 있는 학습 대상이라 할 수 있습니다.

손으로 직접 해보는 선형회귀

이제 이 책에서 머신 러닝을 어떻게 설명하고, 왜 선형회귀를 선택했는지에 대한 중요한 배경은 모두 알아보았습니다. 본격적인 내용을 시작하기 전에 직접 w_1과

w_0을 움직여 컴퓨터가 하는 것처럼 선형회귀를 해보노톡 하셨습니다. PC에서 웹브라우저로 다음 주소를 열어보세요.

✓ **URL을 반드시 열어보세요**

https://metamath1.github.io/noviceml/linreg.html

그림 1-14와 같은 화면을 확인할 수 있습니다.

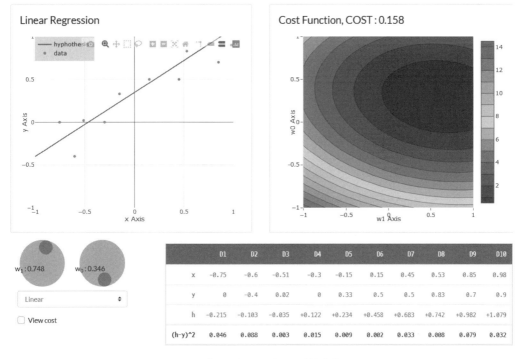

그림 1-14 손으로 해보는 선형회귀

화면에 표시된 앱에서 w_1과 w_0을 움직이면서 실시간으로 선형회귀를 해볼 수 있습니다. 왼쪽 상단 그래프는 주어진 점 열 개와 회귀 과정에서 그려지는 직선을 나타냅니다. w_1, w_0 다이얼에 있는 작은 원에 마우스를 클릭한 채로 돌려보세요. 직선이 바뀌는 모습을 볼 수 있습니다. 다이얼 하단 콤보박스에서 미리 준비된 데이터 두 벌 중 선택하여 실험해 볼 수 있습니다. 한 벌은 직선 관계를 나타내는 데이터고, 나머지 한 벌은 sin 곡선에서 추출한 데이터입니다.

오른쪽 상단 그래프는 점과 선 사이에서 계산되는 수직 거리를 모두 더한 총합이 w_1과 w_0에 따라 어떻게 변하는지 나타내는 그래프입니다. 그래프에서 붉게 표시될수록 이 총합이 크다는 의미입니다. 이제 View cost 체크 박스를 체크하고 다이얼을 돌려보세요. 작은 점 하나가 오른쪽 그래프에 나타나서 이리저리 움직이는 것을 볼 수 있습니다. 이 점은 현재 w_1과 w_0의 위치를 나타냅니다. 왼쪽 그래프에서 적절히 직선을 위치시키고 나서 오른쪽 그래프에서 점 위치를 확인해 보세요. 아마 푸른색 타원 정중앙쯤 위치해 있을 것입니다. 우리는 직관적으로 왼쪽 그래프를 보고 회귀선을 찾습니다. 반면 머신 러닝 알고리즘이 보는 것은 오른쪽 그래프입니다. 오른쪽 그래프는 움푹 들어간 웅덩이를 위에서 바라본 등고선 그래프입니다. 컴퓨터는 w_1과 w_0을 움직여가면서 이 웅덩이의 가장 낮은 점을 찾게 되는 것입니다. 가장 낮은 웅덩이 위치에서 w_1과 w_0 값으로 직선 $h = w_1 x + w_0$를 그리면 가장 그럴듯한 직선이 그려집니다. 그 과정을 연결해주는 것이 이 책에서 이야기할 수학적인 내용입니다.

이번 장에서 알아본 내용으로 머신 러닝과 선형회귀에 대한 감을 조금 가질 수 있었을 것입니다. 이제 이 전체 과정 요소요소에 숨어 있는 수학 개념을 하나씩 알아보겠습니다.

2장

Mathematics for Machine Learning

함수: 세상의 모든 것을 입력과 출력으로 바라보기

함수를 공부하기 위한 기초 체력

지난 장에서 우리는 머신 러닝을 "입력과 출력이 있을 때 숨어있는 입력과 출력의 관계를 찾는 과정"이라고 이야기했습니다. 따라서 그 관계를 기술할 도구가 필요합니다. 바로 함수입니다. 고등학교까지 우리는 많은 함수를 공부했습니다. 그중 대표적인 함수가 다항함수, 지수함수, 로그함수, 삼각함수일 것입니다. 이번 장에서는 이런 함수들에 대해 알아봅니다. 그전에 알아 두면 좋은 몇 가지 기본 사항에 대해서 이번 절에서 이야기합니다. 다음과 같은 순서로 공부해 보겠습니다.

- 함수의 정의
- 파이썬으로 그래프 그리는 방법
- 다항함수, 지수함수, 로그함수의 의미와 그래프

수 체계

책 전반에 걸쳐 정수, 실수 같은 이야기가 몇 번 등장하므로 실수까지 수 체계를 간단히 정리하고 넘어가겠습니다.

자연수

자연수란 사물을 셀 때나 순서를 매길 때 사용하는 수입니다. 1, 2, 3, … 같은 수들을 말합니다. 집합 기호 $\mathbb{N}$으로 나타냅니다. 자연수의 개수는 무한하지만 가장 작은 자연수부터 크기순으로 셀 수 있습니다. 끝은 알 수 없지만 어쨌거나 1부터 하나, 둘 하면서 셀 수 있다는 것입니다.

정수

정수는 자연수에 0과 음수를 더한 것으로 ⋯, −2, −1, 0, 1, 2, ⋯ 같은 수를 말합니다. 집합 기호 $\mathbb{Z}$로 나타냅니다. 정수 역시 개수가 무한하지만 셀 수 있습니다. 다만 정수를 빠짐없이 세려면 자연수와는 다른 방법으로 세어야 합니다. 0부터 시작하여 1, 2, 3, ⋯ 순으로 세기 시작하면 반대편에 있는 음수들을 셀 수 없습니다. 때문에 0, 1, −1, 2, −2, 3, −3 식으로 0에서 출발하여 양수, 음수로 왔다갔다 하면서 세면 모든 정수를 빠짐없이 셀 수 있습니다.

유리수

유리수는 분자, 분모로 정수를 갖는 분수로 나타낼 수 있는 수를 말합니다. $\frac{1}{4}$, $\frac{2}{3}$ 등은 모두 유리수입니다. 집합 기호 $\mathbb{Q}$로 나타냅니다. 유리수의 영어 표기는 rational number입니다. rational이란 단어는 사전적 의미로 '이치에 맞는'이란 뜻이어서 직역하자면 이치에 맞는 수 또는 이치가 있는 수가 되어 '유리수有理數'라고 번역이 되었습니다. 하지만 유리수의 rational은 비율 ratio에서 파생된 단어라고 보는 편이 더 적합합니다. 영어 이름이 비율이 있는 수라는 의미를 직접적으로 이야기해 주고 있는 것입니다. 유리수 역시 무한하지만 셀 수 있습니다.

무리수

무리수는 irrational number로 번역된 용어 무리無理의 뜻을 풀이하면 '이치에 맞지 않는' 수가 되어 어떤 수를 의미하는지 쉽게 파악하기 힘듭니다. 하지만 유리수와 마찬가지로 ratio에서 파생된 뜻으로 생각해 보면 ratio가 없는 수, 즉 비율로 표현되지 않는 수를 의미한다는 것을 알 수 있습니다. 우리가 아는 대표적인 무리수로 π가 있습니다. π는 3.141592⋯로 소수점 이하가 규칙성 없이 계속되는 수로 두 정수의 비율로 표현할 수 없습니다. 집합 기호 $\mathbb{I}$로 나타냅니다. 우리가 알아야 할 중요한 무리수로 e라는 수가 있는데, 이는 지수함수 단원에서 알아보겠습니다. 무리수는 무한히 많을 뿐 아니라 셀 수도 없습니다. 이것이 정수나 자연수와의 큰 차이점이라 할 수 있습니다.

실수

실수는 유리수와 무리수를 더한 수로 집합 기호 $\mathbb{R}$로 나타냅니다. 우리가 수직선數直線을 그었을 때 그 수직선 위에 있는 모든 수를 의미하며 무한히 많을 뿐 아니라 셀수 없는 수입니다. 실수의 정의에 의해 실수에서 유리수를 모두 빼내면 무리수만 남게 됩니다. 유리수와 유리수 사이에도 수없이 많은 무리수들이 존재하는 것입니다. 우리는 살아가면서 유리수를 무리수보다 훨씬 많이 사용하지만 실수의 대부분은 무리수라는 놀라운 사실도 이로부터 알 수 있습니다.

앞으로 이야기할 함수는 어떤 입력을 받아 그에 맞는 적당한 결과를 출력하는 기계상자 같은 것이라고 볼 수 있습니다. 이때 입력은 실수가 되며 출력은 실수 또는 정수가 되는 함수를 주로 다루게 되므로 수 체계에 대해 간단히 알아보았습니다.

함수의 정의

함수란 입력과 출력의 관계를 나타내는 것입니다. 고등학교 교과서의 정의를 그대로 옮기면 "공집합이 아닌 두 집합 X, Y에 대하여 X의 각 원소에 Y의 원소가 오직 하나씩 대응할 때 이 대응 f를 X에서 Y로의 함수"라고 합니다. 따라서 함수란 두집합 사이의 관계라는 것을 알 수 있습니다. 여기서 중요한 것은 아무런 관계나 다함수가 되는 것이 아니라 'X의 각 원소에 Y의 원소가 오직 하나씩 대응'할 때만 함수가 된다는 것입니다.

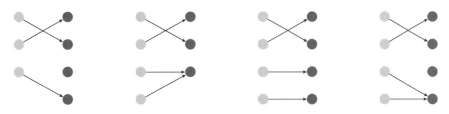

그림 2-1 함수의 대응관계

위 그림은 함수에서 나타나는 다양한 대응관계를 보여주고 있습니다. 이 대응관계가 만족시켜야 하는 점은 다음과 같습니다.

1. 왼쪽 동그라미에서 화살표가 하나만 발사되어야 한다.
2. 왼쪽 동그라미는 모두 화살표를 발사해야 한다.

이것이 함수가 지켜야 하는 조건이고 이런 조건하에서 특별히 구분되는 몇 가지 상황이 그림에 나타나 있습니다.

머신 러닝에서 우리가 데이터를 가지고 있다는 것은 이렇게 관계가 내재된 왼쪽 편 출발점과 오른쪽 편 도착점을 많이 가지고 있다는 말입니다. 지도 학습이 하는 일은 그 데이터를 이용해서 왼쪽과 오른쪽의 연결 관계를 찾아내는 것입니다. 이런 관점에서 본다면 함수라는 것을 집합 사이에 존재하는 관계라는 어려운 개념보다 입력과 출력 사이의 관계로 보는 것이 더 편안할 수 있습니다.

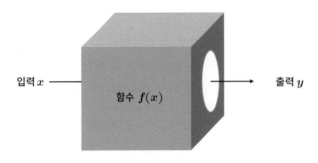

그림 2-2 기계 상자 같은 함수

그림 2-2처럼 함수를 어떤 기능을 하는 기계 상자라고 생각할 수도 있습니다. 이 상자는 입력이 주어지면 어떤 기능에 의해 그것을 변환시켜 적당한 출력으로 되돌려 줍니다. 이때 동일한 입력이 들어가면 동일한 출력이 나와야 합니다. 이것은 우리가 방금까지 알아본 함수의 성질과도 잘 부합하는 것입니다. 어떤 x가 입력되는가에 따라 출력 y가 결정되기 때문에 y는 x에 종속되어 있다고 할 수 있습니다. 입력과 출력의 관계에서 입력되는 집합 X의 원소를 독립변수, 출력되는 집합 Y의 원소를 종속변수라고 합니다. 이렇게 정의된 함수를 기호로 다음처럼 나타냅니다.

$$f : X \rightarrow Y$$
$$y = f(x)$$

첫 번째 표기법은 두 집합의 관계라는 측면을 강조한 것이고 두 번째 표기법은 입력과 출력이라는 측면을 강조한 표기법입니다. 우리는 $y = x^2 + 3x + 1$ 같은 표현을 많이 봤기 때문에 두 번째 표현이 더 익숙할 수 있습니다. 하지만 첫 번째 표현은 앞으로 알아볼 입력과 출력이 여러 개인 함수를 나타낼 때 입력과 출력의 관계를 더 명확하게 표현할 수 있는 장점이 있습니다.

$f : X \rightarrow Y$ 관계에서 집합 X를 함수 f의 정의역domain이라 하고 십합 Y를 공역 codomain이라고 합니다. 이 책에서는 정의역의 원소와 공역의 원소를 간단히 '입력', '출력'으로 부르도록 하겠습니다.

지금까지 이야기한 함수의 정의를 생각해 보면 우리 생활에서 많은 부분이 함수로 표현될 수 있다는 것을 알 수 있습니다. 예를 들면 강아지, 고양이 사진을 구별하는 분류기나 여러 기상 조건을 주고 다음날 기온을 예측하는 기상 예보 프로그램을 함수로 생각해 볼 수 있습니다. 전자는 강아지, 고양이 사진이 입력변수, 즉 독립변수가 되고 종속변수는 0 또는 1입니다. 사진이 어떻게 함수에 입력되는 변수가 될 수 있을까 하는 의문이 생기지만 머신 러닝 연구자들이 어떻게든 되게 해놓은 것이죠. 두 번째 경우, 고려하는 모든 기상 조건이 동일하다면 다음날 기온은 항상 동일해야 한다는 가정이 있다면 함수로 모델링 될 수 있습니다. 만약 모든 기상 조건이 동일한 어떤 두 날에 대해 다음날 기온이 다르다면 이는 함수로 모델링 될 수 없을 것입니다. 동일한 입력에 대해서 서로 다른 두 가지 출력이 있게 되어 더 이상 함수 관계가 아니기 때문입니다.

입력과 출력의 관계를 설명하는 그래프

방금 함수가 입력과 출력의 관계라는 것을 알아보았습니다. 함수라는 것을 설명할 때 반드시 따라오는 것이 함수의 그래프입니다. 함수가 가지고 있는 대응 관계를 그림으로 나타내면 그 성질을 파악하기 용이하기 때문입니다. 함수의 그래프를 그리기 위해서는 좌표계라는 것이 필요합니다. 좌표계란 공간에 존재하는 대상을 고유한 숫자로 나타내기 위해 사용하는 시스템을 이야기합니다. 이런 좌표계는 필요에 따라 여러 가지로 정의될 수 있지만 많은 경우 직교 좌표계rectangular coordinate system를 사용합니다. 프랑스 수학자 르네 데카르트René Descartes가 고안해서 데카르트 좌표계cartesian coordinate system라고도 합니다. 다음 쪽 그림 2-3과 같이 수직선 두 개를 서로 수직이 되도록 놓으면 2차원 직교 좌표계가 됩니다.

이렇게 좌표계를 잡고 나면 좌표계가 나타내는 평면 위에 무수히 많은 점이 그림처럼 존재하게 됩니다. 그림에는 점 2500개만 표시했지만 논리적으로는 무한히 많은 점이 있습니다. 각각의 점 하나를 숫자 두 개로 고유하게 표현할 수 있습니다. 가로 수직선의 위치 값과 세로 수직선의 위치 값을 (x, y)로 묶어 나타내면 됩니다.

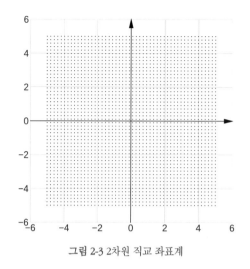

그림 2-3 2차원 직교 좌표계

어떤 함수가 주어졌을 때 좌표계에 있는 무수히 많은 점 중에서 우리가 관심 있는 점은 $f(x)$라는 관계를 만족시키는 점들입니다. $y = x^2$라는 관계가 있다고 가정합시다. 그리고 방금 정의한 좌표 평면에 y가 9, 4, 1, 0일 때 주어진 관계를 만족시키는 위치에 점을 찍어보면 다음과 같은 그림이 그려집니다.

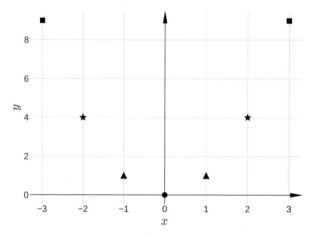

그림 2-4 $y = x^2$을 만족하는 점들

관계를 만족하는 y의 짝이 되는 x는 y가 9일 때 −3과 3, y가 4일 때 −2와 2, y가 1일 때 −1과 1, y가 0일 때 0이 됩니다. 그래서 (−3, 9), (3, 9), (−2, 4), (2, 4), (−1, 1), (1, 1), (0, 0)에 점을 찍은 것입니다. 이렇게 관계를 만족시키는 모든 점을 다 찍어보면 그림 2-5와 같은 그림이 되고 이런 그림을 함수의 그래프라고 합니다.

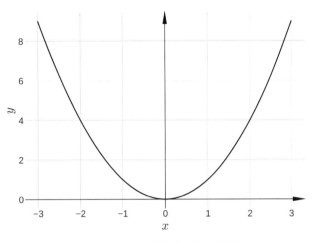

그림 2-5 $y = x^2$을 만족하는 연속된 점들

그림 2-5 같은 그래프를 보고 여러 가지 함수의 성질을 파악할 수 있습니다. 이 함수는 $x = 0$을 중심으로 좌우로 갈수록 계속 증가하는 함수입니다. 그리고 그 증가 정도는 오른쪽으로 갈수록 또는 왼쪽으로 갈수록 점점 더 커지고 있습니다. 즉, 기울기가 점점 가파라지는 것입니다.

만약 x와 y 사이의 관계가 $y = (x + 1)^2$로 바뀌었다면 그래프가 어떻게 될까요? 얼핏 생각하면 x에 1이 더해졌으므로 값이 커지는 오른쪽으로 그래프가 이동할 것 같습니다. 정말 그런지 x와 y의 관계를 따져볼까요? y가 4일 때 주어진 관계를 만족시키는 y의 짝은 $-3, 1$이 됩니다. $y = x^2$일 때 $y = 4$와 짝을 이루는 x는 $-2, 2$였습니다. 그런데 이번에는 $-3, 1$이 되므로 점들이 왼쪽으로 이동하게 됩니다.

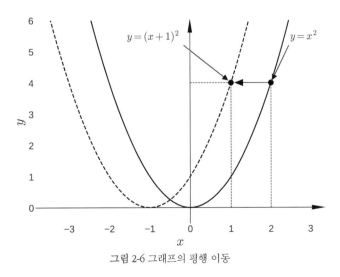

그림 2-6 그래프의 평행 이동

이렇게 그래프의 이동을 두 변수의 관계로 이해하는 것이 좋습니다. 그렇지 않으면 복잡한 지수함수나 로그함수에서는 함수식만 봐서 그래프의 위치가 어떻게 이동되는지 파악하기 힘들어질 수 있습니다.

$y = x^2$이라는 함수의 그래프는 직교 좌표계에서 아래로 볼록한 포물선 모양으로 나타났습니다. 직교 좌표계에 그림을 그리면 함수의 여러 성질을 그래프로 파악하기 편리해집니다. 하지만 이 함수의 그래프를 꼭 수직선 두 개가 직각으로 만나는 좌표계를 사용하여 그릴 필요는 없습니다.

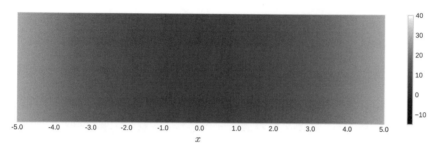

그림 2-7 밝기로 그려진 $y = x^2$

그림 2-7처럼 가로축 하나만 사용해서 그림을 그릴 수도 있습니다. 위 그림은 독립변수 값에 대응되는 종속변수 값을 밝기로 표현하여 그린 그림입니다. x가 0일 때 값이 가장 작고 −5, 5로 갈수록 대칭적으로 커진다는 것(밝기가 밝아진다는 것)을 알 수 있습니다. 하지만 이런 그래프로는 함수의 성질을 파악하는 정보를 많이 얻을 수는 없습니다. 그래서 독립변수가 하나뿐인 함수인 경우 이런 식으로 그림을 그릴 이유가 없습니다. 축 하나를 더 써서 2차원 평면에 나타내는 편이 훨씬 편리하기 때문입니다. 하지만 독립변수가 많아지면 밝기 그래프가 유용해지게 되는데 구체적인 예는 다변수 스칼라함수를 소개할 때 다시 다루겠습니다.

합의 기호

함수를 접할 때 많이 보이는 기호 중 하나가 합의 기호 $\sum$입니다. '시그마'라고 읽습니다. 정의는 다음과 같습니다.

$$\sum_{k=1}^{n} a_k = a_1 + a_2 + \cdots + a_{n-2} + a_{n-1} + a_n \tag{2.1}$$

$\sum$는 여러 항이 더해지는 것을 간략하게 나타내기 위해 사용하는 기호로 아랫부분

에 인덱스 문자와 인덱스의 시작 값 $k = 1$을 직고 윗부분에 인덱스의 최댓값 n을 적습니다. 문자 k, n 같은 것들은 적는 사람이 선택하면 됩니다. 식 (2.1)은 1부터 n까지 a_k를 모두 더하라는 의미입니다. 정의 자체는 간단하지만 다른 수식과 함께 쓰이면 그 의미를 파악하기 힘들어지는 경우도 있으므로 다음 성질을 잘 이해해 두어야 합니다.

$$\sum_{k=1}^{n} (a_k + b_k) = \sum_{k=1}^{n} a_k + \sum_{k=1}^{n} b_k$$
$$\sum_{k=1}^{n} (a_k - b_k) = \sum_{k=1}^{n} a_k - \sum_{k=1}^{n} b_k$$
$$\sum_{k=1}^{n} ca_k = c \sum_{k=1}^{n} a_k \tag{2.2}$$
$$\sum_{k=1}^{n} c = cn$$

위 식에서 c는 인덱스 k에 따라 변하지 않는 상수입니다. 각 성질은 n을 특정 숫자로 지정하고 합의 기호를 풀어 적어보면 덧셈과 곱셈의 성질에 의해 모두 성립함을 쉽게 알 수 있습니다. 다음과 같이 합의 기호를 두 개 사용하는 경우도 많습니다.

$$\sum_{i=1}^{m} \sum_{j=1}^{n} a_i b_j$$

$m = 3, n = 2$라고 가정하고 합의 기호 두 개를 풀어 적어보면 다음과 같습니다.

$$\sum_{i=1}^{3} \sum_{j=1}^{2} a_i b_j = a_1 b_1 + a_1 b_2 + a_2 b_1 + a_2 b_2 + a_3 b_1 + a_3 b_2$$

위 식에서 두 번째 합의 기호에 대해서 a_i는 변하지 않으므로 식 (2.2)에서 세 번째 성질에 의해 다음처럼 쓸 수 있습니다.

$$\sum_{i=1}^{m} \sum_{j=1}^{n} a_i b_j = \sum_{i=1}^{m} a_i \sum_{j=1}^{n} b_j$$

직접 풀어 적어봐도 그렇게 되는 것을 확인할 수 있습니다.

$$\sum_{i=1}^{3} \sum_{j=1}^{2} a_i b_j = a_1 b_1 + a_1 b_2 + a_2 b_1 + a_2 b_2 + a_3 b_1 + a_3 b_2$$

$$= a_1 (b_1 + b_2) + a_2 (b_1 + b_2) + a_3 (b_1 + b_2)$$

$$= \sum_{i=1}^{3} a_i \left(\sum_{j=1}^{2} b_j \right)$$

이처럼 복잡한 시그마 기호가 등장하면 인덱스를 자세히 보고 어떤 인덱스가 어떤 시그마 기호에 영향을 받는지 살펴봐야 합니다.

✓ **NOTE**

딥 러닝의 기본이 되는 인공신경망을 공부할 때 합의 기호가 여러 개 겹쳐 사용되는 경우가 자주 있습니다. 복잡하게 중첩된 합의 기호가 있는 상태에서 미분까지 하게 되면 막막해지는 경우가 많은데 그때를 대비해서라도 합의 기호에 익숙해지는 것이 좋습니다. 잘 이해가 되지 않으면 인덱스에 구체적인 숫자를 대입해서 풀어 적어 보는 것이 항상 도움이 됩니다.

지금까지 함수의 가장 기본적인 내용을 알아보았습니다.

$y = f(x)$라는 함수가 있을 때 그 구체적인 모습이 $y = x^2 + 3x + 1$일 수도 있고 $y = \log(x)$ 같은 모습일 수도 있습니다. 이제부터 두 집합 사이에 존재하는 관계를 구체적으로 기술하기 위한 도구인 다항함수, 지수함수, 로그함수에 대해서 알아보도록 하겠습니다.

다항함수

거듭제곱

다항함수를 알아보기 전에 먼저 거듭제곱에 대해서 간략히 알아봅시다. 거듭제곱이란 주어진 수를 n번 곱하는 연산을 이야기합니다. x의 n거듭제곱은 다음처럼 나타낼 수 있습니다.

$$x^n = \underbrace{x \times x \times \cdots \times x}_{n}$$

앞의 정의대로라면 x의 1거듭세곱은 x가 되는 것을 알 수 있습니다. 여기서는 거듭제곱의 정의와 표현법 정도만 알아 두고 좀 더 자세한 사항은 지수함수에서 다시 알아보겠습니다.

다항식란 함수로 입력되는 수를 거듭제곱하고 다시 상수배한 것 여러 개를 덧셈으로 연결한 형태의 식을 말합니다. 다음 식을 봅시다.

$$2x^3 + x^2 + 3x$$

위 식을 뜯어보면 x를 한 번은 세 번 곱하여 두 배하고($2x^3$), 또 한 번은 두 번 곱하여 한 배하고(x^2), 마지막으로 x를 한 번 곱하여 세 배한 것($3x$)을 모두 더하고 있습니다. $3x$ 부분은 거듭제곱의 정의에 따라 $n = 1$인 경우입니다. 따라서 위 식은 다항식입니다. 다항식에서 각 부분에 대한 명칭은 그림 2-8과 같습니다.

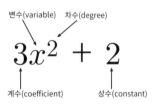

그림 2-8 다항식 구성

조금 전 다항식을 입력에 대한 거듭제곱을 상수배하고 이것들을 덧셈으로 연결했다고 표현했습니다. 여기서 덧셈으로 연결되는 것들을 항term이라고 합니다. 좀 더 정확히는 숫자 또는 문자의 곱으로 이루어진 식을 말합니다. 그림 2-8에 있는 식은 항이 두 개인 것입니다. 그래서 이름이 다항이 되는 것입니다. 항이 하나만 있다면 단항식이 될 텐데 단항식은 다항식에 포함되므로 다항식으로 통칭하겠습니다.

물론 항과 항 사이가 뺄셈으로 연결될 수도 있습니다. 하지만 이 경우는 부호가 음인 항이 덧셈으로 연결되었다고 볼 수 있기 때문에 정의를 덧셈으로 연결되었다고 해도 문제가 없습니다. $3x^2 - 3x + 2$인 다항식은 $3x^2 + (-3x) + 2$로 보겠다는 것입니다. 이런 다항식으로 이루어진 함수를 다항함수라고 합니다.

간단한 다항함수 활용의 예를 봅시다. 다음처럼 날아가는 포탄이 있다고 하면 이 포탄의 궤적을 간단한 이차 다항함수로 모델링할 수 있습니다.

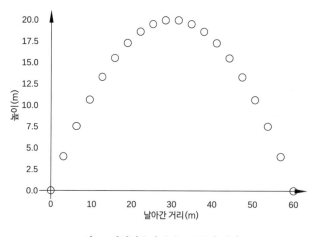

그림 2-9 다항함수의 응용 - 포물선 궤적

위 포탄의 궤적은 가로축 값이 0일 때 높이 값이 0, 가로축 값이 60일 때 높이 값이 0입니다. $y = x(x - 60)$으로 두고 이 식에 0과 60을 대입하면 함숫값으로 0을 만족시킵니다. 가로축 값이 30일 때 높이 값 20이 되어야 하는데 지금 식은 이를 만족시키지 못하므로 $y = ax(x - 60)$으로 계수 a를 추가합니다. x에 30을 대입하고 결과를 20으로 놓고 식을 정리하면 $a = -\dfrac{1}{45}$을 얻게 되고 최종적으로 $y = -\dfrac{1}{45}x$ $(x - 60)$이라는 이차 다항식을 얻을 수 있습니다.

✓ **NOTE**

이처럼 함수를 도구로 사용하여 현상을 설명할 수 있도록 하는 작업을 '모델링'이라고 합니다. 방금 전 여기서는 포탄의 궤적을 이차 다항식을 사용하여 모델링한 것입니다. 포탄의 궤적 중 특징적인 위치를 이용해서 이차 다항식을 궤적에 피팅한 것입니다. 이런 모델링을 정밀하게 잘하려면 현상을 설명할 수 있는 다양한 형태의 함수가 많을수록 유리하겠죠.

그래프 그리기

지금까지 함수와 그래프가 어떤 관계를 맺는지 알아보았습니다. 그래프가 우리에게 많은 정보를 주지만 막상 손으로 그래프를 그리기는 쉽지 않습니다. 그래프의 개형概形을 빠르게 파악하여 그리기까지는 많은 연습이 필요합니다. 다기능 탁상용

계산기에 그래프 그리기 기능이 탑재되어 있을 정도로 그래프를 익숙하게 그리는
능력은 함수를 이해하는 데 꼭 필요한 기술입니다. 많은 연습으로 익숙해지면 물론
좋겠지만 여기서는 파이썬을 사용하므로 파이썬으로 그래프 그리는 법을 익혀보겠
습니다. 다항함수의 그래프는 다항식 차수에 따라 다양하지만 일단 일차 함수만 알
아봅시다. 이차 이상에서도 완전히 동일한 코드로 그래프를 그릴 수 있습니다. 주
피터 노트북에서 새 노트북 파일을 열고 아래 내용을 입력합니다.

```python
import numpy as np #❶
import matplotlib.pyplot as plt
import matplotlib as mpl

mpl.style.use('bmh') #❷
mpl.style.use('seaborn-whitegrid')

fig = plt.figure(figsize=(10,7))          #❸
ax = fig.add_subplot(1, 1, 1)             #❹
ax.xaxis.set_tick_params(labelsize=18) #❺
ax.yaxis.set_tick_params(labelsize=18)
plt.xlabel('$x$', fontsize=25)
plt.ylabel('$y$', fontsize=25)

x = np.linspace(-3, 2, 10) #❻
y = 2*x+4                  #❻*
ax.plot(x, y, 'k')        #❼

arrowed_spines(fig, ax)    #❽

plt.show()
```

파이썬에서 그래프를 그리기 위해 가장 많이 사용하는 패키지는 매트플롯립입니
다. 이 책에서도 그래프를 모두 매트플롯립을 사용하여 그리고 있습니다.

❶ 우선 넘파이와 매트플롯립을 임포트합니다. ❷ 그래프에서 사용할 테마를 설
정합니다. 테마는 `mpl.style.use` 함수를 사용하면 지정할 수 있는데 사용자가 보기
에 편한 테마로 지정하면 됩니다. 적용 가능한 테마 리스트는 `plt.style.available`
에서 확인할 수 있습니다. 그래프에 적용할 수 있는 다양한 옵션에 대한 자세한 사
항은 매트플롯립 공식 웹사이트 문서[1]를 참고하세요.

❸ 크기 (10, 7)인 그림을 생성합니다. ❹ 그림에 좌표축을 생성합니다. ❺ 좌표

---

1   Customizing Matplotlib, *https://matplotlib.org/users/customizing.html*

축에 표시되는 좌표값 숫자 크기를 지정합니다. 이어서 축 이름을 적어주고, font size=25로 축 이름 크기를 조금 크게 해줍니다. 축 이름을 $ 기호로 둘러싼 이유는 LᴬTᴇX 수식으로 표현하기 위한 것입니다. 여기서 ❷, ❺ 과정은 그림을 보기 좋게 하기 위한 과정이므로 꼭 실행하지 않아도 무방합니다.

❻ 그릴 정의역을 np.linspace(start, stop, num) 함수로 생성하고 정의역에 대한 함숫값을 계산합니다. np.linspace(start, stop, num) 함수는 start에서 시작하여 stop으로 끝나는 구간에서 num개 숫자를 등간격으로 생성하여 돌려줍니다. 예를 들어 np.linspace(0,3,4)라고 하면 [0,1,2,3]이 반환됩니다. ❼ ax.plot() 함수로 평면에 점을 연속적으로 찍어 그래프를 그립니다. k 옵션은 검은색을 지정한 것입니다. 계산한 값은 열 개밖에 없지만 계산한 값 사이를 적당히 채워줍니다. ax.plot(x, y, '.')처럼 바꿔 그리면 선 대신 점 열 개만 찍히는 것을 확인할 수 있습니다. 코드를 실행하면 그림 2-10과 같은 그래프를 얻을 수 있습니다. ❽ 좌표축을 그리기 위해 미리 만들어 놓은 arrowed_spines() 함수를 호출합니다. 이 함수는 이 책의 깃허브 저장소를 참고하세요.

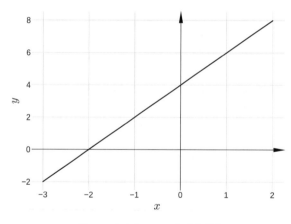

그림 2-10 파이썬으로 그린 일차 함수

✔ NOTE

1. LᴬTᴇX은 컴퓨터에서 수식을 표현하는 거의 표준적인 방법으로 수식 표현에 대한 자세한 문법은 한글위키백과 LᴬTᴇX 문법[2] 항목에 잘 정리되어 있습니다. 필요할 때마다 참고해서 복사해 붙이면서 사용하면 됩니다.

---

2 LᴬTᴇX 문법, *https://ko.wikipedia.org/wiki/위키백과:TeX_문법*, 한글위키백과

2. 이 책에서 사용하는 매트플롯립 관련 코드는 앞서 본 코드의 수준을 넘지 않습니다. 함수의 모양을 확인하는 정도면 충분하기 때문입니다. 더 자세한 매트플롯립 모듈의 사용법은 제이크 밴더플래스Jake Vanderplas가 지은 《파이썬 데이터 사이언스 핸드북》[3]을 참고하세요. 영문으로 공개된 문서도 그의 웹사이트[4]에서 읽어볼 수 있습니다.

3. 이 책에 사용된 그래프를 그리는 코드는 *https://github.com/metamath1/noviceml* 에 공개되어 있으니 필요한 그래프가 있다면 코드를 참조하면 됩니다.

이렇게 그래프를 그리는 코드는 함수의 형태가 달라져도 계속 재사용할 수 있으므로 한번 정도 눈여겨봐 둘 필요가 있습니다. 이차 또는 삼차 함수를 그리고 싶다면 ❻, ❻* 부분을 해당 정의역과 식으로 교체하기만 하면 됩니다.

지수함수

우리가 자주 다룰 함수 중 가장 간단한 형태인 다항함수에 대해서 알아보았습니다. 거듭제곱에 대해 이야기하면서 다항함수 이야기를 시작했듯이 거듭제곱근에 대해서 이야기하면서 지수함수 이야기를 해보죠.

거듭제곱근

어떤 수 x를 n번 곱했을 때 a가 되었다면, 다시 말해 $x^n = a$라면 이때 a에 대한 n제곱근은 x입니다. 어떤 수에 대해 이런 관계를 가지는 수를 거듭제곱근이라고 합니다. 조금 더 정식화해서 이야기하면 2 이상의 정수 n에 대해서 다음 식을 만족시키는 x를 a의 n제곱근이라고 합니다.

$$x^n = a$$

예를 들어 8의 세제곱근은 $2^3 = 8$이므로 2가 됩니다. 8의 네제곱근은 얼마가 될까요? 약 1.68179 정도가 됩니다. 단, 이때는 약 −1.68179 역시 네 번 곱해서 8이 되므로 8의 네제곱근이 됩니다. 거듭제곱근은 무리수가 될 수도 있습니다. 그렇기 때

---

3 VanderPlas, Jake, 김정인(역), 2017, 파이썬 데이터 사이언스 핸드북, 위키북스
4 VanderPlas, Jake, 2016, *Python Data Science Handbook*, *https://jakevdp.github.io/PythonDataScienceHandbook*

문에 거듭제곱근을 마냥 소수로 표시할 수 없으니 좀 더 명확한 표기가 필요합니다. 그래서 a의 n제곱근을 다음처럼 표기합니다.

$$\sqrt[n]{a}$$

예를 들어 2의 제곱근은 $\pm\sqrt[2]{2}$로 표기하며 제곱근일 때 2는 주로 생략합니다. 이 표기법을 사용해서 8의 세제곱근과 네제곱근을 써보면 $\sqrt[3]{8}$, $\sqrt[4]{8}$, $-\sqrt[4]{8}$이 됩니다.

✓ NOTE

1. 어떻게 보면 $\sqrt[n]{a}$라는 표현이 조금 무책임한 표현법 같기도 하지만 이보다 더 정확하고 간략하게 나타낼 수 있는 방법도 없습니다.

2. 8의 세제곱근은 하나만 존재하고 네제곱근은 두 개가 존재하는 것처럼 보입니다. 하지만 위에 열거한 거듭제곱근들은 실수만 예로 든 것이고 실수를 넘어서는 범위까지 포함하면 n제곱근은 모두 n개가 존재합니다. 굳이 8의 세제곱근을 모두 구해보면 $-1+\sqrt{3}i$, $-1-\sqrt{3}i$라는 이상한 수가 두 개 더 있지만 우리는 거듭제곱근의 의미와 표기법만 잘 알아 두면 충분합니다.

거듭제곱이 뭔지 기본적인 사항을 알아보았으니, 이제 지수함수에 대해 이야기해봅시다. 지수함수란 다음과 같은 거듭제곱 꼴의 함수를 이야기합니다.

$$y = a^x$$

이 식에서 a를 밑, x를 지수라고 이야기합니다. 여기서 중요한 것은 a가 변수가 아니라 x가 변수라는 점입니다. a는 주어진 상수입니다. 그래서 위 식이 의미하는 바를 따져보면 처음부터 주어진 a가 있고 입력 x가 들어오면 a를 x번 곱해서 y로 출력하라는 의미입니다. 함수의 성질을 알아보기 위해 밑이 2, 3, 4와 $\frac{1}{2}$, $\frac{1}{3}$, $\frac{1}{4}$인 경우에 대해서 그래프를 그려봅시다. 그림 2-11 그래프를 앞서 배운 파이썬 그래프 그리기로 꼭 직접 그려보세요.

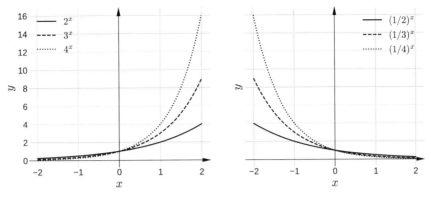

그림 2-11 지수함수

밑이 클수록 증가 정도가 더 심한 그래프가 그려집니다. 더 큰 수를 거듭제곱으로 곱해 나가니 이는 당연한 결과입니다. 반면 밑이 1보다 작은 경우는 감소하는 그래프가 됩니다. 1보다 작은 수를 거듭제곱하므로 함숫값은 빠르게 줄어들게 됩니다. 그리고 밑이 1보다 큰 경우 증가 정도는 x가 커질수록 상상 이상으로 빠르다는 것을 알 수 있습니다. $y = x^2$과 $y = 2^x$를 비교해 보면 다음과 같습니다.

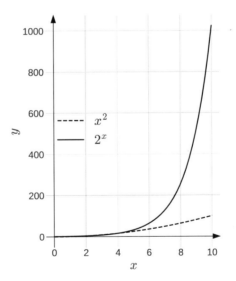

그림 2-12 지수함수와 이차 함수 비교

x^2도 $2x$에 비하면 빠르게 증가하는데 2^x에는 비할 바가 못 됩니다. 이렇게 지수함수는 매우 빠르게 증가한다는 특징이 있습니다.

✓ **NOTE**

지수함수의 빠른 증가를 설명하는 좋은 예로 다음과 같은 이야기를 들 수 있습니다. 한 달간 아르바이트 자리를 구하는 대학생 K씨가 두 회사를 놓고 고민을 하고 있습니다. A회사는 한 달간 일당으로 무려 100만 원을 준다고 합니다! B회사는 첫날 일당으로 1원을 주고 둘째 날 일당으로는 첫날의 두 배인 2원을 주고 셋째 날은 다시 두 배인 4원을 주는 식으로 매일 두 배씩 일당을 더 준다고 합니다.

K씨는 어느 회사에서 일해야 할까요? 엑셀에 숫자를 적어 계산을 해보세요. 참고로 저의 주변인들에게 물어봤을 때 모두 고민없이 A회사라고 대답했습니다!

B회사에서 근무하게 되면 첫 20일 동안 받는 총 일당이 100만 원을 약간 넘게 됩니다. A회사에 근무했다면 2000만 원을 벌었겠죠. 하지만 한 달 31일을 꼬박 근무했을 때 B회사에서 근무하면 무려 21억 4천만 원을 벌 수 있습니다!

그런데 그래프를 자세히 보면 밑이 어떤 수가 되어도 $x = 0$일 때 $y = 1$인 점을 지나고 있습니다. 이 말은 $2^0 = 3^0 = 4^0 = \left(\frac{1}{2}\right)^0 = \left(\frac{1}{3}\right)^0 = \left(\frac{1}{4}\right)^0 = 1$이라는 말입니다. a^0는 a를 몇 번 곱하기에 1이 되는 것일까요? 설상가상으로 $a^{0.2}$, a^{-1} 같은 표현들은 어떻게 계산되길래 그래프에 모두 그려져 있는 것일까요? 이에 대해 답하기 위해 지수법칙을 간단히 알아봅시다.

지수법칙

a^0, $a^{0.2}$, a^{-1} 같은 경우는 지수법칙에 의해 정의되는데 지수법칙은 다음과 같습니다.

$$a^m a^n = a^{m+n}$$
$$(a^m)^n = a^{mn}$$
$$(ab)^m = a^m b^m$$
$$a^m \div a^n = a^{m-n} \qquad (2.3)$$
$$a^0 = 1$$
$$a^{-n} = \frac{1}{a^n}$$
$$a^{\frac{m}{n}} = \sqrt[n]{a^m}$$

앞의 규칙을 모두 증명하여 익히는 것은 머신 러닝을 위한 수학 기초를 다지려는 우리에게 너무 많은 시간을 요구합니다. 이 식들을 하나씩 자세히 따져보는 것은 아래 노트에서 제공하는 온라인 문서를 참고하세요. 우선 지금은 이 규칙들이 특정한 밑 조건과 지수 조건에서 성립함을 알아 두도록 합시다. 예를 들어 지수가 유리수인 경우 밑은 양수가 되어야 한다는 식입니다. 만약 밑이 음수가 되면 지수법칙을 적용하기 애매한 경우가 생기기 때문입니다. 예를 들어

$$\left\{(-2)^2\right\}^{\frac{1}{2}}$$

인 경우 순서대로 계산하면

$$\left\{(-2)^2\right\}^{\frac{1}{2}} = 4^{\frac{1}{2}} = \sqrt{4} = 2$$

가 되지만 식 (2.3)에서 두 번째 지수법칙을 먼저 적용하면

$$\left\{(-2)^2\right\}^{\frac{1}{2}} = (-2)^{2 \cdot \frac{1}{2}} = -2$$

가 되므로 결과가 일치하지 않습니다. 따라서 지수가 정수를 넘어서는 경우 밑은 양수가 되어야 합니다. 하지만 지수가 $\frac{1}{2}$이 아니라 양수 3이라면 $\{(-2)^2\}^3$은 어떻게 계산해도 64가 되기 때문에 밑이 꼭 양수일 필요는 없습니다.

✓ NOTE

지수법칙이 유도되는 과정과 밑 조건, 지수 조건을 모두 자세히 설명하는 것은 너무 지루한 과정이므로 궁금할 때마다 이 책의 깃허브 저장소(지수법칙, *https://bit.ly/33gktGA*)를 참고하세요. 하지만 공부를 하면서 자주 접하게 되면 어느 순간 이유나 조건 등을 생각하지 않고 마치 당연한 듯 지수법칙을 다루게 됩니다.

이제 지수법칙에 의해 밑이 $a > 0$인 경우 다음 함수는 실수 전체에 대해 정의되는 함수임을 알 수 있습니다. 또한 $a = 1$인 경우 입력 x에 상관없이 출력이 항상 1인 상수 함수가 되므로 $a \neq 1$인 조건도 추가해 둡니다.

$$y = a^x \qquad a > 0, a \neq 1 \tag{2.4}$$

자연상수 e

지수함수의 밑으로 자주 쓰이는 자연상수라는 상수가 있습니다. 우리가 잘 알고 있는 대표적인 무리수 π처럼 이 상수도 무리수입니다. 표기는 e라고 하는데 지수, 로그함수와 밀접한 관계가 있으므로 알아보겠습니다. 다음과 같은 지수식이 있다고 합시다.

$$\left(1 + \frac{1}{x}\right)^x$$

x에 적당한 값을 넣고 값을 계산할 수 있습니다. 직접 계산을 해보면 아래와 같습니다. 오랜만에 파이썬 코드를 잠깐 써보도록 합시다.

```
import numpy as np

x = np.array([2, 10, 100, 1000, 10000, 100000])
y = (1+1/x)**x
print(y)

#>>> [2.25    2.5937 2.7048 2.7169 2.7181 2.7183]
```

지수를 2에서 100000까지 증가시키면서 값을 계산해 보면 지수가 매우 커져도 결과 값은 대략 비슷한 것을 알 수 있습니다. 직접 위 코드에서 x를 수정하여 지수를 아무리 크게 해도 결과값은 2.718에서 크게 달라지지 않을 것입니다. 식을 자세히 보면 지수가 커질수록 괄호 안 값은 1에 가까워지게 되어있다는 사실을 알 수 있습니다. 그래서 저 식은 계속해서 값이 커지지 않습니다. 스위스의 수학자 야콥 베르누이Jakob Bernoulli는 x가 커질수록 위 식의 결과가 어떤 특정한 수에 수렴한다는 것을 밝혀냈습니다. 이후 오일러Leonhard Euler가 이 수를 e로 처음 표기하여 논문으로 출판했습니다. 구체적인 값은 약 2.7183⋯ 정도 되며 다음과 같이 정의합니다.

$$\lim_{x \to \infty} \left(1 + \frac{1}{x}\right)^x = e \quad \text{또는} \quad \lim_{x \to 0} (1 + x)^{\frac{1}{x}} = e \tag{2.5}$$

✓ **NOTE**

식 (2.5)에서 e에 대한 두 가지 정의를 함께 적었습니다. 두 번째 정의도 x 값을 점점 0에 가깝게 줄여가면서 식을 계산해 보면 신기하게도 2.718 근처로 수렴하는 것을 알 수 있습니다. 식 (2.5)에서 나타나는 기호 $\lim_{x \to \infty} (\cdot)$에 대해서는 4장 "미분" 편에서 다루게 됩니다. 그리고 식의 형태가 어떻게 유도되었는지 궁금한 분은 한글위키백과에서 e(상수)를 검색해 보기 바랍니다.

그리고 유도 과정에 대한 자세한 설명은 이상엽 님의 동영상[5]을 참고하면 됩니다.

이 무리수 e를 자연상수 또는 네이피어 상수라고 이야기합니다. 네이피어 상수라는 명칭은 잠시 후 알아볼 로그를 발명한 존 네이피어John Napier의 이름에서 따온 것입니다. 우리가 지수함수나 로그함수를 다룰 때 밑으로 사용하는 수가 e입니다. 고등학교에서는 주로 10과 2를 밑으로 사용하지만 대부분 공학 분야에서는 e를 밑으로 사용합니다. 파이썬에서는 `math.e`, `numpy.e`에 상숫값이 정의되어 있고 값은 2.718281828459045입니다. 다음 코드를 실행하여 값을 확인해 보세요.

```
import math
import numpy as np

print(math.e)
print(np.e)
```

`#>>> 2.718281828459045`

지수함수 단원에서 e에 대해 이야기한 이유는 지수함수나 로그함수의 밑으로 쓰이기 때문이기도 하지만 지수함수 e^x의 도함수가 바로 자기 자신인 e^x가 되기 때문입니다. 미분 단원에서 배울 도함수라는 것을 여러 함수에 대해서 구해보면 보통은 함수의 모양이 변합니다. 하지만 신기하게도 e^x만은 미분을 해도 모양이 전혀 변하지 않습니다. 머신 러닝에서 e^x의 구체적인 활용은 로지스틱 함수를 소개할 때 다시 다루겠습니다.

로그함수

로그함수는 우리를 아주 많이 괴롭히던 함수입니다. 로그의 정의가 조금은 미묘한 부분이 있어서 많은 사람이 그렇게 느끼는 것 같습니다. 우선 로그의 모양부터 보겠습니다.

$$y = \log_a x$$

---

5 이상엽, 2016, What is constant e?, *https://youtu.be/ELArhsyt4MA*

전체적으로 보면 로그라는 기호가 x를 y로 변환하는 것처럼 보입니다. 그 변환 관계를 설명해 보면 다음과 같습니다. 우선 log 아래쪽에 a라는 상수가 보이는 것에 주목합시다. 그러면 다음처럼 약속합니다.

> "a라는 수를 $a^\square$ 형태로 변환하여 x라는 수로 만들 때 a의 지수 $\square$를 $\log_a x$라 표현한다."

쉬운 예를 하나 들어보면

$$2^\square = 16$$

위 경우 $\square$ 안에 어떤 수를 넣으면 등식이 성립할까요? 쉽게 4라는 것을 알 수 있습니다. 그래서 정의대로 쓰면 $\log_2 16 = 4$가 되는 것입니다. 이제 다음 경우를 또 생각해 봅시다.

$$2^\square = 17$$

밑이 2이고 결과가 17이므로 $\square$에 어떤 양수가 들어가야 합니다. 그런데 이번에는 $\square$ 안에 어떤 수를 넣으면 되는지 알기 쉽지 않습니다. 4보다는 크고 5보다는 작은 어떤 양수가 되어야 합니다. 이럴 때 $\square$에 들어갈 수를 $\log_2 17$이라고 표현하면 되는 것입니다. 컴퓨터의 힘으로 실제 계산해 보면 4.0874 정도됩니다. 그럼 이 수를 실제로 $\square$에 넣어 봅시다.

$$2^{\log_2 17} = 17$$

위와 같은 결과가 나옵니다. 로그의 정의에 의해 당연한 결과이지만 이 결과를 다음처럼 문자로 바꿔 놓고 보면 뭔가 거창한 공식처럼 보입니다.

$$a^{\log_a b} = b$$

이렇게 로그의 정의에 의해 생기는 당연하지만 조금은 묘한 성질을 이용해서 곱셈이나 나눗셈에 적용되는 다양한 공식들을 만들어 냅니다. 다양한 로그의 성질을 알아보기 전에 정식으로 로그를 정의하고 넘어갑시다.

$a > 0, a \neq 1, x > 0$일 때, $a^y = x$이면 $y = \log_a x$이고 $y = \log_a x$이면 $a^y = x$이다.

여기에서 밑 조건 $a > 0$, $a \neq 1$은 지수함수로부터 온 것입니다. 또한 지수함수에서 함숫값은 항상 0보다 크기 때문에 $x > 0$이란 조건이 생겼습니다. $\log_a x$에서 a를 밑, x를 진수라고 이야기합니다.

로그의 성질

로그는 그 정의에 의해 다음과 같은 다양한 성질을 가집니다. 특히 곱셈이 덧셈으로 바뀌는 성질이나 나눗셈이 뺄셈으로 바뀌는 성질은 확률을 사용하는 인공지능 분야에서 자주 사용되는 성질이니 잘 알아 둘 필요가 있습니다.

$$\log_a 1 = 0$$
$$\log_a a = 1$$
$$\log_a MN = \log_a M + \log_a N$$
$$\log_a M^k = k \log_a M \tag{2.6}$$
$$\log_a \frac{M}{N} = \log_a M - \log_a N$$
$$\log_a b = \frac{\log_c b}{\log_c a}$$

첫째 성질과 둘째 성질은 로그의 정의를 생각해 보면 자연스럽게 유도됩니다. 세 번째 성질부터는 유도하기가 쉽지 않고 직관적으로도 와닿지 않습니다. 하지만 꽤 자주 사용되는 성질들이니 잘 기억해 둘 필요가 있습니다. 마지막 성질은 밑 변환 성질로 밑을 다른 수로 변환할 때 밑이 분수의 분모로 내려간다는 점을 주목하면 쉽게 기억할 수 있습니다.

로그가 가진 성질을 사용할 때 가장 많이 실수하는 부분은 세 번째, 다섯 번째 성질로 다음처럼 적용하지 않도록 주의해야 합니다.

$$\log_a M \log_a N = \log_a M + \log_a N$$
$$\frac{\log_a M}{\log_a N} = \log_a M - \log_a N$$

✓ **NOTE**

로그의 성질을 유도하는 과정은 이 책 깃허브 저장소(로그의 성질, *https://bit.ly/33gktGA*)에 잘 정리해 두었습니다. 이 과정은 꼭 한번 확인해 볼 필요가 있습니다. 단순히 공식을 외우는 것보다 로그의 정의로부터 다양한 성질을 유도하는 연습을 하면서 로그에 대한 이해를 한층 높일 수 있기 때문입니다.

역함수

$y = f(x)$인 함수가 있을 때 어떤 함수에 이 함수의 출력 y를 입력하면 함수의 입력 x를 출력해주는 함수를 생각해 볼 수 있습니다. 다시 말해 입력과 출력이 뒤바뀐 경우입니다. 이 함수를 g라고 하면 $x = g(y)$라는 말입니다. 이런 함수가 있을 때 이 함수 g를 f의 역함수라고 이야기합니다. 일차 다항함수 예를 들어 보면 $y = 2x + 1$이 있을 때 $x = \frac{y-1}{2}$가 역함수입니다. 보통 독립변수를 x로 쓰는 관행이 있으므로 문자를 바꿔 $y = \frac{x-1}{2}$로 쓰고 두 함수는 역함수 관계라고 이야기합니다.

f의 역함수를 표시하기 위해 f^{-1}를 사용하기도 합니다. 하지만 이런 역함수가 항상 존재하는 것은 아닙니다. 어떤 함수 f가 일대일 대응 함수일 때만 역함수가 존재합니다. 예를 들어 x^2은 $-2, 2$가 모두 4에 대응되기 때문에 역함수가 존재하지 않습니다.

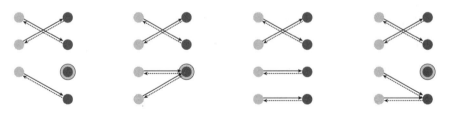

그림 2-13 역함수의 대응관계

그림 2-13은 함수의 개념을 설명할 때 보았던 그림과 비슷합니다. 다른 점은 반대 방향으로 향하는 화살표가 추가되었다는 것입니다. 첫 번째, 두 번째, 네 번째는 화살표 방향이 반대가 되었을 때 함수의 정의에 어긋나는 부분이 생기게 됩니다. 그림에서는 큰 원으로 표시되어 있습니다. 세 번째 그림처럼 좌측과 우측의 원소가 하나씩 빠지지 않고 대응되는 경우만 문제가 생기지 않습니다. 이런 경우를 일대일 대응이라 합니다.

우리가 정의했던 지수함수는 일대일 대응 함수입니다. a^x는 모든 실수 x에 대해서 정의되며 a^x에서 x에 값이 지정되면 유일하게 이 식의 결과가 결정됩니다. 지수식에서 x가 다른데 그 결과가 같을 수는 없습니다. 그러므로 지수함수의 역함수는 존재합니다. 앞서 알아본 로그의 정의를 다시 봅시다.

$a > 0, a \neq 1, x > 0$일 때, $a^y = x$이면 $y = \log_a x$이고 $y = \log_a x$이면 $a^y = x$이다.

식을 살펴보면 지수식으로 들어가는 입력 y가 로그에서는 출력 y가 되고 지수식의 출력 x는 로그로 입력되는 것을 알 수 있습니다. 따라서 다음처럼 지수함수의 역함수로써 로그함수를 정의할 수 있습니다.

$$y = \log_a x \quad a > 0, \ a \neq 1 \tag{2.7}$$

로그함수의 그래프

다항함수와 지수함수에 대해서는 파이썬의 기본 연산자인 *, **, −, + 같은 연산자만을 사용하여 함숫값을 계산할 수 있었습니다. 로그함수는 기본 연산자만으로 값을 계산할 수 없습니다. 그래서 파이썬에서 제공하는 로그함수를 사용해야 합니다.

파이썬 표준 라이브러리에 math라는 패키지가 있습니다. math 패키지에서 제공하는 log() 함수의 도움말[6]을 보면 math.log(x[, base])처럼 사용할 수 있습니다. 함수로 독립변수의 값과 로그의 밑을 동시에 넘겨줄 수 있습니다. 밑을 3으로 하는 로그 10을 구하고 싶으면 math.log(10, 3)이라고 사용하면 됩니다.

반면 넘파이에서 제공하는 log() 함수는 log(), log2()와 log10()이 있습니다. 아무 표시가 없는 log()는 밑이 e인 로그함수입니다. 이 함수들은 이미 밑이 지정되어 있는 함수들이죠. 그래서 임의의 밑을 가지는 로그를 계산하기 위해서는 로그 성질 중 식 (2.6)에서 마지막 성질인 밑 변환 성질을 사용해야 합니다. 다음 쪽 코드처럼 간단히 로그함수를 만들어 사용하면 됩니다. 간단하지만 코딩에 수학을 적용한 좋은 예라고 할 수 있습니다.

---

6 Python Documentation Contents: Mathematical functions, *https://docs.python.org/3/library/math.html#math. log*

```
import numpy as np

def log(x, base=np.e):
    return np.log(x) / np.log(base)

log(4,2)
#>>> 2

log(100,10)
#>>> 2
```

함숫값을 계산할 x와 로그의 밑을 넘겨받아서 밑 변환 성질을 사용하고 있습니다. 이때 밑을 전달 받을 base 인자에는 기본값으로 자연상수 np.e를 지정했습니다.

✓ **NOTE**

log() 함수에 특별히 밑을 표시하지 않은 이유는 별다른 언급이 없으면 밑을 e로 가지는 로그함수이기 때문입니다. 고등학교 교과서에서는 밑이 표시되지 않으면 밑이 10인 로그함수였지만 대부분 공학 분야에서는 밑이 e인 로그함수를 기본으로 사용합니다. 때로는 $\log_e$를 ln으로 구별하는 경우도 있습니다.

만들어진 로그함수를 사용하여 다음과 같은 그래프를 그려봅시다. 이번에도 다항함수를 그렸던 코드를 적당히 변경하여 결과를 만들어 봅시다.

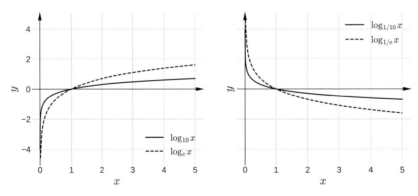

그림 2-14 로그함수

만약 그래프를 그릴 때 입력 x의 범위를 −5에서 5까지로 했다면 경고문이 뜰 것입니다. 왜 그럴까요? 지수함수는 항상 양의 실수만 출력하게 되어 있습니다. 지수함수의 역함수가 로그함수이므로 로그함수의 입력은 지수함수의 출력이 되는데 이것은 음수가 될 수 없습니다. 그래서 로그함수의 정의역은 양의 실수입니다. 이는 그래프로도 확인할 수 있습니다. 그림 2-14에서 왼쪽 그래프는 로그의 밑이 1보다 큰 두 가지 경우를 그린 것입니다. 하나는 밑이 10이고 다른 하나는 e입니다.

로그 그래프에서 알아 두어야 할 가장 중요한 사항이 두 가지 있습니다. 첫째는 밑이 달라져도 반드시 (1, 0)을 지난다는 점입니다. 이것은 지수함수가 밑이 달라져도 반드시 (0, 1)을 지나는 것과 동일한 성질입니다. 두 번째는 밑이 1보다 큰 로그함수의 그래프는 매우 완만하게 증가한다는 것입니다. 얼마나 완만하게 증가하느냐 하면 x값이 '밑'배로 늘어나면 함숫값이 1 증가합니다. 예를 들어 밑이 2인 로그함수 그래프는 x좌표가 2배될 때마다 함숫값이 1씩 커집니다. 밑이 10이면 x가 10배 증가할 때 함숫값이 1 증가하겠죠? 그래서 밑이 클수록 완만하게 증가하는 함수가 됩니다.

자주 만나는 특별한 함수: 로지스틱 시그모이드 함수

함수에 대한 기본 학습을 마무리하기 전에 머신 러닝에서 자주 접하는 특별한 모양의 함수를 소개합니다.

그래프가 S자 형태를 닮은 함수를 시그모이드 함수sigmoid function라고 합니다. 이런 시그모이드 함수에는 여러 종류[7]가 있지만 머신 러닝에서 자주 보게 되는 함수는 다음 형태의 함수입니다.

$$\sigma(z) = \frac{1}{1 + e^{-z}} \tag{2.8}$$

식 (2.8)에서 σ는 '시그마'라고 읽습니다. 위 함수를 특별히 로지스틱 함수 또는 로지스틱 시그모이드 함수라고 합니다. 분모에는 우리가 알아본 지수함수 형태도 보입니다. 이 함수의 특징을 살펴보기 위해서는 함수의 그래프를 보는 것이 좋습니다. 그림 2-15는 로지스틱 시그모이드 함수의 그래프입니다.

전체적으로 S자 형태를 띠고 있습니다. 그래프를 보면 함수의 정의역은 실수 전체임을 알 수 있습니다. 하지만 함숫값은 0에서 1 사이입니다. 어떤 실수가 입력되

---

7 시그모이드 함수의 종류는 다음을 참고하세요. Sigmoid function, *https://en.wikipedia.org/wiki/Sigmoid_function#Examples*

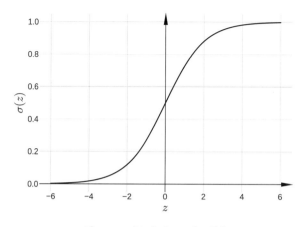

그림 2-15 로지스틱 시그모이드 함수

어도 0에서 1 사이의 값으로 변경된다는 뜻입니다. 그렇기 때문에 어떤 함수가 출력하는 값을 이 함수에 입력하면 이전 함수가 어떤 값을 출력하더라도 최종 출력이 0과 1 사이로 변환되게 됩니다. 이런 이유로 이 함수를 '밀어넣다'라는 의미의 스쿼시squash를 써서 '스쿼싱함수squashing function'라고 부르기도 합니다.[8]

2장에서 로지스틱 회귀를 잠깐 이야기한 적이 있는데 그때 등장했던 S자 형태 함수가 바로 로지스틱 시그모이드 함수입니다. 이 함수는 0과 1 사이 값을 출력하므로 이 출력값을 확률로 해석할 수 있습니다. 확률은 0과 1 사이의 값을 가지기 때문입니다.

다음 장 마지막에 다양한 함수의 조합이 어떻게 분류기를 만들어 내는지 알아보기 위해 간단한 분류기를 실습해 볼 것입니다. 그 과정에서 이 함수의 결과를 확률로 해석하게 될 것입니다.

지금까지 예로 든 함수는 모두 입력이 숫자 하나이고 출력이 숫자 하나인 함수였습니다. 이 장의 제목처럼 '세상의 모든 것을 입력과 출력으로 바라보기' 위해서는 숫자 하나가 입력되고 숫자 하나가 출력되는 함수만으로는 부족합니다.

이제 입력과 출력이 숫자 여러 개인 함수를 살펴볼 차례입니다.

---

8   Bishop, Christopher, 김형진(역), 2018, 패턴 인식과 머신 러닝, 제이펍, p221.

3장

다변수 함수와 벡터함수: 입력이 여러 개, 출력이 여러 개인 함수

입력과 출력에 따른 함수의 분류

지금까지 예로 든 함수는 모두 입력도 숫자 하나, 출력도 숫자 하나인 함수였습니다. 이제 입력과 출력이 숫자 여러 개인 함수를 살펴볼 차례입니다. 다음과 같은 순서로 알아보겠습니다.

- 입력이 여러 개인 함수의 정의와 그래프의 의미
- 출력이 여러 개인 함수의 정의와 그래프의 의미
- 여러 함수가 합성된 합성함수
- 여러 가지 함수를 합성하여 만든 초간단 분류기 실습

스칼라와 벡터

입력과 출력이 하나뿐인 경우와 여러 개인 경우를 잘 구분하기 위해 스칼라scalar와 벡터vector라는 개념을 알아보겠습니다. 스칼라란 크기만을 나타내는 수학 도구입니다. 온도나 내가 가진 재산 따위의 크기를 표시할 때 쓰는 도구라고 이해하면 됩니다. 수학 도구라고 하면 너무 추상적인 표현이라 느낄 텐데 쉽게 숫자 하나로 표현되는 양이 있다면 스칼라라고 이해해도 좋습니다. (아주 정확한 설명은 아닙니다. 하지만 이 정도만 알고 있어도 큰 무리는 없습니다.) 영어 단어에서 규모나 등급을 뜻하는 scale이라는 단어와 같은 어원을 공유하고 있습니다. 실제로 우리는 '스칼라'라고 발음하지만 영어권에서는 '스케일러'라고 발음합니다. 우리도 크기를 가늠할 때 '스케일'이 크다, 작다란 식으로 이야기하지요.

벡터란 크기와 방향을 모두 가지는 수학 도구라고 생각하면 됩니다. 라틴어로 '운반하다'라는 뜻인 vehere에서 파생된 용어입니다.[1]

물체를 정확히 운반하려면 어느 방향으로 얼마만큼 이동해야 할지 반드시 알아야 합니다. 그래서 크기와 방향을 모두 가지는 양을 벡터라고 합니다. 예를 들면 속도는 방향과 크기를 모두 가지므로 벡터입니다. 스칼라를 이해할 때와 마찬가지로 아주 정확한 이해는 아니지만 숫자 여러 개가 모여 있으면 벡터라고 생각해도 우리가 공부하는 범위 내에서는 큰 문제가 없습니다.

✓ NOTE

벡터에 대한 이런 설명이 낯설게 들리는 독자들은 크기와 방향을 모두 가지는 것과 숫자가 여러 개 모인 것이 어떻게 같은 의미인지 궁금할 수 있습니다. 이에 대해서는 7장 행렬을 다룰 때 좀 더 자세히 알아보겠습니다. 우선은 숫자 여러 개를 묶어 두었다고 생각합시다.

앞으로 벡터변수를 표시할 때는 굵은 알파벳 볼드체로 표시하겠습니다. x, $\mathbf{x}$가 있으면 앞쪽 x는 숫자 하나를 표시하고 뒤쪽 $\mathbf{x}$는 숫자가 여러 개 들어있는 변수라고 생각하면 됩니다. 이때 $\mathbf{x}$에 들어있는 각 숫자를 벡터의 요소element라 하고 요소의 개수를 벡터의 차원dimension이라고 합니다. 예를 들어 벡터 $\mathbf{v} = (x, y, z)$는 3차원 벡터가 되고 x, y, z는 벡터가 가지는 요소입니다. 벡터를 표시할 때 다음 표기처럼 숫자를 세로로 나열할 수도 있고 가로로 나열할 수도 있습니다.

$$\mathbf{x} = \begin{pmatrix} x_1 \\ x_2 \end{pmatrix} \quad \text{또는} \quad \mathbf{x} = (x_1, x_2)^{\mathrm{T}}$$

숫자가 세로로 나열된 벡터를 열벡터column vector라 하고 가로로 나열된 벡터를 행벡터row vector라고 합니다. 특별한 언급이 없으면 벡터는 기본적으로 열벡터입니다. 문서에서 벡터의 요소를 모두 표시할 때 세로로 적기가 불편하므로 행벡터로 적고 T라는 기호를 써서 이 벡터를 열벡터로 바꾸라고 명시합니다. 예를 들면 요소 3개짜리 벡터를 $\mathbf{v} = (1, 2, 3)^{\mathrm{T}}$와 같이 표시하면 열벡터를 표시한 것입니다. 이 정도가 이번 장에서 요구하는 스칼라와 벡터에 대한 기본적인 사항들입니다.

---

1 벡터, 스칼라에 대한 어원 이야기는 다음을 참고하세요.
전파거북이, 좌표계기반벡터, *https://ghebook.blogspot.com/2010/07/vector.html*, 전파거북이 블로그

앞으로 살펴볼 함수들은 이 스칼라와 벡터를 입력과 출력으로 받고 내보내는 함수들입니다. 입력과 출력이 될 수 있는 대상이 스칼라와 벡터 두 가지이므로 총 네 가지 형태의 함수가 있습니다.

일변수 스칼라함수

2장에서 알아본 함수는 숫자 하나가 입력되고 숫자 하나가 출력되는 함수들이므로 모두 일변수 스칼라함수입니다. 기호로 표기하면 다음처럼 간단하게 표시할 수 있습니다.

$$y = f(x) \tag{3.1}$$

앞서 소개한 기호법에 따르면 입력 x와 출력 y 모두 스칼라입니다.

하지만 다항함수, 지수함수, 로그함수 들이 반드시 일변수 스칼라함수일 필요는 없습니다. 열거된 함수들은 다항식 형태, 지수식 형태, 로그의 형태로 입력과 출력의 관계를 묘사하는 함수입니다. 어디까지나 관계를 나타내는 형태를 중심으로 함수를 바라본 것입니다. 따라서 다항식 형태라 하더라도 입력과 출력이 여러 개가 될 수 있습니다.

일변수 벡터함수

일변수 벡터함수는 다음처럼 정의되는 함수입니다.

$$\mathbf{r}(t) = (f_1(t),\ f_2(t), \cdots, f_n(t))^{\mathrm{T}} \tag{3.2}$$

식 (3.2)는 n차원 벡터를 결과로 돌려주는 벡터함수입니다. 입력은 숫자 t 하나밖에 없습니다.

✓ **NOTE**

식 (3.2)에서 거듭제곱 형태로 표시된 전치 기호에 대한 자세한 설명은 행렬을 설명할 때 다시 하겠습니다.

따라서 $f : \mathbb{R} \to \mathbb{R}^n$인 함수입니다. 여기서 $\mathbb{R}$은 실수 전체 집합을 나타냅니다. 그리고 각 함수의 형태는 다항함수, 지수함수, 로그함수 등 어떤 형태도 가능합니다. 예

를 들어 식 (3.3)과 같은 일변수 벡터함수가 있다고 합시다. 대개 3차원에 익숙하기 때문에 벡터 요소가 세 개인 예를 들었습니다.

$$\mathbf{r}(t) = \begin{pmatrix} x(t) \\ y(t) \\ z(t) \end{pmatrix} = \begin{pmatrix} \sin(6t) \\ \dfrac{t}{4} \\ \dfrac{t^2}{2} \end{pmatrix} \tag{3.3}$$

t가 결정되면 식 (3.3)의 숫자 세 개를 계산할 수 있습니다. sin을 어떻게 계산해야 할지 모른다 하더라도 걱정할 필요 없습니다. 계산기가 알아서 해주니 어떤 값에 여섯 배해서 sin 함수에 넣어서 결과를 만들어 낼 수 있습니다. 이렇게 계산된 숫자 세 개를 모아서 벡터로 만들고 첫 번째 숫자를 x축, 두 번째 숫자를 y축, 세 번째 숫자를 z축에 대응하여 점을 찍으면 3차원에 점 하나를 찍을 수 있습니다. 이렇게 모든 t에 대해서 점을 찍어보면 3차원에 어떤 곡선이 그려지게 됩니다. 실제로 이 함수를 파이썬 코드로 그려보겠습니다.

```python
import numpy as np
import matplotlib.pyplot as plt
from mpl_toolkits import mplot3d   #❶

plt.figure(figsize=(7,7))

ax = plt.axes(projection='3d')    #❷
ax.xaxis.set_tick_params(labelsize=15)
ax.yaxis.set_tick_params(labelsize=15)
ax.zaxis.set_tick_params(labelsize=15)
ax.set_xlabel('$x$', fontsize=20)
ax.set_ylabel('$y$', fontsize=20)
ax.set_zlabel('$z$', fontsize=20)

# eq(3.3)
t = np.linspace(0, 2, 101)        #❸
x = np.sin(6*t)
y = 1/4 * t
z = t**2 / 2

ax.plot3D(x, y, z, c='k')                                      #❹
ax.plot([x[0]],  [y[0]],  [z[0]],  'o', markersize=10, color='k',  #❺
        label="t = {:.2f}".format(t[0]))
ax.plot([x[50]], [y[50]], [z[50]], '^', markersize=10, color='k',
        label="t = {:.2f}".format(t[50]))
```

```
ax.plot([x[-1]], [y[-1]], [z[ 1]], '*', markersize-10, color-'k',
        label="t = {:.2f}".format(t[-1]))

ax.legend(fontsize=15, loc="upper left")

plt.show()
```

그림을 그리는 파이썬 코드는 이전에 살펴보았던 코드와 크게 다르지 않습니다. 다만 여기서는 3차원 그래프를 그려야 하므로 달라진 코드를 중심으로 이야기하겠습니다. ❶ 3차원 그래프를 그리기 위한 툴킷을 임포트합니다. ❷ 3차원으로 투영되는 좌표축을 생성합니다. ❸ t 범위를 설정하고 t에 대해서 x, y, z 값을 모두 계산합니다. ❹ plot3D() 함수에 ❷에서 계산한 x, y, z 좌표 값을 넘겨서 그림을 그립니다. ❺는 계산한 x, y, z 중 0번째, 50번째 그리고 마지막 좌표를 특별히 표시하는 코드입니다. 이렇게 값을 표시하면 t가 증가하면서 어떤 식으로 곡선이 그려지는지 확인할 수 있습니다. 결과는 그림 3-1과 같습니다.

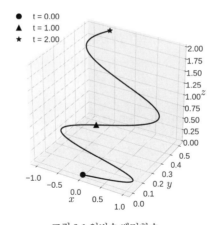

그림 3-1 일변수 벡터함수

그림에서 확인할 수 있듯이 이 함수는 숫자 t를 3차원의 어떤 점으로 바꿔줍니다. 그래서 입력변수를 마치 시간으로, 그리고 함숫값의 결과는 3차원 위치로 볼 수 있습니다. 입력변수로 문자 t를 쓴 것은 그런 이유 때문입니다. 그러면 이 일변수 벡터함수는 시간에 따라 공간을 이동하는 대상을 모델링할 수 있게 됩니다. 일변수 벡터함수를 이 책에서 활용하는 경우는 많지 않지만 2장에서 잠시 언급한 경사도 벡터가 함수의 최대 증가 방향을 가리킨다는 중요한 성질을 증명하는 데 사용됩니다. 그러니 개념을 잘 알아 두도록 합시다.

다변수 스칼라함수

이제 이 책에서 가장 중요하게 다루는 함수인 다변수 스칼라함수입니다. 1장에서 점과 선이 얼마나 친하지 않은지를 어떤 함수로 정의하고 그 함숫값을 줄이면서 선 긋기를 성공적으로 수행해 봤습니다. 이렇게 함숫값을 줄이면 어떤 목적이 달성되는 함수를 일반적으로 목적함수라 합니다(문제에 따라 손실함수 또는 비용함수라 하기도 합니다). 대부분 머신 러닝 알고리즘은 목적함수의 가장 작은 위치를 찾아내는 과정을 거치게 됩니다. 이 과정에서 목적함수라 부르는 함수들이 바로 다변수 스칼라함수이고, 입력과 출력의 개수를 따지는 관점으로 보면 입력이 여러 개 출력이 숫자 하나인 함수입니다. 식 (3.4)처럼 쓸 수 있습니다. 입력으로 주어지는 $\mathbf{x}$ 가 볼드체입니다. 함수가 표현하고자 하는 내용이 복잡해질수록 명확한 기호 표기가 중요하니 유념하기 바랍니다.

$$y = f(\mathbf{x}) \tag{3.4}$$

구체적인 예를 들면 다음과 같은 함수입니다.

$$f(x, y) = x + y$$

위 함수는 x와 y값을 입력 받아 두 값을 단순히 더하여 함숫값을 만들어 냅니다. 입력을 문자 하나로 쓰면 $\mathbf{v} = (x, y)^{\mathrm{T}}$로 쓸 수도 있습니다. 아주 간단한 함수지만 자세히 생각해 보면 우리는 이런 함수를 자주 접하지 못했다는 것을 알 수 있습니다. 모양이 너무 간단해서 왠지 익숙한 느낌이 든다면 동일한 이변수 함수 중에 조금 더 복잡한 모양의 함수를 한번 볼까요?

$$f(x_1, x_2) = 50(x_2 - x_1^2)^2 + (2 - x_1)^2 \tag{3.5}$$

식 (3.5)에서 입력변수는 x_1과 x_2입니다. 변수가 세 개 이상 입력될 수 있으므로 변수명을 일반화해서 표현하기 위해 변수 문자는 통일하고 아래첨자를 사용했습니다. 우변에서 정의된 대로 식을 계산하면 숫자 하나가 결정됩니다. 따라서 이 함수는 $f : \mathbb{R}^2 \to \mathbb{R}$인 함수입니다.

$f: 2\mathbb{R} \to \mathbb{R}$이 아닌 이유는 입력으로 가능한 순서쌍의 개수는 입력변수 각각에 존재하는 원소 개수의 곱이 되기 때문입니다. 예를 들어 두 독립변수의 정의역 원소가 각각 두 개라면, 즉 $x_1 = \{1, 2\}$, $x_2 = \{2, 3\}$이라면 우리는 $(1, 2)$, $(1, 3)$, $(2, 2)$, $(2, 3)$인 총 네 개의 입력에 대해서 식 (3.5)의 함숫값을 계산할 수 있습니다. 따라서 각 입력변수 차원의 제곱 차원이 정의역이 되어 $\mathbb{R}^2$로 표시합니다.

입력변수가 두 개이므로 이 둘을 묶어서 $\mathbf{x} = (x_1, x_2)^\mathrm{T}$라고 벡터 형식으로 적으면 주어진 식 (3.5)를 식 (3.6)처럼도 쓸 수 있습니다.

$$f(\mathbf{x}) = 50(x_2 - x_1^2)^2 + (2 - x_1)^2 \tag{3.6}$$

식 (3.6)에서는 입력변수를 벡터변수로 표시하였습니다. 따라서 벡터변수 스칼라 함수라고 이야기하기도 합니다. 위 함수의 정의역은 실수 두 개로 구성되므로 좌표 평면에 존재하는 모든 점이 됩니다.

그래프 그리기

이제 이 함수의 그래프를 생각해 봅시다. 이 함수의 정의역은 x_1과 x_2를 각 축으로 하는 2차원 평면이 됩니다. 이 평면에 존재하는 모든 점에서 함숫값을 계산할 수 있고 그 값을 높이 값으로 사용해 3차원 공간에 점을 찍습니다. 당연히 이 함수의 그래프는 손으로 그리기 매우 힘듭니다. 그래서 그래프를 그리는 코드를 보면서 이해해 보도록 하겠습니다.

```
import numpy as np
import matplotlib.pyplot as plt
from mpl_toolkits import mplot3d

plt.figure(figsize=(7,7))

ax = plt.axes(projection='3d')
ax.xaxis.set_tick_params(labelsize=15)
ax.yaxis.set_tick_params(labelsize=15)
ax.zaxis.set_tick_params(labelsize=15)
ax.set_xlabel(r'$x_1$', fontsize=20)
ax.set_ylabel(r'$x_2$', fontsize=20)
ax.set_zlabel(r'$z$', fontsize=20)
```

```
x1 = np.linspace(-2, 2, 50)         #❶
x2 = np.linspace(-1, 3, 50)
X1, X2 = np.meshgrid(x1, x2)        #❷
Z = 50*(X2 - X1**2)**2 + (2-X1)**2  #❸

ax.scatter3D(X1, X2, Z, marker='.', color='gray') #❹

plt.show()
```

일변수 벡터함수를 그릴 때와 거의 유사한 코드입니다. 하나씩 살펴봅시다. ❶ 함수의 정의역을 설정합니다. 일변수 함수인 경우 하나의 범위만 np.linspace()로 생성하면 되지만 변수가 두 개이기 때문에 각 변수에 대해서 범위를 생성합니다. ❷ np.meshgrid()를 사용하여 각 변수에 대한 그리드를 생성합니다. 여기에 대해서는 추가 설명이 조금 필요합니다.

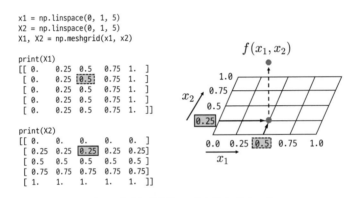

그림 3-2 다변수 함수를 그리기 위한 메시그리드

그림 3-2는 np.meshgrid() 함수가 동작하는 방식을 설명하고 있습니다. np.meshgrid() 함수는 2차원 평면에 그물 같은 그리드 좌표를 만들어 냅니다. 그리드를 만들어 내기 위해서는 x_1 방향과 x_2 방향으로 생성된 범위를 넘겨주면 됩니다. np.linspace()로 생성된 범위는 x1=[0, 0.25, 0.5, 0.75, 1.0], x2=[0, 0.25, 0.5, 0.75, 1.0]인 1차원 어레이입니다. 이제 np.meshgrid(x1, x2)를 실행하여 되돌려받은 X1, X2는 입력된 x_1과 x_2좌표가 교차되는 점의 좌표를 가지고 있습니다. 여기서 교차점은 $5 \times 5 = 25$로 스물 다섯 개가 됩니다.

교차점은 2차원 어레이로 생성되는데 어레이 X1은 x_1좌표만을 담고 있고 X2는 x_2좌표만을 담고 있습니다. 이렇게 만든 후 X1, X2에서 같은 위치에 있는 숫자를 하나씩 뽑아 (x_1, x_2)로 조합하면 평면에 있는 한 점을 만들 수 있습니다.

❸ X1, X2를 이용하여 식 (3.6)을 계산합니다. 계산된 결과 역시 2차원 어레이로 교차점에서 함숫값을 담고 있습니다. ❹ scatter3D() 함수로 계산된 값을 3차원 공간에 점으로 나타냅니다.

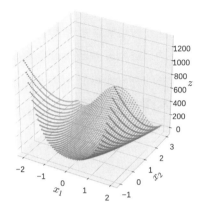

그림 3-3 점으로 표현한 다변수 스칼라함수

코드의 결과는 그림 3-3과 같습니다. x_1x_2평면 위에 있는 2500개 위치에서 함숫값을 높이로 하는 점을 3차원 공간에 찍은 것입니다. 점을 점점 빼곡히 찍으면 연속된 곡면이 생성되겠죠? 그렇게 하기 위해서는 함수를 scatter3D()에서 plot_surface()로 바꾸기만 하면 됩니다. 코드에서 ❹를 ax.plot_surface(X1, X2, Z, cmap=plt.cm.binary, edgecolor="k")로 바꾸고 다시 그려보세요. 그림 3-4처럼 곡면으로 그려지게 됩니다.

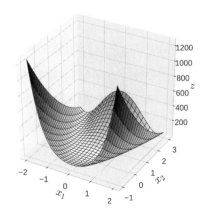

그림 3-4 면으로 표현한 다변수 스칼라함수

1장에서 선형회귀를 손으로 실습했을 때 우리가 설정했던 변수는 w_0, w_1으로 두 개였습니다. 그리고 에러로 계산된 값 다시 말해 수직거리 총합은 숫자 하나로 표현되었습니다(22쪽). 따라서 그때 다루었던 함수가 바로 다변수 스칼라함수였습니다. 선형회귀, 로지스틱 회귀, 인공신경망에서 이 같은 다변수 스칼라함수를 직접 사용하여 에러를 줄이는 목적을 달성하게 됩니다.

이제 1장 마지막에 봤던 '손으로 직접 해보는 선형회귀' 실습 프로그램을 다시 확인해 봅시다(그림 1-14). 오른쪽 상단에 타원 여러 개로 그려진 그래프가 보입니다. 방금 이 함수가 다변수 스칼라함수라고 했었는데 이 그래프는 우리가 막 그려본 입체적인 곡면이 아니라 곡선 여러 개가 겹친 그림입니다. 이제 이 그림에 대해서 설명하도록 하겠습니다.

한쪽이 숫자로 고정되면?

만약 주어진 이변수 함수식이 식 (3.7)과 같다면 무엇이 달라진 것일까요?

$$50(x_2 - x_1^2)^2 + (2 - x_1)^2 = 200 \qquad (3.7)$$

우변이 숫자로 고정되어 있습니다. 조금 전 설명에서는 이변수 함수의 함숫값을 높이로 사용하여 그래프를 그렸습니다. 지금은 그 높이가 이미 200으로 지정되었죠. 따라서 정의역에서 공역으로의 관계가 특정 경우에 한정되게 됩니다. 식 (3.7)에는 2차원 평면에 있는 아무 점이나 대입해서는 등호가 성립하지 않고 특정 x_1과 x_2를 대입해야 등호가 성립합니다. 다시 말해 식 (3.7)은 다변수 스칼라함수의 여러 대응 중 함숫값이 200인 경우만으로 한정한 것입니다. 그래서 함수라 말할 수 없습니다. $x_2 = f(x_1)$처럼 변수의 독립과 종속 관계가 명시적으로 드러나 있지 않고 $f(x_1, x_2) = c$라는 식으로 두 변수가 한 식에 함께 나타나 있어 관계가 명시적으로 드러나지 않습니다. 이런 경우 앞서 밝혔듯이 함수라 할 수 없지만 음함수implicit function라는 용어로 지칭합니다.[2] 위 관계를 만족시키는 (x_1, x_2) 순서쌍들은 이 방정식을 만족시키는 해집합이라고 할 수 있습니다. 모든 순서쌍 (x_1, x_2) 중에 방정식을 만족하는 해들을 모아서 그림을 그려볼 수 있습니다.

---

2 음함수에 대한 조금 더 자세한 내용은 'https://ko.wikipedia.org/wiki/음함수와_양함수'를 참고하세요.

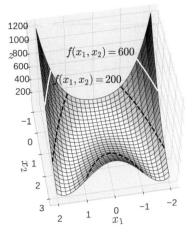

그림 3-5 $f(x_1, x_2) = c$를 만족하는 등고선, $c = 200$과 $c = 600$인 경우

그림이 잘 보이도록 하기 위해 볼록한 언덕이 있는 부분이 화면 앞으로 오게 했습니다. 그림 3-5에서 점선으로 표시된 선들이 함숫값 200인 선들입니다. 다시 말하면 높이 200인 선들입니다. 조금 더 높은 높이 600인 곳에서는 흰 실선으로 그려졌습니다. 이렇게 이변수 함수에서 함숫값을 제한하면 곡면이 곡선으로 바뀌는 것을 알 수 있습니다. 이처럼 여러 함숫값에 대한 곡선을 적당히 모아서 그린 그림을 등고선contour 그래프라고 합니다. 다음 그림을 봅시다.

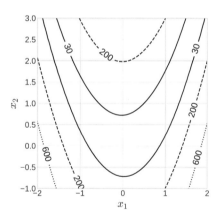

그림 3-6 다변수 스칼라함수의 등고선 표현

그림 3-6의 등고선 그래프는 함숫값 30, 200, 600을 만족하는 (x_1, x_2)들을 평면에 그대로 그린 그림입니다. 우리가 지도에서 익숙하게 볼 수 있는 등고선 그림이 되었습니다. 조금 복잡하게 말하면 2차원 평면에서 정의된 함수를 2차원 평면에 그린 것입니다. 함수의 그래프를 처음 이야기할 때 일변수 함수를 색깔 그래프로 그려 본

것 기억하나요? 일변수 스칼라함수일 때 함수가 정의된 차원에 그래프를 그리는 것이 큰 의미가 없어 보였지만 이변수에서는 상황이 달라졌습니다. 그림 3-6으로부터 많은 정보를 얻을 수 있게 된 것입니다. 예를 들면 경사도벡터의 방향이 어느 방향인지 이 등고선 그래프로부터 알아낼 수 있습니다. 실제로 입력변수가 두 개인 최적화 문제를 다룰 때는 3차원 그래프보다 이 등고선 그래프를 훨씬 많이 사용합니다.

✓ **NOTE**

이 등고선 그림이 바로 1장 실습 프로그램에서 봤던 그래프라는 것을 알 수 있습니다. 모든 함숫값에 대해서 등고선을 다 그리면 평면을 까맣게 채워버릴 것입니다. 당연하겠지만 이런 그래프는 의미가 없습니다. 그래서 적당히 등고선을 그리고 함숫값을 숫자로 표시하거나 등고선과 등고선 사이를 농도가 변하는 색으로 채우거나 하는 방법으로 시각화를 합니다. 1장 실습 프로그램이 색으로 채우는 방식을 사용한 그래프입니다.

만약 변수가 세 개라면 어떻게 그림을 그려야 할까요? 이 경우는 아쉽게도 그림을 그릴 수 없습니다. 왜냐하면 실수 세 개로 구성된 정의역은 3차원 공간 전체가 됩니다. 3차원 공간에 있는 점 하나에 대해 함숫값을 계산하면 그 함숫값을 나타낼 좌표축이 더 이상 남아있지 않게 됩니다. 하지만 한쪽을 숫자로 고정하면 어떻게 될까요? 이 경우는 같은 함숫값을 가지는 입력 점들이 3차원 공간에 곡면으로 그려지게 됩니다. 변수 두 개인 경우 같은 함숫값을 가지는 입력 점들이 2차원 평면에 곡선으로 그려진 경우와 동일한 현상이 3차원 공간에 나타납니다. 다만 입력변수가 한 개 더 많아 차원이 곡선인 2차원에서 곡면인 3차원으로 늘어난 점만 다릅니다. 만약 변수가 네 개 이상이 되면 한쪽을 숫자로 고정한 상태에서도 그림을 그릴 수 없게 됩니다.

이번 절에서 설명한 내용은 매우 중요합니다. 함수가 어떤 경우 곡면이 되는지 어떤 경우 곡선이 되는지 잘 이해해야 합니다. 그리고 이 관계가 눈으로 볼 수 없는 다차원에서도 그대로 유지됨을 꼭 알아 두도록 합시다.

다변수 벡터함수

이제 마지막으로 다변수 벡터함수입니다. 입력과 출력의 개수에 따라 분류하는 논리가 계속 반복되므로 이번 함수는 입력도 여러 개 출력도 여러 개인 것을 이미 예상할 수 있습니다.

$$\mathbf{F}(\mathbf{x}) = (f_1(\mathbf{x}),\ f_2(\mathbf{x}), \cdots, f_n(\mathbf{x}))^{\mathrm{T}}\ ,\ \ \mathbf{x} \in \mathbb{R}^m \tag{3.8}$$

위 함수는 입력 m개가 출력 n개로 변환되는 벡터함수를 나타냅니다. 입력 $\mathbf{x}$는 숫자 m개가 모인 벡터입니다. 이때 각 성분 함수 $f_i(\mathbf{x})$는 $f : \mathbb{R}^m \to \mathbb{R}$인 다변수 스칼라함수가 됩니다.

이해가 잘 안 된다면 구체적인 예를 들어 볼까요? 독립변수를 $m = 2$인 $\mathbf{x} = (u, v)$로 두고 출력변수의 차원을 $n = 3$으로 두어 다음과 같은 함수를 예로 들어볼 수 있습니다.

$$\mathbf{s}(u, v) = \begin{pmatrix} u \\ v \\ 1 + u^2 + \frac{v}{1+v^2} \end{pmatrix},\quad 0 \le u, v \le 1$$

이 함수가 어떻게 생겼는지 그림을 그려봅시다.

```python
import numpy as np
import matplotlib.pyplot as plt
from mpl_toolkits import mplot3d

fig = plt.figure(figsize=(7, 7))
ax = plt.axes(projection='3d')
ax.xaxis.set_tick_params(labelsize=15)
ax.yaxis.set_tick_params(labelsize=15)
ax.zaxis.set_tick_params(labelsize=15)
ax.set_xlabel(r'$x$', fontsize=20)
ax.set_ylabel(r'$y$', fontsize=20)
ax.set_zlabel(r'$z$', fontsize=20)

u = np.linspace(0, 1, 30)
v = np.linspace(0, 1, 30)
U, V = np.meshgrid(u, v)
X = U
Y = V
Z = (1+U**2) + (V/(1+V**2))

ax.scatter3D(X, Y, Z, marker='.', color='gray')

plt.show()
```

코드 내용은 지금까지 그려봤던 3차원 그래프와 동일합니다. u, v라는 입력 두 개가 x, y, z라는 출력 세 개로 변환되는 점만 다릅니다. 결과를 출력해 보면 다음처럼 그려집니다.

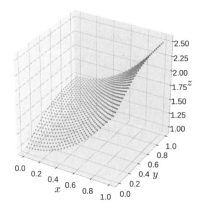

그림 3-7 $f : \mathbb{R}^2 \to \mathbb{R}^3$인 다변수 벡터함수

3차원 공간에 점 900개가 어떤 곡면을 이루고 있습니다. 입력 평면 uv는 이 그래프에 나타나지 않는 것도 주의해야 합니다. 입력과 출력이 더 많아지면 이런 시각적 설명은 성립하지 않습니다.

그래프 방식 표현

이제 이 다변수 벡터함수를 조금 더 우리 목적과 부합하는 형태로 살펴볼까요? 예제로 그려본 함수를 다음과 같이 그림으로 나타내 보겠습니다.

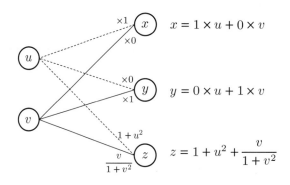

$$x = 1 \times u + 0 \times v$$

$$y = 0 \times u + 1 \times v$$

$$z = 1 + u^2 + \frac{v}{1 + v^2}$$

그림 3-8 다변수 벡터함수의 그래프 표현

이렇게 동그라미를 선으로 연결한 그림을 그래프라고 합니다. 그림 3-8은 예제 함수를 그래프로 나타낸 것으로 입력과 출력은 동그라미로 나타냈습니다.[3]

이런 동그라미를 노드node라고 합니다. 그리고 출력에 관여하는 입력을 점선과 실선으로 연결하였습니다. 이런 선을 엣지edge라고 합니다. u, v에서 출발해 x로 가는 엣지가 출력 x에 관여하는 입력은 u, v라는 것을 말해줍니다. 엣지 위에 입력에 적용되는 연산을 적었습니다. 그리고 연결선이 모이는 부분에서는 덧셈이 일어난다고 정의하겠습니다. 이렇게 정의하고 출력 x를 그래프에서 읽어보면 입력 u에 1을 곱하고 입력 v에 0을 곱해서 두 결과를 더하면 출력 x가 된다는 것을 알 수 있습니다. y와 z도 마찬가지로 해석할 수 있습니다. 이렇게 정의하면 위 그래프는 다변수 벡터함수를 훌륭하게 그림으로 나타내고 있는 것입니다. 이제 그림 3-9를 보도록 합시다.

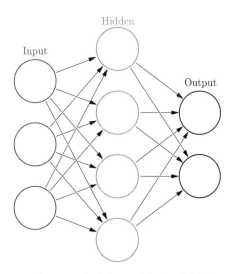

그림 3-9 노드와 에지로 표현한 인공신경망[4]

그림 3-9는 위키피디아 인공신경망 항목에 있는 그림을 가져온 것입니다. 인공신경망은 머신 러닝 중에서도 딥 러닝이라는 분야의 핵심 모델이며 현재 인공지능 학계를 주도하는 모델입니다. 이 책에서도 책 후반에 인공신경망을 사용해서 선형회귀를 해보도록 하겠습니다.

---

3 그래프에 대한 정의와 용어의 의미는 한글위키백과 그래프이론 항목에서 그림과 함께 내용을 읽어보면 더 쉽게 이해할 수 있습니다. *https://ko.wikipedia.org/wiki/그래프_이론*
4 출처: Artificial neural network, *https://en.wikipedia.org/wiki/Artificial_neural_network*, 영문위키백과

그런데 그림에서 보이는 인공신경망의 형태가 바로 앞에서 다변수 벡터함수를 나타낸 그래프와 유사합니다. 그림 3-9를 우리가 배운 다변수 벡터함수 관점에서 해석해 보면 Input이라는 입력 세 개가 첫 번째 다변수 벡터함수에 의해 Hidden이라는 출력 네 개로 변환됩니다. 이 Hidden은 두 번째 다변수 벡터함수에 입력되어 Output이라는 출력 두 개로 다시 변환됩니다. 입력과 출력이 두 번 반복되어서 전체적으로 Input 세 개가 Output 두 개로 변환되는 다변수 벡터함수라고 할 수 있습니다.

이렇게 인공신경망은 좀 복잡한 다변수 벡터함수로 볼 수 있습니다. (Output이 노드 하나였다면 다변수 스칼라함수입니다.) 복잡하다고 표현한 이유는 앞에서 설명한 것처럼 어떤 벡터함수에서 출력된 결과를 다른 벡터함수의 입력으로 사용하기 때문입니다. 이렇게 함수를 연결하는 것을 함수의 합성이라 합니다. 정리하면 인공신경망은 벡터함수들을 합성한 함수입니다.

이제 이번 장에서 가장 중요한 합성함수에 대해서 알아보겠습니다.

합성함수

합성함수라는 개념은 머신 러닝에서 아주 중요한 개념이므로 잘 알아 두어야 합니다. 특히 인공신경망의 핵심을 이루는 개념이기 때문이죠. 머신 러닝에서 우리의 궁극적인 목적은 입력에 대해서 좋은 출력을 만들어 내는 모델을 만드는 것입니다. 그러기 위해서 함수 하나를 사용하는 것이 아니라 어떤 함수의 출력을 다른 함수가 입력 받아 다시 가공하여 출력하고 이 출력을 또 다른 함수가 가공하는 식으로 여러 단계를 거치게 됩니다. 입력과 출력의 관계를 간단한 함수 하나로 표현하지 못하기 때문입니다. 이렇게 함수의 출력을 다른 함수의 입력으로 사용하는 함수를 합성함수라고 합니다. 교과서에서 사용하는 정식 정의는 다음과 같습니다.

"함수 $f : X \to Y$의 공역과 함수 $g : Y \to Z$의 정의역이 같다고 할 때 $g \circ f : X \to Z$를 두 함수 f와 g의 합성이라고 한다."

처음 보는 기호도 나오고 무슨 말인지 잘 모르겠으니 그림으로 자세히 알아봅시다. 다음은 아이와 그 아이의 선호분야 그리고 컴퓨터 프로그래밍 언어를 연결시켜 놓은 그림입니다.

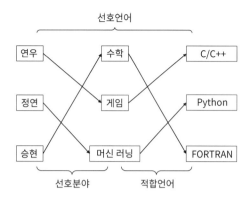

그림 3-10 학생별 선호분야와 분야별 적합언어의 관계

그림 3-10에서 세 아이와 그 아이가 좋아하는 분야에는 서로를 대응시키는 '선호분야'라는 함수가 있습니다. 선호분야라는 함수에 연우를 입력하면 게임이 출력되어 '선호분야(연우) = 게임'이라고 할 수 있습니다. 이와 비슷하게 각 분야에 적합한 프로그래밍 언어가 있어 이를 대응시키는 '적합언어'라는 함수가 있다고 하면 '적합언어(수학) = FORTRAN'이 될 것입니다. 이 대응 관계에서 연우가 선호할 만한 언어는 C/C++라고 할 수 있을 것입니다. 따라서 아이와 언어에 대한 '선호언어'라는 합성된 관계가 있게 됩니다. 즉 '선호언어(승현) = FORTRAN'이라는 새로운 입력과 출력의 관계가 만들어지는 것입니다. 전체 관계를 써보면 '선호언어(승현) = 적합언어(선호분야(승현))'이라고 할 수 있을 것입니다. 이상의 현상을 지금까지 우리가 함수에 대해 배운 기호를 사용하여 나타내면 다음과 같습니다.

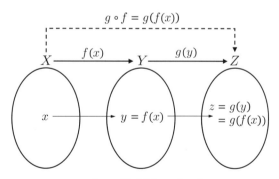

그림 3-11 합성함수 그림 표현

어떤 두 함수 f와 g가 주어졌을 때 함수 f가 집합 X의 원소 x를 집합 Y의 원소 y로 대응시키고 함수 g가 y를 집합 Z의 원소 z로 대응시킬 때 x를 z로 대응시키는 함수

를 정의할 수 있습니다. 즉, X를 정의역으로 하고 Z를 공역으로 하는 이 새로운 함수를 f와 g의 합성함수라고 합니다. 이때 합성함수를 $g \circ f$ 또는 $g(f(x))$처럼 나타냅니다.

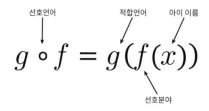

그림 3-12 합성함수 기호 표현

앞서 예로 든 경우에 대응시켜 보면 위 그림처럼 함수 f는 아이 이름을 입력 받아 선호분야를 출력하는 함수, 함수 g는 선호분야를 입력 받아서 적합언어를 출력하는 함수입니다. 그리고 합성함수 $g \circ f$는 아이 이름을 입력 받아 선호언어를 출력하는 함수입니다. 합성되었다는 단어 자체의 느낌을 잘 살리는 표기는 $g(f(x))$인 것 같은데 문헌에서는 $g \circ f$를 더 많이 사용합니다. 따라서 두 표기법을 모두 알아두는 편이 좋습니다. 이쯤에서 합성함수의 그림을 한번 그려볼까요? 3차 다항함수와 로그함수를 한번 합성해 보겠습니다.

$$y = f(x) = x^3 - 15x + 30$$
$$z = g(y) = \log(y)$$
$$g \circ f(x) = \log(x^3 - 15x + 30)$$

그림 3-13에서 좌상단 그래프는 $f(x)$를 나타낸 그래프입니다. 입력이 x, 출력이 y입니다. 우상단 그래프는 $g(y)$ 그래프입니다. 두 그래프의 좌표축 범위를 봅시다. 좌상단 그래프의 세로축 범위가 우상단 그래프의 가로축 범위와 일치하고 있습니다. 좌상단 그래프의 공역이 우상단 그래프의 정의역이 된 것입니다. 최종 출력은 z입니다. x와 z의 함수, 다시 말해 합성함수를 좌하단에 점선으로 나타냈습니다. 전체적으로 모양이 좌상단 $f(x)$와 비슷합니다. 우하단은 $f(x)$와 $g \circ f(x)$를 함께 그린 것입니다.

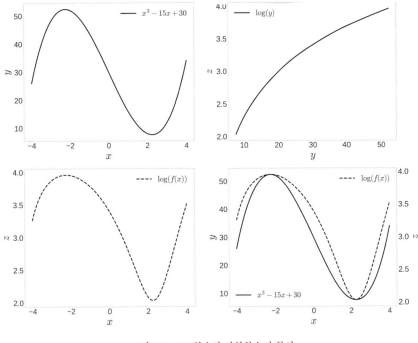

그림 3-13 로그함수와 다항함수의 합성

✓ **NOTE**

그림 3-13을 보면 $f(x)$와 $g \circ f(x)$에서 위로 볼록한 곳과 아래로 볼록한 곳의 위치가 일치한다는 재미있는 사실을 발견할 수 있습니다. 이것은 로그함수가 입력의 증가에 대해 증가 감소가 반복되는 것이 아니라 꾸준히 증가하는 함수이기 때문에 나타나는 현상입니다. $f(x)$의 출력을 입력으로 받는 로그함수는 입력이 증가하면 출력도 증가하는 함수이기 때문에 $f(x)$의 출력이 증가하면 $g \circ f(x)$의 출력도 증가합니다. $f(x)$의 출력이 감소하면 $g \circ f(x)$의 출력도 감소합니다. 그래서 볼록한 지점이 일치하게 되는 것입니다. 물론 볼록하고 오목한 지점의 함숫값은 다릅니다. 우하단 그래프의 세로축 범위가 y, z에 대해 다른 것을 확인해 보세요. 왼쪽은 y의 범위를 나타내고, 오른쪽은 z의 범위를 나타내고 있습니다. 이렇게 원래 함수의 오목하고 볼록한 위치를 변화시키지 않는다는 로그함수의 특징은 확률을 기반으로 하는 머신 러닝 과정에서 중요하게 사용되니 잘 이해해 두면 좋습니다.

일변수 함수뿐만 아니라 다변수 함수와 벡터함수도 서로 합성할 수 있습니다. 조금 전 알아본 벡터함수의 그래프 방식 표현에서 이미 다변수 벡터함수의 합성을 알아 보았습니다. 위키피디아에서 가져온 인공신경망 그림은 벡터함수 두 개가 합성된 합성함수를 그래프로 표현한 것과 다르지 않습니다.

이상으로 이번 장에서 이야기하고자 했던 함수에 대한 내용을 모두 살펴봤습니다. 특히 마지막에 살펴본 합성함수는 매우 중요합니다. 입력과 출력 사이에 내재된 복잡한 관계를 모델링하기 위해 합성함수를 꼭 사용해야 하기 때문입니다. 우리가 최종적으로 알아볼 선형회귀에서부터 인공신경망에 이르기까지 합성함수의 개념이 적극적으로 사용되므로 꼭 기억하고 넘어가도록 합시다.

자주 만나는 특별한 함수: 소프트맥스 함수

2장에서 특별한 함수로 로지스틱 시그모이드 함수를 소개했듯이 3장에서는 여러 변수를 입력 받고 여러 변수를 출력하는 함수 다시 말해 다변수 벡터함수 중 특별한 형태의 함수를 소개하겠습니다.

소프트맥스softmax 함수는 다음처럼 정의되는 함수입니다. 이 함수가 정의된 식을 보고 입력과 출력이 어떤 형태의 함수인지 생각해 봅시다.

$$s_i(\mathbf{z}) = \frac{e^{z_i}}{\sum_{k=1}^{K} e^{z_k}} \quad \text{for} \quad i = 1, \cdots, K \quad \text{and} \quad \mathbf{z} = (z_1, \cdots, z_K) \in \mathbb{R}^K \quad (3.9)$$

✓ **NOTE**

소프트맥스 함수는 여러 문헌에서 다양한 기호법으로 표시됩니다. 인공신경망의 활성화 함수로 사용된다는 이유로 로지스틱 시그모이드 함수와 같이 $\sigma(\mathbf{z})$로 표시되기도 하고 활성화activation의 첫 글자를 따서 $a(\mathbf{z})$로 표기되기도 합니다. 때로는 입력 $\mathbf{x}$에 대한 k번째 클래스 C_k의 확률을 나타내기 위해 $p(C_k \mid \mathbf{x})$라고 쓰기도 합니다. 기호가 주는 혼란스러움과 난해함을 피하기 위해 여기서는 소프트맥스의 첫 글자를 따서 s로 표시하였습니다.

식 (3.9)를 보면 이 함수의 입력은 벡터 $\mathbf{z}$입니다. 그리고 우변의 정의를 보면 $\mathbf{z}$를 입력 받아 i번째 요소를 계산하고 있음을 알 수 있습니다. 그래서 이 함수의 출력도

벡터입니다. 따라서 소프트맥스 함수는 다변수 벡터함수입니다. 아직은 벡터함수에 익숙하지 않으니 간단한 예를 들어 알아보겠습니다.

$\mathbf{z} = (3, 5, 4, 2, 1)^{\mathrm{T}}$이라는 벡터가 있을 때 $\mathbf{s}(\mathbf{z})$의 결과는 다음과 같습니다.

$$\mathbf{s}(\mathbf{z}) = (0.0861, \ 0.6364, \ 0.2341, \ 0.0317, \ 0.0117)^{\mathrm{T}}$$

식 (3.9)를 보고 첫 번째 요소만 구해보도록 합시다. 식의 분모는 $\sum_{k=1}^{K} e^{z_k}$입니다. 하나씩 뜯어서 보면 z_k는 입력벡터 $\mathbf{z}$에서 k번째 요소를 나타냅니다. e^{z_k}는 밑을 e로 하는 지수함수에 z_k를 입력하란 의미겠죠. 그렇게 계산한 값을 K개 만들 수 있습니다. 이제 $\sum_{k=1}^{K}$에 의해 K개를 모두 더하면 분모가 숫자 하나로 계산됩니다. 따라서 분모는 다음처럼 계산됩니다.

$$e^3 + e^5 + e^4 + e^2 + e^1 \approx 233.204$$

첫 번째 요소는 다음과 같습니다.

$$\frac{e^3}{e^3 + e^5 + e^4 + e^2 + e^1} \approx \frac{20.866}{233.204} \approx 0.0861$$

나머지 요소들도 똑같이 분자를 e^5, e^4, e^2, e^1으로 바꿔가면서 구하면 됩니다. 이 함수가 출력한 숫자 다섯 개는 동일한 분모에 대해서 각 요소가 차지하는 비율이므로 모두 더하면 1이 됨을 알 수 있습니다. 모두 더해서 1이 되어야 하므로 출력의 어떤 숫자 하나가 커지면 다른 숫자는 작아져야 합니다. 이런 특성 때문에 로지스틱 시그모이드 함수처럼 이 함수의 출력도 확률로 해석할 수 있습니다. 다변수 벡터함수와 소프트맥스 함수를 합성하면 전체 함수는 여러 항목에 대한 확률을 출력하게 됩니다. 예를 들어 기상정보 (온도, 습도, 바람 방향, 구름 정도)에 해당하는 벡터를 입력 받아 (맑음, 흐림, 비)에 해당하는 숫자 세 개를 출력하는 함수가 있다고 가정해 봅시다. 이 함수에 소프트맥스 함수를 합성하면 마지막 출력은 (맑음일 확률, 흐림일 확률, 비일 확률)로 바뀌게 되는 것입니다. 숫자를 인식하는 인공지능이나 이미지를 분류하는 인공지능은 입력이 여러 항목 중 어느 항목에 속하는지 판단하는 것이 목적이므로 인공신경망이 출력하는 항목별 점수에 소프트맥스를 적용시켜 점수를 확률값으로 변환합니다. 그렇게 변환된 확률값을 보고 가장 큰 확률을 가지는 항목을 정답으로 출력하게 되는 것입니다.

✓ <u>NOTE</u> **Softmax? Softplus?**

소프트맥스 함수의 이름을 보면 max 함수의 부드러운 버전이라고 생각하기 쉽습니다. 실제로 max 함수의 형태적으로 부드러운 버전은 softplus 함수입니다.[5] softmax는 softargmax가 되어야 마땅하지만 관행적으로 arg를 떼 버리고 softmax라고 씁니다. 소프트맥스 함수의 이름에 대한 더 자세한 내용은 이안 굿펠로의 《심층 학습》[6]을 참고하세요.

여러 가지 함수를 활용한 초간단 분류기

이번 절에서는 힘들게 배운 다항함수, 지수함수, 로그함수, 다변수 스칼라함수들이 머신 러닝에서 구체적으로 어떻게 활용되는지 알아보기 위해 간단한 실습을 해보겠습니다. 강아지와 고양이를 분류하는 아주 간략화 된 분류기를 만들어 보죠. 머신 러닝에서 분류기를 설명하는 여러 가지 관점이 있지만 여기서는 우리가 공부한 함수의 합성 측면에서 분류기를 바라보도록 하겠습니다. 다음 주소를 웹브라우저로 열어보세요.

✓ <u>URL을 반드시 열어보세요</u>

https://metamath1.github.io/noviceml/toyclassifier.html

그림 3-14와 같은 귀여운 강아지와 고양이 사진이 있는 실험용 웹 앱이 열립니다.

앞서 밝혔듯이 분류기를 함수의 합성 관점에서 이해하기 위해 다른 부수적인 사항들을 극도로 간소화시킨 프로그램입니다. 먼저 화면 구성을 설명하고 자세한 함수 관계를 이야기하겠습니다.

화면 상단에 강아지와 고양이 사진이 보입니다. 컴퓨터가 이 사진을 고양이인지 강아지인지 분류하려면 사진이 숫자 정보로 변환되어야 합니다. 여기서는 사진이 숫자 열 개로 이루어진 벡터로 변환되었다고 가정하고 사진 옆에 표시했습니다.

---

5 영문위키백과에서 Rectifier 항목을 검색해서 상단에 보이는 그래프를 보면 녹색으로 표시된 softplus 함수를 확인할 수 있습니다. 모습을 보면 왜 max 함수의 부드러운 버전이라고 하는지 바로 이해가 됩니다. Rectifier, *https://en.wikipedia.org/wiki/Rectifier_(neural_networks)*
6 Goodfellow, Ian, Bengio, Yoshua and Courville, Aaron, 류광(역), 2018, 심층 학습, 제이펍, p.206

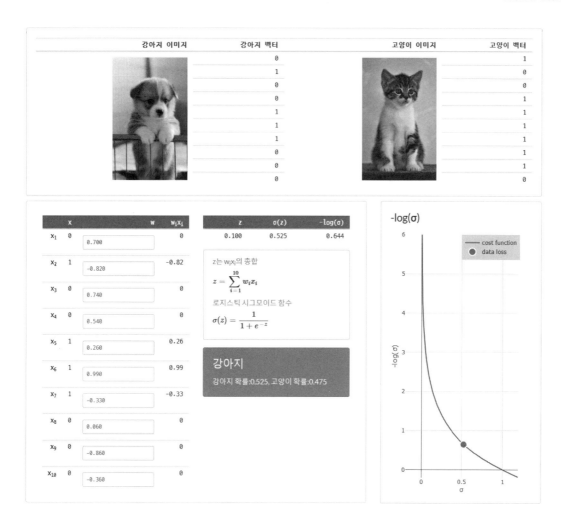

그림 3-14 강아지, 고양이 분류기

✓ **NOTE**

물론 이런 가정은 말이 안 됩니다. 이 가정이 말이 안 되는 이유는 숫자를 열 개로 한정했기 때문입니다. 만약 숫자 50000개 정도로 구성된 벡터를 사용한다고 하면 해상도가 낮은 작은 사진 정도는 충분히 숫자로 변환할 수 있습니다. "벡터의 차원을 크게 해서 실제 데이터를 담을 수 있느냐" 하는 문제는 지금 우리에게 중요하지 않으므로 10차원 벡터로 한정을 하였습니다.

우선 강아지 사진을 클릭해 보세요. 강아지 사진을 클릭하면 강아지 사진을 나타내는 강아지 벡터가 화면 왼쪽 하단에 있는 표 2열에 입력됩니다. 강아지 벡터가 표

에 입력되므로 이 벡터를 입력벡터 $\mathbf{x}$라고 하겠습니다. 왼쪽 하단 표는 2열에 $\mathbf{x}$벡터 값이 표시되고 3열에 $\mathbf{w}$라는 임의의 숫자가 있습니다. $\mathbf{w}$도 숫자 열 개로 구성되어 있으므로 10차원 벡터입니다. 4열은 입력된 벡터 $\mathbf{x}$의 각 요소와 $\mathbf{w}$의 각 요소를 곱한 값을 나타냅니다. 강아지 사진을 클릭하여 강아지 벡터가 입력되었으니 적당한 값이 4열에 표시되었을 것입니다.

이제 오른쪽에 있는 작은 표를 보도록 합시다. 오른쪽 표 1열에 있는 z는 왼쪽 표 4열의 값을 모두 더한 값입니다. 그다음 2열에 있는 $\sigma(z)$는 이렇게 구한 z를 앞서 살펴본 로지스틱 시그모이드 함수에 입력하여 계산한 결과 값입니다. 마지막 3열에 있는 값은 2열에 있는 값을 $-\log$ 함수에 입력하여 계산한 값입니다. 지금까지의 과정은 입력되는 숫자 열 개를 일련의 계산 과정을 통해서 숫자 하나로 만드는 과정입니다. 따라서 전체적으로 보면 이 과정은 다변수 스칼라함수임을 알 수 있습니다.

이 함수를 세부적으로 구분해서 보면 먼저 $f : \mathbf{x} \to z$인 다변수 스칼라함수가 있습니다. 다음으로 f의 출력을 입력으로 받는 $\sigma(z)$라는 지수함수 형태의 함수가 있습니다. 함수가 한 번 합성되었습니다. 다시 $\sigma(z)$를 입력으로 받는 로그함수 $-\log(\sigma(z))$가 있습니다. 함수가 두 번 합성된 것입니다. 오른쪽 하단에는 $-\log(\sigma(z))$ 함수의 그래프가 그려져 있습니다. 이 그래프는 $\sigma(z)$가 입력이고 출력이 $-\log$ 함숫값에 대한 그래프라는 점을 주의하세요. 즉, 일변수 스칼라함수에 대한 그래프입니다. 프로그램 구성에 대한 이야기는 모두 했으니 이제 이렇게 구성한 합성함수로 우리가 무엇을 하고자 하는지 이야기하겠습니다.

프로그램을 보면 $\mathbf{w}$를 직접 입력할 수 있게 되어 있습니다. 우리가 할 일은 이 $\mathbf{w}$를 조정하여 강아지 벡터가 입력되었을 때 최종 출력 $-\log(\sigma(z))$가 가능한 한 작아지도록 하는 것입니다. 그래프에서 빨간 점이 현재 입력에 대한 함숫값을 나타냅니다. $\mathbf{w}$를 조정하여 계산된 z는 $\sigma(z)$에 의해서 0에서 1 사이로 변경됩니다. 오른쪽 그래프의 입력 범위는 0에서 1 사이입니다. 최종 함수가 $-\log$이므로 강아지 벡터가 입력되었을 때 $\sigma(z)$ 값이 가능한 한 1이 되게 만들면 $-\log$ 값이 0으로 수렴하게 됩니다.

현재 이 분류기가 보고하는 출력을 보면 강아지일 확률이 0.525라고 이야기합니다. 이 확률값은 $\sigma(z)$의 출력을 그대로 사용한 것입니다. 이 값은 0에서 1 사이이므로 이 값을 확률로 보고 0.5가 넘으면 강아지라고 판단하도록 했습니다. 이 과정을 순서대로 정리하면 다음과 같습니다.

1. $\sigma(z)$는 0과 1 사이이므로 강아지가 입력되었을 때 $\sigma(z)$를 강아지인지 여부를

획인하는 확률로 보자. $1 - \sigma(z)$는 고양이인지 여부를 확인하는 확률로 보자.

2. $\sigma(z)$의 값을 log에 입력하자. 이때 −log에 입력을 해서 강아지일 확률이 1에 가까우면 최종 출력이 0에 가깝게 만들자.

3. 이제 강아지가 입력되었을 때 강아지일 확률이 1에 가깝게 출력된다면(맞았다면) 최종 출력은 매우 작아지고, 0에 가깝게 출력된다면(틀렸다면) 최종 출력은 매우 커지게 된다.

4. 따라서 이 합성함수의 최종출력은 강아지를 얼마나 잘 분류하는가에 대한 벌칙이라 할 수 있다.

이제 고양이를 클릭해 볼까요? 여전히 강아지라고 이야기하네요. 어이없게도 고양이 벡터를 입력했는데 오히려 강아지일 확률이 더 높은 0.796이라고 합니다. 이 상태에서 $\mathbf{w}$를 어떻게 조정해야 올바른 결과를 만들 수 있을까요?

먼저 강아지 이미지를 클릭했을 때 나오는 $-\log(\sigma(z))$를 좀 더 0에 가깝게 만들어 보기로 합시다. w_2를 2로 바꿔봅시다. $-\log(\sigma(z))$는 0.053이 되었습니다. 강아지에 대한 $-\log(\sigma(z))$가 아래 그림의 왼쪽 그래프처럼 매우 낮아져서 이상적으로 만들어졌습니다.

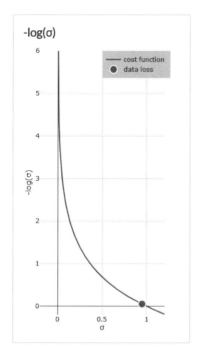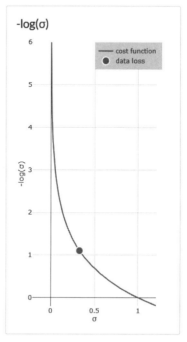

그림 3-15 $-\log(\sigma(z))$ 출력, 왼쪽: 강아지 사진 입력 결과, 오른쪽: 고양이 사진 입력 결과

$\sigma(z)$ 값을 보면 0.949로 증가하여 강아지 사진에 대해서는 훌륭한 결과를 만들어 내고 있네요. 이제 고양이 사진을 클릭해 봅시다. 강아지일 확률이 0.796라고 여전히 잘못된 결과가 나오고 있습니다. 이번에는 w_8을 작게 해봅시다. −2 정도로 해볼까요? $-\log(\sigma(z))$ 값은 그림 3-15 오른쪽 그림처럼 적당히 커지게 됩니다. 이때 강아지일 확률이 0.332로 떨어지고 고양이일 확률이 0.668로 증가하여 올바른 결과를 만들어 줍니다. 강아지 벡터의 8번째 요소가 0이기 때문에 8번째 w 요소를 바꾼 것은 강아지 벡터가 입력되었을 때 결과에 영향을 미치지 않습니다. 이제 강아지 그림과 고양이 그림을 번갈아 클릭해 보면 둘 다 올바른 결과가 출력되는 것을 확인할 수 있습니다.

지금까지 강아지일 때 최종 함숫값이 작게, 고양이일 때 최종 함숫값이 크게 나오도록 손으로 값을 몇 개 조정해서 합성함수를 미세 조정했습니다. 강아지 사진과 고양이 사진에 대한 결과 값의 차이가 크면 클수록 좋을 것입니다. 두 사진을 안정적으로 분류하기 때문입니다. 결과적으로 그림 3-15에서 고양이 사진을 입력했을 때 빨간 점 위치가 더 위로 올라가게 만들면 좀 더 안정적인 분류를 한다고 할 수 있습니다. 조금 더 시간을 가지고 $\mathbf{w}$를 조정하면 가능하겠지만 그보다는 다음 값 열 개를 $\mathbf{w}$에 입력해 보세요.

$$\mathbf{w} = (-1.952,\ 4.002,\ 0.979,\ -1.475,\ 1.753,\ -1.092,\ 0.835,\ -0.151,\ -3.819,\ 0.411)^{\mathrm{T}}$$

입력 후 강아지와 고양이 입력에 대해 그래프의 빨간 점 위치를 확인해 보세요. 함숫값이 극단적으로 작거나 크게 되는 것을 볼 수 있습니다. 앞서 제시된 숫자는 머신 러닝 과정을 통해 미리 최적화시킨 $\mathbf{w}$이기 때문에 매우 좋은 결과를 만들어 냅니다. 사진이 10차원 벡터로 표현된다는 가정이 있기 때문에 우리는 숫자 열 개만 조정해서 분류기를 만들 수 있었습니다. 숫자 열 개 정도는 손으로도 잘 설정할 수 있었지만 최적화 과정을 거치면 훨씬 더 훌륭하게 설정할 수 있는 사실도 확인했습니다. 현실적으로 사진이 50000차원 벡터로 변환되었을 때 $\mathbf{w}$의 요소 오만 개를 손으로 설정한다는 것은 불가능합니다.

우리는 지금까지 웹 앱 두 개를 통해 머신 러닝에서 대표적인 두 가지 모델인 회귀 모델과 분류 모델을 경험해 보았습니다. 두 모델이 추구하는 결과는 회귀와 분류로 서로 달랐습니다. 하지만 좋은 결과를 만들기 위한 과정은 모델을 구성하는 $\mathbf{w}$라는 숫자를 적절히 정하는 방식으로 동일했습니다. 이 과정에서 알게 된 중요한 사실은 큰 모델의 **w**를 어떻게 결정할 것인가 하는 것입니다. 이 질문에 답하기 위해 알아야 할 지식이 바로 미분입니다. 다음 장에서 미분을 알아보겠습니다.

4장

변화율과 도함수:
출력의 민감도 나타내기

이 책에서 최종적으로 살펴볼 선형회귀뿐 아니라 다른 머신 러닝 과정도 결국 에러를 줄이는 것이 목적인데 그 과정에서 가장 중요한 개념이 미분이라 할 수 있습니다. 이차 함수의 최소값을 구하기 위해 주어진 식을 미분하여 0으로 두는 과정을 기억하는 독자 분도 있을 것입니다. 만약 우리가 학습시켜야 하는 모델의 에러가 이차 함수 형태로 나타난다면 어떨까요? 도함수를 이용하여 이차 함수의 최솟값을 구하는 과정과 에러함수가 이차 함수라는 사실을 결합해 보면 미분과 모델의 학습이 관련되어 있다는 사실을 어렴풋이 짐작할 수 있습니다. 물론 에러함수가 항상 간단한 이차 함수로 주어지지 않기 때문에 추가적인 개념이 더 필요합니다. 어쨌거나 우리는 '에러를 줄인다'는 미분을 배우는 분명한 목적이 있습니다. 에러를 줄이는 과정이 구체적으로 어떻게 실행되고 그 과정에서 미분의 역할이 무엇인지 설명하는 것은 이 책 전체를 통해 해야 할 일입니다. 다만 미분을 공부하는 데 좀 더 확실한 동기 부여를 하기 위해 그림을 하나 보면서 간단하게 에러를 줄이는 과정을 이야기해 보겠습니다.

에러를 줄이는 과정

그림 4-1은 왼쪽에 다변수 스칼라함수를 표현하고 오른쪽에 이 함수의 등고선 그래프를 나타낸 것입니다. 3장에서 이미 본 형태의 그래프라 익숙할 것입니다. 그림에는 △에서 시작해서 ☆에서 끝나는 경로가 표시되어 있습니다. 이 그래프가 모델의 에러를 나타내는 그래프라고 가정합시다. 이 가정을 일단 받아들이는 것이 중요합니다.

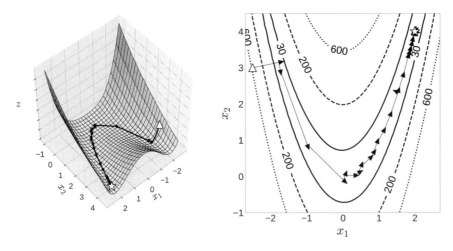

그림 4-1 에러를 줄이는 탐색 과정, △에서 시작해서 ☆까지
더 낮은 위치를 화살표 방향을 따라가며 찾는 과정

우리는 어떤 (x_1, x_2) 위치가 가장 함숫값이 작은지, 다시 말해 가장 낮은 에러의 위치인지 모르기 때문에 △ 같은 임의의 에러가 높은 점에서 에러가 가장 낮은 점을 찾아가야 합니다. 최적화라는 과정을 통해 낮은 점을 찾아가게 되는데 그림은 그 과정에서 생긴 경로를 나타냅니다. 경로는 △와 ☆ 가운데 가로놓인 언덕을 휘돌아 가고 있습니다. 어떻게 이렇게 가장 낮은 점을 찾아갈 수 있을까요?

✓ **URL을 반드시 열어보세요**

이동 경로를 *https://bit.ly/2OYjVC5*에서 애니메이션으로 꼭 확인해 보세요.

오른쪽 그림은 각 위치에서 진행한 방향을 화살표로 나타낸 것입니다. 방향을 계속 수정하면서 ☆를 향해 나가는 것을 확인할 수 있습니다. 이렇게 가장 낮은 위치를 찾아가기 위해 계속해서 탐색 방향을 지정해야 하는데 이 방향을 미분이라는 과정으로 결정하게 됩니다. 인공지능에서 학습이란 이렇게 에러를 낮추는 과정입니다. 따라서 미분을 하는 것이 인공지능의 학습과 직접적으로 관련이 있음을 알 수 있습니다.

이 정도로 동기부여를 마치고 본격적으로 미분에 대해서 알아봅시다. 4장에선 다음과 같은 내용을 알아보겠습니다.

- 변화율과 도함수의 개념과 정의
- 몇 가지 기본 함수를 미분하는 방법

이번 장은 조금은 어렵게 느껴질 수도 있습니다. 수식이 많이 나오기 때문에 그렇게 느낄 수 있는데 수식에 매몰되기보다는 이 수식이 의미하는 바가 무엇인지 항상 생각하면서 읽는다면 재미있게 공부할 수 있으리라 생각합니다.

입력과 출력의 민감도

지금까지는 함수를 이야기하면서 입력과 출력이란 개념을 주로 사용하였습니다. 잘 생각해 보면 평상시 항상 입력과 출력을 생각하면서 살고 있습니다. 주식투자를 예를 들어 볼까요? 현재 가격이 동일한 두 종목에서 한 종목은 하루에 1만 원씩 오르고, 다른 종목은 하루에 5천 원씩 오른다면 어느 주식을 사야 할까요? 군이 복잡한 수학 개념을 떠올리지 않아도 전자라는 것을 알 수 있습니다. 전자는 시간에 훨씬 민감하게 가격이 변하기 때문입니다. 쉽게 말해 가격이 가파르게 상승하고 있는 것입니다. 그 외 살아가면서 입력에 대한 출력의 민감도를 따지는 경우는 많습니다.

다른 예 하나를 더 들면, 요즘 고속도로를 달리다 보면 구간 속도위반[1] 단속이라는 것이 있습니다. 특정 구간 시작과 끝에 카메라를 설치하고 사진이 찍힌 시간의 차이가 해당 구간을 제한속도로 통과하는 데 걸리는 시간보다 작으면 속도위반으로 단속하는 방식입니다. 이 단속 방식을 다음 시간-거리 그래프에 적용하여 간단한 실험을 해봅시다.

그림 4-2의 그래프는 250km를 200분 동안 운행했을 때 시간에 따른 운행 위치를 가상으로 그려본 것입니다. 이제 구간 속도위반 단속 카메라 2대를 그림 4-3의 왼

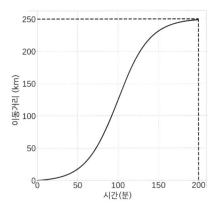

그림 4-2 시간과 이동거리의 관계 그래프

---

1 여기서 이야기하는 개념은 스칼라인 속력이지만, 일반적으로 '속력위반'이라고 하지 않고 '속도위반'이라 하므로 속도라는 용어를 사용했습니다.

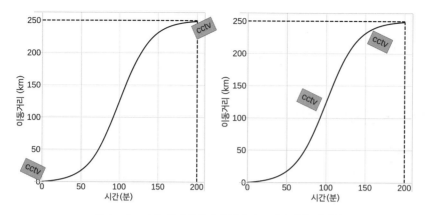

그림 4-3 서로 다른 위치에 설치된 구간 속도위반 단속 카메라

쪽 그림처럼 시작할 때 하나, 끝날 때 하나 설치해 보겠습니다.

첫 번째 카메라가 차량을 찍고 200분 후에 250km 떨어진 두 번째 카메라가 같은 차량을 찍게 됩니다. 이 경우 200분 동안 250km를 운행한 것이므로 250km를 200분으로 나누고 이를 시속으로 변환하면 약 75km/h가 됩니다. 제한속도 100km/h인 고속도로에서는 속도위반 단속에 걸리지 않게 되는 것이죠.

이번에는 위 그래프의 오른쪽 그림처럼 카메라의 간격을 조금 좁혀서 대략 100분이 경과하는 지점과 150분이 경과하는 지점에 설치했다고 합시다. 운행시간은 50분이고 오른쪽 그래프상 100분에서 위치는 대략 125km이며 150분에서 위치는 대략 230km 정도 되어 보입니다. 50분 동안 평균 속도를 다음처럼 구할 수 있습니다.

$$\frac{230(\text{km}) - 125(\text{km})}{50(\text{min.})} = 2.1(\text{km/min.})$$

시속으로 하면 통과 차량의 평균속도는 약 126km/h가 되어 속도위반 단속에 걸리게 됩니다. 속도란 시간이 변할 때 위치가 얼마나 변하는가를 나타내는 척도입니다. 입력이 시간이고 출력이 위치인 함수에서 입력에 대한 출력의 민감도가 속도인 셈입니다.

속도를 구할 때 거리를 시간으로 나누었기 때문에 결국 시간 간격마다 평균적인 속도를 구한 것이 됩니다. 평균이란 그 구간을 대표하는 값일 뿐입니다. 그래서 200분 동안 평균 속도를 구해서는 속도위반을 한 구간이 있었음에도 불구하고 위반을 알 수가 없는 것이죠. 이 대푯값이 정확한 의미를 가지려면 구간을 줄여야 한다는 사실을 우리는 알았습니다.

변화율의 정의

앞 절에서 입력에 대한 출력의 평균적인 변화를 이야기했습니다. 이 평균값이 의미 있는 값이 되려면 평균을 구하는 구간이 좁아야 한다는 것을 구간 속도위반 단속의 예로 알아보았습니다. 동일한 개념을 함수에 적용해 보겠습니다.

평균변화율

그림 4-4와 같이 적당히 증가하는 함수에 대해서 입력 x의 변화를 Δx라 하면 그에 따른 출력의 변화를 Δy라 할 수 있습니다. 구간의 평균 속도를 구하듯이 이 경우도 출력의 변화를 입력의 변화로 나눈 $\dfrac{\Delta y}{\Delta x}$를 해당 구간에 대한 평균적인 변화율로 볼 수 있습니다. 그래서 이런 변화율을 함수의 '평균변화율'이라고 합니다.

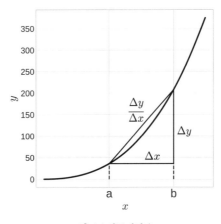

그림 4-4 평균변화율

이미 알아보았지만 평균변화율은 정확한 정보를 주지 못합니다. 그래서 평균을 구 하는 구간 $[a, b]$를 줄여서 점점 더 정확한 변화율을 구해야 합니다. 가능한 아주 짧 은 순간의 변화율을 구해야 하는 것입니다. 그렇다면 얼마나 구간을 줄여야 할까 요? 어렵게 생각하지 말고 충분히 작은 숫자인 0.01 정도로 정해봅시다. 즉 $\Delta x = 0.01$입니다. 어떤 함수 $f(x)$의 입력 구간 0.01에 대한 평균적인 변화를 다음처럼 구해볼 수 있습니다.

$$\frac{\Delta y}{\Delta x} = \frac{f(x + 0.01) - f(x)}{0.01} \tag{4.1}$$

어떤 x가 정해지면 x에서 함숫값을 구하고 x에 0.01을 더한 위치에서 함숫값을 구한 차가 Δy이므로 이것을 Δx로 나눈 것입니다. 여기서 중요한 것은 어떤 x가 정해져야 그 위치에서 변화율을 구한다는 것입니다. 식 (4.1)은 크게 어렵지 않고 언제든지 쓸 수 있는 공식입니다. 이 간단한 공식을 민감도를 구할 필요가 있을 때마다 쓸 수 있습니다. 이 공식이 아무런 문제를 일으키지 않는다면 말이죠.

이제 이 평균변화율을 구하는 공식이 특정 함수에 대해서 얼마나 정확한 변화율을 계산해 주는지 실험해 봅시다. $y = x^2$과 $y = e^x$ 두 함수에 대해 $x = 5$에서 변화율을 구해봅시다. 아직 두 함수의 정확한 변화율을 구하는 방법은 모르지만 비교를 위해 안다고 가정하겠습니다. 각 함수에 대해서 정확한 변화율을 계산해주는 함수는 $y = 2x$와 $y = e^x$입니다.

```python
import numpy as np

x = 5

# 함수와 순간의 변화율을 계산해주는 알려진 함수를 정의합니다.
f  = lambda x : x**2
df = lambda x : 2*x # 변화율을 정확히 계산하는 함수

# 정확한 변화율을 출력
print("f(x)={}, df(x)={:.3f} at x={}".format(f(x), df(x), x))
# 0.01 공식을 통해 계산한 값을 출력
print("f(x)={}, df(x)={:.3f} at x={}".format(f(x), (f(x+0.01)-f(x)) / 0.01, x))

# 결과에 큰 차이가 없음
#>>> df(x)=10.000 at x=5
#>>> df(x)=10.010 at x=5
```

위 코드의 실행결과를 보면 정확하게 계산한 값과 '0.01 공식'을 사용한 값이 큰 차이가 없습니다. 함수를 $y = e^x$로 바꿔서 진행해 봅시다.

```python
import numpy as np

x = 5

# 함수와 순간의 변화율을 계산해주는 알려진 함수를 정의합니다.
f  = lambda x : np.exp(x)
df = lambda x : np.exp(x)

print("f(x)={}, df(x)={:.3f} at x={}".format(f(x), df(x), x))
print("f(x)={}, df(x)={:.3f} at x={}".format(f(x), (f(x+0.01)-f(x)) / 0.01, x))
```

```
# 결과가 제법 많이 차이나는데?
#>>> df(x)=148.4132 at x=5
#>>> df(x)=149.1577 at x=5
```

이번에는 차이가 꽤 많이 납니다. 구간을 0.0001로 더 줄이면 첫 번째 함수와 같은 수준으로 오차를 줄일 수 있습니다. 결국 0.01이라는 작은 구간도 함수에 따라서 수용 가능할 수도 있고 아닐 수도 있다는 사실을 알았습니다. 그럼 구간을 완전히 0에 거의 가깝게 만들어 어떤 함수라도 정확한 변화율을 계산할 수 있는 방법은 없을까요? 구간을 0으로 만들면 입력의 변화가 없기 때문에 출력의 변화도 없어집니다. 그렇게 되면 변화율이란 개념이 의미가 없어집니다. 이런 모순을 해결하기 위해서 함수의 극한값이 무엇인지 알아보아야 합니다.

✓ **NOTE**

코드에서 쓰인 np.exp(x)는 지수 함수 e^x를 나타냅니다. 만약 지수부분이 $x^2 + 3x + 2$처럼 길어질 경우 $e^{x^2 + 3x + 2}$처럼 쓰기보다 좀 더 간략한 표기를 위해 $\exp(x^2 + 3x + 2)$로 표기하는 편입니다.

순간의 변화율을 위한 극한

이전 장에서 다항함수를 정의할 때 사칙연산을 사용하여 함숫값을 계산했습니다. 다음과 같은 함수의 함숫값을 계산해 볼까요?

$$y = \frac{x^2 - 1}{x - 1} \tag{4.2}$$

"x에 적당한 값을 넣고 계산하면 되는 것 아니야?"라고 생각할 수 있지만 문제는 $x = 1$에서 발생합니다. 이 경우 함숫값을 계산할 수 없습니다. 계산 결과는 $\frac{0}{0}$이 되어 정의되지 않기 때문입니다. 하지만 함수에는 함숫값 외에 계산할 수 있는 값이 하나 더 있습니다. 다음 쪽 그래프를 봅시다.

그래프를 보면 $x = 1$에서 대응되는 y를 찾을 수 없기 때문에 선으로 그리지 못하고 동그라미로 비워 두었습니다. 이 함수의 정의역은 1을 제외한 실수 전체입니다. 그런데 그래프의 모양을 보면 $x = 1$ 근처에서 함숫값이 2로 점점 모이는 것을 알 수 있습니다. 따라서 함숫값까지는 구하지 못하더라도 입력이 1이 되어 갈 때 함숫

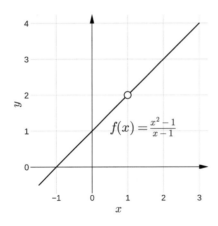

그림 4-5 식 (4.2)의 그래프

값이 어떤 특정한 값으로 가까워진다고는 이야기할 수 있습니다. 이때 이런 값을 극한값이라고 합니다. 기호로 나타내면 다음처럼 쓸 수 있습니다.

$$\lim_{x \to a} f(x) = L \tag{4.3}$$

$\lim_{x \to a}$라는 기호는 '리미트'라고 읽고 '함수 $f(x)$에서 x의 값이 a와 다른 값을 가지면서 a에 가까이 갈 때'를 의미합니다. 이렇게 x의 값이 a에 가까이 갈 때 $f(x)$의 값이 일정한 값 L에 가까워지면 식 (4.3)처럼 표시하고 그때 L을 함수 $f(x)$의 a에서의 극한값 또는 극한이라고 합니다. 우리가 지금까지 살펴보았던 많은 함수는 함숫값과 극한값이 같은 경우가 대부분입니다. 이런 경우를 '연속'이라고 합니다. 하지만 일반적으로는 함숫값과 극한값이 같지 않습니다. 그림 4-6을 봅시다.

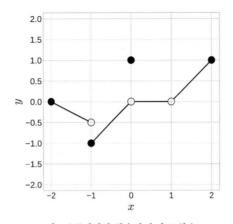

그림 4-6 극한값과 함숫값이 다른 함수

매우 이상해 보이지만 그림의 그래프는 함수를 정의할 때 규정한 함수의 소신을 모두 만족시킵니다. 검게 칠해진 원은 해당 함숫값을 나타냅니다. 따라서 $x = -1$에서의 함숫값은 -1입니다. 이렇게 조각난 함수인 경우 함숫값과 극한값의 일치와 존재 여부는 꽤 복잡한 양상을 띠게 됩니다. 각 경우에 대해서 알아보면 다음과 같습니다.

1) $x = -1$일 때 함숫값은 -1이고 극한값은 없습니다. 독립변수가 -1로 다가갈 때 함숫값이 하나로 모이지 않기 때문입니다.
2) $x = 0$일 때 함숫값은 1이고 극한값은 0입니다. 검은 점은 1에 찍혀 있어 함숫값이 1이지만 독립변수가 0으로 다가갈 때 함숫값은 0으로 모이기 때문입니다.
3) $x = 1$일 때 함숫값은 없고 극한값은 0입니다.

이렇게 그래프를 그려보면 극한값과 함숫값의 차이를 분명하게 알 수 있습니다. 하지만 함수식만 보고 특정 극한값을 구하기는 힘들 때가 많습니다. 그럴 때는 극한의 성질과 식의 대수적 조작을 이용해 극한값을 조사해야 합니다. 이제 이 극한을 이용하여 정확한 변화율을 정의해 보겠습니다.

✓ NOTE

극한값을 직접 구하는 것은 우리의 관심이 아니므로 관심 있는 독자들은 미분적분학 교재[2]를 참고하세요.

다시 정의하는 변화율

한 점에서 순간변화율: 미분계수

우리가 정의했던 아주 작은 간격에 대한 평균변화율 식 (4.1)에 x를 적당한 값으로 대입하면 한 점 x에서 0.01을 구간으로 하는 평균변화율이 구해집니다. 이때 우리는 0.01을 더 작은 값으로 만들어 보다 더 작은 구간에 대한 순간의 변화율을 구하고 싶었습니다. 따라서 0.01을 변할 수 있는 변수 h로 두면 식 (4.1)은 다음처럼 됩니다.

---

2 Thomas Jr., George B., 수학교재연구회(역), 2017, 미분적분학 13판, *Thomas's Calculus* 13th ed, 자유아카데미, p.9

$$\frac{f(x+h) - f(x)}{h} \tag{4.4}$$

이 상태에서 x를 특정값으로 고정하고 h를 움직이면 h에 대한 함수가 되겠죠? 구체적인 예를 들어 봅시다. 주어진 함수가 $f(x) = x^4$인 경우 $x = -1, 0, 1$에 대해서 h에 대한 함수 식 (4.4)를 그려보면 아래 그림과 같습니다. 지금까지 파이썬으로 실습한 함수의 그래프 그리기에 대한 기억을 떠올려보면 쉽게 그릴 수 있을 것입니다. 그래프 세 개를 한번 직접 그려보세요!

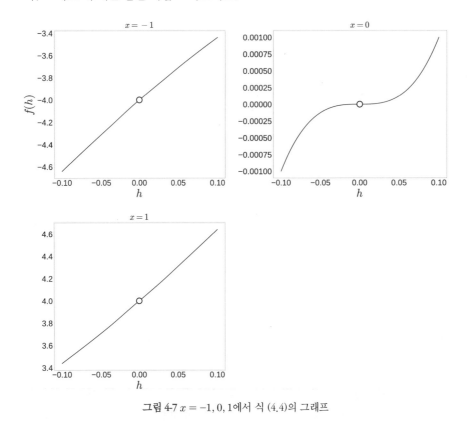

그림 4-7 $x = -1, 0, 1$에서 식 (4.4)의 그래프

위 그림에서 가로축이 h입니다. 즉, 이 그래프들은 구간의 크기 h에 따라 계산된 x $= -1, 0, 1$에서의 변화율입니다. h라는 것은 처음부터 우리가 줄이고 싶은 구간의 크기였습니다. 0이 되면 좋은데 0이 될 수는 없습니다. 식 (4.4)는 $h = 0$에서 정의되지 않아 함숫값을 가지지 않기 때문입니다. 그렇지만 $h = 0$에서 극한값은 구해볼 수 있겠네요. 다음처럼 말이죠.

$$\lim_{h \to 0} \frac{f(x+h) - f(x)}{h} = \lim_{h \to 0} \frac{(x+h)^4 - x^4}{h} \tag{4.5}$$

식 (4.5)의 극한을 수식 조작을 통해 직접 구하기보다 그림으로부터 $h = 0$에서 극한값을 바로 알아봅시다. 각각 -4, 0, 4라는 것을 알 수 있습니다. 이 값들은 h를 0.01로 두고 계산한 값이 아니라 h가 0으로 다가갈 때 식 (4.4)가 수렴하는 값이므로 순간의 변화율이라 할 수 있습니다. 그래서 이렇게 정의된 값을 '순간변화율'이라고 합니다. 다른 말로는 '미분계수'라고도 합니다. $f(x) = x^4$의 $x = -1$에서 순간변화율은 -4가 됩니다. $x = 0$에서 순간변화율은 0이고, $x = 1$에서 순간변화율은 4가 됩니다.

이번 절의 제목이 '한 점에서 순간변화율'인 이유는 순간변화율을 구하기 위해서 어떤 순간 x를 지정해야 하기 때문입니다. x를 어디에 지정하는가에 따라 순간변화율이 다르게 구해졌다는 점을 주목하세요. 이제 특정한 한 점을 x_0로 표시하기로 합시다. 그러면 x_0에서 함수 $f(x)$의 순간변화율을 기호로 $f'(x_0)$로 나타내고 다음처럼 정의할 수 있습니다.

$$f'(x_0) = \lim_{h \to 0} \frac{f(x_0 + h) - f(x_0)}{h} \tag{4.6}$$

물론 식 (4.6)에서 h의 함수 $\frac{f(x_0 + h) - f(x_0)}{h}$가 0에서 극한값을 가져야 합니다. 이런 상황을 '미분가능'이라고 하는데 머신 러닝에서는 대부분 미분가능한 함수만을 다루기 때문에 당장 신경 써야 할 부분은 아닙니다.

순간변화율을 구하고 싶은 위치 x_0에서 대해 항상 $\frac{f(x_0 + h) - f(x_0)}{h}$에 대한 그래프를 그려서 극한값을 조사한다는 것은 상당히 번거로운 일입니다. 극한에 대한 직관적 이해를 전달하기 위해 그래프 방식을 사용했지만 실용적인 방법이 아니기도 합니다. 만약 순간변화율을 구하고 싶은 x 위치를 입력하면 순간변화율을 출력해 주는 함수를 구할 수 있다면 편리할 것입니다.

함수로 표현되는 순간변화율: 도함수

앞서 우리는 한 점 x_0에서의 순간변화율을 정의했습니다. 정의를 사용하여 가능한 모든 x_0에서 순간변화율을 계산할 수 있습니다. 이처럼 함수 $f(x)$의 정의역 x의 원소에 대해 순간변화율을 대응시키는 함수를 생각해볼 수 있는데, 이 함수를 $f(x)$로부터 유도된 함수라 하여 도함수derivative라고 하고 $f'(x)$로 표시합니다.

$$f'(x) = \lim_{h \to 0} \frac{f(x+h) - f(x)}{h} \tag{4.7}$$

식 (4.7)처럼 정의된 도함수를 구하기만 하면 특정 x_0에서 미분계수를 알고 싶을 때 x_0를 도함수에 대입해 바로 계산할 수 있습니다. 다만 도함수를 유도해 내기 위해서는 실제로 극한을 구하는 과정이 필요합니다. 앞서도 밝혔듯이 극한을 구하는 여러 기술적인 부분을 이 책에서 이야기하지는 않았습니다. 머신 러닝을 위한 미분의 개념을 이해하는 데 꼭 필요한 내용은 아니기 때문입니다. 다항함수 x^n에 대한 도함수는 nx^{n-1}로 구해집니다. 이 공식을 이용하면 x^4의 도함수는 $4x^3$이라는 것을 금방 알 수 있습니다. 구해진 도함수에 $-1, 0, 1$을 대입하면 미분계수 $-4, 0, 4$를 얻을 수 있고 이것은 앞 절에서 우리가 알아보았던 미분계수와 일치하는 것입니다. x^n의 도함수가 nx^{n-1}로 주어지는 일반적인 과정은 다음 절에서 알아보도록 하겠습니다.

그림 4-8은 함수 $f(x) = x^3 - 5x$와 도함수를 함께 그린 것입니다. 1행에 점선으로 표시된 함수가 원래 함수이고 2행에 실선으로 표시된 함수가 도함수입니다. 그림은 x값에서 원래 함수의 순간변화율(slope로 표시)과 그 위치에서의 도함수의 함숫값(value로 표시)을 함께 표시하였습니다. 두 값이 모두 일치합니다.

✓ **URL을 반드시 열어보세요**

경로의 이동은 *https://bit.ly/30cSQwc*에서 애니메이션으로 확인해 보세요.

그림으로부터 도함수의 중요한 성질을 파악할 수 있습니다. 원래 함수의 함숫값을 아는 것은 그 위치에서 함숫값 하나를 아는 것에 지나지 않습니다. 하지만 도함수의 함숫값을 알면 더 많은 정보를 얻을 수 있습니다. 예를 들어 1열 그림에서 $f(x)$는 $x = -2$에서 함숫값이 2입니다. 한 점에서 입력에 대한 출력을 알려줄 뿐입니다. 하지만 도함수의 값이 7이라는 사실은 원래 함수가 $x = -2$ 근처에서 증가하고 있다는 것을 알려줍니다. 도함수의 값 하나만 알아도 원래 함수의 주변 정보를 알 수 있는 것입니다. 마찬가지로 $x = 0$일 때는 도함수 값이 -5이므로 원래 함수는 0 주변에서 감소할 것입니다.

도함수로부터 얻을 수 있는 이런 정보를 이용해서 원래 함수가 어떻게 생겼는지 빠르게 파악할 수 있습니다. 여기에서 눈여겨봐야 할 점이 하나 있습니다. 도함수의 함숫값이 0인 점에서 원래 함수가 어떤 모양인지 잘 관찰해 보세요. 원래 함수

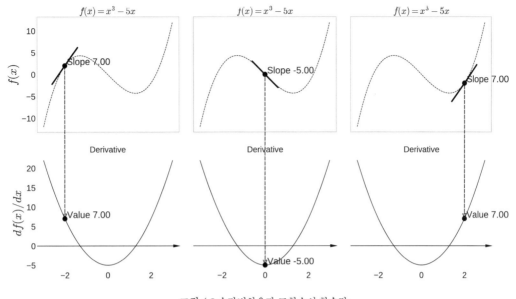

그림 4-8 순간변화율과 도함수의 함숫값

의 모양이 항상 어떤 특징을 가지게 됩니다. 이에 대한 내용은 8장 "최적화" 편에서 다시 자세히 이야기하겠습니다.

도함수의 정의에 극한을 적용하는 절차를 통해 도함수를 구하는 행위를 우리는 '미분differentiation'이라고 이야기합니다. 미분을 해서 구하고자 하는 것은 도함수 또는 미분계수derivative가 됩니다. 이미 순간변화율과 도함수를 표시하는 기호로 $f'(x_0)$, $f'(x)$를 소개했습니다. 순간변화율 또는 도함수를 표현하는 기호법은 여러 가지가 있는데 다음 표에 정리했습니다.

라이프니츠 방식	$\dfrac{df(x)}{dx}, \dfrac{dy}{dx}$
라그랑지 방식	$f'(x), y'$
뉴턴 방식	$\dot{y}, \dot{f}(x)$
오일러 방식	$D_x y, D_x f(x)$

표 4-1 도함수 기호들

많은 문헌에서 도함수를 표시할 때 주로 라이프니츠 방식이나 라그랑지 방식을 따르고 있습니다. 이 책에서도 이 두 가지 표현 방식만 사용합니다. 만약 $y = x^4$라는 함수가 주어졌을 때 이에 대한 도함수를 $\dfrac{dx^4}{dx} = 4x^3$, $\dfrac{dy}{dx} = 4x^3$, $y' = 4x^3$, $f'(x) = 4x^3$처럼 표시할 수 있습니다. 라그랑지 방식은 간편함이 장점이고 라이프니츠 방식은 곧 배울 다변수 함수의 미분을 표시할 때 효과적입니다.

순간변화율의 기하적 의미: 기울기

이번에는 순간변화율의 기하적인 의미를 이야기해 보겠습니다. 아래 그림은 평균변화율과 순간변화율을 함께 그린 것입니다.

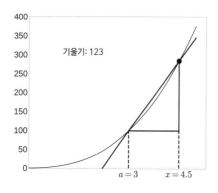
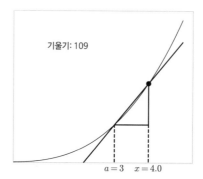

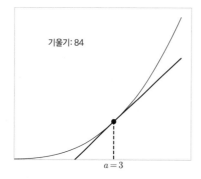

그림 4-9 순간변화율과 접선의 기울기

왼쪽 첫 번째 그림은 [3, 4.5] 구간에 대한 평균변화율을 나타냅니다. 입력의 변화는 1.5이고 이에 따른 출력의 변화를 1.5로 나누면 123이 됩니다. 이 123이란 평균변화율은 그림에 보이는 직각삼각형 빗변의 기울기이기도 합니다. 이 빗변은 곡선 위두 지점을 이은 선이어서 다르게는 나눈다는 뜻의 할割을 써서 할선secant이라고 하는데 두 번째 그림처럼 x가 a에 다가가면 할선의 기울기는 변하게 됩니다. x가 점점 a에 가까워지면 할선의 기울기도 한 점 a에서 접선의 기울기에 근접해 갈 것입니다.

✓ URL을 반드시 열어보세요
이 과정을 표현한 애니메이션을 *https://bit.ly/30f4Hdd*에서 꼭 확인해 보세요!

이때 할선의 기울기가 접선의 기울기에 점점 가까워지므로 할선의 기울기의 극한 값을 접선의 기울기로 정의할 수 있습니다.

$$접선의\ 기울기 = \lim_{x \to a} \frac{f(x) - f(a)}{x - a} \tag{4.8}$$

이 접선에 대한 기울기의 정의는 출력의 차이를 입력의 차이로 나눌 때 입력의 차이를 0으로 만들어 극한값을 구한 것이므로 $x = a$에서 순간변화율의 정의와 동일한 것입니다. 따라서 순간변화율의 기하적인 의미는 함수의 한 점에서 접선의 기울기가 됩니다.

지금까지 꽤 긴 설명을 통해 미분계수란 것이 어떻게 정의되는지 그리고 도함수가 무엇인지 알아보았습니다. 그리고 미분계수의 기하적 의미가 접선의 기울기라는 사실도 살펴보았습니다. 머신 러닝을 공부하면서 미분계수를 직접 손으로 계산할 일은 없으니 "극한을 취해서 미분계수를 어떻게 구하지?"하고 걱정할 필요는 전혀 없습니다. 우리의 목표는 미분의 개념을 잘 알고 이것을 컴퓨터로 계산하는 것이 므로 개념만 정확하게 알고 넘어갑시다. 컴퓨터로 미분하는 법은 6장에서 설명합니다.

　머신 러닝을 위해 미분을 공부할 때 정의와 개념이 가장 중요하지만 이것만으로는 "내가 뭘 배운 거지?"라는 생각이 들 수 있습니다. 실제 공부를 할 때 도움이 되는 부분은 몇 가지 형태의 미분 공식을 알고 이것을 적용하는 것이기 때문입니다. 따라서 지금부터 몇 가지 함수 형태에 대한 미분 공식을 알아보겠습니다. 이어지는 내용은 공식을 유도하기 위해 수식이 조금 나오지만 유도 과정을 반드시 알아야 하는 건 아니므로, 관심이 없는 독자들은 각 절에서 제시하는 결과와 예제만 보고 넘어가도 됩니다.

일변수 스칼라함수의 도함수

가장 간단하고 많이 접하게 되는 일변수 스칼라함수에 대한 미분법을 알아보겠습니다. 2장 "함수" 편에서 다룬 일변수 스칼라함수는 거듭제곱 다항함수, 지수함수,

로그함수입니다. 아래 각 함수의 도함수를 정리했습니다. 이 절에서는 이 결과를 자세히 유도하도록 하겠습니다.

상수함수	$\dfrac{dc}{dx} = 0$
거듭제곱 꼴 함수의 미분	$\dfrac{d}{dx}\,x^n = nx^{n-1}$
지수함수 미분	$\dfrac{d}{dx}\,e^x = e^x$
	$\dfrac{d}{dx}\,a^x = a^x \ln a$
로그함수 미분	$\dfrac{d}{dx}\,\ln x = \dfrac{1}{x}$
	$\dfrac{d}{dx}\,\log_a x = \dfrac{1}{x \ln a}$

표 4-2 일변수 스칼라함수의 도함수들

우선 상수함수 미분법부터 알아본 다음 각 함수를 순서대로 알아보겠습니다.

상수함수의 도함수

입력에 상관없이 항상 임의의 일정한 상수 c를 출력하는 함수가 있다면 이런 함수를 상수함수라고 합니다. 상수함수는 입력의 변화에 따른 출력의 변화가 0입니다. 따라서 상수함수의 도함수는 다음과 같습니다.

$$\frac{dc}{dx} = 0 \tag{4.9}$$

다항함수의 도함수

이전에 미분계수와 도함수를 설명하면서 예를 든 함수가 다항함수 $f(x) = x^4$이었습니다. 이 함수의 도함수를 $f'(x) = 4x^3$이라고 결과만 제시하였는데, 여기서는 직접 도함수를 유도해 보겠습니다. 도함수 유도를 위해 다음과 같은 인수분해 공식을 하나 알아야 합니다.

$$a^3 - b^3 = (a-b)(a^2 b^0 + a^1 b^1 + a^0 b^2)$$

위 공식을 보면 규칙성이 있습니다. 우변 $(a^2 b^0 + a^1 b^1 + a^0 b^2)$ 부분을 보면 a는 이

자부터 하나씩 차수가 내려가고 b는 영자부터 하나씩 자수가 올라갑니다. 이런 규칙을 더 일반적으로 적어보면 다음처럼 됩니다.

$$a^n - b^n = (a - b)(a^{n-1}b^0 + a^{n-2}b^1 + \cdots + a^1 b^{n-2} + a^0 b^{n-1})$$

이 공식을 기억하고 이제 다항함수의 도함수를 유도해 봅시다.

$f(x) = x^n$일 때 도함수의 정의에 따라

$$\frac{d}{dx}f(x) = \lim_{h \to 0} \frac{f(x+h) - f(x)}{h} = \lim_{h \to 0} \frac{(x+h)^n - x^n}{h}$$

입니다. 이제 미리 알아 두었던 인수분해 공식을 분자에 적용합니다. 이때 공식에서 a는 $(x+h)$이고 b는 x로 보면 됩니다.

$$\frac{d}{dx}x^n = \lim_{h \to 0} \frac{\{(x+h) - x\} \left\{(x+h)^{n-1}x^0 + (x+h)^{n-2}x^1 + \cdots + (x+h)^1 x^{n-2} + (x+h)^0 x^{n-1}\right\}}{h}$$

$$= \lim_{h \to 0} \frac{h \left\{(x+h)^{n-1}x^0 + (x+h)^{n-2}x^1 + \cdots + (x+h)^1 x^{n-2} + (x+h)^0 x^{n-1}\right\}}{h}$$

분자의 h와 분모의 h가 약분되어 사라집니다.

$$\frac{d}{dx}x^n = \lim_{h \to 0} \left\{(x+h)^{n-1}x^0 + (x+h)^{n-2}x^1 + \cdots + (x+h)^1 x^{n-2} + (x+h)^0 x^{n-1}\right\}$$

극한기호 안의 각 항은 h에 대한 다항식으로 $h \to 0$으로 극한을 취하면 h가 사라지면서 모든 항이 x^{n-1}이 됩니다. 따라서 다음과 같은 결과를 얻습니다.

$$\frac{d}{dx}x^n = \underbrace{x^{n-1} + x^{n-1} + \cdots + x^{n-1}}_{n} = nx^{n-1}$$

지금까지 내용이 다항함수에 대한 일반적인 미분 과정입니다. 공식 형태로 다시 적으면 다음과 같습니다.

$$\frac{d}{dx}x^n = nx^{n-1} \tag{4.10}$$

위 증명은 n이 양의 정수인 경우에만 적용할 수 있지만(인수분해 공식을 사용했기 때문입니다) 사실 이 공식은 n이 실수인 경우까지 사용할 수 있는 공식이라는 것을 밝혀 둡니다. 다시 말해 다항함수뿐 아니라 일반적인 거듭제곱 형태의 함수에 모두 적용할 수 있습니다.

✓ **NOTE**

식 (4.10)을 n이 실수인 경우까지 적용 가능함을 보이려면 로그 미분과 음함수 미분에 대해 이야기해야 합니다. 이러한 내용은 이 책의 범위를 넘어서는 것이나 크게 어렵지 않으니 관심 있는 독자는 인터넷에 공개되어 있는 Proof of Various Derivative Properties[3]를 참고하면 됩니다.

유도된 공식이 특별한 과정을 통해 유도되는 것이 아니라 도함수의 정의와 그에 대한 극한을 구하는 과정으로 도출된다는 것을 주목하세요. 이것으로 x^4의 도함수가 $4x^3$인 것도 설명이 되었습니다. 이런 절차에 관심이 있다면 앞서 예로 든 함수 x^4의 도함수가 $4x^3$으로 유도되는 과정을 직접 연습해 보는 것도 나쁘지 않습니다.

이제 공식을 알고 있으니 새로운 예제 하나를 더 살펴봅시다.

예제 4-1

$y = \sqrt{x}$의 도함수를 구하세요. 단, $x > 0$.

풀이

갑자기 제곱근이 들어간 함수에 대한 도함수를 구하라고 하니 당황스러울 수도 있습니다. 당황하지 말고 2장에서 배운 지수법칙을 적용해 보세요. $y = x^{1/2}$이 됨을 알 수 있습니다. 거듭제곱 형태의 함수로 변환되어 공식을 적용할 수 있게 되었습니다. 하지만 유도된 미분 공식을 적용하기에 앞서 다시 한번 정의에 의해 도함수를 구해보도록 합시다.

$$\frac{d\sqrt{x}}{dx} = \lim_{h \to 0} \frac{\sqrt{x+h} - \sqrt{x}}{h}$$

이 식도 $h \to 0$일 때 분자와 분모가 모두 0이 되어 극한을 함숫값으로 바로 구할 수

---

3 Proof of Various Derivative Properties, *http://tutorial.math.lamar.edu/Classes/CalcI/DerivativeProofs.aspx*, Paul's Online Notes

가 없습니다. $\sqrt{x+h} - \sqrt{x}$가 문제가 되는 부분입니다. 반면 $\sqrt{x+h} + \sqrt{x}$ 같은 모양은 식에 나타나도 $h \to 0$일 때 0이 되지 않으므로 분자, 분모에 $\sqrt{x+h} + \sqrt{x}$ 를 한번 곱해봅니다.

$$\frac{d\sqrt{x}}{dx} = \lim_{h \to 0} \frac{\left(\sqrt{x+h} - \sqrt{x}\right)\left(\sqrt{x+h} + \sqrt{x}\right)}{h(\sqrt{x+h} + \sqrt{x})}$$

$$= \lim_{h \to 0} \frac{x+h-x}{h(\sqrt{x+h} + \sqrt{x})} = \lim_{h \to 0} \frac{h}{h(\sqrt{x+h} + \sqrt{x})}$$

곱한 결과 분자에 $\sqrt{x+h} - \sqrt{x}$ 꼴이 사라졌고, 분모에는 $\sqrt{x+h} + \sqrt{x}$가 남아서 극한을 구하기 좋은 형태로 되었습니다. 분자, 분모에 h를 약분하여 없애고 극한을 취하면 다음과 같습니다.

$$\frac{d\sqrt{x}}{dx} = \lim_{h \to 0} \frac{1}{\sqrt{x+h} + \sqrt{x}} = \frac{1}{2\sqrt{x}} \quad (x > 0)$$

약간 복잡하고 생각할 부분도 좀 있지만 어쨌거나 특별한 추가 과정 없이 미분의 정의와 극한을 구하는 방법으로 도함수를 유도할 수 있었습니다. 이제 결과를 알았으니 다항함수 미분 공식을 적용해 볼까요?

$$\frac{d\sqrt{x}}{dx} = \frac{d}{dx} x^{\frac{1}{2}} = \frac{1}{2} x^{\frac{1}{2}-1} = \frac{1}{2} x^{-\frac{1}{2}} = \frac{1}{2\sqrt{x}}$$

결과가 같습니다. 마지막 등식은 지수법칙에 의해서 성립합니다. 잘 이해가 되지 않으면 2장의 유리수 지수 부분을 다시 찾아보면 됩니다. 어쨌거나 이런 식으로 공식을 이용하는 편이 훨씬 간편하다는 것을 알 수 있습니다.

지수함수의 도함수

지수함수의 도함수를 알아보기 전에 두 가지 극한값을 구해야 합니다. 결과만 이야기하면, 알아야 하는 두 극한은 다음과 같습니다.

$$\lim_{x \to 0} \frac{e^x - 1}{x} = 1 \tag{4.11}$$

$$\lim_{x \to 0} \frac{a^x - 1}{x} = \ln a \tag{4.12}$$

식 (4.11), (4.12)가 유도되는 과정은 어렵지 않지만 혼자서 생각해 내기 힘든 과정입니다. 이런 과정을 보고 익히는 것이 극한을 이해하는 데 도움이 될 것입니다. 하지만 입문자가 머신 러닝의 이해를 위해서 이런 공부까지 하기에는 시간이 너무 많이 걸립니다. 유도되는 과정이 궁금한 독자들은 시간이 있을 때 이 책 깃허브 저장소에서 제공하는 *https://bit.ly/2Mn4yRO*를 참고하세요.

앞선 공식 유도에서도 강조한 것이지만 여기서도 특별한 과정 없이 도함수의 정의와 그것의 극한을 구하는 과정으로 공식을 유도합니다. 먼저 지수함수 e^x에 대한 도함수 유도 과정을 다음에 정리했습니다.

$$\frac{d}{dx}e^x = \lim_{h \to 0} \frac{e^{x+h} - e^x}{h}$$

$$= \lim_{h \to 0} \frac{e^x e^h - e^x}{h}$$

$$= \lim_{h \to 0} \frac{e^x \left(e^h - 1\right)}{h}$$

$$= e^x \lim_{h \to 0} \frac{\left(e^h - 1\right)}{h}$$

첫 번째 줄은 도함수의 정의를 이용하여 적은 것입니다. 두 번째 줄은 지수법칙 $e^{x+h} = e^x e^h$을 이용하여 적은 것입니다. 세 번째 줄에서 e^x는 h가 0에 가까워질 때 값이 변하지 않습니다. 따라서 h가 보이는 부분만 극한값을 생각해 보면 앞서 소개한 극한인 식 (4.11)에 의해 $\lim_{h \to 0} \frac{e^h - 1}{h} = 1$과 같고 이를 이용하면 다음과 같은 결과를 얻습니다.

$$\frac{d}{dx}e^x = e^x \tag{4.13}$$

이것은 꽤 놀라운 결과인데 미분을 해도 모양이 같으므로 계산 과정이 매우 간단해집니다. 이런 이유로 많은 공학 분야에서 지수함수를 사용할 때 밑을 e로 사용합니다. 2장에서 따로 e의 정의를 이야기했던 것도 바로 이런 이유 때문입니다.

일반적인 밑 a를 가지는 지수함수의 도함수도 동일하게 보일 수 있습니다.

$$\frac{d}{dx}a^x = \lim_{h \to 0} \frac{a^{x+h} - a^x}{h}$$

$$= \lim_{h \to 0} \frac{a^x a^h - a^x}{h}$$

$$= \lim_{h \to 0} \frac{a^x(a^h - 1)}{h}$$

$$= a^x \lim_{h \to 0} \frac{(a^h - 1)}{h}$$

$\lim_{h \to 0} \dfrac{a^h - 1}{h} = \ln a$를 이용하면 다음처럼 도함수를 유도할 수 있습니다.

$$\frac{d}{dx}a^x = a^x \ln a \tag{4.14}$$

이제 다시 예제를 한번 풀어볼까요?

예제 4-2

$y = e^{2x}$의 도함수를 구하세요.

풀이

$y = e^x$라면 도함수가 e^x라는 사실을 이미 알고 있는데 주어진 함수는 $y = e^{ax}$ 꼴로 바로 공식을 적용할 수 없습니다. 따라서 여기서는 정의에 의해 바로 구해보도록 합시다. 우선 지금까지 해왔던 것처럼 정의대로 적어줍니다.

$$\frac{d}{dx}e^{2x} = \lim_{h \to 0} \frac{e^{2(x+h)} - e^{2x}}{h}$$

분자에 지수법칙을 적용하면 다음처럼 정리할 수 있습니다.

$$\frac{d}{dx}e^{2x} = \lim_{h \to 0} \frac{e^{2x}e^{2h} - e^{2x}}{h}$$

$$= \lim_{h \to 0} \frac{e^{2x}(e^{2h} - 1)}{h}$$

$y = e^x$의 도함수를 유도할 때 $\lim_{h \to 0} \dfrac{e^h - 1}{h}$ 꼴이 나타났던 것을 기억해야 합니다.

여기서는 분자에 e^{2h}가 보이는데 분모에 h가 보이고 있으므로 분모를 $2h$로 만들어 주고 2를 곱해줍니다.

$$\frac{d}{dx}e^{2x} = \lim_{h \to 0} \frac{e^{2x}e^{2h} - e^{2x}}{h}$$

$$= \lim_{h \to 0} \frac{e^{2x}(e^{2h} - 1)}{2h} \times 2$$

이제 극한과 관계된 항의 모양이 $\lim_{h \to 0} \dfrac{e^{2h} - 1}{2h}$가 되었습니다. $\lim_{h \to 0} \dfrac{e^h - 1}{h}$과 모양을 맞추기 위해 $z = 2h$라 둡니다. 이때 h가 0에 가까워지면 z도 0에 가까워지므로 $\lim_{h \to 0} \dfrac{e^{2h} - 1}{2h}$를 $\lim_{z \to 0} \dfrac{e^z - 1}{z}$로 바꿔 쓸 수 있습니다. 이 결과를 이용하여 식을 계속 적어보면 다음처럼 됩니다.

$$\frac{d}{dx}e^{2x} = \lim_{h \to 0} \frac{e^{2x}e^{2h} - e^{2x}}{h}$$

$$= \lim_{h \to 0} \frac{e^{2x}(e^{2h} - 1)}{2h} \times 2$$

$$= 2e^{2x} \lim_{h \to 0} \frac{e^{2h} - 1}{2h}$$

$$= 2e^{2x} \lim_{z \to 0} \frac{e^z - 1}{z}$$

마지막 $\lim_{z \to 0} \dfrac{e^z - 1}{z}$ 부분은 문자가 h에서 z로 바뀌었을 뿐 식 (4.11)과 같습니다. 따라서 $\lim_{z \to 0} \dfrac{e^z - 1}{z} = 1$이 되어 결과적으로 다음처럼 도함수가 구해지게 됩니다.

$$\frac{d}{dx}e^{2x} = 2e^{2x}$$

이번 예제는 풀이 과정이 복잡하기도 하고 이해하기도 조금 힘들 수 있습니다. 하지만 전혀 걱정하지 마세요. 실제 도함수를 구할 때 이렇게 정의를 이용해서 하나하나 계산하지 않습니다. 오히려 식이 조금만 복잡해져도 이런 방식을 쓰기 쉽지 않습니다. 여기서는 도함수의 정의를 이용하여 차근차근 계산하면 도함수 유도가 가능하다는 것을 예를 들어 보인 것뿐이니 이런 과정으로 진행되는구나 하는 느낌을 가지면 됩니다. 실제로 미분을 할 때는 도함수 정의를 이용한 방식 또는 다른 적절한 방식으로 유도된 몇 가지 공식을 조합해서 처리합니다.

로그함수의 도함수

지수함수와 로그함수는 역함수 관계이므로 전체적인 이야기가 유사하게 진행됩니다. 그래서 지수함수의 도함수를 유도할 때와 마찬가지로 로그함수의 도함수를 유도하기 전 알아 두어야 할 극한값이 있습니다. 이 두 극한은 다음과 같습니다.

$$\lim_{x \to 0} \frac{\ln(1+x)}{x} = 1 \tag{4.15}$$

$$\lim_{x \to 0} \frac{\log_a(1+x)}{x} = \frac{1}{\ln a} \tag{4.16}$$

✓ **URL을 반드시 열어보세요**

식 (4.15), (4.16)이 유도되는 과정도 *https://bit.ly/2Mn4yRO*를 참고하세요.

이제 이 두 결과를 이용해서 로그함수의 도함수를 유도해 봅시다. 먼저 로그함수 $\ln x$입니다.

$$\frac{d}{dx} \ln x = \lim_{h \to 0} \frac{\ln(x+h) - \ln(x)}{h}$$

$$= \lim_{h \to 0} \frac{\ln\left(\dfrac{x+h}{x}\right)}{h}$$

$$= \lim_{h \to 0} \frac{\ln\left(1 + \dfrac{h}{x}\right)}{h}$$

$$= \lim_{h \to 0} \ln\left(1 + \frac{h}{x}\right)^{\frac{1}{h}}$$

이번에도 도함수의 정의를 이용하여 식을 몇 단계에 걸쳐 변형했습니다. 두 번째 줄은 로그의 성질을 이용한 것입니다. 이제 조금 테크닉이 필요합니다. 이전 장에서 제시했던 자연상수 e의 정의를 기억하나요? 변수를 x 대신 h로 하여 다시 적어

보면 다음과 같습니다. 변수는 무엇으로 해도 상관없으나 여기서는 h에 극한을 취하므로 h로 두도록 하겠습니다.

$$\lim_{h \to 0} (1 + h)^{\frac{1}{h}} = e$$

지금까지 전개해 둔 식의 마지막 줄에서 $\left(1 + \dfrac{h}{x}\right)^{\frac{1}{h}}$ 부분과 e 정의에서 $(1 + h)^{\frac{1}{h}}$ 부분을 비교해 봅시다. $h \to 0$일 때 둘 다 $(1 + \triangle)^{\frac{1}{\triangle}}$ 꼴로 $\triangle$가 0으로 다가가는 것을 알 수 있습니다. 다만 전자의 경우 $\dfrac{1}{x}$이 h에 곱해진 $(1 + ch)^{\frac{1}{h}}$ 꼴이라 e의 정의를 바로 적용할 수 없습니다. 그래서 $\dfrac{h}{x} = z$로 두기로 합시다. 그러면 h가 0으로 갈 때 z도 0으로 갑니다. 변수를 z로 바꿔 쓰면

$$\left(1 + \frac{h}{x}\right)^{\frac{1}{h}} = \left[(1 + z)^{\frac{1}{z}}\right]^{\frac{1}{x}} \quad , \quad z = \frac{h}{x}$$

이 결과를 다시 전개된 식에 대입하면 아래처럼 도함수를 유도할 수 있습니다.

$$\begin{aligned} \frac{d}{dx} \ln x &= \lim_{h \to 0} \frac{\ln(x + h) - \ln(x)}{h} \\ &= \lim_{h \to 0} \ln \left(1 + \frac{h}{x}\right)^{\frac{1}{h}} \\ &= \lim_{z \to 0} \ln \left[(1 + z)^{\frac{1}{z}}\right]^{\frac{1}{x}} \\ &= \frac{1}{x} \lim_{z \to 0} \ln \left[(1 + z)^{\frac{1}{z}}\right] \\ &= \frac{1}{x} \ln e = \frac{1}{x} \end{aligned}$$

마지막 과정에서 $\ln e = 1$임을 이용했습니다. 로그가 잘 기억이 나지 않는다면 2장으로 가서 빠르게 한번 훑고 오세요. 공식으로 정리하면 식 (4.17)과 같습니다.

$$\frac{d}{dx} \ln x = \frac{1}{x} \tag{4.17}$$

로그함수의 도함수가 분수함수 꼴로 주어지는 것도 신기한 현상입니다. 로그함수

그래프의 모양을 띠올러 보면 x가 커질수록 곡신의 기울기가 완만해시는 것을 알 수 있습니다. $\frac{1}{x}$은 x가 커질수록 0에 가까워지므로 기울기를 계산해 주는 함수로 제대로 역할을 하는 것 같습니다.

이제 마지막으로 밑이 a인 로그함수 $\log_a x$가 남았습니다. 이 함수도 앞서와 정확히 동일한 과정으로 도함수를 유도할 수 있습니다. 여기서는 식 (4.18)에 결과만 제시하겠습니다. 관심 있는 독자는 직접 $\ln x$와 동일한 과정으로 유도하는 연습을 해보는 것도 좋습니다. 식 (4.18)은 좀 더 간편한 방식으로 보일 수 있는데 다음 장에서 상수배의 미분과 곱의 미분을 이야기한 후 제시하도록 하겠습니다.

$$\frac{d}{dx} \log_a x = \frac{1}{x \ln a} \tag{4.18}$$

여기까지 기본적인 변화율과 도함수의 개념 그리고 주요 함수들의 도함수를 직접 유도해 보았습니다. 꽤 많은 내용을 이야기한 것 같습니다. 특히 이번 장은 따분한 이론 이야기가 주를 이루어 읽어 나가는 데 힘겨웠을지도 모릅니다. 이번 장에서 이야기하거나 다음 장에서 이야기할 미분 규칙 몇 가지와 다변수에 대한 미분법을 알고 있으면 앞으로 머신 러닝과 딥 러닝을 공부할 때 큰 힘이 될 것입니다. 다음 장까지만 읽으면 지루한 미분 관련 내용이 모두 끝나게 되니 조금만 힘을 냅시다!

## 5장

M a t h e m a t i c s   f o r   M a c h i n e   L e a r n i n g

여러 미분법과 다변수 함수의 도함수: 변화율과 도함수를 복잡한 함수로 확장하기

머신 러닝·딥 러닝을 공부하는 좋은 방법 중 하나는 다른 사람들이 구현해 놓은 코드를 한 줄씩 분석해 보는 것입니다. 코드가 잘 이해되지 않을 때는 교과서나 관련 논문을 읽으면서 수식을 풀어 적어보고 코드와 비교하는 것이 가장 확실한 방법입니다. 이 책을 읽고 있는 독자라면 수식을 풀어 적고 코드와 비교해 보고 싶다는 생각을 한번쯤 해봤을 겁니다. 문제는 대부분의 책이나 논문에서 계산 과정은 생략한 채 결과만 제시한다는 것이죠. 생략된 부분을 직접 풀어 적어 봐야 할 경우도 있고, 그냥 개념만 확실히 다지고 결과를 받아들이는 것이 더 좋은 경우도 있습니다. 어떤 선택이 더 이득이 될지는 경우마다 다른데, 분명한 것은 식을 직접 풀어 적어 이해를 하는 편이 더 좋은 경우가 반드시 있다는 것입니다. 이럴 때 우리가 배운 내용이 도움이 되려면 이전 장에서 배운 내용만으로는 부족합니다. 그러므로 이번 장에서는 미분 개념을 바탕으로 우리가 실제 이론 공부를 할 때 꼭 필요한 미분법에 관한 추가 내용을 다룹니다. 다음과 같습니다.

- 사칙연산에 대한 미분법
- 합성함수의 미분법
- 다변수 스칼라함수의 편도함수와 야코비안

이 내용은 신경망의 역전파 알고리즘을 이해하는 데 필수적인 요소들이니 잘 공부해 두도록 합시다.

✓ <u>NOTE</u>

4장에서 미분가능성에 대해서 잠시 언급하면서 미분가능성 자체에 대해서 논하지 않기로 했었습니다. 그렇기 때문에 5장에서 이야기하는 함수는 모두 미분가능한 함수들이란 묵시적 가정을 하겠습니다. 이 책에서 설명하는 내용들은 미분가능한 함수에 대한 미분 규칙을 알아보는 것이므로 미분가능성에 대해서 특별히 다루지 않음을 다시 한번 밝혀 둡니다.

덧셈, 뺄셈, 곱셈, 나눗셈의 미분법

덧셈, 뺄셈의 미분법

앞서 4장에서 거듭제곱꼴 함수, 지수함수, 로그함수의 미분법에 대해서 알아보았습니다. 이런 종류의 함수들이 덧셈 또는 뺄셈으로 연결된 좀 더 복잡한 함수도 생각해 볼 수 있습니다. $x^2 + e^x$ 같은 함수의 도함수를 구하는 경우를 예로 들 수 있습니다. 도함수는 변화율을 출력하는 함수이므로 주어진 함수의 입력에 대한 전체 변화율은 x^2의 변화율과 e^x의 변화율이 합해 놓은 것으로 생각할 수 있습니다. 따라서 도함수는 $2x + e^x$가 될 것이라 예상할 수 있습니다. 정말 그렇게 되는지 보이려면 이번에도 도함수의 정의를 이용하면 됩니다.

$$
\begin{aligned}
\frac{d}{dx}\left(f(x) + g(x)\right) &= \lim_{h \to 0} \frac{\{f(x+h) + g(x+h)\} - \{f(x) + g(x)\}}{h} \\
&= \lim_{h \to 0} \frac{f(x+h) - f(x) + g(x+h) - g(x)}{h} \\
&= \lim_{h \to 0} \left[\frac{f(x+h) - f(x)}{h} + \frac{g(x+h) - g(x)}{h}\right] \\
&= \frac{d}{dx}f(x) + \frac{d}{dx}g(x)
\end{aligned}
$$

마지막 등호는 각 항에 극한을 적용하는 극한의 성질을 이용했습니다. 각 항에 극한을 적용하면 $\lim_{h \to 0} \dfrac{f(x+h) - f(x)}{h}$와 $\lim_{h \to 0} \dfrac{g(x+h) - g(x)}{h}$가 되므로 그 자체로 도함수의 정의가 됩니다. 다음은 덧셈에 대한 미분식입니다.

$$
\frac{d}{dx}(f(x) + g(x)) = \frac{d}{dx}f(x) + \frac{d}{dx}g(x) \tag{5.1}
$$

뺄셈의 미분은 $f(x) + (-1) \cdot g(x)$로 생각하고 다음에 알아볼 곱셈의 미분을 적용하면 유도할 수 있습니다.

곱셈의 미분법

이번에는 두 함수 $f(x)$와 $g(x)$가 곱해진 형태로 되어 있는 함수가 있을 때 이 함수의 도함수를 구하는 경우를 생각해 봅시다. 예로 $(x^2 + 1)(x + 2)$ 같은 함수를 들 수 있습니다. 여기서 $f(x)$는 $(x^2 + 1)$이고, $g(x)$는 $(x + 2)$입니다. 도함수를 구할 때 가장 먼저 생각해 볼 수 있는 방법은, 식을 전개해서 각 항을 다항함수의 미분공식으로 미분하는 것입니다. 예를 든 식을 전개하면 $x^3 + 2x^2 + x + 2$입니다. 앞서의 설명으로 덧셈의 미분을 알고 있으니, 각 항을 $f'(x) = nx^{n-1}$ 공식으로 미분하면 도함수는 $3x^2 + 4x + 1$이 됩니다. 그런데 항을 하나씩만 추가하여 이렇게 $(3x^3 + x^2 + 1)(x^2 + x + 2)$ 바꿔 놓으면 또 전개해서 미분하기가 좀 힘들어집니다.

덧셈의 미분처럼 $f(x)$와 $g(x)$를 각각 미분해서 곱한 것이 곱셈의 미분이 되면 좋겠지만 그렇지 않습니다. $2 + 2 = 4$에서 각 수를 $+0.01$만큼 변경하면 $2.01 + 2.01 = 4.02$가 됩니다. 결과의 변화 0.02는 각 수가 변화한 합입니다. 곱셈의 경우는 $2.01 \times 2.01 = 4.0401$이 되어 결과의 변화 0.0401이 각 수의 변화의 곱이 되지 않는 것을 직관적으로 알 수 있습니다. 이 상황을 그림으로 알아보도록 합시다.

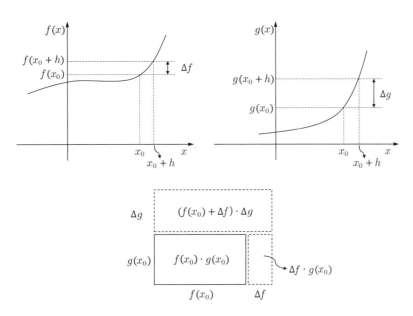

그림 5-1 넓이로 나타낸 곱셈의 미분법

그림 5-1을 보면서 함수가 곱해져 있을 때 변화량이 어떻게 발생하는지 설명하고 동시에 곱셈의 미분을 유도하도록 하겠습니다. 두 함수 $f(x)$와 $g(x)$가 있을 때 미분해야 할 함수는 두 함수가 곱해진 $f(x)g(x)$이므로 두 함숫값을 가로, 세로로 하는 사각형의 넓이입니다. $x = x_0$일 때 함숫값을 생각해 보면 그림에서 $f(x_0)g(x_0)$라고 적혀 있는 사각형의 넓이임을 알 수 있습니다.

이제 함수의 변화량을 알아보기 위해 그림처럼 입력 x를 h만큼 증가시켜 $x_0 + h$로 만듭니다. 그 결과 처음 사각형의 각 변이 Δf, Δg만큼 증가하게 되고 이에 따라 증가하는 넓이는 그림처럼 위쪽과 오른쪽으로 생기게 됩니다. 함수의 변화량, 다시 말해 늘어난 넓이는 그림에서 오른쪽 작은 사각형과 위쪽 큰 사각형 두 개인데 이 사각형의 넓이를 식으로 적어보면 다음과 같습니다.

$$\text{오른쪽 작은 사각형의 넓이} = \Delta f \cdot g(x_0) = (f(x_0 + h) - f(x)) \cdot g(x_0)$$

$$\begin{aligned}\text{위쪽 큰 사각형의 넓이} &= (f(x_0) + \Delta f) \cdot \Delta g \\ &= (f(x_0) + f(x_0 + h) - f(x_0)) \cdot \Delta g \\ &= f(x_0 + h) \cdot \Delta g \\ &= f(x_0 + h) \cdot (g(x_0 + h) - g(x))\end{aligned}$$

함수의 전체 변화량은 각 사각형 넓이의 합이므로 다음처럼 됩니다.

$$\text{함수의 전체 변화량} = (f(x_0) + h) - f(x_0)) \cdot g(x_0) + f(x_0 + h) \cdot (g(x_0 + h) - g(x))$$

이것은 입력이 h만큼 변할 때 생긴 변화량이므로 h에 대한 평균변화율로 만들어주기 위해 h로 나눠줍시다.

$$\text{함수의 평균변화율} = \frac{(f(x_0 + h) - f(x_0)) \cdot g(x_0) + f(x_0 + h) \cdot (g(x_0 + h) - g(x))}{h}$$

위 식을 순간변화율로 만들기 위해 h를 0으로 보냅니다.

$$\begin{aligned}\text{함수의 순간변화율} &= \lim_{h \to 0} \frac{(f(x_0 + h) - f(x_0)) \cdot g(x_0) + f(x_0 + h) \cdot (g(x_0 + h) - g(x))}{h} \\ &= \lim_{h \to 0} \left(\frac{f(x_0 + h) - f(x_0)}{h} \cdot g(x_0) + f(x_0 + h) \cdot \frac{g(x_0 + h) - g(x)}{h} \right) \\ &= \left(\frac{d}{dx} f(x_0) \right) g(x_0) + f(x_0) \left(\frac{d}{dx} g(x_0) \right)\end{aligned}$$

앞의 결과는 두 함수가 곱해져 있을 때 함수의 순간변화율을 나타냅니다. 이 유도 과정을 그림으로 보이기 위해 h가 양수이며 두 함수 $f(x)$와 $g(x)$를 증가하는 함수로 가정했습니다. 이런 가정 없이 곱셈의 미분을 유도하는 방법을 알아보겠습니다.

놀랍게도 곱셈의 경우 역시 도함수의 정의를 사용하여 공식을 유도할 수 있습니다. 특별한 계산 테크닉 없이 도함수의 정의만 사용합니다. 유도 과정에서 수식을 약간 조작하는 다소 복잡한 과정이 있어 처음 볼 때는 약간 혼란스러울 수 있습니다. 공식을 유도하기 위해 지금처럼 정의에 의해 식을 적어봅니다.

$$\frac{d}{dx}\left(f(x)g(x)\right) = \lim_{h \to 0} \frac{f(x+h)g(x+h) - f(x)g(x)}{h}$$

위 식에서 $\frac{f(x+h)-f(x)}{h}$ 꼴과 $\frac{g(x+h)-g(x)}{h}$ 꼴을 만들기 위해 분자를 살짝 조작합니다. 우선 $f(x+h) - f(x)$ 꼴을 만들기 위해 분자의 첫 번째 항을 $\{f(x+h) - f(x)\}g(x+h)$로 적어주면 원래는 없던 항 $-f(x)g(x+h)$가 생겨났으므로 $+f(x)g(x+h)$를 추가해서 $-f(x)g(x+h)$를 상쇄시킵니다. 결과적으로 다음과 같이 만듭니다.

$$f(x+h)g(x+h) = \{f(x+h) - f(x)\}\, g(x+h) + f(x)g(x+h)$$

이 결과를 이용해서 식을 다시 적으면 다음과 같습니다.

$$\frac{d}{dx}\left(f(x)g(x)\right) = \lim_{h \to 0} \frac{\{f(x+h) - f(x)\}\, g(x+h) + f(x)g(x+h) - f(x)g(x)}{h}$$

이렇게 적고 보니 분자의 두 번째, 세 번째 항에서 $f(x)$를 묶어내면 $g(x+h) - g(x)$ 꼴도 나타나게 됩니다.

$$
\begin{aligned}
\frac{d}{dx}\left(f(x)g(x)\right) &= \lim_{h \to 0} \frac{\{f(x+h) - f(x)\}\, g(x+h) + f(x)g(x+h) - f(x)g(x)}{h} \\
&= \lim_{h \to 0} \frac{\{f(x+h) - f(x)\}\, g(x+h) + f(x)\{g(x+h) - g(x)\}}{h} \\
&= \lim_{h \to 0} \left[\frac{f(x+h) - f(x)}{h}g(x+h) + f(x)\frac{g(x+h) - g(x)}{h} \right] \\
&= \left(\frac{d}{dx}f(x) \right)g(x) + f(x)\left(\frac{d}{dx}g(x) \right)
\end{aligned}
$$

전체 변화량이 한 함수의 변화량에 다른 함수가 곱해진 형태로 구성되어 있습니다. '앞 함수 미분 곱하기 뒤 함수 + 앞 함수 곱하기 뒤 함수 미분' 형태입니다. 이를 식 (5.2)에 정리했습니다.

$$\frac{d}{dx}\left(f(x)g(x)\right) = \left(\frac{d}{dx}f(x)\right)g(x) + f(x)\frac{d}{dx}g(x) \tag{5.2}$$

이렇게 자세히 두 가지 방법으로 곱셈의 미분을 설명한 이유는 미분 공식이 유도되는 과정이 특별하지 않다는 점을 강조하기 위함입니다. 혹시 이후에 곱셈의 미분 규칙이 갑자기 기억이 나지 않는다면 '특별한 과정'이 아니라는 지금의 기억을 더듬어 직접 유도해 보는 것도 좋습니다. 곱셈의 미분은 생각보다 규칙이 조금 복잡해 보이므로 예제를 몇 개 풀어보겠습니다.

예제 5-1

$y = e^{2x}$의 도함수를 구하세요.

풀이

이 문제는 지수함수의 미분에서 다뤘던 예제입니다. 그때는 풀이법이 꽤 복잡했는데 곱셈의 미분을 적용하여 다시 풀어봅시다. 지수법칙에 의해 $y = e^{2x} = e^x \cdot e^x$이므로 곱셈의 미분을 적용해 봅니다.

$$\begin{aligned}
\frac{d}{dx}e^{2x} &= \frac{d}{dx}\left(e^x \cdot e^x\right) \\
&= \left(\frac{d}{dx}e^x\right) \cdot e^x + e^x \cdot \left(\frac{d}{dx}e^x\right) \\
&= e^x \cdot e^x + e^x \cdot e^x \\
&= 2e^{2x}
\end{aligned}$$

훨씬 간단하게 도함수를 구할 수 있습니다. 이렇게 도함수를 구하는 과정은 적정한 절차를 단계적으로 적용하여 계산하면 동일한 결과를 이끌어 낼 수 있는 과정입니다. 그렇기 때문에 어떤 방식으로 계산할지는 개인의 취향이나 계산 작업량에 따라 결정하면 됩니다. 이제 4장에서 미뤄뒀던 $\log_a x$의 도함수를 유도해 봅시다.

예제 5-2

$\log_a x$의 도함수를 곱셈의 미분법을 이용하여 구하세요.

풀이

$\log_a x$의 밑 변환 성질을 적용해서 아래와 같이 우선 변경합니다.

$$\log_a x = \frac{\ln x}{\ln a}$$

$\dfrac{\ln x}{\ln a}$는 $\dfrac{1}{\ln a}$과 $\ln x$가 곱해진 것으로 생각할 수 있으므로 곱셈의 미분법을 적용합니다.

$$\frac{d}{dx} \log_a x = \frac{d}{dx} \frac{\ln x}{\ln a} = \frac{d}{dx} \left(\frac{1}{\ln a} \cdot \ln x \right)$$

$$= \frac{d}{dx} \left(\frac{1}{\ln a} \right) \ln x + \frac{1}{\ln a} \frac{d}{dx} \ln x$$

$$= \frac{1}{\ln a} \frac{1}{x}$$

$\log_a x$에서 a는 결정된 상수이므로 $\dfrac{d}{dx} \left(\dfrac{1}{\ln a} \right) = 0$이 되는 것을 이용했습니다. 4장에서 보인 $\ln x$의 미분과정과 이 과정을 비교해 보세요. 로그의 밑 변환 성질과 곱셈의 미분으로 비교적 간단하게 도함수를 구할 수 있습니다.

나눗셈의 미분법

마지막으로 한 함수가 다른 함수를 나누는 경우를 알아보겠습니다. $\dfrac{f(x)}{g(x)}$와 같은 식의 함수입니다. 나눗셈의 미분법도 곱셈의 미분법과 마찬가지로 도함수의 정의를 이용해 유도할 수 있습니다. 우선 정의를 그대로 적용해서 적어줍니다.

$$\frac{d}{dx} \left(\frac{f(x)}{g(x)} \right) = \lim_{h \to 0} \frac{\dfrac{f(x+h)}{g(x+h)} - \dfrac{f(x)}{g(x)}}{h}$$

여기서 분자를 적당히 통분하고 조작해서 $\dfrac{f(x+h)-f(x)}{h}$ 꼴과 $\dfrac{g(x+h)-g(x)}{h}$을 이용할 수 있게끔 만드는 것이 목표입니다. 먼저 분자를 통분해 봅니다.

$$\frac{f(x+h)}{g(x+h)} - \frac{f(x)}{g(x)} = \frac{f(x+h)g(x) - f(x)g(x+h)}{g(x+h)g(x)}$$

그리고 통분된 분수의 분자 $f(x+h)g(x) - f(x)g(x+h)$에 $f(x+h) - f(x)$꼴과 $g(x+h) - g(x)$ 꼴이 나타나도록 식을 변형합니다.

$$f(x+h)g(x) - f(x)g(x+h) = \{f(x+h) - f(x)\}\, g(x) + f(x)g(x) - f(x)g(x+h)$$
$$= \{f(x+h) - f(x)\}\, g(x) + f(x)\, \{g(x) - g(x+h)\}$$
$$= \{f(x+h) - f(x)\}\, g(x) - f(x)\, \{g(x+h) - g(x)\}$$

이 결과를 원 식에 대입하여 정리합니다.

$$\frac{d}{dx}\left(\frac{f(x)}{g(x)}\right) = \lim_{h \to 0} \frac{\dfrac{f(x+h)}{g(x+h)} - \dfrac{f(x)}{g(x)}}{h}$$

$$= \lim_{h \to 0} \frac{\dfrac{\{f(x+h) - f(x)\}\, g(x) - f(x)\, \{g(x+h) - g(x)\}}{g(x+h)g(x)}}{h}$$

$$= \lim_{h \to 0} \frac{\{f(x+h) - f(x)\}\, g(x) - f(x)\, \{g(x+h) - g(x)\}}{h} \cdot \frac{1}{g(x+h)g(x)}$$

$$= \lim_{h \to 0} \left(\frac{f(x+h) - f(x)}{h} g(x) - f(x)\frac{g(x+h) - g(x)}{h}\right) \cdot \frac{1}{g(x+h)g(x)}$$

$$= \frac{\left(\dfrac{d}{dx}f(x)\right) g(x) - f(x)\dfrac{d}{dx}g(x)}{g^2(x)}$$

곱셈의 미분법 유도 과정과 전체적으로 비슷하므로 나눗셈의 미분법은 조금만 생각하면 유도할 수 있습니다. 식 (5.3)에 나눗셈이 미분 공식을 정리했습니다.

$$\frac{d}{dx}\left(\frac{f(x)}{g(x)}\right) = \frac{\left(\dfrac{d}{dx}f(x)\right) g(x) - f(x)\dfrac{d}{dx}g(x)}{g^2(x)} \tag{5.3}$$

이제 이번 장에 가장 중요한 개념인 합성함수의 미분법으로 넘어가겠습니다.

합성함수의 미분법

2장 "함수" 편에서 합성함수를 설명하면서 인공신경망은 결국 합성함수라고 이야기한 것을 기억할 것입니다. 이미 이야기한 것처럼 인공신경망은 합성함수이고 이 신경망의 에러를 효율적으로 줄이기 위해서는 결국 합성함수를 미분하는 과정이 꼭 필요하게 됩니다.

다음과 같은 함수를 미분해야 합니다.

$$(x^2 + 3x)^2$$

여러 가지 방법을 생각해 볼 수 있습니다. 전개해서 미분하거나 $(x^2 + 3x)(x^2 + 3x)$로 보고 곱의 미분법을 적용해도 됩니다. 도함수의 정의를 바로 쓰는 방법도 있습니다. 하지만 $(x^2 + 3x)^{10}$ 정도 되면 상당히 복잡해집니다. 이렇게 전개하거나 도함수의 정의를 이용하는 방식은 함수가 조금만 복잡해져도 계산하기가 힘들어집니다. 이럴 때 사용할 수 있는 방법이 합성함수의 미분법입니다.

문헌에 따르면 1676년 라이프니츠Gottfried Wilhelm Leibniz가 그의 메모에서 $\sqrt{ax^2 + bx + c}$ 꼴의 함수를 미분하는 간편한 방법을 처음으로 언급했다고 합니다.[1][2]

라이프니츠는 이 함수를 $\sqrt{y}$라는 함수와 $y = ax^2 + bx + c$라는 함수의 합성함수로 보고 체인룰chain rule이란 규칙을 사용하여 미분하였습니다. 우리도 라이프니츠가 사용한 함수와 비슷한 $\sqrt{x^2 + 3x}$를 가지고 이야기해 봅시다.

합성함수 미분법의 가장 직관적인 이해는 평균변화율에서 시작합니다. $\sqrt{x^2 + 3x}$에서 $g(x)$를 $y = x^2 + 3x$로 두고 $f(y)$를 $z = \sqrt{y}$로 두면 두 함수의 합성함수는 $f \circ g(x) = \sqrt{x^2 + 3x}$입니다. 이 상태에서 $f \circ g(x)$의 x에 대한 평균변화율을 생각해 봅시다. x가 조금 변하면 $g(x)$에 의해 y가 변하게 되고 이 y의 변화는 다시 $f(y)$에 의해 최종 z의 변화를 만들어 냅니다. 이때 각 변수의 변화를 Δx, Δy, Δz라 합시다. 우리가 구하고 싶은 변화율은 x의 변화에 대한 z의 변화율 $\frac{\Delta z}{\Delta x}$ 인데 여기에는 x의 변화에 대한 y의 변화율 $\frac{\Delta y}{\Delta x}$도 있고 y의 변화에 대한 z의 변화율 $\frac{\Delta z}{\Delta y}$가 서로 엮여 있습니다. $\frac{\Delta z}{\Delta x}$를 $\frac{\Delta y}{\Delta x}$와 $\frac{\Delta z}{\Delta y}$의 관계로 나타내면 다음과 같습니다.

---

1 Chain rule, *https://en.wikipedia.org/wiki/Chain_rule#History*
2 고등학교 미적분II[2009개정 교과 과정], 좋은책 신사고,p.101

$$\frac{\Delta z}{\Delta x} = \frac{\Delta z}{\Delta y} \cdot \frac{\Delta y}{\Delta x} \qquad\qquad (5.4)$$

합성된 각 함수의 변화율을 곱하면 되는 것입니다. Δy가 약분되면서 좌변과 우변이 같게 됩니다. 이 식은 각 변수에 대한 변화량의 나눗셈이기 때문에 순간변화율은 아닙니다. 하지만 앞서 0.01 규칙을 이용해서 알아봤듯이 충분히 간격이 작다면 훌륭한 근사치를 제공해준다는 것을 알고 있습니다. 이런 생각이 맞는지 파이썬으로 실험을 해봅시다.

```python
import numpy as np
import matplotlib.pyplot as plt

fig = plt.figure(figsize=(7, 7))
ax = fig.add_subplot(1, 1, 1)

ax.xaxis.set_tick_params(labelsize=18)
ax.yaxis.set_tick_params(labelsize=18)
ax.set_xlabel(r'$x$', fontsize=25)
ax.set_ylabel(r'$y$', fontsize=25)

x = np.linspace(0.01, 0.3, 100)  #❶

h = 0.01                         #❷

g  = lambda x : x**2 + 3*x         #❸
dg = lambda x : (g(x+h)-g(x)) / h   #❹

f  = lambda x : np.sqrt(x)          #❺
df = lambda x : (f(x+h)-f(x)) / h   #❻

dfg = lambda x : (2*x+3) / (2*np.sqrt(x**2+3*x))        #❼

plt.plot( x, f(g(x)), 'k', label=r"$f(g(x))$")
plt.plot( x, dfg(x),  'k', label=r"$f'(g(x))$", lw=7) #❽
plt.plot( x, df(g(x))*dg(x), c='white' )                #❾

plt.plot( x, dfg(x)-df(g(x))*dg(x), '—', c='k', label="error")

plt.legend(loc="right", fontsize=18)

plt.show()
```

❶ 독립변수의 범위를 설정합니다. ❷ 독립변수에 변화를 줄 구간 크기를 설정합니다. ❸ $f \circ g(x) = \sqrt{x^2 + 3x}$에서 $g(x)$에 해당하는 함수 $y = x^2 + 3x$를 정의합니

다. ❹ $g(x)$의 변화율을 정의합니다. x에 h를 너한 위치에서 함숫값을 계산하고 x
에서 함숫값을 계산해서 그 둘의 차를 h로 나누고 있습니다. ❺, ❻으로 $f(x)$에 해
당하는 $z = \sqrt{y}$와 그것의 변화율을 정의하고 있습니다. ❼은 원래 미분하고자 하
는 함수를 직접 손으로 미분하여 적은 도함수입니다.

이제 그림을 그려 손으로 미분한 도함수의 그래프와 식 (5.4)로 그린 그래프가 정
확히 겹쳐지는지 확인해 봅시다. 겹침을 확인하기 위해 원래 도함수의 그래프를 ❽
에서 lw=7 옵션으로 두껍게 그리고 있습니다. 식 (5.4)는 그래프로 그릴 때 약간 주
의해야 하는 부분이 있습니다. 식 (5.4)에서 $\frac{\Delta y}{\Delta x}$에 해당하는 부분은 ❾에서 dg(x)
부분입니다. 그런데 앞에서 곱해지는 $\frac{\Delta z}{\Delta y}$ 부분이 df(x)가 아니라 df(g(x))인 것을
주의 깊게 보세요. 합성된 상태에서 함수 f는 x를 입력으로 받지 않고 $g(x)$의 출력
을 입력으로 받는다는 것을 주의해야 합니다. 이 코드를 실행하면 아래와 같은 그
림이 나옵니다.

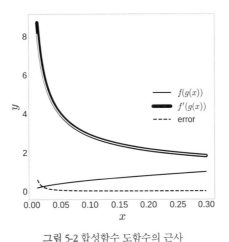

그림 5-2 합성함수 도함수의 근사

아래쪽 가는 실선이 함수 $f(g(x))$의 그래프입니다. 위쪽으로 굵게 보이는 실선이
$f'(g(x))$입니다. 굵은 실선과 겹쳐진 흰색 실선이 식 (5.4)에 의해 그려진 그래프
입니다. 대체로 잘 겹쳐져 있지만 0 근처에서 약간 어긋남을 알 수 있습니다. 제일
아래쪽 점선은 이 두 곡선 $f'(g(x))$와 식 (5.4)의 차이를 그린 것입니다. 0에 가까
워질수록 이 점선이 올라가는데 이것은 $f'(g(x))$와 식 (5.4)에 오차가 생긴다는 뜻
입니다. 오차는 식 (5.4)는 순간변화율이 아니기 때문에 생긴 오차입니다.

우리가 구하고자 하는 것은 순간변화율이므로 $\lim\limits_{\Delta x \to 0} \frac{\Delta z}{\Delta x}$가 됩니다. 식 (5.4)에 극
한을 취하면 다음과 같습니다.

$$\lim_{\Delta x \to 0} \frac{\Delta z}{\Delta x} = \lim_{\Delta x \to 0} \frac{\Delta z}{\Delta y} \cdot \lim_{\Delta x \to 0} \frac{\Delta y}{\Delta x} \tag{5.5}$$

$y = g(x)$, $z = f(y)$가 모두 미분가능하다고 가정하므로 도함수의 정의에 의해 우변 두 번째 항은 $\lim_{\Delta x \to 0} \frac{\Delta y}{\Delta x} = \frac{dy}{dx}$입니다. 첫 번째 항은 Δy에 대한 변화율을 나타내는데 극한을 취하는 변수가 Δx이므로 도함수의 정의에 부합하지 않습니다. $\lim_{\Delta y \to 0} \frac{\Delta z}{\Delta y}$가 되어야 도함수의 정의와 부합합니다. Δy와 Δx의 관계를 생각해 보면 Δy는 Δx에 의한 $g(x)$의 변화이므로 Δy를 풀어 적어보면 다음과 같습니다.

$$\Delta y = g(x + \Delta x) - g(x)$$

$\Delta x \to 0$일 때 $\Delta y \to 0$임을 알 수 있습니다. 따라서 첫 번째 항에서 다음처럼 바꿔 쓸 수 있습니다.

$$\lim_{\Delta x \to 0} \frac{\Delta z}{\Delta y} = \lim_{\Delta y \to 0} \frac{\Delta z}{\Delta y}$$

위 식을 이용하여 극한을 바꿔 적으면 식 (5.5)는 다음과 같습니다.

$$\lim_{\Delta x \to 0} \frac{\Delta z}{\Delta x} = \lim_{\Delta y \to 0} \frac{\Delta z}{\Delta y} \cdot \lim_{\Delta x \to 0} \frac{\Delta y}{\Delta x}$$

좌변 우변 모두 도함수의 정의이므로 최종적으로 다음과 같은 미분 규칙을 얻을 수 있습니다.

$$\frac{dz}{dx} = \frac{dz}{dy} \cdot \frac{dy}{dx} \tag{5.6}$$

이 같은 미분 규칙을 체인룰 우리말로는 연쇄법칙이라 합니다.

얻어진 공식을 이용하여 같은 실험을 반복해 봅시다. $y = x^2 + 3x$, $z = \sqrt{y}$에 대한 도함수는 각각 $2x + 3$, $\frac{1}{2\sqrt{y}}$이므로 위 코드에서 ❹, ❻을 아래처럼 고쳐주면 됩니다.

```
dg = lambda x : 2*x + 3    # ❹
df = lambda x : 1/(2*np.sqrt(x))    # ❻
```

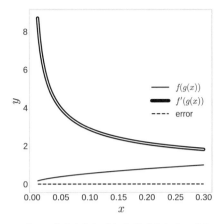

그림 5-3 연쇄법칙을 이용한 합성함수의 도함수

에러가 사라진 것을 확인할 수 있습니다.

우리가 보게 될 많은 합성함수는 다항함수, 지수함수 같은 기본 함수들로 구성되어 있기 때문에 합성함수를 직접 미분하는 연습을 해보는 것이 인공지능 분야의 이론을 공부하는 데 많은 도움이 됩니다. 그런 의미에서 예제를 또 하나 풀어봅시다.

예제 5-3

$y = e^{3x+1}$의 도함수를 구하세요.

풀이

주어진 함수를 $3x + 1$과 e^x가 합성된 함수라고 생각하고 도함수를 구하면 다음처럼 간단하게 계산됩니다.

$$\frac{d}{dx}e^{3x+1} = e^{3x+1}\frac{d}{dx}(3x + 1) = 3e^{3x+1}$$

예제 5-4

$y = \ln x \cdot e^{3x+1}$의 도함수를 구하세요.

풀이

이 예제는 곱셈의 미분법과 합성함수 미분법을 함께 사용하면 됩니다.

$$\frac{d}{dx} \ln x \cdot e^{3x+1} = \frac{d}{dx}(\ln x)e^{3x+1} + \ln x \frac{d}{dx}e^{3x+1}$$

$$= \frac{e^{3x+1}}{x} + 3e^{3x+1}\ln x$$

$$= \frac{e^{3x+1} + 3xe^{3x+1}\ln x}{x}$$

$$= \frac{e^{3x+1}(1 + 3x\ln x)}{x}$$

두 번째 줄까지 계산해도 도함수는 구해진 것이고 나머지 과정은 식을 정리하는 과정이므로 더 진행하지 않아도 괜찮습니다. 연습이 필요하긴 하지만 원리적으로는 이제 꽤 많은 함수의 도함수를 구할 수 있게 되었습니다.

다변수 함수의 변화율

지금까지 알아본 일변수 스칼라함수의 미분 규칙을 다변수 함수로 확장합니다. 이 책에서는 다변수 함수를 미분할 때 편미분이라는 제한적인 개념을 사용할 것입니다. 그 덕분에 지금까지 이야기한 일변수 함수에 대한 미분 규칙을 단순히 변수가 여러 개인 경우로 확장하기만 하면 됩니다.

순간변화율의 개념을 다시 상기해 봅시다. 어떤 점 x_0를 기준으로 h만큼 약간 움직일 때 평균변화율에 대한 극한값으로 순간변화율을 정의했습니다. 그런데 이런 정의를 이변수 함수에 적용하려면 뭔가 이상한 상황이 발생합니다.

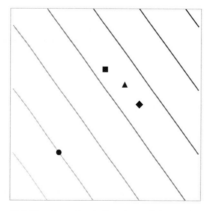

그림 5-4 함수 $2x^2 + 1.5y^2$의 등고선 그래프와 좌표 $(1, 1)$에서 0.01만큼 떨어진 서로 다른 세 점

그림 5-4는 $2x^2 + 1.5y^2$을 등고선 그래프로 그리고 좌표 (1, 1)에서 모두 0.01만큼 떨어진 세 점을 그린 것입니다. 미분을 처음 이야기할 때 아주 작은 구간 0.01에 대해서 변화율을 정의한 것처럼 이변수 함수에 대해 (1, 1)에서 0.01만큼 이동하여 함숫값의 변화를 보려 하고 있습니다. 세 점의 좌표는 대략 ◆ (1.0087, 1.0050), ▲ (1.0071, 1.0071), ■ (1.0050, 1.0087) 정도 됩니다. 따라서 좌표를 함수에 대입하여 변화율을 직접 계산해 볼 수 있습니다. 직접 계산해 보면 결과는 약 4.9829, 4.9672, 4.6143으로 모두 다르다는 것을 알 수 있습니다. 이 세 점이 등고선의 동일선상에 있지 않기 때문에 이런 결과가 나오게 됩니다(세 점에서 함숫값이 모두 다르다는 의미). 그뿐만 아니라 (1, 1)에서 0.01만큼 떨어진 점은 ◆, ▲, ■만 있는 것이 아니라 무수히 많습니다. 어느 방향으로 0.01만큼 떨어지는가에 따라 변화율이 모두 달라집니다. 이렇게 해서는 순간변화율을 정의할 수 없습니다.

편도함수

그래서 좀 제한적인 방법으로 도함수를 정의합니다. 가장 간단한 방법으로 변수의 변화를 제한하는 것입니다. 여러 변수 중 한 변수만 움직이게 하고 다른 변수는 모두 고정하는 것입니다. 그림 5-5를 봅시다.

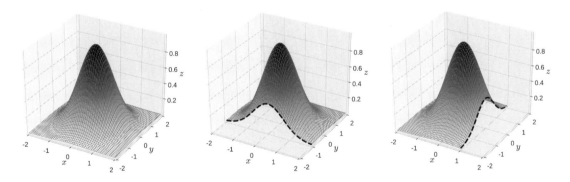

그림 5-5 한 변수를 고정하고 다른 변수만 변화시킬 때 나타내는 윤곽선

그림의 제일 왼쪽은 함수 $z = e^{-(x^2 + y^2)}$의 그래프를 나타냅니다. 이 함수에서 y를 $y = -1$로 고정하고 x만 변화시키면 중앙 그림에서 보이는 굵은 점선을 따라 함숫값이 계산됩니다. 이번엔 $x = 1$로 고정하고 y만 변화시키면 오른쪽 그림에서 보이는 굵은 점선을 따라 함숫값이 계산됩니다. 이변수 함수에서 한 변수를 고정했으므로 결국 $z = e^{-(x^2 + 1)}$ 또는 $z = e^{-(1 + y^2)}$로 일변수 함수화 된 것입니다.

어떤 느낌인지 알아보기 위해 웹 앱으로 실험해 봅시다. 아래 노트에 있는 주소를 PC 웹브라우저로 열어보세요.

✓ **URL을 반드시 열어보세요**

https://metamath1.github.io/noviceml/partial.html

다음 그림과 같은 화면이 보입니다.

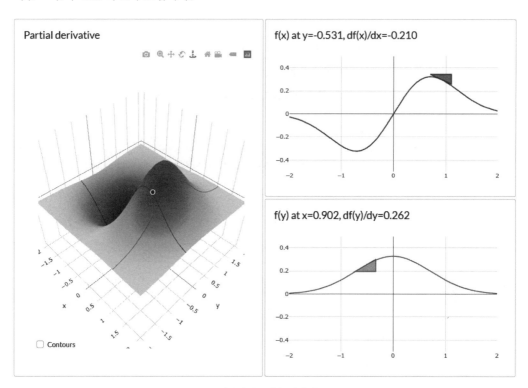

그림 5-6 편도함수 시각화

마우스 커서를 왼쪽 그래프 위에 대고 움직이면 마우스 포인트를 교점으로 하는 윤곽선 두 개가 생깁니다. 하나는 마우스 포인트 위치를 기점으로 y를 고정하고 x 만 변화시켜 얻은 윤곽선입니다. 이 윤곽선을 2차원 그래프로 그린 것이 오른쪽 위쪽 있는 그래프입니다. 다른 하나는 반대로 x를 고정하고 y만 변화시켜 얻은 윤곽선으로 오른쪽 하단에 그렸습니다. 적당한 위치에 마우스 포인트를 고정시키고 'a', 'd', 'w', 's' 키를 눌러보세요. 'a', 'd'는 x좌표를 변화시키고, 'w', 's'는 y좌표를 변화시집니다. 키를 한 번 누글 때마나 윤곽선을 따라 농그라미가 움직입니다. 오른쪽 그래프는 동그라미가 있는 위치에서 윤곽선상의 기울기를 삼각형으로 보여줍니다.

오직 하나의 변수만 그 변수의 축 방향으로 움직이면 이 움직임에서 얻어지는 함수는 일변수 함수라는 것을 알 수 있습니다. 그 상태에서 그림에 표시된 삼각형처럼 우리가 알고 있는 미분계수를 구할 수 있습니다. 이렇게 구한 미분계수가 다변수 함수에서의 편미분계수입니다. 이 앱을 통해 다변수 함수의 한 변수만 제외한 모든 변수를 고정시켰을 때 일변수 함수가 되는 상황에 대한 직관을 익혔기를 바랍니다.

그림으로 알아본 것처럼 이렇게 일변수화 한 상태에서 도함수를 구하는 것은 어렵지 않습니다. 이 도함수를 편도함수라고 하고 식 (5.7)과 같이 정의됩니다.

$$\frac{\partial}{\partial x_k} f(x_1, x_2, \ldots, x_n) = \lim_{h \to 0} \frac{f(x_1, x_2, \ldots x_k + h, \ldots, x_n) - f(x_1, x_2, \ldots, x_n)}{h} \tag{5.7}$$

이렇게 편도함수를 구하는 것을 '편미분한다'라고 이야기합니다. 일변수 함수의 도함수 정의와 다른 점을 찾아보면 우선 기호가 다릅니다. $\frac{d}{dx}$라는 기호 대신 $\frac{\partial}{\partial x_k}$라는 기호를 사용하고 있습니다. 지금까지 써왔던 $\frac{d}{dx}$는 변수 하나에 대한 미분으로 '상미분'이라고도 합니다. ∂는 '라운드round' 또는 '파셜partial'이라고 읽고 편미분을 상미분과 구별하기 위해 사용합니다. 또 하나 주목해야 할 기호상 차이는 변화를 주는 변수 x에 k라는 아래첨자가 붙었다는 것입니다. 식 (5.7)에서 주어진 함수의 변수는 $\mathbf{x} = (x_1, x_2, \ldots, x_n)^\mathrm{T}$로 벡터변수이므로 이 변수들 중 k번째 변수로 미분을 하라는 의미입니다. 다변수 함수의 미분에서 아래첨자로 미분하는 변수를 구분하는 것을 매우 주의 깊게 봐야 합니다.

편미분을 처음 접할 때 가장 실수하기 쉬운 점이 '편도함수가 몇 개인가' 하는 점입니다. 식 (5.7)을 보면 h로 변화를 줄 수 있는 변수 개수가 n개라는 것을 알 수 있습니다. 즉, 변수 개수만큼 편도함수를 구할 수 있는 것입니다.

✓ **NOTE**

여기서도 역시 모든 변수에 대해서 편미분가능하다는 가정을 하였습니다. 앞서도 밝혔지만 이 책 전체에 대해서 주어진 함수는 모든 변수에 대해서 미분가능함을 전제로 하고 있습니다.

간단한 예를 보도록 합시다.

$z = x^2 + 3xy + y - 3$에 대해 도함수 $\dfrac{\partial z}{\partial x}$와 $\dfrac{\partial z}{\partial y}$를 구하고 $(4, -2)$에서 편미분계수를 각각 구하시오.

풀이

x에 대한 편도함수를 구해봅시다. z를 일변수 함수 취급하므로 y는 상수로 보고 미분합니다.

$$\frac{\partial z}{\partial x} = 2x + 3y$$

같은 방법으로 y에 대한 편도함수는 다음과 같습니다.

$$\frac{\partial z}{\partial y} = 3x + 1$$

각 도함수에 $(4, -2)$를 대입하면 x에 대한 편미분계수 2, y에 대한 편미분계수 13을 얻게 됩니다. 이처럼 편미분계수는 함수로 입력되는 변수의 개수만큼 구해질 수 있다는 사실을 꼭 알고 있어야 합니다.

편미분계수 응용 사례

다변수 스칼라함수의 미분을 배우는 가장 큰 이유는 모델의 손실함수를 미분하여 경사도벡터를 구하기 위함입니다. 하지만 아직은 손실함수와 경사도벡터에 대해 알아보지 않았으므로 현 시점에서 다변수 스칼라함수에 대한 편미분이 응용되는 흥미로운 예 하나를 소개합니다. 바로 인공지능 이미지 분류기가 이미지를 분류할 때 이미지의 어떤 영역에 가장 민감하게 반응하는지 시각화하는 내용입니다.

　이미지넷 이미지 인식 대회ILSVRC(ImageNet Large Scale Visual Recognition Competition)는 1000만 개가 넘는 이미지넷 이미지를 1000개 항목으로 분류하는 대회입니다. 이 인식대회에서 우승한 유명한 분류기 모델이 많지만 아직까지는 그런 모델의 구조를 이해할 수 없으므로 그냥 가장 간단하게 다음 그림과 같은 그래프 형태로 분류기를 나타냈습니다.

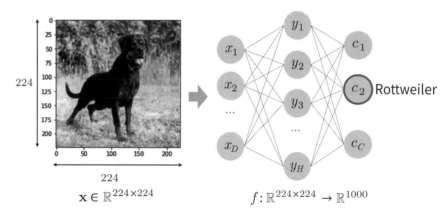

그림 5-7 이미지를 변수로 입력 받는 다변수 벡터함수에 대한 그래프 표현

여기서 입력 $\mathbf{x}$의 차원은 이미지의 높이와 너비가 224×224이므로 그림에서 $D =$ 50176입니다. 이미지를 구성하는 모든 픽셀값을 추출하여 50176차원 벡터로 만든다는 의미입니다. 출력차원은 분류 항목이 1000개이므로 $C = 1000$입니다. 예를 들어 출력의 두 번째 변수 c_2가 로트바일러라는 견종에 해당되는 변수라 하면, 로트바일러라는 견종 사진이 입력되면 c_2가 1에 가까워지고 나머지 999개 변수는 거의 0에 가까워지면 이상적인 분류기라 할 수 있습니다. 이런 논리는 이미 3장 개, 고양이 초간단 분류기에서 경험해 봤습니다. 이렇게 하고 보면 그림 5-7에 있는 분류기는 $f \colon \mathbb{R}^{224 \times 224} \to \mathbb{R}^{1000}$인 다변수 벡터함수가 됩니다.

잘 학습된 분류기에서 로트바일러 사진을 입력하고 결과가 제대로 나왔다 가정합시다. 이제 c_2를 제외한 나머지 출력을 다 지워내면 그래프는 아래 그림 오른쪽과 같은 형태가 될 것입니다.

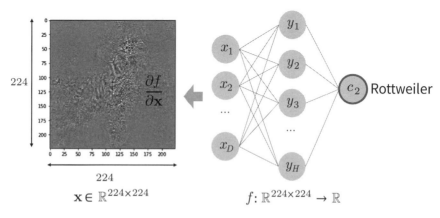

그림 5-8 입력 이미지에 대한 편미분계수

그림 5-8에서 그래프는 $f : \mathbb{R}^{224 \times 224} \rightarrow \mathbb{R}$이 되어 다변수 스칼라함수입니다. 이제 입력 $\mathbf{x}$에서 이 다변수 스칼라함수에 대한 편미분계수를 계산할 수 있습니다. 편미분계수는 입력차원 수와 같은 50176개가 구해지고, 이것을 이미지처럼 정사각형으로 다시 정렬하여 화면에 뿌리면 그림 5-8 왼쪽과 같이 출력됩니다.[3]

즉, 그림 5-8 왼쪽에 보이는 회색 그림은 편미분계수들을 밝기로 표현한 것입니다. 개가 있던 자리가 밝게 보이고 배경은 거의 어두운 회색입니다. 이것은 무엇을 의미할까요?

이 함수는 개가 있던 위치의 입력에 출력값이 민감하게 반응한다는 것을 의미합니다. 입력 이미지에서 왼쪽 상단 모서리 부분을 다른 물감을 덧칠해서 입력값을 바꿔도 함수의 출력값은 거의 변하지 않을 것이라 예상할 수 있습니다. 하지만 개가 있던 위치에 덧칠을 하게 되면 함숫값이 빠르게 변하면서 이 분류기는 입력 이미지가 더 이상 로트바일러가 아니라고 할 것입니다.

이 내용은 미분이 함수 출력의 민감도라는 의미를 잘 응용하여 인공신경망을 시각화한 좋은 사례입니다. 편미분계수를 약간 조작하면 다음 그림처럼 훨씬 보기 좋은 결과를 얻을 수 있습니다.[4]

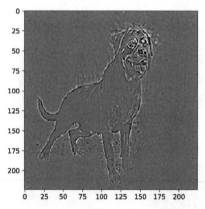

그림 5-9 Guided backpropagation이라는 과정으로 대치된 편미분계수 이미지

이렇게 미분이란 개념만으로도 훌륭한 응용을 만들어 낼 수 있으므로, 변화율이란 개념을 어떤 작업에 적용할 수 있을까 하는 고민을 자유롭게 해보기 바랍니다.

3 Simonyan, Karen et al., 2014, Deep Inside Convolutional Networks: Visualising Image Classification Models and Saliency Maps, ICLR Workshop.
4 Springenberg, J. T. et al., 2015, Striving for Simplicity: The All Convolutional Net, ICLR 2015.

다변수 함수에 대한 연쇄법칙

일변수 함수에서 연쇄법칙이 성립함을 합성함수의 미분법에서 자세히 알아보았습니다. 일변수 함수에서 연쇄법칙을 좀 더 직관적으로 이해하기 위해 연쇄법칙 식 (5.6)을 다시 봅시다.

$$\frac{dz}{dx} = \frac{dz}{dy} \cdot \frac{dy}{dx}$$

위 연쇄법칙에서 최종 출력 z는 다음처럼 풀어 쓸 수 있습니다.

$$x \longrightarrow f(x) = y \longrightarrow g(y) = z$$

최초 입력변수 x가 $f(x)$를 통해 y로 출력되고 이 출력이 다시 $g(y)$로 입력되어 최종 출력 z를 만들어 냅니다. 이 관계에서 x를 입력변수, y를 중간변수, z를 출력변수라 부르도록 합시다. 정리하면 입력변수, 중간변수, 출력변수가 오직 하나뿐인 경우의 연쇄법칙을 살펴본 것입니다.

다변수 함수와 벡터함수에 대한 내용을 함수의 합성에 적용하면 입력, 중간 그리고 출력변수가 하나뿐인 합성 관계를 각 변수가 여러 개인 합성 관계로 확장할 수 있습니다. 가장 간단한 관계인 입력변수가 하나, 중간변수가 둘, 출력변수가 하나인 합성 관계를 예로 들어 봅시다.

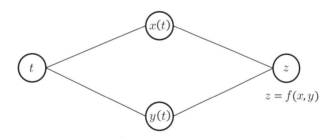

그림 5-10 벡터함수와 다변수 함수의 합성

위 그림에서 입력변수는 t, 중간변수는 x, y, 출력변수는 z입니다. 우선 전체 관계를 생각하지 않고 등장하는 각 변수 간의 단일 관계만 생각하면 각 변수 사이의 변화율은 그림 5-11처럼 표시할 수 있습니다.

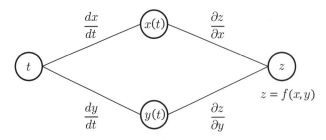

그림 5-11 벡터함수와 다변수 함수의 합성에서 각 변수 간 미분 관계

예를 들어 t와 함수 x의 관계에서 t에 대한 x의 변화율은 $\dfrac{dx}{dt}$가 되는 것입니다. 다른 관계도 마찬가지지만 미분을 나타내는 기호가 d인지 ∂인지 눈여겨 봐야 합니다. 이제 t에 대한 z의 변화율을 생각해 봅시다. 여기서 y를 생각하지 않고 t, x, z의 관계에 대해서만 생각한다면 변수가 하나뿐인 연쇄법칙과 똑같아집니다. 즉 t, x, z에서 연쇄법칙에 의한 변화율은 $\dfrac{\partial z}{\partial x}\dfrac{dx}{dt}$ 입니다.

하지만 t가 변하면 x뿐 아니라 y도 변하기 때문에 $\dfrac{\partial z}{\partial y}\dfrac{dy}{dt}$도 존재합니다. 따라서 t에 대한 z의 변화율은 이 둘을 모두 더한 식 (5.8)과 같이 쓸 수 있습니다.

$$\frac{dz}{dt} = \frac{\partial z}{\partial x}\frac{dx}{dt} + \frac{\partial z}{\partial y}\frac{dy}{dt} \tag{5.8}$$

약간 더 복잡한 경우를 하나 더 보겠습니다. 입력변수 r, s 두 개가 있고 중간변수 역시 x, y로 두 개가 있고 출력변수가 z인 경우입니다. 그림으로 그리면 그림 5-12와 같은 상황입니다.

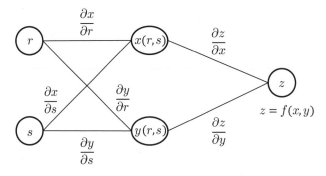

그림 5-12 조금 더 복잡한 다변수 함수의 합성

이 경우는 r과 z 사이에서 연쇄법칙을 적용할 수 있고, s와 z에서도 연쇄법칙을 적용할 수 있습니다.

$$\frac{\partial z}{\partial r} = \frac{\partial z}{\partial x}\frac{\partial x}{\partial r} + \frac{\partial z}{\partial y}\frac{\partial y}{\partial r} \quad , \qquad \frac{\partial z}{\partial s} = \frac{\partial z}{\partial x}\frac{\partial x}{\partial s} + \frac{\partial z}{\partial y}\frac{\partial y}{\partial s}$$

식이 약간 복잡하게 보이지만 반복되는 규칙이 있습니다. 그림과 식을 잘 비교해 봅시다. 그림에서 변수 r에서 z로 가는 경로는 그림 5-13처럼 두 가지가 있습니다.

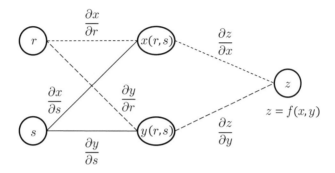

그림 5-13 다변수 함수 합성에서 입력변수 r과 출력변수 z 사이의 관계

작은 점선과 굵은 점선을 따라 r에서 z로 갈 수 있습니다. 이것은 r이 변하면 x가 변해서 z가 변하기도 하고, y가 변해서 z가 변하기도 한다는 것을 나타냅니다. $\frac{\partial z}{\partial r}$ 에 대한 식을 보면 항들은 각 경로에 적혀 있는 변화율을 경로를 따라가며 곱한 것임을 알 수 있습니다. 그리고 경로가 모이는 지점에서 그 항들이 덧셈으로 연결되는 것을 알 수 있습니다.

✓ **NOTE**

연쇄법칙에서 각 항이 덧셈으로 연결되는 것을 완전히 논리적으로 나타내려면 다변수 함수의 미분가능성에 대해서 이야기해야 합니다. 이 책은 미분가능성을 이야기하지 않기 때문에 이 주제는 책의 범위를 넘어섭니다. 따라서 직관적 이해를 넘어 좀 더 깊게 이해하고자 하는 독자는 책의 설명에서 이야기하지 않은 일변수 함수와 다변수 함수에 대한 미분가능성 정의를 공부해야 합니다. 참고할 만한 무료 온라인 북으로 OpenStax의 온라인 교과서[5]가 있습니다. 이 온라인 북에서 14.4와 14.5를 읽어보세요.

---

5 Strang, Gilbert and Herman, Edwin "Jed", Calculus, *https://math.libretexts.org/Bookshelves/Calculus/Book%3A_Calculus_(OpenStax)*, OpenStax

이 규칙은 그림 5-11에도 동일하게 적용되는 것을 알 수 있습니다. 이 규칙은 변수가 많은 경우에도 어렵지 않게 연쇄법칙을 적용할 수 있게 해주므로 잘 기억하면 크게 도움이 됩니다. 특히 9장에서 인공신경망을 미분하기 위한 역전파 알고리즘을 설명할 때 역할을 하게 되므로 이에 관심이 있는 독자들은 꼭 이해해 둬야 합니다.

야코비안

지금까지 입력이 여러 개고 출력이 하나인 함수에 대한 변화율과 도함수를 알아봤습니다. 머신 러닝을 공부하다 보면 가끔 입력이 여러 개일 뿐만 아니라 출력이 여러 개인 함수에 대한 미분계수를 이야기할 경우가 있습니다. 입력변수 개수 $n = 2$, 출력변수 개수 $m = 2$인 함수를 그림으로 나타내면 다음과 같습니다.

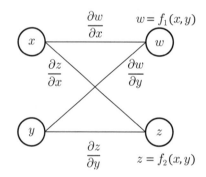

그림 5-14 다변수 벡터함수에서 각 변수 간 미분 관계

이런 경우 입력에 대한 출력의 변화율은 그림처럼 총 4가지 조합 $\frac{\partial w}{\partial x}, \frac{\partial w}{\partial y}, \frac{\partial z}{\partial x}, \frac{\partial z}{\partial y}$ 가 생깁니다. 앞서 편도함수를 이야기할 때 입력변수가 n개이고 출력이 하나인 함수에 대해서 편도함수 n개를 구할 수 있다고 이야기했습니다. 여기에 출력이 m개가 되면 각 출력당 편도함수 n개를 구할 수 있으므로 이 경우 편도함수는 총 $m \times n$개를 구할 수 있습니다.

일반적으로 $\mathbf{F} : \mathbb{R}^n \to \mathbb{R}^m$인 함수에 대해 $m \times n$개 편도함수를 다음과 같이 표시합니다.

$$
\begin{bmatrix}
\dfrac{\partial f_1}{\partial x_1} & \dfrac{\partial f_1}{\partial x_2} & \cdots & \dfrac{\partial f_1}{\partial x_n} \\[2mm]
\dfrac{\partial f_2}{\partial x_1} & \dfrac{\partial f_2}{\partial x_2} & \cdots & \dfrac{\partial f_2}{\partial x_n} \\[2mm]
\vdots & \vdots & \ddots & \vdots \\[2mm]
\dfrac{\partial f_m}{\partial x_1} & \dfrac{\partial f_m}{\partial x_2} & \cdots & \dfrac{\partial f_m}{\partial x_n}
\end{bmatrix}
$$

위와 같이 편도함수를 블록 형태로 적은 것을 야코비 행렬Jacobian matrix 또는 줄여서 야코비안Jacobian이라고 합니다. 출력변수 첨자 m과 입력변수 첨자 n이 증가하는 방향을 주의 깊게 봐야 합니다. 분자의 첨자가 아래쪽으로 증가하고 있는 이런 방식을 분자 레이아웃이라고 합니다. 물론 분모의 첨자가 아래쪽으로 증가하도록 위 행렬을 돌려서 쓸 수도 있습니다. 이렇게 쓴 경우를 분모 레이아웃이라고 합니다. 야코비안은 관행상 꼭 분자 레이아웃으로 적는다는 것을 기억해야 합니다. 야코비안 역시 자주 등장하므로 그 의미와 표현법에 대해서 익숙해지면 좋습니다.

✓ NOTE

행렬에서 행렬식이란 값을 계산할 수 있습니다. 야코비 행렬의 행렬식을 야코비안이라 하기도 합니다. 이럴 경우 야코비안이란 용어가 행렬을 나타내는지 행렬식을 나타내는지 문맥에 따라 이해해야 합니다. 야코비안 행렬식이라고 명시적으로 구분하는 것이 의미를 명확하게 전달할 수 있는 방법입니다. 이에 대한 설명은 영문위키백과 야코비안 행렬과 행렬식 항목을 참고하세요.[6]

야코비안에서 한 걸음 더 나아가 행렬을 벡터로 미분하거나 벡터를 행렬로 미분하는 것도 가능합니다. 하지만 이 경우 결과를 벡터나 행렬로 표현하기 힘들어집니다. 따라서 행렬을 벡터 형식으로 변환한 다음 미분하거나 좀 더 일반적으로 정의된 야코비안generalized Jacobian을 사용하여 미분된 결과를 표시해야 합니다. 이 두 방법에 대한 이야기는 9장에서 다시 다루겠습니다.

6　Jacobian matrix and determinant, *https://en.wikipedia.org/wiki/Jacobian_matrix_and_determinant*

자주 만나는 특별한 함수의 미분법

이제 우리는 머신 러닝·딥 러닝에 자주 등장하는 몇 가지 함수를 실제로 미분할 수 있게 되었습니다. 앞서 살펴본 대표적인 함수인 로지스틱 시그모이드 함수와 소프트맥스 함수의 미분을 직접 구해봅시다.

로지스틱 시그모이드 함수의 미분법

로지스틱 시그모이드 함수를 다시 떠올려 봅시다.

$$\sigma(z) = \frac{1}{1 + e^{-z}}$$

위 식은 분수 꼴이므로 z에 대해 미분하기 위해 필요한 규칙은 나눗셈의 미분입니다. 위 식에 나눗셈의 미분을 적용해 봅시다.

$$\begin{aligned} \frac{d}{dz}\sigma(z) &= \frac{d}{dz}\left(\frac{1}{1+e^{-z}}\right) \\ &= \frac{(1)' \cdot (1 + \exp(-z)) - 1 \cdot (1 + \exp(-z))'}{(1 + \exp(-z))^2} \end{aligned} \tag{5.9}$$

분자에 나타낸 $(1)'$ 부분은 상수함수의 도함수를 구하는 것이므로 0입니다. $(1 + \exp(-z))'$ 부분은 우리가 알고 있는 지수함수의 미분 공식 $(e^z)' = e^z$를 이용해야 합니다. 이때 미분하고자 하는 함수는 e^z가 아니라 e^{-z}이므로 합성함수 미분을 사용합니다. e^{-z}에서 $u(z) = -z$로 두면 $e^{u(z)}$이므로 합성함수 미분법을 적용할 수 있습니다.

$$\frac{d}{dz}e^{u(z)} = \frac{de^u}{du}\frac{du}{dz} = e^u \cdot (-1) = -e^{-z}$$

그리고 $(1 + \exp(-z))'$는 우선 덧셈의 미분법을 적용해야 하므로 덧셈의 미분법과 합성함수의 미분법 결과를 모두 이용해서 식 (5.9)를 계속 적어보면 다음과 같습니다.

$$\frac{d}{dz}\sigma(z) = \frac{d}{dz}\left(\frac{1}{1+e^{-z}}\right)$$

$$= \frac{(1)' \cdot (1 + \exp{(-z)}) - 1 \cdot (1 + \exp{(-z)})'}{(1 + \exp{(-z)})^2}$$

$$= \frac{0 \cdot (1 + \exp{(-z)}) - 1 \cdot ((1)' + (\exp{(-z)})')}{(1 + \exp{(-z)})^2}$$

$$= \frac{-1 \cdot (-\exp{(-z)})}{(1 + \exp{(-z)})^2} = \frac{\exp(-z)}{(1 + \exp{(-z)})^2}$$

나눗셈의 미분법, 덧셈의 미분법, 합성함수의 미분법을 사용하여 도함수를 구할 수 있었습니다. 이 상태로 도함수를 구하는 계산이 다 끝났지만 약간의 대수적 조작으로 도함수의 독특한 성질을 확인할 수 있습니다. 위 계산 결과 분자에 1을 더하고, 빼준 다음 분모를 분리합니다.

$$\frac{d}{dz}\sigma(z) = \frac{\exp{(-z)}}{(1 + \exp{(-z)})^2} = \frac{1 + \exp{(-z)} - 1}{(1 + \exp{(-z)})^2}$$

$$= \frac{1}{1 + \exp{(-z)}} \times \frac{1 + \exp{(-z)} - 1}{1 + \exp{(-z)}}$$

$$= \frac{1}{1 + \exp{(-z)}}\left(\frac{1 + \exp{(-z)}}{1 + \exp{(-z)}} - \frac{1}{1 + \exp{(-z)}}\right)$$

$$= \sigma(z)(1 - \sigma(z))$$

적당히 식을 정리하면 식 (5.10)과 같이 도함수를 원래 함수의 조합으로 구할 수 있다는 사실을 알 수 있습니다.

$$\frac{d}{dz}\sigma(z) = \sigma(z)(1 - \sigma(z)) \tag{5.10}$$

소프트맥스 함수의 미분법

이번에는 소프트맥스 함수를 미분해 봅시다. 이 과정은 조금 어렵게 느껴질 수 있는데, 그 이유는 소프트맥스 함수가 벡터함수이기 때문입니다. 야코비안에서 간단하게 관련 내용을 알아보았지만 아직은 익숙하지 않은 탓이겠죠. 이럴 때는 벡터함수의 출력 성분이 무엇인지, 입력변수의 성분은 무엇인지 명확하게 기호를 정하고 차근차근 풀어보면 의외로 간단하게 해결되는 경우가 많습니다. 앞서 알아봤듯이 소프트맥스 함수는 다변수 벡터함수이므로 미분하면 야코비안이 얻어집니다. 야코비안 성분을 모두 구하기 위해 인덱스 형태로 미분을 해보겠습니다. 구하고자 하는 야코비안의 i, j번째 성분은 다음과 같습니다.

$$\frac{\partial}{\partial z_j} s_i(\mathbf{z})$$

여기서 $s_i(\mathbf{z})$는 소프트맥스 함수 $\mathbf{s}(\mathbf{z})$의 i번째 성분입니다. 즉, $\mathbf{s}(\mathbf{z})$의 i번째 성분 $s_i(\mathbf{z})$를 입력 $\mathbf{z}$의 j번째 성분으로 미분하는 것입니다. $\frac{\partial}{\partial z_j} s_i(\mathbf{z})$는 편미분하는 것이므로 $i = j$일 때와 $i \neq j$인 경우로 나누어 생각해 볼 수 있습니다.

먼저 $i = j$인 경우입니다.

$$\frac{\partial}{\partial z_j} s_i(\mathbf{z}) = \frac{\partial}{\partial z_j} \frac{e^{z_i}}{\sum_{k=1}^{K} e^{z_k}}$$

이제 나눗셈의 미분을 적용해야 합니다. 나눗셈의 미분법에 따라 필요한 부분을 먼저 계산하도록 합니다. 미분할 식의 분자에 대한 미분은 $\frac{\partial}{\partial z_j} e^{z_i}$인데 어차피 $i = j$이므로 다음과 같습니다.

$$\frac{\partial}{\partial z_j} e^{z_i} = e^{z_j}$$

분모에 대한 미분은 K개 항에 대한 덧셈의 편미분이므로 j번째 e^{z_k}만 남고 다 사라져 다음과 같습니다.

$$\frac{\partial}{\partial z_j} \sum_{k=1}^{K} e^{z_k} = e^{z_j}$$

이제 공식에 대입하여 정리만 하면 됩니다.

$$\frac{\partial}{\partial z_j} s_i(\mathbf{z}) = \frac{\partial}{\partial z_j} \frac{e^{z_i}}{\sum_{k=1}^{K} e^{z_k}}$$

$$= \frac{e^{z_j} \left(\sum_{k=1}^{K} e^{z_k} \right) - e^{z_j} \cdot e^{z_j}}{\left(\sum_{k=1}^{K} e^{z_k} \right)^2}$$

$$= \frac{e^{z_j}}{\sum_{k=1}^{K} e^{z_k}} - \frac{e^{z_j} \cdot e^{z_j}}{\left(\sum_{k=1}^{K} e^{z_k} \right)^2}$$

$$= s_j(\mathbf{z}) - \left(s_j(\mathbf{z}) \right)^2$$

$$= s_j(\mathbf{z})(1 - s_j(\mathbf{z}))$$

미분한 결과를 보면 미분계수를 구하기 위해 별도로 도함수 값을 계산할 필요가 없음을 알 수 있습니다. 이미 계산된 함숫값을 이용해서 도함수 값을 구할 수 있습니다. 이는 로지스틱 시그모이드 함수에서도 나타났던 성질입니다.

이제 $i \neq j$인 경우입니다. 이 경우 분자를 미분하면 다음과 같습니다.

$$\frac{\partial}{\partial z_j} e^{z_i} = 0$$

e^{z_i}는 z_j에 대한 함수가 아니라 편미분하면 0입니다. 분모에 대한 미분은 $i = j$인 경우와 동일합니다. 이제 나눗셈의 미분 공식을 이용해서 결과를 정리합니다.

$$\frac{\partial}{\partial z_j} s_i(\mathbf{z}) = \frac{\partial}{\partial z_j} \frac{e^{z_i}}{\sum_{k=1}^{K} e^{z_k}}$$

$$= \frac{0 \cdot \left(\sum_{k=1}^{K} e^{z_k} \right) - e^{z_i} \cdot e^{z_j}}{\left(\sum_{k=1}^{K} e^{z_k} \right)^2}$$

$$= \frac{-e^{z_i} \cdot e^{z_j}}{\left(\sum_{k=1}^{K} e^{z_k} \right)^2}$$

$$= -s_i(\mathbf{z})s_j(\mathbf{z})$$

두 경우를 정리하면 다음과 같습니다.

$$\frac{\partial}{\partial z_j} s_i(\mathbf{z}) = \begin{cases} s_j(\mathbf{z})(1 - s_j(\mathbf{z})) & i = j \\ -s_i(\mathbf{z})s_j(\mathbf{z}) & i \neq j \end{cases} \tag{5.11}$$

조금 다른 방식으로 로그를 이용한 미분을 하기도 하는데 아래와 같은 방법입니다. 조금 기술적인 방법이므로 꼭 알아야 하는 내용은 아니지만 미분도 연습할 겸 한번 해보겠습니다.

소프트맥스 함수에 로그를 취합니다.

$$\ln s_i(\mathbf{z}) = \ln\left(\frac{e^{z_i}}{\sum_{k=1}^{K} e^{z_k}}\right) = \ln e^{z_i} - \ln \sum_{k=1}^{K} e^{z_k} = z_i - \ln \sum_{k=1}^{K} e^{z_k}$$

함수에 로그를 취하고 로그의 성질을 이용하여 나눗셈을 뺄셈으로 바꾸는 과정으로 앞서 모두 배운 내용들입니다. 이제 양변을 각각 z_j로 미분해 보면 좌변은 아래와 같습니다.

$$\frac{\partial}{\partial z_j} \ln s_i(\mathbf{z}) = \frac{1}{s_i(\mathbf{z})} \frac{\partial}{\partial z_j} s_i(\mathbf{z})$$

단순히 로그미분법을 사용하고 연쇄법칙을 적용했습니다. 우변도 미분을 해 보면 다음과 같습니다.

$$\frac{\partial}{\partial z_j}\left(z_i - \ln \sum_{k=1}^{K} e^{z_k}\right) = \frac{\partial z_i}{\partial z_j} - \frac{1}{\sum_{k=1}^{K} e^{z_k}} \frac{\partial}{\partial z_j}\left(\sum_{k=1}^{K} e^{z_k}\right)$$

여기서도 괄호 안 두 번째 항에 로그미분법을 사용했을 뿐 별다른 내용은 없습니다. 이 두 결과를 같다고 놓으면 다음과 같습니다.

$$\frac{1}{s_i(\mathbf{z})} \frac{\partial}{\partial z_j} s_i(\mathbf{z}) = \frac{\partial z_i}{\partial z_j} - \frac{1}{\sum_{k=1}^{K} e^{z_k}} \frac{\partial}{\partial z_j}\left(\sum_{k=1}^{K} e^{z_k}\right)$$

그런데 위 식 좌변 $\frac{\partial}{\partial z_j} s_i(\mathbf{z})$은 원래 구하고 싶었던 소프트맥스 함수 $\mathbf{s}(\mathbf{z})$의 i번째 성분을 z_j로 미분한 도함수입니다. 좌변에 $\frac{\partial}{\partial z_j} s_i(\mathbf{z})$만 남기기 위해 양변에 $s_i(\mathbf{z})$를 곱합니다.

$$\frac{\partial}{\partial z_j} s_i(\mathbf{z}) = s_i(\mathbf{z}) \left\{ \frac{\partial z_i}{\partial z_j} - \frac{1}{\sum_{k=1}^{K} e^{z_k}} \frac{\partial}{\partial z_j} \left(\sum_{k=1}^{K} e^{z_k} \right) \right\} \tag{5.12}$$

식 (5.12)에서 $\{\cdot\}$ 안 첫째 항 $\frac{\partial z_i}{\partial z_j}$ 를 생각해 보면 z_i 를 z_j 로 편미분하고 있으므로 $i = j$ 이면 1, $i \neq j$ 이면 0입니다. z_i 와 z_j 는 소프트맥스 함수로 입력되는 다변수 중 하나라는 것을 기억하세요. 이것을 하나의 문자 δ_{ij} 로 쓰고 '크로네커 델타Kronecker delta' 라고 읽습니다. 크로네커 델타의 정의는 다음과 같습니다.

$$\delta_{ij} = \begin{cases} 1 & i = j \\ 0 & i \neq j \end{cases}$$

둘째 항에서 $\frac{\partial}{\partial z_j} \left(\sum_{k=1}^{K} e^{z_k} \right)$ 은 합의 기호를 풀어 적어보면 다음과 같습니다.

$$\frac{\partial}{\partial z_j} \left(\sum_{k=1}^{K} e^{z_k} \right) = \frac{\partial}{\partial z_j} \left(e^{z_1} + e^{z_2} + \cdots + e^{z_K} \right)$$

이 미분은 덧셈의 미분이므로 덧셈으로 연결된 항을 각각 미분해주면 됩니다. 지금은 편미분을 하고 있으므로 K개 항 중에 $j = k$ 인 경우만 e^{z_j} 로 남고 나머지는 다 사라집니다. 이 결과를 이용해서 식 (5.12)를 계속 계산해 보면 다음과 같습니다.

$$\frac{\partial}{\partial z_j} s_i(\mathbf{z}) = s_i(\mathbf{z}) \left\{ \frac{\partial z_i}{\partial z_j} - \frac{1}{\sum_{k=1}^{K} e^{z_k}} \frac{\partial}{\partial z_j} \left(\sum_{k=1}^{K} e^{z_k} \right) \right\}$$

$$= s_i(\mathbf{z}) \left(\delta_{ij} - \frac{e^{z_j}}{\sum_k e^{z_k}} \right)$$

그런데 $\frac{e^{z_j}}{\sum_{k=1}^{K} e^{z_k}}$ 는 소프트맥스 함수의 정의에 따라 $s_j(\mathbf{z})$ 이므로 최종적으로 다음 결과를 얻게 됩니다.

$$\frac{\partial}{\partial z_j} s_i(\mathbf{z}) = s_i(\mathbf{z}) \left(\delta_{ij} - s_j(\mathbf{z}) \right) \tag{5.13}$$

인덱스 표현인 식 (5.13)에서 크로네커 델타의 정의를 이용한 모든 인덱스에 대한 결과를 야코비안으로 적으면 다음과 같이 됩니다.

$$\frac{\partial}{\partial \mathbf{z}}\mathbf{s}(\mathbf{z}) = \begin{bmatrix} s_1(\mathbf{z})\left(1 - s_1(\mathbf{z})\right) & -s_1(\mathbf{z})s_2(\mathbf{z}) & \cdots & -s_1(\mathbf{z})s_K(\mathbf{z}) \\ -s_2(\mathbf{z})s_1(\mathbf{z}) & s_2(\mathbf{z})\left(1 - s_2(\mathbf{z})\right) & \cdots & -s_2(\mathbf{z})s_K(\mathbf{z}) \\ \vdots & \vdots & \ddots & \vdots \\ -s_K(\mathbf{z})s_1(\mathbf{z}) & -s_K(\mathbf{z})s_2(\mathbf{z}) & \cdots & s_K(\mathbf{z})\left(1 - s_K(\mathbf{z})\right) \end{bmatrix}$$

소프트맥스 함수의 미분은 숫자를 구분하거나 동물 이미지를 분류하는 분류기를 만들 때 꼭 쓰이므로 소프트맥스 함수의 미분 과정을 구체적으로 알아 둔다면 분류기를 이론적으로 공부할 때 많은 도움이 됩니다.

4, 5장을 통해서 머신 러닝·딥 러닝을 공부하기 위한 기본적인 미분법을 모두 알아봤습니다. 다항함수, 지수함수, 로그함수의 미분법, 각 함수가 사칙연산으로 결합되어 있는 경우 미분하는 방법 그리고 합성함수의 미분법과 편미분법에 대해서 공부했습니다. 미분계수라는 것이 입력의 변화에 대한 출력의 순간변화율을 의미하므로 이 개념은 벡터함수에도 적용할 수 있다는 것을 야코비안을 통해 알아봤습니다. 이제 다음 장에서 미분계수를 컴퓨터로 구하는 방법에 대해서 자세히 알아보겠습니다.

6장

수치미분과 자동미분: 컴퓨터로 복잡한 미분을 간편하게

지금까지 미분의 의미와 다양한 미분법에 대해서 알아봤습니다. 관련된 예제를 풀어보면서 손으로 직접 도함수를 구하고 도함수로부터 미분계수를 구하는 방법도 익혔습니다. 도함수를 구하고 도함수의 성질을 이용한 어려운 문제를 풀기 위해서라면 지금부터 훨씬 많은 훈련을 해야 합니다. 하지만 머신 러닝 입문자들에게 그런 복잡한 상황을 직접 손으로 풀어내야 하는 훈련이 필요한 건 아닙니다. 컴퓨터로 이 작업을 해낼 수 있으니까요. 그러니 이제부터 머신 러닝·딥 러닝을 공부하기 위해 컴퓨터로 이 복잡한 과정을 간단히 처리하는 방법을 알 필요가 있습니다.

파이썬을 이용하여 미분계수를 구하는 방법은 크게 세 가지 정도로 정리할 수 있습니다. 우리가 알아본 미분법을 이용하여 주어진 함수를 손으로 직접 미분하는 방법, 0.01 공식처럼 간단하게 수치적으로 변화율을 구하는 방법, 그리고 마지막으로 연쇄법칙을 이용하는 방법입니다. 이번 장에서는 세 가지 과정에 대해서 다음 순서로 자세히 알아보고 파이썬 코드를 작성하여 계산된 결과를 확인해 보겠습니다.

- 직접미분의 개념과 코딩
- 수치미분의 개념과 코딩
- 자동미분의 개념과 코딩

직접미분

컴퓨터로 미분계수를 구하기 가장 확실한 방법은 미분계수를 구하고자 하는 함수를 직접 손으로 미분하여 도함수를 구하고 그 도함수에 독립변수 값을 대입하는 것입니다. 이미 파이썬으로 함수를 선언하는 방법을 알고 있으므로 함수와 도함수를 직접 함수로 정의해서 사용하면 됩니다. 다음과 같은 함수를 미분해 봅시다.

$$f(x) = (x^2 + 2x)\ln x \tag{6.1}$$

조금 복잡하기는 하지만 곱셈, 다항함수, 로그함수에 대한 미분법을 순차적으로 적용하면 어렵지 않게 도함수를 다음처럼 구할 수 있습니다.

$$(2x + 2)\ln x + (x + 2) \tag{6.2}$$

도함수 계산이 아직 익숙하지 않다고 해도 걱정할 것 없습니다. 최신 컴퓨터 대수학 시스템computer algebra system, CAS은 기호 연산symbolic computation을 통해 방금 했던 미분을 동일하게 수행합니다. CAS는 주로 매스매티카, 메이플처럼 유명한 상용 소프트웨어들입니다. 다행인 점은 파이썬에도 무료 CAS가 있는데 바로 심파이SymPy 라는 모듈입니다. 무료 소프트웨어지만 미분을 공부하면서 복잡한 손 계산을 확인할 용도로 충분히 사용할 만합니다. 방금 수행한 미분이 올바른 도함수를 구해주었는지 심파이를 통해 직접 확인해 봅시다.

```
import sympy                   #❶

x = sympy.Symbol('x')         #❷
f = (x**2 + 2*x)*sympy.log(x) #❸
df = sympy.diff(f, x)          #❹
df
# >>> (2*x+2)*log(x) + (x**2 + 2*x)/x

sympy.simplify(df)             #❺
# >>> x + 2*(x + 1)*log(x) + 2
```

❶ 심파이를 임포트합니다. ❷ 심파이에서 사용할 문자를 선언합니다. 이렇게 선언된 변수 x는 심파이에 의해 연산에서 문자 x처럼 취급됩니다. ❸ 선언한 문자 x를 사용하여 미분할 식 (6.1)을 정의합니다. ❹ sympy.diff()로 f를 미분합니다. 이때 미분할 변수를 x로 지정합니다. 미분할 변수가 여러 개라면 미분할 변수를 각각 다르게 지정하여 편도함수를 구할 수 있습니다. 미분한 결과를 df에 저장하고 결과를 확인해 보면 (2*x+2)*log(x) + (x**2 + 2*x)/x로 출력됩니다. 출력된 결과에서 두 번째 항은 x를 약분할 수 있고 약분 후 결과는 우리가 계산한 식과 모양이 똑같습

니디. ❺ 식을 긴단히 해주는 sympy.simplify() 함수를 사용하여 약분과 공통인수 묶어 내기 등을 실행할 수 있습니다.

✓ **NOTE**

심파이에 대한 더 자세한 사항은 공식 사이트 문서[1]를 참조하거나 한국어 문서로
는 PYTHON SYMPY 이해하기[2]를 참고하세요.

이제 미분한 결과를 확인했으므로 함수로 정의해서 사용할 수 있습니다. 보통 함수
이름을 f라고 하면 도함수는 df, f_dot, f_prime 같은 식으로 쓰는 편입니다.

```
import numpy as np

f = lambda x : (x**2 + 2*x)*np.log(x)
df = lambda x : 2*(x + 1)*np.log(x) + (x + 2)

print(f(1))
#>>> 0.0

print(df(1))
#>>> 3.0
```

일단 이렇게 정의를 해주면 위 코드 예시처럼 언제든지 미분계수를 구할 수 있습니
다. 이 방식의 가장 큰 단점은 어쨌거나 직접 미분해서 도함수를 구해야 한다는 것
입니다. 독립변수가 수천 개씩 되는 스칼라함수를 모두 미분해서 편도함수를 구한
다는 것은 비현실적입니다. 직접 도함수를 구해야 하는 경우는 대안이 없겠지만 미
분계수만 구하면 되는 상황이라면 다른 대안을 생각해 볼 수 있습니다.

수치미분

직접 도함수를 구하지 않고 미분계수를 구할 때 가장 쉽게 생각해 볼 수 있는 대안
은 앞서 4장에서 살펴본 변화량을 구하는 식 (4.1)과 같은 공식입니다. 이렇게 아주
작은 독립변수의 변화 Δx로 종속변수의 변화 Δy를 실제로 계산하고 이 둘을 나눠
서 특정 점에서 미분계수를 근사하는 방식을 수치미분이라고 합니다. 수치미분에
는 대표적으로 다음과 같은 두 가지 방식이 있습니다.

---

1   SymPy doc. , *https://docs.sympy.org/latest/index.html*
2   문용준, 2016, PYTHON SYMPY 이해하기, *https://www.slideshare.net/dahlmoon/jupyter-notebok-20160630*,
    Slideshare

$$\frac{\partial f}{\partial x_i} \approx \frac{f(x_1, \cdots, x_i + \Delta x_i, \cdots, x_n) - f(x_1, \cdots, x_i, \cdots, x_n)}{\Delta x_i} \tag{6.3}$$

$$\frac{\partial f}{\partial x_i} \approx \frac{f(x_1, \cdots, x_i + \frac{1}{2}\Delta x_i, \cdots, x_n) - f(x_1, \cdots, x_i - \frac{1}{2}\Delta x_i, \cdots, x_n)}{\Delta x_i} \tag{6.4}$$

순서대로 각각 전방 차분법, 중앙 차분법이라고 합니다. 위 식은 기본적으로 다변수 함수의 편미분계수를 구하는 식입니다. 함수에 존재하는 모든 변수 x_i에 대해 위 식을 반복하여 미분계수를 모두 구할 수 있습니다.

이 방법을 사용할 때 주의해야 할 점은 구해진 값이 근사값이란 점입니다. 근사값으로 구해진 미분계수는 정확한 미분계수 소수 부분 어딘가에서 잘린 숫자입니다. 예를 들어 정확한 값은 2.234567754345인데 구해진 값은 2.23456775일 수 있는 것이죠. 이렇게 잘려 나간 숫자에 의해 생긴 오차를 절단오차truncation error라 합니다. 이 오차는 위 근사식이 가진 근본적인 한계입니다. 이 절단오차를 줄이기 위해 독립변수의 변화 Δx를 가급적 작게 해야 하는데 Δx를 계속 줄이게 되면 이번에는 컴퓨터가 가진 수치 표현 한계에 의해 반올림 오차round-off error가 생기게 됩니다. 따라서 Δx를 설정하는 것은 다루는 문제에 따라 주의를 기울여야 합니다. 주어진 함수가 미분계수를 구하고자 하는 위치 x에서 변화가 심하지 않은 경우 x의 10% 값을 설정하는 것이 괜찮은 선택일 수 있습니다.[3]

반면 다른 문헌에 따르면 많은 공학용 계산기에서 $\Delta x = 0.001$로 선택하고 있다고 알려져 있고 이 책에서 코딩할 때도 이 값을 기본으로 사용하도록 하겠습니다.[4]

이제 구체적인 코드를 통해 전방 차분법과 중앙 차분법의 차이를 확인해 봅시다.

```python
def numer_deriv(f, x, h=0.001, method="center") :
    """
    {f(x+h) - f(x)} / h을 수치적으로 계산한다.

    f      : 미분할 함수로 주어진 위치에서 함숫값 계산을 위해 사용
    x      : 미분계수를 구할 변수의 위치로
             일변수인 경우 int 또는 float
             다변수인 경우 넘파이 어레이 (d,) 벡터
    h      : 비율을 구할 작은 구간
    """
    if type(x) in (float, int) :  #❶
        grad = [0.0]
```

---

3 Arora, Jasbir S., 류연선 외 2인(역), 1994, 최적설계입문 1판, 반도출판사
4 Numerical differentiation, *https://en.wikipedia.org/wiki/Numerical_differentiation*

```
        x_ = [x]
        var_type = 'scalar'
    else :
        grad = np.zeros(x.shape)   #❷
        x_ = x.copy().astype('float32')
        var_type = 'vector'

for i, xi in enumerate(x_) :   #❸
    original_value = x_[i]

    if method=='forward' :     #❹
        x_[i] = original_value + h
    else :
        x_[i] = original_value + (h/2)

    if var_type == 'scalar' : #❺
        gradplus = f(x_[i])
    else :
        gradplus = f(x_)

    if method=='forward' :     #❻
        x_[i] = original_value
    else:
        x_[i] = original_value - (h/2)

    if var_type == 'scalar' :
        gradminus = f(x_[i])
    else :
        gradminus = f(x_)

    grad[i] = (gradplus - gradminus) / h  #❼
    x_[i] = original_value
if var_type == 'scalar' :                      #❽
    return grad[0]
else :
    return grad
```

미분하는 변수가 스칼라나 벡터 두 가지 경우 모두 동작하게 만들기 위해 코드가
조금 길어졌습니다. 차근차근 살펴봅시다. ❶ 일변수, 다변수 함수를 모두 처리하
기 위해 미분계수를 구할 위치가 스칼라인지 x 타입을 검사하여 float, int면 리스
트로 감싸줍니다. 이렇게 스칼라를 요소 하나뿐인 벡터로 표현하면 이후 코드는 모
두 벡터에 대해서만 작성하면 됩니다. ❷ 만약 x가 벡터 형식이라면 미분계수를 담
을 변수 grad를 x의 길이와 동일하게 준비합니다. 그리고 x를 x_로 한 벌 복사해 둡
니다. ❸ 변수 개수만큼 루프를 돌면서 ❹ x_[i]에 h만큼 이동한 위치를 저장합니다.

❸에서 enumerate() 함수는 x_에 들어 있는 요소를 하나씩 xi에 순차적으로 대입하는 동시에 그 요소의 인덱스를 i에 대입해 줍니다. ❺ 그리고 이동된 위치 x_[i]에서 함숫값을 계산합니다. 다시 말해 식 (6.3), (6.4)의 분자 첫 번째 항을 계산합니다. 이때 변수가 스칼라인지 벡터인지에 따라 함수 호출을 다르게 해줍니다. ❻ 이번에는 식 (6.3), (6.4)의 분자 두 번째 항을 계산하기 위해 ❹, ❺ 과정을 반복합니다. ❼ 필요한 모든 것이 계산되었으므로 식 (6.3), (6.4) 전체를 계산해서 i번째 미분계수를 grad[i]에 저장합니다. ❽ 변수의 타입에 따라 알맞은 형태로 미분계수를 반환합니다.

앞서 정의해 둔 함수에 대해서 다음 코드를 실행하여 미분계수를 확인해 봅시다.

```
numer_deriv(f, 1)
```

```
#>>> 2.999999999999666
```

결과는 직접 미분하여 구한 미분계수와 거의 일치합니다. 이번에는 전방 차분법과 중앙 차분법의 차이를 확인하기 위해 의도적으로 h=0.5 정도로 크게 정하고 각 경우를 비교해 봅시다.

```
print(numer_deriv(f, 1, h=0.5, method="forward"))
#>>> 4.257383635135726
```

```
print(numer_deriv(f, 1, h=0.5, method="center"))
#>>> 2.9997299032915508
```

결과를 정확한 미분계수 3과 비교하면 h를 크게 했을 때 전방 차분법은 오차가 커지지만 중앙 차분법은 상대적으로 오차가 커지지 않습니다. 두 경우를 그림으로 표시해 보면 그림 6-1과 같습니다.

그림 6-1에서 정확한 미분계수는 점선으로 표시된 직선의 기울기이고 전방 차분법과 중앙 차분법이 구하는 미분계수는 실선으로 표시된 직선의 기울기입니다. 중앙 차분법이 더 정확한 이유는 그림을 보면 명확해집니다. 중앙 차분법의 경우 실선과 점선의 기울기는 거의 동일한 것을 확인할 수 있습니다.

여기서 만든 코드는 다변수 함수를 편미분할 수 있습니다. 식 (6.1)을 식 (6.5)처럼 이변수 함수로 바꿔서 실험을 해봅시다.

$$f(x, y) = (x^2 + 2x)\ln y \qquad (6.5)$$

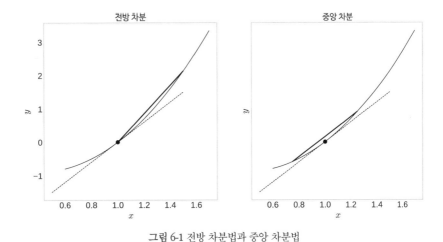

그림 6-1 전방 차분법과 중앙 차분법

```python
f_xy = lambda x : (x[0]**2 + 2*x[0])*np.log(x[1])
numer_deriv(f_xy, np.array([1, 2]))

#>>> array([2.7726    , 1.4989])
```

위 코드에서 x[0]와 x[1]은 식 (6.5)에서 x, y를 나타냅니다. 반환된 값은 각 변수에 대한 미분계수입니다. 식 (6.5)를 직접 편미분하여 $(1, 2)$에서 미분계수를 구해보면 $(2.7726, 1.5)$라는 것을 알 수 있습니다. 여기서는 직접 편미분하기보다 파이썬을 사용해서 확인해 보는 편이 좋을 것 같습니다. 아래 코드를 입력하여 심파이로 직접 편미분을 해보겠습니다.

```python
x = sympy.Symbol('x')
y = sympy.Symbol('y')
f_xy_sympy = (x**2 + 2*x)*sympy.log(y)
df_xy_x = sympy.diff(f_xy_sympy, x)
df_xy_y = sympy.diff(f_xy_sympy, y)

print(df_xy_x)
#>>> (2*x + 2)*log(y)

print(df_xy_y)
#>>> (x**2 + 2*x)/y

print("{:.4f}".format(df_xy_x.evalf(subs={x:1.0, y:2.0}))) #❶
#>>> 2.7726

print("{:.4f}".format(df_xy_y.evalf(subs={x:1.0, y:2.0})))
#>>> 1.5000
```

❶ 심파이에서 얻은 기호로 표현된 식에 숫자를 대입하여 결과를 계산하려면 evalf() 함수를 호출하면서 subs 사전형 인자를 사용하여 변수에 대입될 값을 지정하면 됩니다. 계산 결과는 (2.7726, 1.5)이고 이 값은 수치미분한 결과와 거의 동일한 것을 알 수 있습니다.

이런 수치미분법이 가지는 장점은 직접 미분하기 힘든 경우라 하더라도 미분계수를 구할 수 있게 해준다는 점입니다. 미분계수를 구하는 과정도 직관적이고 구현도 어렵지 않아서 미분계수를 계산하고 싶을 때 가장 먼저 선택할 수 있는 방법입니다. 하지만 구현 코드를 보면 알 수 있듯이 변수 개수만큼 루프를 돌면서 동일한 과정을 계속 반복하므로 변수가 많아지면 속도가 현저히 느려집니다. 인공지능 분야는 변수가 수천 개, 수만 개인 경우가 보통이므로 수치미분을 직접 사용하는 것은 좋지 않은 선택이라 할 수 있습니다. 따라서 인공지능 분야에서 수치미분법의 주 용도는 다음 절에 배울 자동미분이 오류가 없는지 검증하는 것입니다.

자동미분

자동미분은 미분 편에서 알아본 연쇄법칙을 함수에 반복적으로 적용해 전체 함수에 대한 미분계수를 자동으로 계산하는 방식입니다. 따라서 연쇄법칙을 적용할 가장 기본이 되는 단위 함수에 대해서는 직접 미분을 해서 코드로 구현해야 합니다. 이번 절에서 그 과정을 자세히 알아보겠습니다. 먼저 직접 자동미분을 구현하기 전에 자동미분을 수행하는 라이브러리를 사용하여 미분계수를 구하는 방법을 알아보겠습니다.

파이토치로 자동미분하기

파이토치PyTorch란 딥 러닝 모델을 구현하기 위한 다양한 기능을 가진 라이브러리입니다. 파이토치 공식 튜토리얼[5]을 보면 과학 컴퓨팅 패키지에서 GPU를 사용하는 넘파이 대체재라고 설명하고 있습니다.

다시 말해 꼭 딥 러닝이 아니더라도 충분히 활용할 수 있다는 것이죠. 우리가 그런 식으로 파이토치를 사용해 보겠습니다.

---

5   What is PyTorch?, *https://pytorch.org/tutorials/beginner/blitz/tensor_tutorial.html*, PyTorch Tutorials

GPU란 컴퓨터에 장치된 그래픽 카드를 일컫는 용어로 Graphics Processing Unit 을 줄인 말입니다. 하지만 인공지능 분야에서 GPU라 함은 현재까지 Nvidia사에 서 생산한 그래픽 카드를 특정해서 가리키는 것으로 생각해도 무방합니다. 이 GPU들은 고가이긴 하지만 인공지능 학습을 위해 가지고 있는 것이 좋습니다. GPU는 종류가 많고 고가이기 때문에 많은 GPU 중에서 자신에게 알맞은 것을 선 택하기 위해서는 수시로 업데이트되는 GPU 선택 가이드[6]를 참고하세요.

딥 러닝을 구현하기 위해서는 매우 복잡한 구조를 가지는 인공신경망을 미분해야 합니다. 이런 종류의 미분은 손으로 직접 할 수 없으므로 자동미분을 통해 하게 되 는데, 파이토치엔 자동미분 기능이 포함되어 있어 복잡한 미분을 자동으로 처리합 니다. 자동미분 코드가 제대로 동작하는지 확인하기 위한 가장 확실한 방법은 직 접 미분한 코드와 결과를 비교하는 것입니다. 하지만 손으로 미분하기 곤란할 정도 로 복잡한 함수의 경우에는 그렇게 하기가 불가능합니다. 따라서 우리는 파이토치 에서 제공하는 자동미분 기능을 이용하여 우리가 만든 자동미분 코드의 결과를 확 인해 보겠습니다. 파이토치로 미분하기 위해 필요한 몇 가지 사항에 대해서 간단히 알아봅시다.

텐서

텐서tensor란 물리학에서 물리량을 표현하기 위한 수학적 도구를 일컫는 단어였지 만 최근 인공지능 분야에서는 다차원 배열과 동의어로 쓰이고 있습니다. 따라서 넘 파이에서 제공하는 다차원 어레이ndarray의 파이토치 버전이라고 생각해도 무방합 니다. (넘파이 어레이에 대해서는 7장에서 다시 이야기합니다.) 그런데 굳이 텐서 를 이야기하는 이유는 파이토치에서 제공하는 자동미분 기능을 사용하려면 데이터 를 꼭 텐서 자료형에 담아야 하기 때문입니다. 다음 코드를 입력해서 넘파이 어레 이를 파이토치 텐서로 바꿔봅시다.

6   Dettmers, Tim, 2019, Which GPU(s) to Get for Deep Learning, *https://bit.ly/2Zn71ln, timdettmers.com*

```
import numpy as np
import torch

np.random.seed(0)                    #❶

x = np.random.rand(6).reshape(2,3) #❷

x_tensor = torch.tensor(x)           #❸
x_from_numpy = torch.from_numpy(x)
x_Tensor = torch.Tensor(x)
x_as_tensor = torch.as_tensor(x)

print(x, x.dtype)                    #❹
#>>> [[0.5488 0.7152 0.6028]
     [0.5449 0.4237 0.6459]] float64

print(x_tensor, x_tensor.dtype, x_tensor.requires_grad)
#>>> tensor([[0.5488, 0.7152, 0.6028],
           [0.5449, 0.4237, 0.6459]], dtype=torch.float64) torch.float64 False

print(x_from_numpy, x_from_numpy.dtype, x_from_numpy.requires_grad)
#>>> tensor([[0.5488, 0.7152, 0.6028],
           [0.5449, 0.4237, 0.6459]], dtype=torch.float64) torch.float64 False

print(x_Tensor, x_Tensor.dtype, x_Tensor.requires_grad)
#>>> tensor([[0.5488, 0.7152, 0.6028],
           [0.5449, 0.4237, 0.6459]]) torch.float32 False

print(x_as_tensor, x_as_tensor.dtype, x_as_tensor.requires_grad)
#>>> tensor([[0.5488, 0.7152, 0.6028],
           [0.5449, 0.4237, 0.6459]], dtype=torch.float64) torch.float64 False
```

❶ 넘파이 어레이를 랜덤 생성할 때 매번 동일한 어레이 값이 생성되도록 시드를 설정합니다. ❷ 크기가 (2,3)인 넘파이 어레이를 랜덤 생성합니다. ❸ 자주 사용하는 몇 가지 방법으로 넘파이 어레이를 텐서로 바꿉니다. ❹ 원 데이터인 넘파이 어레이와 변환된 텐서를 출력합니다. 텐서인 경우 숫자 앞에 tensor라고 명시되어 자료형을 구별할 수 있습니다.

네 가지 다른 방식으로 텐서를 생성했는데 각 출력 결과에서 텐서의 자료형을 주목할 필요가 있습니다. 원 데이터인 넘파이 어레이는 x.dtype이 float64로 64비트형입니다. 텐서는 torch.Tensor()를 이용한 경우를 제외하고는 모두 원 데이터의 자료형을 보존하고 있습니다. 이는 torch.Tensor()가 torch.FloatTensor()의 약칭이기 때문입니다. torch.DoubleTensor()를 사용했다면 torch.float64 형으로 만들어졌을 것입니다. 이 책에서는 텐서 생성을 위해 torch.tensor() 또는 torch.Tensor()를 사용하겠습니다.

이제 연속해서 다음 코드를 실행해 보세요.

```
x[0,0] = 100

print(x, x.dtype)
#>>> [[100.       0.7152    0.6028]
     [  0.5449   0.4237    0.6459]] float64

print(x_tensor, x_tensor.dtype, x_tensor.requires_grad)
#>>> tensor([[0.5488, 0.7152, 0.6028],
            [0.5449, 0.4237, 0.6459]], dtype=torch.float64) torch.float64 False

print(x_from_numpy, x_from_numpy.dtype, x_from_numpy.requires_grad)
#>>> tensor([[100.0000,    0.7152,    0.6028],
            [  0.5449,    0.4237,    0.6459]], dtype=torch.float64) torch.float64 False

print(x_Tensor, x_Tensor.dtype, x_Tensor.requires_grad)
#>>> tensor([[0.5488, 0.7152, 0.6028],
            [0.5449, 0.4237, 0.6459]]) torch.float32 False

print(x_as_tensor, x_as_tensor.dtype, x_as_tensor.requires_grad)
#>>> tensor([[100.0000,    0.7152,    0.6028],
            [  0.5449,    0.4237,    0.6459]], dtype=torch.float64) torch.float64 False
```

원 데이터인 넘파이 어레이에서 요소 하나를 바꿨을 때 텐서에 어떤 현상이 일어나는지 확인하기 위한 코드입니다. torch.from_numpy()와 torch.as_tensor()만 값이 함께 바뀌는 것을 알 수 있습니다. 이 두 방식만 넘파이 어레이와 데이터를 공유하고 나머지는 모두 데이터를 복사해서 새롭게 텐서를 만들었다는 사실을 알 수 있습니다.

또 하나 주목해야 할 점은 출력 마지막 항목인 requires_grad입니다. 이 값이 모두 False입니다. 방금 만든 텐서를 독립변수로 입력받는 함수를 해당 텐서로 자동 미분하기 위해서는 이 항목이 True로 설정되어 있어야 합니다. 이렇게 하기 위해 다음처럼 텐서를 생성합니다.

```
x_tensor_grad = torch.tensor(x, requires_grad=True)

print(x_tensor_grad, x_tensor_grad.dtype, x_tensor_grad.requires_grad)

#>>> tensor([[100.0000,    0.7152,    0.6028],
```

```
[  0.5449,   0.4237,   0.6459]], dtype=torch.float64,
requires_grad=True) torch.float64 True
```

텐서를 생성할 때 명시적으로 requires_grad=True를 전달하고 있습니다.

지금까지 텐서 자료형의 생성에 대해서 알아보았습니다. 이제 이 텐서를 사용하여 파이토치로 자동미분을 해보겠습니다.

torch.autograd.backward

파이토치에 있는 torch.autograd 모듈이 스칼라함수를 자동미분하는 기능을 제공합니다. 자동미분을 이용하는 방법은 torch.autograd.backward()를 사용하는 방법과 torch.autograd.grad()를 사용하는 방법이 있습니다. 먼저 torch.autograd.backward() 함수에 대해서 알아보겠습니다. backward() 함수를 사용하기 위해 미분할 함수 식 (6.1)을 다시 봅시다.

$$f(x) = (x^2 + 2x)\ln x$$

위 함수는 변수 x가 곱셈과 덧셈, 그리고 로그함수를 통해 계산되는 연산 덩어리라고 할 수 있습니다. 우리는 다변수 벡터함수를 살펴보면서 함수를 그래프 방식으로 표현하는 법을 학습했습니다. 그래프 방식 표현은 벡터함수에 국한되는 내용이 아니므로 위 스칼라함수도 그래프 방식으로 표현할 수 있습니다.

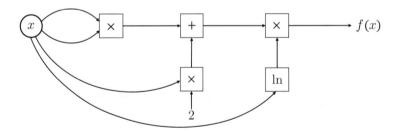

그림 6-2 식 (6.1)의 계산 그래프

그림 6-2는 식 (6.1)을 그래프 방식으로 표현한 것입니다. 그림에서 변수는 동그라미, 연산은 네모로 표시했습니다. 앞으로 이런 그래프를 좌표축 상에 그려지는 그래프와 구별하기 위해 계산 그래프라고 부르겠습니다. x는 계산 그래프의 시작이고 $f(x)$는 계산 그래프의 끝입니다. backward() 함수는 계산 그래프의 끝에서 거꾸

로backward 계산 그래프의 시작까지 서슬러 올라가면서 사용자가 만드는 변수들에 대한 미분계수를 구해주는 함수입니다. 이제 어떻게 동작하는지 확인하기 위해 다음 코드를 입력해 봅시다.

```
x = torch.tensor([1.0], requires_grad=True) #❶
f = (x**2 + 2*x) * torch.log(x)             #❷

print(x)
#>>> tensor([1.], requires_grad=True)

print(f)
#>>> tensor([0.], grad_fn=<MulBackward0>)

print(x.grad)
#>>> None
```

❶ 값이 1.0인 텐서형 변수 x를 선언합니다. ❷는 식 (6.1)을 그대로 정의한 것입니다. 이제 두 변수를 출력해 보면 둘의 출력은 조금 다른데 우선 x는 requires_grad=True로 설정되어 있어 미분할 수 있는 변수임을 나타냅니다. 따라서 f를 x로 미분할 수 있습니다. f는 계산된 값 0이 출력되고 grad_fn이란 값도 설정돼 있는 것을 알 수 있습니다. 이 값이 MulBackward0로 설정된 것은 이 변수 값이 곱셈을 통해서 계산되었으며 계산 그래프상에서 곱셈에 대한 미분법을 이용하여 미분계수를 구할 수 있다는 의미입니다. 조금 전 확인해 본 함수의 계산 그래프 마지막 연산을 보면 곱셈인 것을 확인할 수 있습니다. 마지막으로 x.grad라는 값을 출력했는데 이 값은 미분계수를 나타냅니다. 아직 미분계수가 None이라 계산되지 않았음을 알 수 있습니다. 이제 다음 코드로 실제 미분을 해봅시다.

```
torch.autograd.backward (f, retain_graph=True)
print(x.grad)

#>>> tensor([3.])
```

torch.autograd.backward를 사용하여 미분을 합니다. 이때 미분해야 하는 함수 f를 넘겨줍니다. 함수가 실행되면 f값을 위해 계산에 참여한 변수에 대한 미분계수를 구하게 됩니다. 이 과정이 계산 그래프를 통해 수행되므로 메모리에 미분을 위한 계산 그래프를 구성하게 되는데 기본적으로는 한번 미분계수를 구하고 나서 메모리에서 이 계산 그래프를 지워버립니다. 다시 미분을 반복하기 위해 메모리에 이 계산 그래프를 유지하려고 할 때 retain_graph=True를 지정합니다. 이제 x.grad를 출력해 보면 3이 출력되는 것을 확인할 수 있습니다. 이는 우리가 앞서 구한 미분계수와 일치하는 것입니다.

torch.autograd.grad

이제 두 번째 방법인 torch.autograd.grad()를 사용하는 법을 알아보겠습니다. grad() 함수를 사용하는 것이 지금까지 우리가 배워온 미분 과정과 더 잘 부합합니다. 왜냐하면 종속변수와 미분할 변수를 모두 명시적으로 지정해주고 반환값으로 바로 미분계수를 돌려받기 때문입니다. 따라서 이 경우는 추가 설명 없이 다음 코드를 바로 살펴보겠습니다.

```
df = torch.autograd.grad(f, x, retain_graph=True)
print(df)

#>>> (tensor([3.]),)
```

torch.autograd.grad()에 f와 미분할 변수 x를 넘겨줍니다. 실행 결과로 미분계수가 반환됩니다. 결과는 이전과 같이 3이라는 것을 알 수 있습니다. 그런데 이번에는 반환값이 튜플로 묶여져 있습니다. 이것은 grad() 함수에 미분하고자 하는 변수를 여러 개 지정할 수 있기 때문입니다.

```
df = torch.autograd.grad(f, (x, x), retain_graph=True)
print(df)

#>>> (tensor([3.]), tensor([3.]))
```

일변수 함수라 큰 의미는 없지만 위처럼 할 수 있습니다. 미분하고자 하는 변수를 여러 개 지정하고 각 변수에 대한 미분계수를 한 번 호출로 모두 구한 것이죠. 구체적인 예를 들어 보면, 미분하고자 하는 함수가 식 (6.5)와 같이 이변수 함수라면 다음 코드처럼 미분하면 됩니다.

```
x = torch.tensor([1.0], requires_grad=True)
y = torch.tensor([2.0], requires_grad=True)
f_xy = (x**2 + 2*x) * torch.log(y)

torch.autograd.backward(f_xy, retain_graph=True)
print(x.grad)
#>>> tensor([2.7726])
```

```
print(y.grad)
#>>> tensor([1.5000])

df = torch.autograd.grad(f_xy, (x, y), retain_graph=True)
print(df)
#>>> (tensor([2.7726]), tensor([1.5000]))
```

이변수 함수에 대해서 backward()와 grad()를 함께 수행한 결과입니다. backward()
를 수행한 경우 f_xy를 계산하기 위해 참여한 변수 x, y에 대한 미분계수를 모두 자
동으로 구했고 이 값은 x.grad, y.grad에 저장되어 있는 것을 알 수 있습니다. 반면
grad()는 호출 시 미분하고자 하는 변수를 명시적으로 지정하였고 반환값도 각 변
수에 대한 미분계수를 저장하고 있는 튜플로 반환되는 것을 알 수 있습니다. 계산
결과는 앞서 심파이로 계산한 결과와 정확하게 일치합니다.

앞서 이야기한 바와 같이 grad()를 사용하는 편이 미분계수를 확인하는 목적에
더 잘 부합하므로 앞으로 우리 책에서는 grad()와 backward() 중에서 grad()를 사용
하겠습니다.

✓ **NOTE**

파이토치에서 미분계수와 관련된 변수 이름으로 쓰이는 'grad'는 경사도벡터를 일
컫는 그래디언트gradient에서 따온 것입니다. 경사도벡터에 대해서는 8장 "최적화"
편에서 다루겠습니다.

지금까지 파이토치를 이용해서 미분계수를 간편하게 구하는 법을 알아보았습니
다. 앞으로 미분계수의 계산이 제대로 되었는지 확인하기 위해 수치미분이나 파이
토치를 사용할 수 있습니다. 물론 손 미분을 하거나 심파이를 사용하여 확인할 수
도 있지만 벡터와 벡터가 연산되는 복잡한 경우라면 수치미분이나 파이토치를 사
용하여 확인하는 방법만 가능합니다.

앞서 식 (6.5)를 심파이로 직접 미분하는 방법, 수치미분하는 방법, 파이토치로
자동미분하는 방법으로 미분계수를 구해봤습니다. 이 결과들을 비교해 봅시다.

	심파이 직접미분	수치미분	파이토치 자동미분
x에 대한 미분계수	2.7726	2.7726	2.7726
y에 대한 미분계수	1.5	1.4989	1.5

표 6-1 식 (6.5)를 컴퓨터로 미분한 결과 비교

파이토치로 미분한 결과에는 수치미분에서 보이는 오차가 없는 것을 알 수 있습니다. 이 비교로부터 적어도 파이토치가 미분계수를 구할 때 수치미분을 하지 않는다는 사실을 알 수 있습니다. 파이토치는 어떻게 이런 복잡한 함수의 미분계수를 자동으로 구할 수 있을까요? 약간 마술 같은 이 과정을 지금부터 알아보겠습니다.

자동미분 초(超)간단 예제

자동미분을 구현하는 방법은 포워드 모드와 리버스 모드 두 가지 방식이 있습니다. 두 방식 모두 미분하고자 하는 함수를 계산 그래프로 만들어 미분계수를 계산하는 데 이용합니다. 그림 6-2의 계산 그래프를 보면 함숫값을 구하기 위해서 변수 x에서 시작하여 왼쪽에서 오른쪽으로 전진하면서 계산을 진행합니다. 이렇게 함숫값을 구하기 위해 계산을 왼쪽에서 오른쪽으로 진행시키는 경로를 포워드 패스라고 합니다. 포워드 패스를 따라 함숫값을 전파시키므로 이런 계산을 순전파forward propagation라고 합니다. 반대로 오른쪽에서 왼쪽으로 어떤 계산을 수행하는 경로를 백워드 패스라고 합니다. 백워드 패스를 따라 어떤 계산을 수행하는 것을 역전파 back propagation라고 합니다. 구체적으로 포워드 패스를 통해 함숫값을 계산하고 백워드 패스를 통해 미분계수를 계산합니다. 이렇게 백워드 패스를 통해 미분계수를 구하는 과정을 역전파 알고리즘이라고 합니다.

포워드 모드 자동미분은 이름에서 알 수 있듯이 계산 그래프를 단 한 번 포워드 패스를 따라 진행하는 것만으로 미분계수를 구할 수 있습니다. 백워드 패스를 할 필요가 없다는 장점이 있지만 이때 구해지는 미분계수는 임의의 방향 벡터 $\mathbf{p}$에 대한 미분계수입니다. 그렇기 때문에 각 변수에 대한 편미분계수를 구하기 위해서는 방향 벡터 $\mathbf{p}$를 각 변수 축 방향으로 설정하고 변수 개수만큼 순전파시켜야 합니다. 미분해야 할 변수가 매우 많고 편미분계수를 구하는 것이 목적이라면 이 방식은 비효율적입니다. 그리고 이 방식을 이해하기 위해서는 방향 도함수에 대한 이해가 선행되어야 합니다. 이 책에서는 방향 미분을 설명하지 않았으므로 리버스 모드에 대해서만 이야기합니다.

✓ **NOTE**

포워드 모드 자동미분에 대한 더 자세한 사항을 공부하려면 방향 도함수에 대한 내용을 대학 공업수학 책[7]을 참고하세요.

---

7 Kreyszig, Erwin, 서진헌외 13인(공역), 2012, KREYSZIG 공업수학 개정 10판(상), 범한서적주식회사

방향 도함수에 대한 내용을 파악한 후 포워드 모드 자동미분에 대한 내용은 Numerical Optimization 2판[8] 또는 《핸즈온 머신러닝》[9]을 참고하면 됩니다.

리버스 모드 자동미분 방식은 계산 그래프에서 순전파, 역전파를 각각 한 번씩 하는 것만으로 편미분계수를 모두 구할 수 있습니다. 이 자동미분 방식은 계산 과정을 설명하기 위해 방향 미분 같은 추가 개념이 필요 없고 합성함수에 대한 연쇄법칙만으로 설명할 수 있어 이해하기도 쉽습니다. 머신 러닝·딥 러닝에서는 편미분계수를 구하는 것이 매우 중요하므로 리버스 모드 자동미분은 꼭 알아 둬야 할 알고리즘입니다. 아주 간단한 예제를 살피면서 구체적인 방법을 알아보겠습니다.

우선 5장에서 공부했던 합성함수 미분법을 잠깐 복습해 봅시다.

$$y = \ln(2x + 1)$$

위 함수를 미분하기 위해 $h(x) = 2x + 1$, $y(h) = \ln(h)$라는 두 함수가 합성된 형태로 $y(x)$를 두면 다음처럼 계산할 수 있습니다.

$$\frac{dy}{dx} = \frac{dy}{dh} \cdot \frac{dh}{dx} = \frac{1}{2x+1} \cdot 2 = \frac{2}{2x+1}$$

연쇄법칙은 합성된 각 함수에 대한 도함수를 서로 곱하는 것입니다. 여기서 함수 y, h를 각각 자기의 입력으로 미분한다는 것이 중요합니다. 즉, 우리가 주목해야 할 연쇄법칙의 특징은 '자기 자신에 대한 입력으로 미분한 결과를 서로 곱한다'는 것입니다. h의 입력은 x고 y의 입력은 h이므로 위 미분 과정이 정확히 연쇄법칙의 특징을 지키고 있습니다.

위 결과를 다변수 함수로 확장하기 위해 다음처럼 가장 간단한 다변수 함수를 예로 설명하겠습니다.

$$z = x \times y$$

주어진 함수를 계산 그래프로 그려보면 다음 그림과 같습니다.

---

8 Nocedal, Jorge and Wright, Stephen J., 2006, Numerical Optimization 2ed., Springer
9 Géron, Aurélien, 박해선(역), 2018, 핸즈온 머신러닝, 한빛미디어

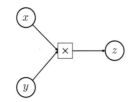

그림 6-3 $z = x \times y$의 계산 그래프

함수 $z(x, y)$는 합성함수가 아니지만 입력을 그대로 출력으로 내보내는 항등 함수가 마지막에 합성되어 있다고 생각해 봅시다. 즉, 계산 그래프를 다시 그려보면 다음과 같습니다.

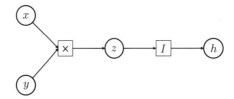

그림 6-4 합성함수로 표현된 $z = x \times y$의 계산 그래프

그림 6-4에서 항등 함수를 I로 표시했습니다. 이 그래프는 곱셈 함수와 항등 함수가 합성되어 있는 셈입니다. 하지만 계산 결과는 전혀 변하지 않았습니다. 이 계산 그래프에 구체적인 값 $x_0 = 3$, $y_0 = 2$를 입력하고 순전파를 시키면서 값을 계산하면 $z_0 = 6$, $h_0 = 6$임을 쉽게 알 수 있습니다. 이제 함수 $h(z)$와 $z(x, y)$를 각각 자신의 입력으로 미분한 미분계수는 다음과 같은 식으로 표현할 수 있습니다.

$$\frac{dh(z_0)}{dz}, \frac{\partial z(x_0, y_0)}{\partial x}, \frac{\partial z(x_0, y_0)}{\partial y}$$

이를 함수 관계를 나타내는 선 위에 적어보면 그림 6-5와 같습니다.

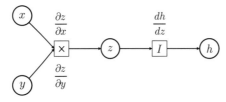

그림 6-5 합성함수로 표현된 $z = x \times y$의 계산 그래프와 지역 미분계수

표기를 간단히 하기 위해 x_0, y_0, z_0를 생략했습니다. 지역 미분계수라는 용어는 표시된 미분계수가 전체 함수에 대한 미분계수가 아니라 합성된 개별 함수에 대한 미분계수임을 나타냅니다. 그림 6-5에서 $h = z$이므로 $\frac{dh}{dz} = 1$이고, z에 대한 미분은 각 변수에 대한 편미분이므로 $\frac{\partial z}{\partial x} = y_0$, $\frac{\partial z}{\partial y} = x_0$입니다. 이제 전체 함수에 대한 미분계수를 구하기 위해서 연쇄법칙에 따라 각 지역 미분계수를 그냥 곱해주면 됩니다.

$$\frac{\partial h}{\partial x} = \frac{\partial z}{\partial x} \frac{dh}{dz} = y_0 \times 1 = 2 \times 1 = 2$$

$$\frac{\partial h}{\partial y} = \frac{\partial z}{\partial y} \frac{dh}{dz} = x_0 \times 1 = 3 \times 1 = 3$$

구해진 미분계수는 단순히 입력을 뒤바꾼 것입니다. $x \times y$를 x로 편미분하면 y, y로 편미분하면 x이므로 당연한 결과입니다.

이 과정은 z를 자신의 입력 x로 미분한 미분계수와 z보다 오른쪽에 있는 함수(이 경우는 항등 함수)가 미분된 미분계수(이 경우는 1)를 곱해서 전체 미분계수 $\frac{\partial z(x_0, y_0)}{\partial x}$를 완성합니다. 과정에서 출력 쪽에 가까운 미분계수를 계산 그래프 위쪽에서 내려온다는 의미를 살려 상류층 미분계수upstream derivative라고 합니다.

상류층 미분계수(upstream derivative)

$$\frac{\partial h}{\partial x} = \frac{\partial z}{\partial x} \overbrace{\frac{dh}{dz}}$$

우리가 다룬 함수가 너무 간단하여 상류층 미분계수가 1이고 이것이 다음 미분계수 $\frac{\partial z}{\partial x}$에 곱해지는 상황이 조금 이상할 수 있습니다. 그리고 아직까지 무엇이 '자동'이란 것인지 와닿지 않습니다. 연쇄법칙을 적용하는 효과를 제대로 느껴 보기 위해 지금까지 설명과 완전히 동일한 과정을 조금 더 복잡한 함수에 적용해 보겠습니다.

자동미분 간단 예제

파이토치로 미분해 봤던 식 (6.5) 함수를 다시 미분해 봅시다.

$$f(x, y) = (x^2 + 2x) \ln y$$

단계적으로 연쇄법칙을 적용하기 위해 위 식을 계산 그래프로 나타내면 그림 6-6과 같습니다.

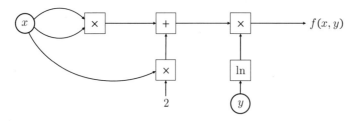

그림 6-6 계산 그래프로 표현된 식 (6.5)

계산 그래프를 따라 함숫값을 구하는 과정을 보면 x를 제곱하는 과정, x와 2를 곱하는 과정, 이 두 결과를 더하는 과정 등 다양한 단계를 거치게 됩니다. 각 단계를 입력과 출력이 있는 함수로 보고 출력에 이름을 붙여 변수로 적어보면 다음과 같습니다.

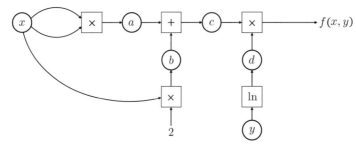

그림 6-7 단위 함수로 세분화된 식 (6.5)의 계산 그래프

출력 a는 입력으로 x를 두 개 받아 곱셈하는 함수의 결과입니다. 출력 c는 이 결과 a를 입력으로 받아 또 다른 입력 b와 더하는 함수의 결과입니다. 이런 식으로 주어진 함수는 작은 단위 함수들이 복잡하게 합성되어 있는 합성함수로 볼 수 있습니다. 그렇다면 작은 단위 함수를 미분한 다음 계산된 미분계수를 다 곱해서 전체 함수의 미분계수를 구할 수 있을 것입니다. 바로 합성함수에 연쇄법칙을 적용하는 것입니다.

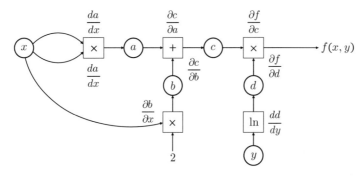

그림 6-8 단위 함수별 미분계수

그림 6-8은 각 단위 함수에 대한 미분계수를 표시한 것입니다. 간략하게 그리기 위해 함숫값과 미분계수를 구하는 독립 변숫값 x_0, y_0는 표기하지 않았습니다. 제일 마지막 곱셈 함수는 c, d를 입력으로 받아서 함숫값 f를 계산하는 함수입니다. 곱셈에 대한 편미분계수는 입력의 위치를 바꾸기만 하면 된다는 것을 이미 알아봤습니다. 따라서 $\dfrac{\partial f}{\partial d}$는 c가 됩니다. 같은 방식으로 $\dfrac{\partial f}{\partial c}$는 d가 됩니다. 잇달아 오는 로그 함수는 y를 입력으로 받고 d를 출력하는 함수이므로 $\dfrac{dd}{dy}$는 $\dfrac{1}{y}$이라는 것도 알고 있습니다. 따라서 f를 y로 편미분하여 구해지는 편미분계수는 $c \times \dfrac{1}{y}$이 됩니다. 여기서 f 이후에 임의로 추가한 항등 함수에 대한 미분계수 1은 생략했습니다. $x_0 = 1$, $y_0 = 2$를 대입해서 계산한 결과를 다음 표로 정리했습니다.

순전파	역전파
$x_0 = 1$	
$y_0 = 2$	
$a = 1$	$\dfrac{\partial a}{\partial x} = 1$
$b = 2$	$\dfrac{\partial b}{\partial x} = 2$
$c = 3$	$\dfrac{\partial c}{\partial a} = 1, \quad \dfrac{\partial c}{\partial b} = 1$
$d = 0.6931472$	$\dfrac{dd}{dy} = \dfrac{1}{2}$
$f = 2.07944164$	$\dfrac{\partial f}{\partial c} = 0.6931472, \quad \dfrac{\partial f}{\partial d} = 3$

표 6-2 식 (6.5)를 순전파, 역전파한 결과들

이제 연쇄법칙을 적용해서 경로를 따라가며 각 미분계수를 곱해주면 됩니다. 먼저 $\dfrac{\partial f}{\partial y}$를 완성하는 경로를 보도록 합시다.

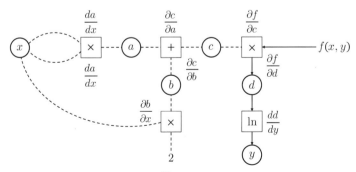

그림 6-9 $\dfrac{\partial f}{\partial y}$를 계산하기 위한 경로

그림 6-9에 실선으로 표시된 경로를 따라가면서 계산된 미분계수를 모두 곱하면 됩니다. 미분계수는 표 6-2에서 찾으면 됩니다.

$$\frac{\partial f}{\partial y} = \frac{\partial f}{\partial d}\frac{dd}{dy} = 3 \times \frac{1}{2} = 1.5$$

$\frac{\partial f}{\partial x}$의 경우 $f(x)$에서 x로 가는 경로가 세 개입니다.

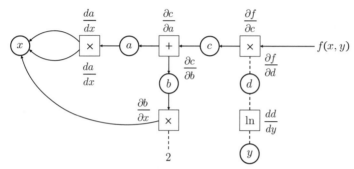

그림 6-10 $\frac{\partial f}{\partial x}$를 계산하기 위한 경로

5장 '다변수 함수에 대한 연쇄법칙'에서 알아본 것처럼 계산 그래프에서 여러 경로가 한 변수로 모이게 되면 경로를 통해 계산된 미분계수를 모두 더하라는 의미입니다. 잘 기억이 나지 않으면 126쪽의 식 (5.8)을 다시 복습해 봅시다. 경로를 따라 미분계수를 곱하고 이것들을 모두 더해주면 다음 식처럼 계산됩니다.

$$\frac{\partial f}{\partial x} = \frac{\partial f}{\partial c}\frac{\partial c}{\partial a}\frac{\partial a}{\partial x} + \frac{\partial f}{\partial c}\frac{\partial c}{\partial a}\frac{\partial a}{\partial x} + \frac{\partial f}{\partial c}\frac{\partial c}{\partial b}\frac{\partial b}{\partial x}$$

$$= 0.6931472 \times 1 \times 1 + 0.6931472 \times 1 \times 1 + 0.6931472 \times 1 \times 2$$

$$= 2.7725888$$

이 결과는 표 6-1에서 정리한 수치미분과 파이토치로 미분한 결과와 동일한 것입니다.

　조금 장황할 정도로 긴 설명을 했습니다. 여기서 우리가 알 수 있는 중요한 점은 함수를 구성하고 있는 작은 단위 함수에 대한 미분계수를 알면 그것을 반복적으로 곱하면서 전체 함수의 미분계수를 구할 수 있다는 것입니다. 이제 이 반복 과정을 코드로 만들어 자동미분이 얼마나 편리한지 알아보겠습니다.

자동미분 구현

자동미분을 코드로 구현하기 위해서 가장 기본적인 단위 함수의 함숫값과 도함숫값을 구하는 코드가 필요합니다. 식 (6.5)에는 곱셈, 덧셈 그리고 로그 연산이 있으므로 각 경우에 대해서 편도함수를 구할 수 있어야 합니다. 우선 곱셈부터 만들어 봅시다.

```python
def times(x, y):
    return x*y, (x, y) #❶

def times_deriv(cache, dout=1):
    return cache[1]*dout, cache[0]*dout #❹

TIMES = {'f': times, 'df': times_deriv} #❷

v, cache = TIMES['f'](2, 3) #❸
dx, dy = TIMES['df'](cache) #❺

print("dx={}, dy={}".format(dx, dy))

#>>> dx=3, dy=2
```

코드는 매우 간단합니다. ❶ 두 값을 넘겨받아 곱을 반환하는 함수를 만듭니다. 이때 이 곱셈을 미분하는 데 필요한 정보를 함숫값 x*y와 함께 넘겨줍니다. 곱셈의 편미분은 x, y 위치가 바뀐 입력 값이었습니다. ❷ 이렇게 만든 함수를 TIMES라는 사전에 키 값 f로 저장해 둡니다. 앞으로 만들 단위 함수들은 이렇게 사전에 함수와 도함수를 항상 쌍으로 묶어 둡니다. ❸ 방금 만든 함수를 호출해서 함숫값과 미분계수를 계산하기 위한 추가 정보를 v, cache라는 변수에 저장합니다. ❹ 이제 제일 중요한 도함수의 정의입니다. 이 함수는 함숫값을 계산할 때 저장해 놓은 cache와 상류층 미분계수 dout을 넘겨받아 미분계수를 계산합니다. 함수는 초간단 예제에서 알아본 것과 같이 입력의 위치를 바꾸고 상류층 미분계수 dout을 곱해서 반환합니다. dout의 기본값을 1로 설정했습니다. 기본값을 1로 설정하는 것은 이 함수가 백워드 패스의 첫 번째 함수라고 가정하기 때문입니다. 초간단 예제의 마지막에 항등 함수를 추가해 상류층 미분계수를 1로 만든 과정을 가정한 것입니다. ❺ TIMES['df']에 저장된 함수를 호출하여 미분계수를 계산합니다. 계산 결과는 우리의 예상과 일치합니다.

덧셈과 로그도 유사하게 코딩할 수 있습니다.

```
def add(x, y):
    return x+y, (x, y)

def add_deriv(cache, dout=1):
    return dout, dout

ADD = {'f': add, 'df': add_deriv}

def log(x):
    return np.log(x), x

def log_deriv(cache, dout=1):
    return (1/cache) * dout

LOG = {'f': log, 'df': log_deriv}
```

덧셈 함수는 각 변수에 대해 편미분 하면 미분계수가 항상 1이므로 add_deriv() 함수는 항상 상류층 미분계수를 그냥 반환하면 됩니다. 그렇기 때문에 사실상 cache 인자가 필요 없지만 인터페이스의 통일을 위해 적어 주었습니다. 로그함수는 로그 미분 공식 $(\ln(x))' = 1/x$을 그대로 사용했습니다. 이제 작성된 기본 함수를 조합하여 식 (6.5)를 미분해 보겠습니다.

```
import numpy as np

x = 1.; y = 2.

a, cache_a = TIMES['f'](x, x)
b, cache_b = TIMES['f'](2, x)
c, cache_c = ADD['f'](a, b)
d, cache_d = LOG['f'](y)
z, cache_z = TIMES['f'](c, d)
```

먼저 그림 6-7과 같은 순서로 단위 함수를 순전파시킵니다. 각 단계마다 함숫값과 추가 정보를 적절한 변수에 저장합니다.

```
dx = dy = 0. #❶

dc, dd    = TIMES['df'](cache_z, 1)              #❷
dy        = LOG['df'](cache_d, dd)               #❸
da, db    = ADD['df'](cache_c, dc)
_, dx_    = TIMES['df'](cache_b, db); dx += dx_; #❹
dx_, dx__ = TIMES['df'](cache_a, da); dx += dx_ + dx__;
```

```
print("backward pass dx = {:.6f}, dy = {:.6f}".format(dx, dy))

#>>> backward pass dx = 2.772589, dy = 1.500000
```

이제 함수 순서를 역순으로 호출하면서 미분계수를 계산합니다. ❶ 미분계수를 저장할 변수를 초기화 합니다. ❷ 마지막 곱셈 함수를 호출하면서 미분계수를 계산합니다. 마지막 곱셈 함수의 입력은 c, d였으므로 미분계수는 두 개가 됩니다. 각각 dc, dd에 저장합니다. 이 중 dd는 다음 미분되길 기다리고 있는 로그함수에게 넘겨줄 상류층 미분계수가 됩니다. ❸ cache_d와 dd를 이용하여 로그함수에 대한 미분계수를 구합니다. ❹ 그다음에 오는 곱셈도 같은 방식으로 미분합니다. 이때 상수 2에 대한 미분계수에는 관심이 없으므로 _라는 변수에 저장했습니다. 파이썬 사용자들은 이렇게 무시하고 싶은 값에 대한 변수로 _를 습관처럼 사용합니다. 남은 함수에 대해서도 동일한 작업을 반복합니다. ❹와 그다음 라인에서 dx += dx_, dx += dx_ + dx__ 부분은 여러 경로를 통해 계산된 x에 대한 미분계수를 모두 모으는 부분입니다.

결과를 프린트해 보면 제대로 된 값이 출력됩니다. 코드를 보면 단지 곱셈, 덧셈, 로그를 계산하고 미분하는 과정을 반복했을 뿐인데 정확한 미분계수가 구해졌습니다. 식 (6.5)는 아직 간단한 편이어서 이 코드가 제대로 동작한다는 것을 손으로 직접 미분하여 알 수 있었습니다. 식이 더 복잡해지면 자동미분 코드가 제대로 동작하는지 어떻게 확인할 수 있을까요? 수치미분으로 미분계수를 구해서 결과를 비교하는 것이 일반적인 방법입니다.

앞에서는 파이토치로도 결과를 이미 확인해 봤습니다. 만약 역전파 과정이 시작될 때 dout=2로 설정했다면 어떻게 될까요? 코드를 수정하고 실행해 보면 미분계수가 정확히 두 배 커지게 됩니다. 직접 실험해 보세요.

자동미분의 규칙은 연쇄법칙이므로 시작할 때 상류층 미분계수를 넘겨줘야 합니다. 예시한 코드는 기본값으로 1을 설정했습니다. 사실은 파이토치도 상류층 미분계수를 기본 1로 두고 계산한 결과입니다. 다음처럼 상류층 미분계수를 2로 주고 계산하면 결과는 정확히 두 배가 됩니다.

```
x = torch.tensor([1.], requires_grad=True)
y = torch.tensor([2.], requires_grad=True)
z = (x**2 + 2*x)*torch.log(y)
```

```
dz = torch.autograd.grad(z, (x,y), grad_outputs=torch.tensor([2.]), retain_graph=True)
print(dz)
```

```
#>>> (tensor([5.5452]), tensor([3.]))
```

백워드 패스가 시작될 때 상류층 미분계수를 지정하기 위해 grad_outputs 인자에 명시적으로 2를 대입했습니다. 이제 자동미분에서 '자동'이란 단어가 의미하는 바를 알 수 있을 겁니다.

이번 장을 통해 컴퓨터로 미분하는 방법에 대해 자세히 알아봤습니다. 주어진 식을 손으로 미분할 수 있다면 직접 미분을 사용하는 것이 가장 좋은 선택입니다. 직접 미분하기 어려울 정도로 복잡한 함수라면 수치미분이나 자동미분을 사용할 수 있습니다. 자동미분을 알아보는 과정에서 파이토치가 제공하는 자동미분함수를 사용해 보고 직접 만든 코드와 결과를 비교해 보았습니다. 이렇게 배운 지식들은 9장에서 유용하게 사용해 볼 것입니다.

5장에서 벡터함수를 미분할 때 얻어지는 편미분계수인 야코비안에 대해 알아본바 있습니다. 벡터함수가 합성된 함수에서 자동미분을 수행한다고 생각해 봅시다. 그렇게 되면 어느 순간 단위 함수의 미분계수가 야코비안이 될 것이고 이 야코비안과 상류층 미분계수를 곱해야 하는 경우가 생기게 됩니다. 야코비안은 숫자가 블록형태로 적힌 모양이었는데, 이런 블록 형태를 더하고 곱해야 할 필요가 생기게 되는 것입니다. 이를 위해 이제 행렬에 대해 알아볼 차례입니다.

## 7장

M a t h e m a t i c s   f o r   M a c h i n e   L e a r n i n g

행렬: 데이터를 편리하게 다룰 도구

이번 장에서는 주제를 바꿔 행렬에 대해서 알아봅니다. 머신 러닝·딥 러닝에서 행렬과 관련된 수학 분야를 선형대수학이라고 합니다. 위키 백과의 개념 정의에 따르면 '선형대수학線型代數學, linear algebra은 벡터 공간, 벡터, 선형 변환, 행렬, 선형 연립 방정식 등을 연구하는 대수학의 한 분야'입니다. 최근에는 딥 러닝이 인공지능 분야를 주도하고 있으며 많은 문헌이나 인공지능 관련 교육 자료에서 선형대수학은 딥 러닝을 공부하기 위한 가장 기본적인 수학 분야이며 꼭 꼼꼼히 공부해야 한다고 말합니다.

이렇게 이 분야를 강조하는 이유는 앞서 인용한 정의가 말하듯이 선형대수학이 벡터 변환에 관한 학문이기 때문입니다. 딥 러닝은 '한 벡터 공간을 다른 벡터 공간으로 매핑하기 위한 단순하고 연속된 기하학적 변환을 연결한 것[1]'이라고 할 수 있습니다.

딥 러닝에서 벌어지고 있는 일이 선형대수학의 목적과 정확히 일치합니다. 따라서 선형대수학이 가장 중요한 위치를 차지한다는 것도 틀린 이야기는 아닙니다. 하지만 입문을 위한 수학 지식을 갖추기 위해 선형대수학의 고급 개념을 미리 공부할 필요는 없습니다. 머신 러닝·딥 러닝에 어느 정도 익숙해지기 전까지 어려움을 겪는 부분은 오히려 행렬과 벡터의 연산이 코드에서 어떻게 구현되는가 하는 것입니다.

행렬과 벡터에 대한 연산에 익숙한 사람들도 그 연산을 코드로 구현하는 데 어려

---

1 Chollet, François, 박해선(역), 2018, 케라스 창시자에게 배우는 딥러닝 Deep Learning with Python, 길벗

움을 느끼는 경우가 많습니다. 데이터를 벡터와 행렬로 표현하고 이것을 이용하여 코딩할 때는 벡터화vectorization란 방식을 사용하기 때문입니다. 벡터화는 행렬과 벡터가 가지는 연산 특성을 적극적으로 활용하는 방법이므로 입문자들이 구현하기 힘들고 직관적으로 이해하기도 힘듭니다. 이미 이야기했듯이 행렬에 대한 이론을 잘 알고 있어도 벡터화 방식을 사용하여 행렬 연산을 코드로 잘 표현하는 것은 또 다른 문제입니다.

이런 이유로 이번 장에서는 행렬과 벡터에 대해서 꼭 알아야 하는 기본적인 개념들을 살펴보고 이를 이용해서 데이터를 표현하는 방법을 이야기하고자 합니다. 그리고 행렬과 벡터를 이용하여 코딩할 때 생각해야 할 벡터화를 몇 가지 구체적인 사례를 갖고 알아보겠습니다. 다음과 같은 순서로 이야기하겠습니다.

- 행렬과 벡터의 정의와 특성
- 데이터의 표현
- 파이썬 넘파이
- 행렬 곱셈
- 행렬을 이용한 코딩

행렬과 벡터

행렬

행렬이란 그 모습으로부터 가장 간단하게 정의하면 '수(혹은 함수)들을 직사각형 모양으로 괄호 안에 배열해 놓은 것'[2]입니다. 식 (7.1)과 같이 나타냅니다.

$$\begin{bmatrix} 3 & 1 & 0.4 \\ 2 & 0 & 6 \\ 7 & 0.1 & 1 \end{bmatrix}, \qquad \begin{bmatrix} 4x & \ln x & x \\ e^2 & x^3 & 3x^2 \end{bmatrix} \qquad (7.1)$$

여기서 각괄호 안에 있는 수(함수)를 성분 또는 요소element라 하고 요소들이 나열된 가로줄을 행row, 세로줄을 열column이라 합니다. 행렬은 요소로 구성되므로 이 요소를 표현하기 위해 아래첨자를 사용하는데 행 번호와 열 번호를 각각 지정해야 하므로 다음 식처럼 첨자 두 개가 필요합니다.

---

2 Kreyszig, Erwin, 서진헌 외 13인(공역), 2012, KREYSZIG 공업수학 개정 10판(상), 범한서적주식회사, p.316

$$\mathbf{A} = \begin{bmatrix} a_{11} & a_{12} & \cdots & a_{1n} \\ a_{21} & a_{22} & \cdots & a_{2n} \\ \vdots & \vdots & \ddots & \vdots \\ a_{m1} & a_{m2} & \cdots & a_{mn} \end{bmatrix} \tag{7.2}$$

식 (7.2)는 행렬 요소를 아래첨자 형식으로 표현한 것입니다. 첫 번째 아래첨자는 행 번호를 두 번째 아래첨자는 열 번호를 나타냅니다. 아래첨자를 인덱스index라고 부르는데 이 책에서도 앞으로 인덱스라고 하겠습니다.

행렬을 표기할 때는 주로 볼드체 대문자를 사용합니다. 또는 $[a_{ij}]$처럼 괄호와 인덱스를 사용한 요소 표기법을 사용하기도 합니다. 행렬은 행과 열 수에 따라 크기가 결정되는데 식 (7.2)에서 $\mathbf{A}$는 $m \times n$ 크기를 가지는 행렬입니다. 이 책에서는 파이썬에서 표시하는 방식을 따라 (m, n)으로 표시합니다. 만약 $m = n$이라면 행 개수와 열 개수가 같아지고 이런 경우 특별히 정사각 또는 정방행렬square matrix이라고 합니다. 정사각 행렬은 a_{11}, a_{22} 같이 a_{kk}인 요소들이 행렬 대각선상에 놓이게 되는데, 이때 이 대각선을 주대각선main diagonal이라고 합니다.

행렬은 마치 숫자처럼 더하거나 빼고 곱할 수 있습니다. 이렇게 한꺼번에 여러 숫자에 연산을 적용할 수 있는 특징 때문에 컴퓨터로 데이터를 다룰 때 행렬이 유용하게 사용되는 것입니다.

✓ **NOTE**

이제부터 행렬의 특징을 하나씩 살펴보게 되는데 이 과정을 실험으로 확인하기 위해 넘파이NymPy라는 라이브러리를 사용합니다. 넘파이 라이브러리는 다음 절에서 자세히 설명하므로, 여기서는 넘파이 사용법을 몰라도 코드를 따라 입력하면서 행렬의 특징을 확인하는 데 중점을 두도록 합시다.

행렬에 대한 연산: 덧셈, 스칼라 곱셈, 곱셈

행렬을 더하거나 빼고 상수를 곱하는 연산은 행렬 요소별로 적용하면 됩니다. 따라서 행렬에서 덧셈과 뺄셈은 크기가 같은 두 행렬에 적용되어야 합니다. 행렬의 덧셈과 스칼라 곱을 실험하기 위해 간단한 코드를 살펴봅시다.

```
import numpy as np

A = np.array([[1,2],[3,4]]) #❶
```

```
B = np.array([[10,20],[30,40]])

A+B
#>>> array([[11, 22],
            [33, 44]])
```

위 코드는 크기가 같은 두 행렬 **A**, **B**를 더하는 실험입니다. ❶ 넘파이에서 제공하는 다차원 배열을 생성합니다. 넘파이 다차원 배열은 이미 익숙한 파이썬 다차원 리스트와 비슷한 개념이라고 우선 생각합시다(다차원 리스트에 대한 내용은 부록 C의 "중첩된 자료구조" 절을 참고하세요). 이런 넘파이 다차원 배열을 특별히 ndarray라고 합니다. 이후부터 ndarray를 '넘파이 어레이' 또는 그냥 '어레이'라고 쓰겠습니다. 넘파이에서 제공하는 넘파이 어레이가 행렬과 완전히 동일하지 않지만 덧셈과 스칼라 곱에서는 행렬 연산과 동일하게 작동합니다. 스칼라 곱은 행렬에 있는 모든 요소를 스칼라 배 해주면 됩니다. 이어서 다음 코드를 실험해 보세요.

```
3*B
#>>> array([[ 30,  60],
            [ 90, 120]])
```

행렬 **B**의 모든 요소가 세 배씩 커졌습니다. 결과를 보면 숫자를 더하고 빼고 곱하는 것과 큰 차이가 없습니다.

행렬을 더하거나 스칼라를 곱하는 것과는 다르게 행렬 곱셈은 독특한 규칙을 따라 계산됩니다. 어떤 행렬 **A**와 **B**를 곱해서 행렬 **C**가 될 때 **A**와 **B**를 곱하는 규칙을 인덱스 형태로 써보면 식 (7.3)과 같습니다.

$$C_{ij} = \sum_{k=1}^{n} A_{ik} B_{kj} \tag{7.3}$$

위 식을 조금 더 이해하기 쉽게 풀어서 나타내면 다음과 같습니다.

$$\begin{bmatrix} a_{11} & a_{12} & \cdots & a_{1n} \\ a_{21} & a_{22} & \cdots & a_{2n} \\ \vdots & \vdots & \ddots & \vdots \\ \boxed{a_{i1} \ a_{i2} \cdots a_{in}} \\ \vdots & \vdots & \ddots & \vdots \\ a_{m1} & a_{m2} & \cdots & a_{mn} \end{bmatrix} \begin{bmatrix} b_{11} & b_{12} & \cdots & \boxed{b_{1j}} & \cdots & b_{1p} \\ b_{21} & b_{22} & \cdots & b_{2j} & \cdots & b_{2p} \\ \vdots & \vdots & \ddots & \vdots & \ddots & \vdots \\ b_{n1} & b_{n2} & \cdots & b_{nj} & \cdots & b_{np} \end{bmatrix} = \begin{bmatrix} c_{11} & c_{12} & \cdots & c_{1j} & \cdots & c_{1p} \\ c_{21} & c_{22} & \cdots & c_{2j} & \cdots & c_{2p} \\ \vdots & \vdots & \ddots & \vdots & \ddots & \vdots \\ c_{i1} & c_{i2} & \cdots & \boxed{c_{ij}} & \cdots & c_{ip} \\ \vdots & \vdots & \ddots & \vdots & \ddots & \vdots \\ c_{m1} & c_{m2} & \cdots & c_{mj} & \cdots & c_{mp} \end{bmatrix} \tag{7.4}$$

행렬곱은 식 (7.4)처럼 앞 행렬의 i번째 행과 뒤 행렬의 j번째 열을 짝지어 수행합니다. 이 두 행과 열에 있는 요소를 식 (7.3)처럼 서로 짝지어 곱한 다음 모두 더해 결과 행렬의 ij번째 요소를 만드는 식입니다. 여기서 앞 행렬의 행 요소와 뒤 행렬의 열 요소를 서로 짝지어 곱해야 하기 때문에 앞 행렬의 행과 뒤 행렬의 열 크기가 일치해야 곱셈이 성립합니다. 행렬곱은 항상 아래와 같은 규칙을 따릅니다.

$$\mathbf{A} \quad \mathbf{B} \quad = \quad \mathbf{C}$$
$$m \times n \quad n \times p \quad = \quad m \times p$$

앞 $m \times n$ 행렬과 뒤 $n \times p$ 행렬은 앞 행렬의 행과 뒤 행렬의 열이 크기 n으로 같으므로 곱셈 가능하며 결과는 $m \times p$ 행렬이 됩니다. 파이썬 코드로 간단히 실험해 봅시다.

```
import numpy as np

A = np.array([[1,2,3], [4,5,6]]) #❶
B = np.array([[2,1], [1,2], [1,1]])

np.dot(A,B) #❷
#>>> array([[ 7,  8],
           [19, 20]])
```

크기가 2행 3열과 3행 2열인 행렬곱의 결과는 2행 2열이 됩니다. ❷에서 행렬곱을 위해 dot()라는 함수를 사용하는 이유는 바로 행렬곱이 일반적인 요소들 사이의 곱이 아니기 때문입니다. 파이썬에서 쓰는 곱셈 연산자 *를 그대로 사용한다면 위 코드는 에러를 낼 것입니다. 곱셈 연산자 *는 요소끼리 곱셈을 수행하는데 행렬 A와 B는 크기가 다르기 때문입니다. 굳이 곱셈 연산자 *를 그대로 사용하고 싶다면 넘파이에서 제공하는 matrix라는 객체를 사용하면 됩니다.

```
import numpy as np

A = np.matrix([[1,2,3], [4,5,6]])
B = np.matrix([[2,1], [1,2], [1,1]])

A*B
#>>> matrix([[ 7,  8],
            [19, 20]])
```

결과가 matrix형인 것을 제외하고는 똑같이 계산되지만 넘파이 라이브러리를 사용하여 행렬을 다룰 때 matrix형을 사용하지 않고 대부분 넘파이 어레이를 사용합니다.

곱셈의 형태 때문에 행렬곱은 교환법칙이 성립하지 않습니다. 곱해지는 두 행렬의 위치를 바꾸면 행렬곱이 성립하지 않을 수도 있고 성립하더라도 결과가 같지 않습니다. 임의의 두 행렬을 만들고 위 코드를 참고하여 실험 후 행렬곱에서 교환법칙이 성립하지 않음을 확인해 보세요.

전치

행렬에 대한 전치는 행렬의 행과 열을 바꾸는 것을 말합니다. 행렬 $\mathbf{A}$가 전치된 행렬을 $\mathbf{A}^\mathrm{T}$로 나타냅니다. 구체적은 예는 다음과 같습니다.

$$\mathbf{A} = \begin{bmatrix} 1 & 2 & 3 \\ 4 & 5 & 6 \end{bmatrix}, \quad \mathbf{A}^\mathrm{T} = \begin{bmatrix} 1 & 4 \\ 2 & 5 \\ 3 & 6 \end{bmatrix}$$

예시를 보면 행렬 $\mathbf{A}$의 1행이 $\mathbf{A}^\mathrm{T}$에서 1열이 된 것을 알 수 있습니다. 이 예를 넘파이 transpose() 함수를 사용하여 나타내 봅시다.

```
import numpy as np

A = np.arange(1, 7).reshape(2, 3) # ❶
A
#>>> array([[1, 2, 3],
            [4, 5, 6]])

A.transpose(1, 0) # ❷
#>>> array([[1, 4],
            [2, 5],
            [3, 6]])

A.T # ❸
#>>> array([[1, 4],
            [2, 5],
            [3, 6]])
```

❶ 요소가 1에서 6인 크기가 2행 3열인 행렬을 만듭니다. 이후 ❷, ❸ 과정으로 행렬을 전치시킵니다. 두 결과는 동일합니다. A.T는 수학 기호와 최대한 비슷하게 쓰기 위해 A.transpose(1, 0)을 줄여 표현한 것입니다. A.transpose(1, 0)에서 숫자가 구체적으로 무엇을 나타내는지 넘파이를 설명하는 부분에서 자세히 설명할 예정이

기 때문에 아직 신경 쓰지 않아도 됩니다. 지금은 A.T가 전치를 나타낸다고만 알아 두고 행과 열이 어떻게 교환되는지 주의 깊게 봐 두도록 합시다.

전치의 성질에서 기억해야 할 주요 성질은 다음처럼 행렬곱에 대한 성질입니다.

$$(\mathbf{AB})^{\mathrm{T}} = \mathbf{B}^{\mathrm{T}}\mathbf{A}^{\mathrm{T}} \tag{7.5}$$

식 (7.5)처럼 행렬을 곱한 후 전치한 결과는 각 행렬을 전치하여 순서를 반대로 곱한 결과와 같습니다. 이 성질은 분야를 막론하고 행렬을 사용하여 수식을 전개할 때 많이 사용되므로 기억해 둬야 합니다.

특별한 행렬

행렬을 공부하다 보면 정해진 구조를 가지는 행렬을 보게 됩니다. 여기서는 자주 언급되는 몇 가지 행렬과 그 행렬에 대해 알아 두면 좋은 대표적인 성질을 소개하겠습니다.

1) 단위행렬

$$\mathbf{I} = \begin{bmatrix} 1 & 0 & 0 \\ 0 & 1 & 0 \\ 0 & 0 & 1 \end{bmatrix} \tag{7.6}$$

단위행렬은 식 (7.6)처럼 행과 열 개수가 같고 대각 요소만 모두 1인 행렬을 말하며 $\mathbf{I}$ 또는 $\mathbf{I}_n$으로 표시합니다. 여기서 n은 열 또는 행 수입니다. 단위행렬은 마치 스칼라에서 1처럼 어떤 행렬 $\mathbf{A}$에 곱해도 결과는 여전히 $\mathbf{A}$가 됩니다.

$$\mathbf{IA} = \mathbf{AI} = \mathbf{A} \tag{7.7}$$

행렬곱은 교환법칙이 성립하지 않지만 단위행렬은 식 (7.7)처럼 앞뒤 어디에 곱해도 결과가 같습니다. 다음 코드로 확인해 보세요.

```
import numpy as np

A = np.matrix([[2, 4], [4, 2]])
I = np.matrix(np.eye(2)) #❶

print(A*I)
print(I*A)
```

❶ np.eye(2)는 2행 2열 단위행렬을 만드는 넘파이 함수입니다.

2) 역행렬

임의의 $n \times n$ 정사각 행렬 $\mathbf{A}$에 대해서 어떤 행렬 $\mathbf{B}$를 곱해서 단위행렬이 되면 이 행렬을 행렬 $\mathbf{A}$의 역행렬이라고 합니다. 이때 행렬 $\mathbf{A}$의 역행렬을 $\mathbf{A}^{-1}$로 표시합니다. 즉, 다음과 같습니다.

$$\mathbf{A}\mathbf{A}^{-1} = \mathbf{A}^{-1}\mathbf{A} = \mathbf{I}$$

역행렬이 항상 존재하지는 않는데 역행렬이 없는 행렬을 특이행렬singular matrix이라 하고 역행렬이 있는 행렬을 정칙행렬non-singular matrix이라 합니다. 역행렬을 사용하면 선형 연립방정식을 쉽게 풀 수 있습니다. 예를 들어 다음 선형 연립방정식이 주어졌을 때

$$
\begin{array}{rcrcr}
2x_1 & + & x_2 & = & 3 \\
-6x_1 & + & 3x_2 & = & -27
\end{array}
$$

이것을 행렬 형태로 표현하면 다음과 같습니다.

$$\begin{bmatrix} 2 & 1 \\ -6 & 3 \end{bmatrix} \begin{bmatrix} x_1 \\ x_2 \end{bmatrix} = \begin{bmatrix} 3 \\ -27 \end{bmatrix}$$

앞서 알아본 행렬곱의 규칙에 의해 좌변은 $2x_1 + x_2$와 $-6x_1 + 3x_2$가 됩니다. 선형 연립방정식을 푸는 목적은 x_1, x_2를 결정하는 것이므로 $\begin{bmatrix} 2 & 1 \\ -6 & 3 \end{bmatrix}$의 역행렬을 양변에 곱합니다.

$$\begin{bmatrix} 2 & 1 \\ -6 & 3 \end{bmatrix}^{-1} \begin{bmatrix} 2 & 1 \\ -6 & 3 \end{bmatrix} \begin{bmatrix} x_1 \\ x_2 \end{bmatrix} = \begin{bmatrix} 2 & 1 \\ -6 & 3 \end{bmatrix}^{-1} \begin{bmatrix} 3 \\ -27 \end{bmatrix}$$

$\begin{bmatrix} 2 & 1 \\ -6 & 3 \end{bmatrix}^{-1} \begin{bmatrix} 2 & 1 \\ -6 & 3 \end{bmatrix}$는 단위행렬이 되므로 결과적으로 다음과 같이 됩니다.

$$\begin{bmatrix} x_1 \\ x_2 \end{bmatrix} = \begin{bmatrix} 2 & 1 \\ -6 & 3 \end{bmatrix}^{-1} \begin{bmatrix} 3 \\ -27 \end{bmatrix}$$

따라서 우리가 원하는 x_1, x_2는 $\begin{bmatrix} 2 & 1 \\ -6 & 3 \end{bmatrix}^{-1} \begin{bmatrix} 3 \\ -27 \end{bmatrix}$를 계산하기만 하면 됩니다. 파이썬으로 간단히 확인해 볼 수 있습니다.

```
import numpy as np

A = np.matrix([[2, 1], [-6, 3]])
b = np.matrix([[3], [-27]])

A.I*b #A의 역행렬과 b를 곱합니다.
#>>> matrix([[ 3.],
             [-3.]])
```

`A.I`는 A 행렬의 역행렬을 구하는 넘파이 `matrix`형에서 제공하는 표현입니다. 이처럼 역행렬을 구할 수 있다면 선형 연립방정식의 해를 행렬곱으로 간단히 구할 수 있습니다.

3) 대각행렬

대각행렬은 아래 예처럼 대각 요소만 값을 가지는 행렬입니다. 단위행렬은 대각행렬의 특수한 경우입니다. 대각행렬은 역행렬을 구하기 쉽다는 성질이 있습니다. 간단하게 대각 성분에 역수를 취하면 역행렬을 구할 수 있습니다. 다음 코드로 확인해 보세요.

$$\mathbf{D} = \begin{bmatrix} 2 & 0 & 0 \\ 0 & 1 & 0 \\ 0 & 0 & 4 \end{bmatrix}$$

```
import numpy as np

D = np.matrix(np.eye(3)*np.array([2,1,4])) #❶
D.I                                        #❷

#>>> matrix([[0.5 , 0.  , 0.  ],
             [0.  , 1.  , 0.  ],
             [0.  , 0.  , 0.25]])

D.I*D #❸

#>>> matrix([[1., 0., 0.],
             [0., 1., 0.],
             [0., 0., 1.]])
```

❶ 넘파이에서 제공하는 기능을 이용하여 제시된 대각행렬을 만듭니다. ❷ `D.I`의 결과는 행렬 $\mathbf{D}$에서 대각 요소를 모두 역수로 만든 행렬입니다. ❸ 원래 행렬과 대각 요소를 역수로 만든 행렬을 곱하면 단위행렬이 됨을 확인할 수 있습니다.

4) 대칭행렬

정사각 행렬 $\mathbf{S}$에 대해서 $\mathbf{S}^T = \mathbf{S}$를 만족하는 행렬을 대칭행렬이라 합니다. 요소로 나타내면 $s_{kj} = s_{jk}$인 행렬을 말합니다.

선형대수학을 깊게 공부하면 대각화diagonalize라는 개념이 나옵니다. 대각화는 임의의 정사각행렬 $\mathbf{A}$에 어떤 행렬을 앞, 뒤로 곱해서 대각행렬로 만드는 것을 말합니다. 예를 들어 다음 행렬 $\mathbf{A}$가 주어졌을 때

$$\mathbf{A} = \begin{bmatrix} 2 & 4 \\ 4 & 2 \end{bmatrix}$$

이 행렬에 다음 행렬 $\mathbf{X}$를 $\mathbf{X}^{-1}\mathbf{A}\mathbf{X}$ 식으로 곱하면 대각 요소만 남아있는 대각행렬로 변환됩니다. 다음 코드를 실행해서 결과를 확인할 수 있습니다.

$$\mathbf{X} = \begin{bmatrix} 0.7071 & -0.7071 \\ 0.7071 & 0.7071 \end{bmatrix}$$

```
import numpy as np

A = np.matrix([[2, 4], [4, 2]])
X = np.matrix([[ 0.7071, -0.7071], [ 0.7071,  0.7071]])
D = X.I*A*X  #❶

D
#>>> matrix([[ 6.,  0.],
            [ 0., -2.]])
```

❶ X.I는 X 행렬의 역행렬을 구합니다. 구해진 역행렬과 A, X를 순서대로 곱합니다. 결과는 대각행렬이 되는 것을 확인할 수 있습니다. 이런 대각화가 모든 행렬에 대해서 가능한 것은 아니지만 대칭행렬은 어떤 경우라도 대각화가 가능합니다. 이 사실로부터 임의의 모든 행렬은 특잇값 분해singular value decomposition가 가능하다는 것을 보일 수 있습니다.

✓ NOTE

특잇값 분해는 우리 책에서 이야기하기에는 고급 주제이지만 머신 러닝에서 차원 축소, 추천 시스템, 의사역행렬을 구하는 등 여러 가지 목적으로 활용됩니다. 특

잇값 분해의 전반적인 내용은 다크 프로그래머의 블로그를 참고하세요.[3]

그리고 대칭행렬의 대각화와 특잇값 분해에 대한 관계는 필자의 블로그에 '대칭 행렬의 대각화와 특잇값 분해(*https://bit.ly/2ktEaJJ*)'란 제목으로 자세히 정리되어 있으니 참고하세요.

벡터

3장에서 이야기한 것처럼 벡터는 크기와 방향을 모두 가지는 대상으로 단순히 숫자 여러 개가 모여 있는 어레이로 표현할 수 있습니다. 행렬 입장에서 이야기하면 행 또는 열이 하나뿐인 행렬이라고도 할 수 있습니다. 이제 벡터의 개념을 자세히 이야기하면서 숫자 여러 개가 모인 것이 왜 크기와 방향을 가지는지 알아보겠습니다.

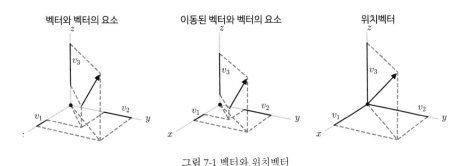

그림 7-1 벡터와 위치벡터

그림 7-1은 화살표가 공간에 놓여있는 두 가지 경우를 나타냅니다. 첫 번째, 두 번째는 임의의 위치에 화살표가 있고 마지막은 화살표의 꼬리가 좌표축 원점에 위치해 있습니다. 그림에 있는 화살표가 방향과 크기를 가지고 있음은 당연합니다. 다시 말해 이 화살표들은 벡터를 표시한 것입니다. 이때 이 화살표를 각 좌표축으로 투영시켜 좌표축에 대한 크기 성분 (v_1, v_2, v_3)를 생각할 수 있습니다. 이렇게 좌표축이 결정되면 공간에 놓인 화살표를 좌표축에 대한 크기 성분으로 표시할 수 있습니다. 다시 말해 3차원 공간에 있는 화살표를 숫자 세 개로 표시할 수 있다는 말입니다. 따라서 벡터를 숫자 여러 개로 표시할 수 있습니다.

이제 첫 번째 그림과 두 번째 그림을 자세히 봅시다. 두 그림에 표시된 화살표는

---

3 다크프로그래머, 2013, 특이값 분해(Singular Value Decomposition, SVD)의 활용, *https://darkpgmr.tistory. com/106*, 다크프로그래머 블로그

크기도 같고 가리키는 방향도 같습니다. 하지만 위치는 서로 다릅니다. 두 번째 그림에 있는 벡터가 좀 더 원점에 가깝게 위치해 있습니다. 그렇다 하더라도 이 두 벡터의 성분 (v_1, v_2, v_3)는 달라지지 않습니다. 그림에 표시된 두 (v_1, v_2, v_3)의 크기도 실제로 같습니다. 이것으로부터 벡터에는 위치 정보가 없다는 사실을 알 수 있습니다. 하지만 세 번째 그림처럼 벡터의 시작점을 좌표축 원점으로 고정하면 벡터의 끝점은 공간의 한 점을 나타내게 됩니다. 이렇게 위치를 나타낼 수 있게 한 벡터를 위치벡터라고 합니다. 우리가 3차원 공간에서 한 점(위치)을 좌표값 세 개로 나타내는 방식은 위치벡터를 사용하는 방식입니다.

그림은 3차원 공간을 예로 들어 설명했지만 더 높은 차원에서도 벡터가 존재할 수 있습니다. 3차원 공간에 표시된 벡터가 요소 세 개인 것처럼 4차원 초공간에 표시된 벡터라면 요소가 네 개일 것입니다. 이처럼 요소의 개수를 벡터의 차원이라고 합니다.

벡터에 대한 연산: 덧셈, 뺄셈과 스칼라 곱셈

벡터를 더하고 빼는 연산 역시 행렬과 마찬가지로 요소끼리 계산하면 됩니다. 스칼라 곱셈은 벡터의 모든 요소에 동일하게 스칼라 배를 해주면 됩니다. 덧셈과 뺄셈은 연산하고자 하는 두 벡터의 차원이 같아야 합니다. 벡터는 열 또는 행이 하나뿐인 행렬이라 생각하면 이런 연산 방식은 당연한 것입니다. 하지만 벡터에는 방향이라는 물리적 의미가 중요하므로 덧셈과 뺄셈의 결과가 어떤 방향을 향하는지 알아야 합니다.

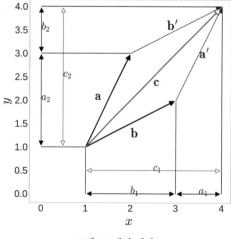

그림 7-2 벡터 덧셈

그림 7-2는 벡터 **a**와 **b**를 덧셈하여 만들어지는 벡터 **c**를 나타냈습니다. 결과 벡터 **c**는 두 벡터를 평행이동시켜 그림처럼 평행사변형을 만들었을 때 그것의 대각선 벡터입니다. 이렇게 도형을 이용하여 덧셈하는 것이 결과적으로 벡터 요소끼리 더하는 것과 같은 결과를 만들어 냅니다. 그림을 보면 합벡터 **c**의 요소 c_1, c_2는 $c_1 = a_1 + b_1$, $c_2 = a_2 + b_2$임을 쉽게 알 수 있습니다. 벡터 덧셈에서 결과 벡터가 향하는 방향은 덧셈하는 두 벡터가 주어지면 한눈에 알 수 있습니다. 벡터 뺄셈도 덧셈과 똑같이 요소끼리 뺄셈이지만 결과 벡터의 방향이 어느 쪽을 향하는지 직관적이지 않습니다. 다음 그림을 봅시다.

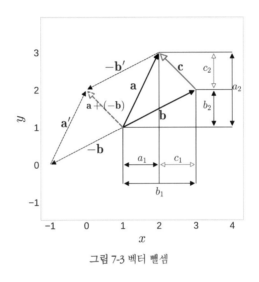

그림 7-3 벡터 뺄셈

위 그림은 **a** − **b**를 나타낸 그림입니다. 결과 벡터 **c**는 **b** 머리에서 **a** 머리로 향하고 있습니다. 결과 벡터의 방향이 결정되는 방식은 **a** − **b**를 **a** + (−**b**)로 생각하면 직관적으로 이해할 수 있습니다. 그림처럼 −**b** 벡터는 **b**의 요소에 모두 −1을 곱한 벡터로 방향이 반대가 됩니다. 이 벡터와 **a** 벡터를 더하면 **a** + (−**b**)벡터가 되고 이 벡터의 방향이 좌상단을 향한다는 것은 금방 알 수 있습니다(그림 7-3에서 점선으로 표시된 벡터). 벡터는 위치 정보를 가지지 않으므로 **a** + (−**b**)는 어느 위치에 있으나 같은 벡터입니다. 따라서 이 벡터를 평행 이동시켜 **a**, **b** 머리 부분으로 옮기면 벡터 **c**가 됩니다. 이렇게 구한 결과 벡터의 요소가 $c_1 = a_1 - b_1$, $c_2 = a_2 - b_2$가 되는 것도 그림으로부터 쉽게 확인할 수 있습니다.

벡터 노름

노름norm이란 벡터의 크기를 의미합니다. 주로 다루는 벡터의 크기는 L1 노름과 L2 노름이 있습니다. 먼저 두 지점 사이의 거리를 생각해 보겠습니다.

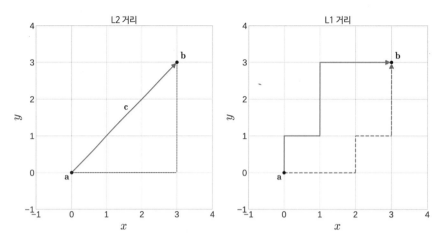

그림 7-4 L2 노름과 L1 노름

왼쪽 그림에서 점 **a**와 점 **b**를 잇는 벡터의 길이는 피타고라스 정리를 이용하면 쉽게 구할 수 있습니다. 피타고라스 정리를 이용하면 **c**의 길이는 $\sqrt{3^2 + 3^2}$가 됩니다. 여기서 3은 벡터 **c**의 요소 크기이므로 결국 벡터 **c** 요소를 제곱하여 더하고 루트를 씌운 것이 **c**의 길이가 됩니다. 이렇게 정의된 벡터 크기를 L2 노름이라고 합니다. 반면 대각선으로 선을 그을 수 없다고 한다면 점 **a**에서 점 **b**까지 가는 경로는 오른쪽 그림처럼 축 방향을 따라 갈 수밖에 없습니다. 이때는 어떤 경로를 따라가더라도 점 **a**에서 점 **b**까지 거리는 6이 됩니다. 이 거리는 마치 도심에 잘 정비된 도로를 따라 **a**에서 **b**까지 가는 거리와 흡사합니다. 따라서 맨해튼 거리 또는 수학 용어로는 L1 노름이라고 합니다. 이렇게 벡터의 크기란 어떤 측정 기준을 사용하느냐에 따라 달라집니다. 이 두 기준을 일관된 식으로 쓰면 다음과 같습니다.

$$\|\mathbf{x}\|_p = \left(\sum_{i=1}^{n} |x_i|^p \right)^{\frac{1}{p}} \tag{7.8}$$

식 (7.8)에서 $p = 1$이면 L1 노름, $p = 2$이면 L2 노름이 됩니다. L2 노름을 많이 사용하므로 $p = 2$인 경우 생략하고 $\|\mathbf{x}\|$로 표시합니다.

요소가 두 개인 벡터에 대한 노름은 이변수 스칼라함수입니다. 주어진 벡터를 숫사 하나에 대응시키기 때문입니다. L1, L2 노름을 각각 이변수 스칼라함수로 보고 그림을 그려보면 다음과 같습니다.

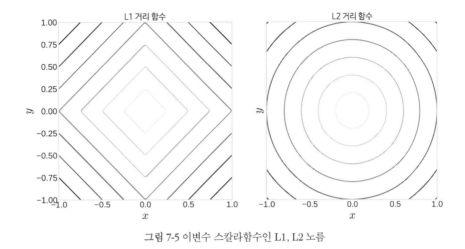

그림 7-5 이변수 스칼라함수인 L1, L2 노름

등고선 그래프를 보면 어떤 거리를 사용하는가에 따라 원점에서 떨어진 거리가 같은 지점이 다름을 알 수 있습니다. L1 노름을 사용하면 원점에서 떨어진 거리가 같은 지점들은 마름모 모양을 이루고, L2 노름을 사용하면 원이 됩니다.

단위벡터

벡터의 크기는 다양한데 그중 크기가 1인 벡터를 단위벡터라고 합니다. 단위벡터가 아닌 벡터를 단위벡터로 만들기 위해서는 벡터의 크기로 각 요소를 나누면 됩니다.

$$\hat{\mathbf{u}} = \frac{\mathbf{u}}{\|\mathbf{u}\|} \tag{7.9}$$

식 (7.9)는 벡터 $\mathbf{u}$에 스칼라 $\frac{1}{\|\mathbf{u}\|}$을 곱하는 것이므로 벡터 $\mathbf{u}$ 요소에 $\frac{1}{\|\mathbf{u}\|}$을 각각 곱하면 됩니다. 예를 들어 $\mathbf{u} = (3, 4)^{\mathrm{T}}$를 단위벡터로 만들면 $\|\mathbf{u}\| = \sqrt{3^2 + 4^2} = \sqrt{25} = 5$이므로 $\hat{\mathbf{u}} = \left(\frac{3}{5}, \frac{4}{5}\right)^{\mathrm{T}}$가 됩니다.

벡터 내적과 외적

벡터끼리 곱셈은 내적inner product, 외적outer product, 그리고 크로스적cross product이

있습니다. 외적과 크로스적을 모두 외적이라고 이야기하는 경우가 많으므로 외적이란 용어를 쓸 때는 outer product를 의미하는지 cross product를 의미하는지 명확히 해야 합니다. 이 책에서 외적은 outer product만을 의미합니다. 머신 러닝을 공부하면서 만나게 되는 벡터 곱은 주로 내적과 외적이므로 이 두 가지 경우만 알아보겠습니다.

내적은 두 벡터에 대해 정의된 연산이며 두 벡터를 연산하여 스칼라 하나로 대응시킵니다. 구체적인 정의는 식 (7.10)과 같습니다.

$$\mathbf{a} \cdot \mathbf{b} = \sum_{i=1}^{n} a_i b_i \tag{7.10}$$

식 (7.10)에서 내적을 나타내는 기호로 ·을 사용했음을 주의해야 합니다. 두 벡터 간 내적을 나타낼 때는 꼭 ·을 찍어야 합니다. ·을 쓰지 않는 경우는 다음처럼 써야 합니다.

$$\mathbf{a} \cdot \mathbf{b} = \mathbf{a}^{\mathrm{T}} \mathbf{b} = \sum_{i=1}^{n} a_i b_i \tag{7.11}$$

내적이 정의된 방식을 보면 행벡터와 열벡터를 행렬곱하는 형태임을 알 수 있습니다. 그래서 벡터 $\mathbf{a}, \mathbf{b}$를 행렬곱 형태인 $\mathbf{a}^{\mathrm{T}}\mathbf{b}$로 적고 ·을 찍지 않으면 됩니다. 행렬 표기법으로 쓸 때는 $\mathbf{a}^{\mathrm{T}} \cdot \mathbf{b}$처럼 ·을 찍어서는 안 된다는 것도 주의해야 할 점입니다. 벡터 내적은 두 벡터의 사잇각 θ를 사용하여 다음처럼 정의하기도 합니다.

$$\mathbf{a} \cdot \mathbf{b} = |\mathbf{a}|\,|\mathbf{b}| \cos \theta \tag{7.12}$$

놀랍게도 식 (7.10)과 (7.12)의 계산 결과는 같습니다.

✓ NOTE

1. 식 (7.12)에 나온 cos 함수는 삼각함수라는 것입니다. 함수 단원에서 삼각함수를 다루지 않았는데 어쩔 수 없이 여기에 cos 함수가 등장했으니 간략하게 설명하겠습니다. 다음 쪽 그림처럼 반지름이 1인 대관람차를 탄다고 했을 때 각도에 따른 관람객의 가로 위치를 계산해주는 함수를 생각해 볼 수 있습니다. 그런 함수가 바로 cos 함수입니다. 예를 들어 cos 0°면 1이 되겠죠. cos 90°는 0이 됩니다.

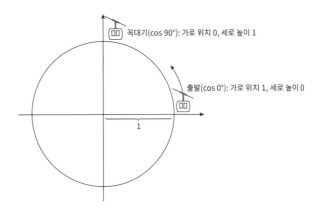

2. 2차원 벡터에 대해서 식 (7.10)과 (7.12)가 같음을 보이는 대수적인 방식은 고등학교 기하와 벡터 교과서를 참고하세요.[4]

   그리고 n차원 벡터에 대한 일반적인 증명법은 기저벡터와 내적의 분배법칙을 사용하면 간단하게 보일 수 있는데 구체적인 증명은 대학 공업수학을 참고하세요.[5]

벡터 내적에서 알아야 할 중요한 사실은 식 (7.12)에 cos이 있기 때문에 두 벡터가 직교하면 내적값이 0이 된다는 사실입니다.

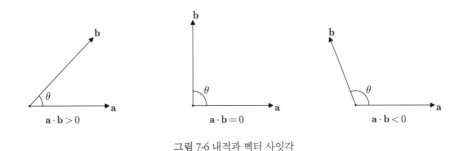

그림 7-6 내적과 벡터 사잇각

높은 차원에 존재하는 벡터는 눈으로 보고 직교 여부를 파악할 수 없습니다. 이때 벡터의 내적을 사용하면 벡터 차원이 아무리 높아도 간단한 계산만으로 직교 여부를 판단할 수 있습니다.

---

4 고등학교 기하와 벡터[2009개정 교과 과정], 좋은책 신사고, p.75
5 Kreyszig, Erwin, 서진헌 외 13인(공역), 2012, KREYSZIG 공업수학 개정 10판(상), 범한서적주식회사, p.448

내적이 행벡터와 열벡터의 행렬곱이라면 외적은 열벡터와 행벡터의 행렬곱입니다.

$$\mathbf{a} \otimes \mathbf{b} = \mathbf{a}\mathbf{b}^{\mathrm{T}} = \begin{bmatrix} a_1 \\ a_2 \\ \vdots \\ a_n \end{bmatrix} \begin{bmatrix} b_1 & b_2 & \cdots & b_n \end{bmatrix} = \begin{bmatrix} a_1 b_1 & a_1 b_2 & \cdots & a_1 b_n \\ a_2 b_1 & a_2 b_2 & \cdots & a_2 b_n \\ \vdots & \vdots & \ddots & \vdots \\ a_n b_1 & a_n b_2 & \cdots & a_n b_n \end{bmatrix} \tag{7.13}$$

결과는 식 (7.13)처럼 행렬이 됩니다. 내적은 결과가 스칼라이므로 때로는 스칼라곱, 외적은 결과가 행렬이므로 텐서곱으로 부르기도 합니다. 이름이야 어쨌든 곱의 결과가 스칼라인지 행렬인지를 잘 기억해 두세요. 앞서 알아본 것처럼 행렬곱은 보통 곱셈과는 다른데, 이 독특한 곱셈 방식을 잠시 후 벡터의 내적과 외적을 이용해서 이해해 보도록 하겠습니다.

행렬과 벡터에 대해 기본적인 사항을 알아봤으니 이제 이것들을 이용하여 데이터를 표현하는 방법을 알아봅시다.

행렬을 이용한 데이터 표현

머신 러닝과 딥 러닝에서 다루는 데이터는 대부분 벡터 또는 행렬입니다. 모델을 개발한 사람이 그 모델에 데이터를 어떤 모양으로 입력하는지 아는 것은 매우 중요합니다. 왜냐하면 딥 러닝 관련 코드를 분석할 때 모델로 입·출력되는 데이터가 어떤 모양인지 정확히 파악해야만 전체적인 연산 과정을 이해할 수 있기 때문입니다. 이런 이유 때문에 행렬을 다루는 수학적인 내용보다 행렬을 이용하여 데이터를 표현하는 방식을 아는 것이 입문 단계에서 더 중요합니다. 여기서는 데이터의 대표적인 형태인 테이블형 데이터, 이미지, 문서에 대해서 행렬을 이용하여 데이터를 표현하는 방법을 간략하게 알아보겠습니다.

테이블형 데이터

신체 특징을 데이터로 입력받아 질병의 유무를 예측하는 모델이 있다고 가정해 봅시다. 이때 입력 데이터 $\mathbf{x}$는 $\mathbf{x} = (\text{키, 몸무게, 혈압, } \ldots)^{\mathrm{T}}$인 벡터로 나타낼 수 있을 것입니다. 머신 러닝에서는 이런 데이터 $\mathbf{x}$를 하나만 다루지 않으므로 벡터들을 모아서 행렬처럼 표시할 수 있습니다. 다시 말해 $\mathbf{x}$가 모여 있는 데이터세트 $\mathbf{X}$를 행렬로 표시하는 것입니다. 여러 사람의 신체 특징을 행렬 같이 테이블 형태로 표시할 때 우리는 습관적으로 행 우선 방식을 사용합니다.

	키	몸무게	혈압	...
x_1	170	64	90/100	...
x_2	172	70	120/130	...
...	...	...	...	...
x_N	182	82	100/120	...

표 7-1 행 우선 방식 데이터세트 표현

이렇게 표현하게 되면 데이터를 나타내는 벡터는 행벡터가 됩니다. 머신 러닝에서
도 데이터를 표 7-1처럼 행 우선 방식으로 표현합니다. 벡터는 기본이 열벡터라고
했으므로 데이터 하나가 벡터 형식을 유지하려면 표 7-1에 보인 테이블이 전치된
형태가 되어야 합니다. 하지만 이렇게 데이터를 가로 방향으로 늘어놓으면 '키', '몸
무게' 같은 특징feature들을 벡터로 나타낼 수 있는 장점이 있습니다. 즉, 데이터 자
체보다 데이터들이 가지는 특징을 벡터로서 더 중요하게 보는 표현법이라고 할 수
있습니다. 이런 표현 방식을 사용하면 키 벡터, 몸무게 벡터, 혈압 벡터는 데이터
개수와 차원이 같은 N차원 벡터가 됩니다. 데이터 하나가 가진 특징의 수가 D개라
면 데이터세트 X는 항상 (N, D)행렬이 되는 것을 기억해 둡시다.

이미지

데이터가 이미지인 경우에는 이미지의 각 점을 숫자로 표현하고 각 점의 2차원 위
치 정보를 행렬로 표현합니다. 예를 들어 가로 200, 세로 300픽셀로 이뤄진 그림이
있다면 크기가 300행, 200열인 행렬로 표현할 수 있습니다. 이때 행렬의 각 요소는
색깔을 나타내는 숫자가 됩니다. 만약 데이터가 흑백 이미지라면 점의 밝기를 숫자
하나로 나타내므로 이미지를 행렬로 간단하게 표현할 수 있습니다. 하지만 보통 컬
러는 빨강, 녹색, 파랑을 나타내는 숫자 세 개로 표현합니다. 따라서 컬러 이미지를
크기가 300행, 200열인 행렬로 표현할 수 없습니다. 이때는 다차원 배열을 사용합
니다. 그림 7-7처럼 색을 나타내는 차원을 하나 추가하여 추가된 차원 방향으로 이
미지 공간 정보를 가지는 행렬이 적층된 형태를 한 다차원 배열을 사용합니다.

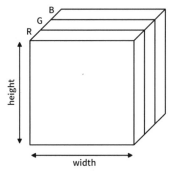

그림 7-7 이미지 데이터 표현

간단히 코드 실습을 해봅시다.

```
import numpy as np
import matplotlib.pyplot as plt

im = plt.imread("old_python.png")
im.shape
#>>> (256, 272, 4)

plt.imshow(im)
```

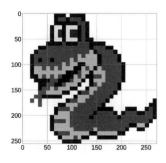

그림 7-8 이미지 로딩 결과

위 코드는 파이썬 스크립트가 실행되는 폴더에 있는 이미지 old_python.png를 읽어서 다차원 배열로 저장하고 이것을 다시 출력하는 코드입니다. 이미지를 읽어온후 shape을 출력해 보면 256행 272열인 행렬 네 개가 적층되어 있는 것을 알 수 있습니다. 순서대로 빨강, 초록, 파랑을 나타내며 마지막 행렬은 투명도를 나타내는 값들이 채워져 있습니다. 직접 확인해 보겠습니다.

```
R = im[:,:,0]; G = im[:,:,1]; B = im[:,:,2]; A = im[:,:,3]

fig = plt.figure(figsize=(15,7))
ax1 = fig.add_subplot(1, 4, 1); ax2 = fig.add_subplot(1, 4, 2)
ax3 = fig.add_subplot(1, 4, 3); ax4 = fig.add_subplot(1, 4, 4)

ax1.imshow(R); ax1.set_title("Red")
ax2.imshow(G); ax2.set_title("Green")
ax3.imshow(B); ax3.set_title("Blue")
ax4.imshow(A); ax4.set_title("Alpha")

plt.show()
```

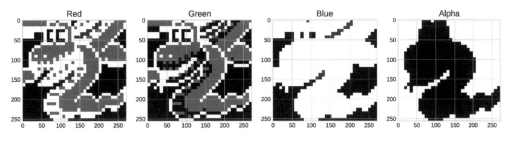

그림 7-9 채널별 이미지 데이터

각 색깔별로 색이 강한 곳은 큰 값이 할당되어 진한 검은색으로 나타납니다. 그리고 마지막 투명을 나타내는 행렬의 배경 부분은 흰색으로 투명을 나타내고 뱀이 있는 부분은 검은색으로 불투명을 나타냅니다. 이렇게 이미지도 행렬로 나타낼 수 있다는 것을 살펴봤습니다.

문서

인터넷에 올라 있는 게시물을 분류하거나 스팸 메일을 분류하는 작업에서 데이터는 문서입니다. 문서를 모델에 입력할 수 있는 형태로 만들기 위해 행렬을 사용할 수 있습니다. 행렬을 어떤 방식으로 사용하는지 간단한 코드로 알아보겠습니다. 다음과 같은 문서가 있다고 하겠습니다. 문서 예문은 파이썬 사이킷런scikit-learn 라이브러리 공식 문서에서 발췌했습니다.[6]

```
import numpy as np

docs = [
'This is the first document',
```

---

6 scikit-learn User Guide: 6.2. Feature extraction, *https://scikit-learn.org/stable/modules/feature_extraction.html*

```
'This is the second document',
'And the third one',
'Is this the first document']

V = ['<NULL>', 'and', 'document', 'first', 'is', 'one', 'second', 'the',
     'third', 'this']
```

docs에 매우 짧긴 하지만 문서 네 개가 저장되어 있고, V는 문서에 등장하는 단어가 저장되어 있는 단어장입니다. 문서에 나타나는 단어가 단어장에서 몇 번째 단어인지 알아내어 단어를 인덱스로 교체하는 작업을 합니다.

```
pre_docs = list(map(lambda x : x.lower().split(), docs)) #❶
print(pre_docs)
#>>>[['this', 'is', 'the', 'first', 'document'],
     ['this', 'is', 'the', 'second', 'document'],
     ['and', 'the', 'third', 'one'],
     ['is', 'this', 'the', 'first', 'document']]

D = [[V.index(w) for w in doc] for doc in pre_docs ]    #❷
print(D)
#>>> [[9, 4, 7, 3, 2], [9, 4, 7, 6, 2], [1, 7, 8, 5], [4, 9, 7, 3, 2]]
```

❶ 문서의 단어를 모두 소문자로 바꾸고(.lower()) 단어별로 잘라(.split()) 단어장 V에서 단어별로 검색될 수 있게 합니다. 결과를 보면 문서가 모두 단어별로 잘려진 리스트로 변환되었습니다. ❷ 모든 문서를 단어 하나씩 순회하면서 단어장 V에서 인덱스를 조회하여 리스트로 완성합니다. 결과를 보면 단어가 모두 숫자로 바뀐 것을 알 수 있습니다. 이렇게 문자를 숫자로 바꿔 머신 러닝 모델이 숫자를 입력받을 수 있게 합니다.

　그런데 문서는 크기가 모두 다릅니다. 글이 길이가 다른 것은 너무 당연한 것입니다. 이미지 같은 경우 데이터세트에 있는 이미지끼리 크기가 다르면 잘라내거나 확대하는 전처리를 통해 크기를 통일시킬 수 있습니다. 놀랍게도 문서에도 동일한 작업을 합니다. 문서 길이를 미리 정해 놓고 짧은 문서는 빈문자로 채워주고 긴 문서는 잘라내는 방식을 사용합니다.

```
N = max([len(doc) for doc in pre_docs])                      #❶
pre_docs = [doc + ['<NULL>']*(N-len(doc)) for doc in pre_docs] #❷
pre_docs
#>>> [['this', 'is', 'the', 'first', 'document'],
     ['this', 'is', 'the', 'second', 'document'],
     ['and', 'the', 'third', 'one', '<NULL>'],
     ['is', 'this', 'the', 'first', 'document']]
```

❶ 모든 문서의 길이를 계산한 리스트에 max() 함수를 적용하여 최대 문서 길이를 구합니다. ❷ 문서를 순회하면서 ❶에서 구한 문서 최대 길이보다 짧은 만큼 단어 <NULL>을 붙입니다. 이제 세 번째 문서 마지막에 <NULL>이 채워졌습니다.

```
D = [[V.index(w) for w in doc] for doc in pre_docs ]
D = np.array(D)
D

#>>> array([[9, 4, 7, 3, 2],
           [9, 4, 7, 6, 2],
           [1, 7, 8, 5, 0],
           [4, 9, 7, 3, 2]])
```

다시 단어를 숫자로 바꾸는 코드를 반복하면 열 수가 일치되어 행렬로 표시할 수 있습니다.

✓ **NOTE**

여기서는 문서 하나를 행벡터로 바꿔봤습니다. 실제 응용에서는 여기서 한발 더 나가 숫자로 바뀐 단어를 세로로 배치하고 각 단어를 행벡터로 표시하여 문서 하나를 행렬로 표시하는 방법을 사용합니다.

위 예제에서 첫 번째 문서가 [9, 4, 7, 3, 2]인데 이를 열벡터로 놓습니다.

```
[[9]
 [4]
 [7]
 [3]
 [2]]
```

이제 각 숫자를 다시 벡터로 바꿉니다. 여기서는 길이 10인 벡터를 쓰고 단어 숫자 자리만 1인 벡터로 바꿔보겠습니다.

```
[[9] → [0,0,0,0,0,0,0,0,0,1]
 [4] → [0,0,0,0,1,0,0,0,0,0]
 [7] → [0,0,0,0,0,0,0,1,0,0]
 [3] → [0,0,0,1,0,0,0,0,0,0]
 [2] → [0,0,1,0,0,0,0,0,0,0]]
```

첫 번째 문서를 행렬로 표시하면 최종적으로 다음처럼 됩니다.

```
[[0,0,0,0,0,0,0,0,0,1]
```

```
[0,0,0,0,1,0,0,0,0,0]
[0,0,0,0,0,0,0,1,0,0]
[0,0,0,1,0,0,0,0,0,0]
[0,0,1,0,0,0,0,0,0,0]]
```

이렇게 행렬값이 대부분 0인 행렬을 희소행렬sparse matrix이라고 합니다. 문서를 희소행렬이 아닌 밀집행렬dense matrix로 변환하는 방식도 있습니다. 어떤 방식을 쓰든 중요한 것은 문서가 행렬로 표현된다는 사실입니다. 어떤 레이아웃으로 표현되는지만 기억하면 됩니다. 문서를 밀집행렬로 변환하는 자세한 내용은 프랑소와 숄레François Chollet가 지은 《케라스 창시자에게 배우는 딥러닝》을 참고하세요.

지금까지 머신 러닝·딥 러닝에서 다루는 대표적인 데이터 형태인 테이블형 데이터, 이미지, 문서를 어떻게 행렬 형태로 나타내는지 알아봤습니다. 그 과정에서 부분적으로 다차원 배열, 텐서 같은 개념을 이미 사용하고 있었습니다. 이제 파이썬에서 이 다차원 배열을 다루는 방법을 정식으로 알아보도록 하겠습니다.

넘파이

넘파이NumPy란 파이썬에서 과학 계산을 하기 위해 만들어진 핵심 라이브러리입니다. 넘파이 라이브러리는 크게 자료를 저장하기 위한 넘파이 어레이(ndarray를 뜻합니다)와 넘파이 어레이를 다루는 함수로 구성되어 있습니다. 넘파이 어레이는 행렬을 더 일반화시킨 다차원 배열입니다. 벡터가 숫자를 세로로 나열했다면 행렬은 여기에 가로 방향을 추가하여 숫자를 가로와 세로로 나열합니다. 여기서 차원을 하나 더 늘리면 육면체처럼 숫자가 나열된 상태를 상상할 수 있습니다. 그림 7-10은 단계적으로 차원이 확장되는 과정을 보여줍니다.

6장에서 파이토치를 이용한 자동미분을 이야기하면서 텐서 자료형을 알아본 바 있

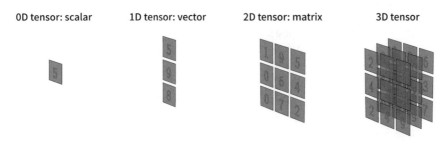

| 0D tensor: scalar | 1D tensor: vector | 2D tensor: matrix | 3D tensor |

그림 7-10 스칼라, 벡터, 행렬과 텐서의 차원

습니다. 그림처럼 차원이 늘어나면서 확장되는 자료를 나타내기 위한 수학 노구가 텐서입니다. 그림에서 마지막은 마치 행렬이 확장된 듯한 모습입니다. 머신 러닝에서는 텐서라는 개념을 제한적으로 사용하기 때문에 '텐서'라는 용어는 단순히 다차원 배열을 나타냅니다. 텐서는 차원에 대해서 일반화된 개념이므로 스칼라, 벡터, 행렬을 모두 텐서로 표현할 수 있습니다. 그림처럼 0차 텐서는 스칼라, 1차 텐서는 벡터, 2차 텐서는 행렬이 되는 식입니다. 3차, 4차 텐서로 얼마든지 확장할 수 있습니다. 이 책에서는 일반적인 의미에서의 텐서라는 용어는 사용하지 않고 넘파이와 파이토치에서 다루는 다차원 배열을 구분하기 위해서만 사용하겠습니다. 즉, 넘파이의 다차원 배열을 넘파이 어레이 또는 어레이, 파이토치에서 제공하는 다차원 배열을 텐서라고 하겠습니다.

넘파이는 넘파이 어레이를 대상으로 하는 다양한 편의 함수를 제공합니다. 이제 넘파이 어레이에 대한 기본적인 사용법을 알아보겠습니다.

넘파이 어레이

넘파이 어레이를 생성하기 위한 여러 방법이 있지만 가장 기본적인 방법은 다차원 리스트를 array()로 감싸는 것입니다.

```
import numpy as np

A = np.array([1,2,3,4])
A
#>>> array([1,2,3,4])

B = np.array([[1,2],[3,4]])
B
#>>> array([[1, 2],
          [3, 4]])
```

위 코드는 파이썬 리스트로부터 넘파이 어레이를 만드는 가장 간단한 방법을 보여 줍니다. A는 리스트로부터 만들어지고 B는 중첩된 리스트로부터 만들어집니다. 다음처럼 만들어진 넘파이 어레이의 모양을 출력해 봅시다.

```
A.shape
#>>> (4,)

B.shape
#>>> (2,2)
```

A는 숫자 네 개가 모여 있는 모양이므로 (4,)가 출력되고 B는 2행 2열로 모여 있기 때문에 (2,2)가 출력됩니다. 여기서 주의해야 할 것은 (4,)인 경우 숫자가 가로로 나열되어 있는 행 한 개짜리 행렬이나 행벡터가 아니란 사실입니다. 파이썬은 행 우선 방식이기 때문에 A를 출력해 보면 가로 방향으로 출력되고, 그렇기 때문에 A를 행벡터라고 생각해도 크게 문제는 없습니다. 하지만 정확하게 이야기하면 A처럼 1차원 배열인 경우 숫자가 나열된 방향은 고려하지 않습니다. 어디까지나 1차원이기 때문에 가로, 세로라는 방향 개념은 없는 것입니다. 행벡터, 열벡터 같이 방향성을 부여하려면 넘파이 어레이 모양을 바꾸는 reshape() 함수를 사용하여 다음처럼 모양을 변경합니다.

```
A.reshape(1,4)
#>>> array([[1, 2, 3, 4]])
A.reshape(1,4).shape
#>>> (1,4)

A.reshape(4,1)
#>>> array([[1],
            [2],
            [3],
            [4]])
A.reshape(4,1).shape
#>>> (4,1)
```

차원이 2차원으로 늘어나 이 경우도 정확히 벡터라 할 수 없지만(행 또는 열이 하나뿐인 행렬이라는 표현이 더 정확합니다), 이제는 가로 또는 세로로 숫자가 늘어선 방향을 가지게 되었습니다.

파이썬 리스트를 사용하지 않고 바로 넘파이 어레이를 만드는 방법도 많습니다. 다음 코드는 대표적인 몇 가지 방법을 나열하고 있습니다.

```
np.random.rand(3,2) # 0에서 1 사이의 무작위 소수로 채워진 3행 2열 ndarray 생성
np.ones((3,2))      # 모두 1로 채워진 3행 2열 ndarray 생성
np.ones_like(A)     # A라는 ndarray와 모양은 같고 모두 1로 채워진 ndarray 생성
np.zeros((3,2))     # 모두 0으로 채워진 3행 2열 ndarray 생성
np.zeros_like(A)    # A라는 ndarray와 모양은 같고 모두 0으로 채워진 ndarray 생성
np.full((3,2), 10)  # 모두 10으로 채워진 3행 2열 ndarray 생성
np.arange(10)       # 0부터 9까지 순차적인 정수로 ndarray를 생성
```

넘파이 어레이 연산

넘파이 어레이에 대한 사칙연산은 기본적으로 요소별로 적용됩니다. 따라서 어레이에 대한 덧셈과 뺄셈은 행렬을 덧셈하고 뺄셈하는 연산을 위해 사용될 수 있습니다.

```python
import numpy as np

np.random.seed(12)

A = np.random.randint(0,9,4).reshape(2,2)
B = np.random.randint(0,9,4).reshape(2,2)+1

A
#>>> array([[6, 1],
            [2, 3]])

B
#>>> array([[4, 1],
            [7, 2]])

A+B
#>>> array([[10,  2],
            [ 9,  5]])

A-B
#>>> array([[ 2,  0],
            [-5,  1]])
```

행렬곱을 설명할 때 넘파이 어레이로 행렬곱을 계산하기 위해 dot() 함수를 사용했습니다. 그냥 곱셈 연산자를 사용하지 않고 이렇게 한 이유는 기본적으로 넘파이 어레이에 곱셈 연산을 하면 요소별로 곱해지기 때문입니다. 어레이는 정확히 행렬이 아니기 때문에 곱셈만 다른 연산과 다르게 행렬곱 형태로 곱하는 것은 일관성이 없습니다. 따라서 *를 행렬곱으로 사용하려면 matrix 형으로 어레이를 변환하거나 아니면 그냥 dot() 함수를 사용함을 행렬 곱셈을 실습하면서 이미 알아봤습니다.

　행렬에서 나눗셈을 정의하지 않지만 넘파이 어레이에 대한 나눗셈은 요소별 나눗셈이므로 필요하다면 다음처럼 어레이끼리 나눗셈을 적용할 수 있습니다.

```python
A/B
#>>> array([[1.5   , 1.    ],
            [0.2857, 1.5   ]])
```

축

넘파이 어레이는 차원이 하나씩 늘어날 때마다 숫자가 늘어서는 방향이 추가됩니다. 1차원 배열일 경우 숫자가 늘어선 방향은 가로, 세로 구분 없이 하나입니다. 2차원 배열이 되면 숫자가 늘어선 방향은 가로와 세로 두 개가 됩니다. 넘파이에선 이렇게 숫자가 늘어선 방향을 축axis이라 합니다. 축에는 번호가 붙어 있는데 새롭게 생겨나는 축부터 0번을 붙이고 순서대로 늘어납니다. 예를 들어 2차원 배열인 경우 세로 방향이 axis = 0, 가로 방향이 axis = 1입니다. 파이썬은 행 우선 방식을 사용하므로 1차원 배열의 방향이 가로라고 간주하여 가로 방향의 번호가 0이 되었습니다. 그림 7-11은 이 상황을 나타내고 있습니다.

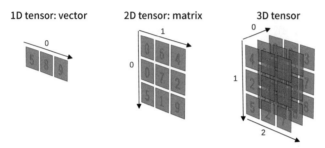

그림 7-11 다차원 배열에서 축 순서와 방향

그림을 보고 새롭게 생겨나는 축의 순서가 우선이라는 점을 꼭 기억해야 합니다. 전치에서 사용해 본 transpose() 함수는 축 순서를 바꾸는 것입니다. 이전에 봤던 코드를 다시 봅시다.

```
import numpy as np

A = np.arange(1, 7).reshape(2, 3)
A
#>>> array([[1, 2, 3],
           [4, 5, 6]])

A.transpose(1, 0)
#>>> array([[1, 4],
           [2, 5],
           [3, 6]])
```

앞서 설명을 생략한 transpose(1, 0) 표현을 이제 설명할 수 있습니다. 0번 축을 1번 축 위치로 보내고 1번 축을 0번 축 위치로 보내라는 의미입니다. 결국 행렬을 전치시키라는 이야기가 됩니다.

이 개념을 조금 더 확장해서 축 세 개 이상인 넘파이 어레이에 적용할 수 있습니다. 이제 A를 3차원 어레이로 만들고 전치를 적용해 봅시다.

```python
import numpy as np

A = np.arange(1, 13).reshape(2, 2, -1)
#>>> array([[[ 1,  2,  3],
            [ 4,  5,  6]],

           [[ 7,  8,  9],
            [10, 11, 12]]])
A.T
#>>> array([[[ 1,  7],
            [ 4, 10]],

           [[ 2,  8],
            [ 5, 11]],

           [[ 3,  9],
            [ 6, 12]]])
```

위 결과를 바로 이해할 수 있나요? 축이 세 개인 넘파이 어레이에 대해서 전치를 적용하면 0, 1, 2번 순으로 나열된 축 순서를 2, 1, 0번 순으로 뒤집습니다. 다시 말해 0번 축 → 2번 축, 1번 축 → 1번 축, 2번 축 → 0번 축으로 순서를 바꾼 것입니다. transpose() 함수를 사용하여 표현하면 transpose(2,1,0)이 됩니다. 당연하게도 임의로 축 순서를 바꿔서 전치시킬 수도 있습니다. transpose(1,0,2)로 하면 결과가 어떻게 될까요? 잠시 생각을 해본 후 다음 코드를 실행하고 결과가 생각과 일치하는지 확인해 보세요.

```python
import numpy as np

A = np.arange(1, 13).reshape(2, 2, -1)
A.transpose(1,0,2)
#>>> array([[[ 1,  2,  3],
            [ 7,  8,  9]],

           [[ 4,  5,  6],
            [10, 11, 12]]])
```

이렇게 축이 세 개 이상인 넘파이 어레이를 전치시키는 것은 보통 행렬을 전치시키는 것보다 훨씬 복잡합니다. 축이 바뀌는 순서를 주의 깊게 생각해야만 하는데 앞으로 자주 사용하게 되니 연습을 통해 익숙해지면 좋습니다.

인덱싱

넘파이는 매우 다양한 인덱싱 방법을 제공합니다. 가장 기본적인 방법은 축마다 0 부터 시작하는 인덱스를 적는 방식입니다.

```python
import numpy as np

A = np.arange(30).reshape(5,6)
A

#>>> array([[ 0,  1,  2,  3,  4,  5],
#           [ 6,  7,  8,  9, 10, 11],
#           [12, 13, 14, 15, 16, 17],
#           [18, 19, 20, 21, 22, 23],
#           [24, 25, 26, 27, 28, 29]])

A[0,2]
#>>> 2

A[2,3]
#>>> 15
```

때때로 편리하게 사용할 수 있는 두 번째 방법은 슬라이싱을 사용하는 것입니다. 슬라이싱 규칙은 파이썬 리스트와 동일하게 [start:end:stride]입니다. 위 코드 A 에서 홀수 번째 열만 가져오고 싶다면 다음처럼 하면 됩니다.

```python
A[:, 0::2]

#>>> array([[ 0,  2,  4],
#           [ 6,  8, 10],
#           [12, 14, 16],
#           [18, 20, 22],
#           [24, 26, 28]])
```

첫 번째 축, 다시 말해 행에 대해서는 모든 행을 :로 지정했습니다. 두 번째 축인 열 에 대해서는 0번부터 시작하고 stride를 2로 주었습니다(stride에 대해서는 부록 C 의 "인덱싱과 슬라이스" 절을 참고하세요). 따라서 0, 2, 4번 열을 순서대로 뽑게 됩니다.

마지막으로 배열을 인덱스로 사용하는 방법입니다. 다시 A에서 1, 8, 15, 19, 24 를 뽑고 싶다고 합시다. 가장 직접적인 방법은 뽑고 싶은 숫자에 해당하는 인덱스 를 모두 지정하는 방식입니다.

```
np.array([A[0,1], A[1,2], A[2,3], A[3,1], A[4,0]])
```

```
#>>> array([ 1,  8, 15, 19, 24])
```

이렇게 각 행마다 숫자 하나씩 뽑아내는 경우라면 행 인덱스와 열 인덱스를 묶은 배열을 한꺼번에 인덱스로 지정하는 편이 더 편리합니다.

```
A[[0,1,2,3,4], [1,2,3,1,0]]
```

```
#>>> array([ 1,  8, 15, 19, 24])
```

첫 번째 지정된 배열은 모두 행 인덱스를, 두 번째 지정한 배열은 모두 열 인덱스를 나타냅니다. 넘파이는 지정된 각 배열에서 숫자를 짝지어 해당 인덱스에 있는 숫자를 뽑아내게 됩니다. 인덱스로 1차원 배열뿐 아니라 다차원 배열도 지정할 수 있습니다. 다음 코드를 봅시다.

```
A > 20
```

```
#>>> array([[False, False, False, False, False, False],
            [False, False, False, False, False, False],
            [False, False, False, False, False, False],
            [False, False, False,  True,  True,  True],
            [ True,  True,  True,  True,  True,  True]])
```

부등식 표현이 만들어 내는 결과는 모든 요소에 부등식을 적용한 결과를 가진 모양이 동일한 넘파이 어레이입니다. 이 2차원 넘파이 어레이를 인덱스로 사용할 수 있습니다. 결과를 예상해 보세요.

```
A[A > 20]
```

```
#>>> array([21, 22, 23, 24, 25, 26, 27, 28, 29])
```

20보다 큰 요소만 뽑아내게 됩니다.

브로드캐스팅

넘파이 어레이에서 제공하는 브로드캐스팅은 빠르고 간결한 코드를 쓰는 핵심 요소입니다. 브로드캐스팅이란 모양이 다른 두 넘파이 어레이 사이에 연산이 수행될 때 넘파이 어레이가 변경되는 규칙입니다. 구체적으로 이야기하면 차원이 큰 넘파이 어레이와 차원이 작은 넘파이 어레이를 연산할 때 차원이 작은 쪽에서 차원이 큰 쪽의 추가 차원으로 데이터를 확장하는 것입니다. 예시를 통해 하나씩 알아보겠습니다. 설명을 하기 위한 예시는 넘파이 공식 문서에서 발췌하였습니다.[7]

먼저 (3,)인 넘파이 어레이와 숫자를 곱하는 경우를 생각해 봅시다.

```
import numpy as np

A = np.array([1,2,3])
A * 2

#>>> array([2, 4, 6])
```

위 코드는 숫자 2가 넘파이 어레이 A 요소에 각각 곱해진 결과를 보여줍니다. array([2, 4, 6])이 결과로 나오기까지 과정을 그림과 함께 설명하겠습니다.

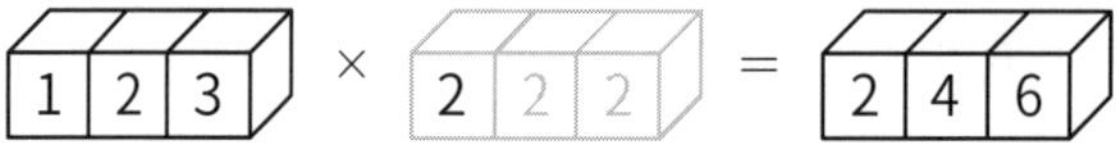

그림 7-12 넘파이 어레이와 스칼라 연산에서 일어나는 브로드캐스팅

그림 7-12에서 박스는 넘파이 어레이임을 나타냅니다. 주어진 곱셈은 (3,)과 축이 없는 무차원 숫자의 곱이므로 이 둘을 곱하기 위해 무차원 숫자를 (1,)인 넘파이 어레이로 확장합니다. 그림에서 연한 회색으로 표시된 박스는 새롭게 확장된 차원을 나타냅니다. 숫자 2는 원래 있는 숫자이므로 진하게 표시되었고 새롭게 생긴 차원이 연한 박스로 표시되었습니다. 새로운 축이 생겼으므로 이 축의 요소를 세 개로 늘립니다. 그림에서 두 번째, 세 번째 박스는 새롭게 생긴 것이므로 숫자와 박스가 모두 회색으로 표시되었습니다. 이제 모양이 같아진 두 넘파이 어레이를 요소끼리 곱셈합니다. 새롭게 생긴 축이 순서가 우선이라는 규칙을 여기서도 지키고 있습니다. 이 점을 확실히 이해하기 위해 2차원 예를 들어 봅시다.

```
import numpy as np

np.random.seed(2)

m, n = 4, 3
A = np.random.randint(0, 10, m*n).reshape(m,n)
b = np.random.randint(0, 10, n)
```

7 Array Broadcasting in Numpy, *https://numpy.org/doc/1.17/user/basics.broadcasting.html*, NumPy User Guide

```
A
#>>> array([[8, 8, 6],
            [2, 8, 7],
            [2, 1, 5],
            [4, 4, 5]])

B
#>>> array([7, 3, 6])

A*b
#>>> array([[56, 24, 36],
            [14, 24, 42],
            [14,  3, 30],
            [28, 12, 30]])
```

위 코드는 (4,3)인 넘파이 에러이와 (3,)인 어레이를 곱할 때 (3,)이 확장되어 (4,3) 과 곱해지는 결과를 보여줍니다. 다시 한번 그림으로 알아보겠습니다.

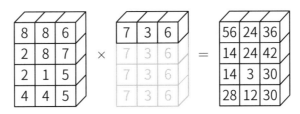

그림 7-13 (4,3) 어레이와 (3,) 어레이 연산에서 일어나는 브로드캐스팅

(4,3)인 넘파이 어레이와 (3,)인 어레이를 곱하기 위해 우선 차원 맞춤이 일어나야 합니다. (3,)이 저차원이므로 새로운 차원을 만들어 차원을 올려야 합니다. 새롭 게 생긴 차원이 우선순위가 높아진다는 규칙에 의해 (1,3)으로 차원이 확장됩니다. (1,3)이 되어야 새롭게 생긴 차원의 축 번호가 0번이 되고 기존에 있던 축 번호가 1 번이 됩니다. 그림에서 (7,3,6) 넘파이 어레이가 원래 있던 가로 차원에 세로 차원 이 추가되어 세로 방향으로 늘어날 준비를 마쳤습니다. 이제 0번 축 방향(그림에서 세로 방향)으로 데이터를 확장합니다. 이제 요소끼리 곱셈을 하면 됩니다.

만약 (4,)인 넘파이 어레이를 곱하면 어떻게 될까요?

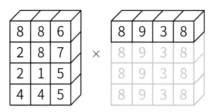

그림 7-14 (4,3) 어레이와 (4,) 어레이 연산에서 일어나는 브로드캐스팅

결과는 위 그림과 같습니다. (4,3)과 (4,)인 넘파이 어레이를 곱하기 위해 (4,)가
(1,4)로 확장되고 다시 (4,4)로 확장됩니다. 결과적으로 (4,3)과 (4,4)는 곱할 수 없
으므로 에러를 낼 것입니다. 내심 다음 그림처럼 어떻게 든 모양이 맞는 쪽으로 변
환되어 곱해지지 않을까 생각할 수 있습니다.

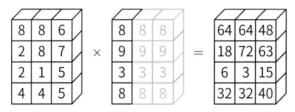

그림 7-15 (4,3) 어레이와 (4,1) 어레이 연산에서 일어나는 브로드캐스팅

곱해지는 저차원 넘파이 어레이의 모양이 (4,)로 앞쪽 어레이의 행 수와 일치하므
로 (4,1)로 만든 다음 (4,3)으로 확장되는 방식입니다. 하지만 이렇게 되면 추가되
는 차원이 1번 축이 되어 새롭게 추가된 차원이 우선한다는 규칙에 어긋나게 됩니
다. 그림 7-15처럼 브로드캐스팅이 되려면 직접 reshape()를 시켜야 합니다.

```
np.random.seed(3)

# 앞 코드에서 만든 A를 그대로 사용합니다.
# 앞 코드에서 n=3입니다.
b = np.random.randint(0, 10, n+1)
#>>> array([8, 9, 3, 8])

C = A * b[:, np.newaxis] #❶
C
#>>> array([[64, 64, 48],
            [18, 72, 63],
            [ 6,  3, 15],
            [32, 32, 40]])
```

❶ (4,)를 (4,1)로 만들기 위해 원래 인덱스 오른쪽에 np.newaxis로 축을 추가합니다. 계산 결과는 그림과 동일합니다.

✓ **NOTE**

예제 코드에 나온 넘파이 어레이의 구체적인 숫자는 환경에 따라 다르게 나옵니다. 브로드캐스팅이 제대로 수행되는지 확인하는 코드이므로 숫자가 달라도 문제될 건 없습니다.

브로드캐스팅이 항상 한쪽 어레이에서 다른 쪽 어레이로 일어나는 것은 아닙니다. 다음과 같은 경우는 양쪽 어레이에서 모두 브로드캐스팅이 일어나는 예입니다.

```
np.random.seed(11)

m, n = 4, 3
a = np.random.randint(0, 10, m).reshape(-1,1)
b = np.random.randint(0, 10, n)

a
#>>> array([[9],
            [0],
            [1],
            [7]])
b
#>>> array([1, 7, 2])

a*b
#>>> array([[ 9, 63, 18],
            [ 0,  0,  0],
            [ 1,  7,  2],
            [ 7, 49, 14]])
```

위 코드에서 a는 (4,1)이고 b는 (3,)입니다. 결과는 (4,3)인 행렬이 되는데 두 벡터 사이에 적용된 연산은 외적임을 알 수 있습니다. 지금까지 살펴본 방법으로 연산 순서를 차근차근 따라가 봅시다. 먼저 (3,)이 저차원이므로 차원을 (1,3)으로 올립니다. 이제 두 어레이의 모양을 맞추기 위해 (4,1)과 (1,3)에서 1인 차원을 확장합니다. 그 후 확장된 (4,3)인 어레이를 요소끼리 곱합니다. 다음 쪽 그림 7-16이 이 과정을 설명하고 있습니다.

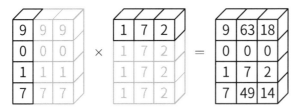

그림 7-16 (4,1) 어레이와 (3,) 어레이 연산에서 일어나는 브로드캐스팅

행렬 곱셈의 해석

대부분 교재에서 행렬곱을 'ㄱ'자 형태로 수행되는 곱셈과 덧셈으로 설명합니다. 앞서 행렬곱을 설명하는 부분에서 동일한 방식으로 행렬곱을 설명했습니다. 이런 설명은 행렬곱이 계산되는 연산 방식을 설명할 뿐 행렬곱이 가지는 의미를 제대로 설명하지 못하는 문제가 있습니다. 계산을 바르고 빠르게 하기 위해 기본적인 연산 방식에 익숙해지는 것은 물론 중요합니다. 하지만 현재 우리는 대부분 컴퓨터를 사용하여 계산을 합니다. 특히 행렬곱 같은 계산은 컴퓨터를 이용하는 비율이 절대적입니다. 그렇기 때문에 기계적인 연산 방식에 숙달되기보다 행렬곱이 의미하는 바를 잘 이해하는 것이 머신 러닝을 공부하는 데 더 도움이 될 것입니다. 이번 절에서 이야기하고자 하는 행렬곱이 가진 의미는 벡터들이 서로 어떻게 결합되는가 하는 점과 관계가 있습니다. 그래서 우선 벡터들의 결합에 대해서 이야기 해보기로 하겠습니다.

선형결합

차원이 같은 어떤 벡터 $\mathbf{a}_1, \mathbf{a}_2, \ldots, \mathbf{a}_n$이 있을 때 이 벡터 n개에 임의의 스칼라 n개를 곱해서 모두 더한 벡터 $\mathbf{b}$를 만들 수 있습니다. 이때 다음과 같은 식을 선형결합 또는 선형조합linear combination이라고 합니다. 때로는 1차 결합이란 용어도 사용합니다.

$$\mathbf{b} = c_1\mathbf{a}_1 + c_2\mathbf{a}_2 + \cdots + c_n\mathbf{a}_n$$

선형결합에서 모든 c가 0일 때만 다음 조건이 만족된다면 벡터 $\mathbf{a}_1, \mathbf{a}_2, \ldots, \mathbf{a}_n$들을 선형독립linear independence이라고 합니다.

$$c_1 \mathbf{a}_1 + c_2 \mathbf{a}_2 + \cdots + c_n \mathbf{a}_n = \mathbf{0}$$

예를 들어 $\mathbf{a}_1 = (1, 0, 0)^\mathrm{T}$, $\mathbf{a}_2 = (0, 1, 0)^\mathrm{T}$, $\mathbf{a}_3 = (-2, -3, 0)^\mathrm{T}$이 있을 때 이 벡터들의 선형결합이 0이 되는 경우를 생각해 봅시다.

$$c_1 \mathbf{a}_1 + c_2 \mathbf{a}_2 + c_3 \mathbf{a}_3 = \mathbf{0}$$

위 식을 만족시키기 위해 $c_1 = c_2 = c_3 = 0$이 가능하지만 $c_1 = 2$, $c_2 = 3$, $c_3 = 1$도 가능하므로 이 벡터들은 선형독립이 아닙니다. 만약 $\mathbf{a}_3 = (-2, -3, 1)^\mathrm{T}$이라면 이 세 벡터는 선형독립이 됩니다.

이번 절에서 중요한 개념은 벡터 여러 개에 임의의 상수를 곱해 모두 더하면 또 다른 벡터를 만들어 낼 수 있다는 선형결합 개념입니다. 이제 선형결합을 이용하여 이번 장에서 가장 중요한 내용인 행렬 곱셈에 대한 세 가지 해석을 알아보도록 하겠습니다.

행렬 곱셈 해석 1: 열 결합

벡터를 선형결합시키는 방식으로 행렬곱을 바라보기 위해서 행렬과 벡터의 곱에서 출발합시다.

$$\mathbf{A}\mathbf{b} = \begin{bmatrix} a_{11} & a_{12} & a_{13} \\ a_{21} & a_{22} & a_{23} \\ a_{31} & a_{32} & a_{33} \\ a_{41} & a_{42} & a_{43} \end{bmatrix} \begin{bmatrix} b_1 \\ b_2 \\ b_3 \end{bmatrix} = \begin{bmatrix} a_{11}b_1 + a_{12}b_2 + a_{13}b_3 \\ a_{21}b_1 + a_{22}b_2 + a_{23}b_3 \\ a_{31}b_1 + a_{32}b_2 + a_{33}b_3 \\ a_{41}b_1 + a_{42}b_2 + a_{43}b_3 \end{bmatrix} \tag{7.14}$$

식 (7.14)는 $(4, 3)$인 행렬 $\mathbf{A}$와 벡터 $\mathbf{b}$를 곱하는 식입니다. 위 식에서 행렬 $\mathbf{A}$의 각 열을 열벡터로 적을 수 있습니다.

$$\begin{bmatrix} \mathbf{a}_1 & \mathbf{a}_2 & \mathbf{a}_3 \end{bmatrix} \begin{bmatrix} b_1 \\ b_2 \\ b_3 \end{bmatrix} = \begin{bmatrix} \mathbf{a}_1 b_1 + \mathbf{a}_2 b_2 + \mathbf{a}_3 b_3 \end{bmatrix}$$

이렇게 적으면 식 (7.14)가 열벡터 $\mathbf{a}_1$, $\mathbf{a}_2$, $\mathbf{a}_3$를 요소로 가지는 행벡터와 열벡터를 내적하는 형태로 바뀌게 됩니다. 우변에서 $\mathbf{a}_1 b_1$를 요소로 써보면

$$\mathbf{a}_1 b_1 = \begin{bmatrix} a_{11}b_1 \\ a_{21}b_1 \\ a_{31}b_1 \\ a_{41}b_1 \end{bmatrix}$$

이므로 우변의 덧셈은 다음과 같습니다.

$$[\mathbf{a}_1 b_1 + \mathbf{a}_2 b_2 + \mathbf{a}_3 b_3] = \begin{bmatrix} a_{11}b_1 + a_{12}b_2 + a_{13}b_3 \\ a_{21}b_1 + a_{22}b_2 + a_{23}b_3 \\ a_{31}b_1 + a_{32}b_2 + a_{33}b_3 \\ a_{41}b_1 + a_{42}b_2 + a_{43}b_3 \end{bmatrix} = \mathbf{Ab}$$

종합하면 식 (7.15)가 됩니다.

$$\mathbf{Ab} = \begin{bmatrix} \mathbf{a}_1 & \mathbf{a}_2 & \mathbf{a}_3 \end{bmatrix} \begin{bmatrix} b_1 \\ b_2 \\ b_3 \end{bmatrix} \tag{7.15}$$

최종 식 (7.15)는 $\mathbf{A}$의 열을 $\mathbf{b}$ 벡터의 요소로 선형결합하고 있습니다. 원래 우리가
알고 있던 행렬곱과 비교해서 열 결합이 같은 결과를 만드는지 실험해 봅시다.

```python
import numpy as np

np.random.seed(10)

A = np.random.randint(0, 9, 12).reshape(4,3) #❶
b = np.random.randint(0, 9, 3).reshape(3,1)

C = np.dot(A,b)                                        #❷
C_ = np.array([A[:,[j]]*b[j] for j in range(A.shape[1])]) #❸

C
#>>> array([[24],
           [70],
           [96],
           [34]])

C_.sum(axis=0) #❹
#>>> array([[24],
           [70],
           [96],
           [34]])
```

❶ 임의의 행렬과 벡터를 생성합니다. ❷ 기존 방식대로 행렬과 벡터를 곱합니다.

❸ $\mathbf{A}$에 대한 열 인덱스 j에 대해 A[:,[j]]과 벡터 요소 b[j]를 곱합니다. 행렬에서 열벡터를 뽑을 때 A[:,j]로 하지 않고 인덱스를 [ ]로 감싼 이유는 추출된 열벡터의 모양을 유지시키기 위해서입니다. A[:,j]로 열을 뽑으면 (4,)인 1차원 어레이가 추출됩니다. 이렇게 추출된 열에 b[j]를 곱하여 다시 np.array()로 감싸면 (3,4,1)인 넘파이 어레이가 만들어집니다. ❹ C_.sum(axis=0)로 0번 축 방향으로 열벡터를 모두 더합니다. 두 계산 결과는 일치합니다.

이제 뒤에서 벡터를 곱하지 않고 행렬을 곱하면 어떻게 될까요?

$$\begin{aligned}
\mathbf{AB} &= \begin{bmatrix} \mathbf{a}_1 & \mathbf{a}_2 & \mathbf{a}_3 \end{bmatrix} \begin{bmatrix} b_{11} & b_{12} \\ b_{21} & b_{22} \\ b_{31} & b_{32} \end{bmatrix} \\
&= \begin{bmatrix} \mathbf{a}_1 b_{11} + \mathbf{a}_2 b_{21} + \mathbf{a}_3 b_{31} & \mathbf{a}_1 b_{12} + \mathbf{a}_2 b_{22} + \mathbf{a}_3 b_{32} \end{bmatrix}
\end{aligned} \tag{7.16}$$

위 식처럼 4행 3열 행렬과 3행 2열 행렬을 곱하면 4행 2열인 행렬이 됩니다. 행렬 $\mathbf{A}$의 열벡터를 행렬 $\mathbf{B}$의 각 열에 대해 열벡터 요소로 두 번 선형결합하게 됩니다. 이 결과가 보통 행렬곱 연산과 동일하다는 것을 직접 실험해 보세요.

행렬 곱셈 해석 2: 행 결합

이번에는 뒤에서 곱하는 행렬의 행을 결합하는 방식에 대해서 알아봅시다. 식 (7.16)을 전치시키면 다음과 같습니다.

$$(\mathbf{AB})^{\mathrm{T}} = \mathbf{B}^{\mathrm{T}} \mathbf{A}^{\mathrm{T}} = \begin{bmatrix} b_{11} & b_{21} & b_{31} \\ b_{12} & b_{22} & b_{32} \end{bmatrix} \begin{bmatrix} \mathbf{a}_1^{\mathrm{T}} \\ \mathbf{a}_2^{\mathrm{T}} \\ \mathbf{a}_3^{\mathrm{T}} \end{bmatrix}$$

전치시킨 결과로 행렬 $\mathbf{A}$의 열벡터들이 행벡터가 되면서 뒤에서 곱해지게 되었습니다. $(2, 3)$인 행렬 $\mathbf{B}^{\mathrm{T}}$와 $(3, 4)$인 행렬 $\mathbf{A}^{\mathrm{T}}$가 곱해져서 결과는 $(2, 4)$인 행렬이 됩니다. 이 결과 행렬은 행렬곱에 의해 다음처럼 표현됩니다.

$$\begin{bmatrix} b_{11} & b_{21} & b_{31} \\ b_{12} & b_{22} & b_{32} \end{bmatrix} \begin{bmatrix} \mathbf{a}_1^{\mathrm{T}} \\ \mathbf{a}_2^{\mathrm{T}} \\ \mathbf{a}_3^{\mathrm{T}} \end{bmatrix} = \begin{bmatrix} b_{11}\mathbf{a}_1^{\mathrm{T}} + b_{21}\mathbf{a}_2^{\mathrm{T}} + b_{31}\mathbf{a}_3^{\mathrm{T}} \\ b_{12}\mathbf{a}_1^{\mathrm{T}} + b_{22}\mathbf{a}_2^{\mathrm{T}} + b_{32}\mathbf{a}_3^{\mathrm{T}} \end{bmatrix}$$

위 식은 행렬곱 $\mathbf{B}^{\mathrm{T}}\mathbf{A}^{\mathrm{T}}$가 $\mathbf{A}^{\mathrm{T}}$의 행벡터를 $\mathbf{B}^{\mathrm{T}}$의 행 요소로 선형결합한 결과라는 것을 알려줍니다. 먼저 알아본 방식이 앞 행렬의 열벡터를 선형결합하여 결과 행렬의 열을 만들었다면 이번 방식은 뒤 행렬의 행벡터를 선형결합하여 결과 행렬의 행을 만드는 방식입니다.

행렬 곱셈 해석 3: 외적합

이제 마지막 해석인 외적합을 알아봅시다.

$$\mathbf{AB} = \begin{bmatrix} a_{11} & a_{12} & a_{13} \\ a_{21} & a_{22} & a_{23} \\ a_{31} & a_{32} & a_{33} \\ a_{41} & a_{42} & a_{43} \end{bmatrix} \begin{bmatrix} b_{11} & b_{12} \\ b_{21} & b_{22} \\ b_{31} & b_{32} \end{bmatrix} = \begin{bmatrix} \mathbf{a}_1 & \mathbf{a}_2 & \mathbf{a}_3 \end{bmatrix} \begin{bmatrix} \mathbf{b}_1^{\mathrm{T}} \\ \mathbf{b}_2^{\mathrm{T}} \\ \mathbf{b}_3^{\mathrm{T}} \end{bmatrix}$$

위 식은 같은 행렬 $\mathbf{A}$, $\mathbf{B}$의 요소를 벡터로 표현한 것입니다. 이제 보통 행렬곱을 해보면 아래와 같습니다.

$$\mathbf{AB} = \begin{bmatrix} \mathbf{a}_1 & \mathbf{a}_2 & \mathbf{a}_3 \end{bmatrix} \begin{bmatrix} \mathbf{b}_1^{\mathrm{T}} \\ \mathbf{b}_2^{\mathrm{T}} \\ \mathbf{b}_3^{\mathrm{T}} \end{bmatrix} = \mathbf{a}_1 \mathbf{b}_1^{\mathrm{T}} + \mathbf{a}_2 \mathbf{b}_2^{\mathrm{T}} + \mathbf{a}_3 \mathbf{b}_3^{\mathrm{T}} \tag{7.17}$$

우변 첫째 항 $\mathbf{a}_1 \mathbf{b}_1^{\mathrm{T}}$를 자세히 써보면 두 벡터가 외적되므로 다음과 같이 됩니다.

$$\mathbf{a}_1 \mathbf{b}_1^{\mathrm{T}} = \begin{bmatrix} a_{11} \\ a_{21} \\ a_{31} \\ a_{41} \end{bmatrix} \begin{bmatrix} b_{11} & b_{12} \end{bmatrix} = \begin{bmatrix} a_{11}b_{11} & a_{11}b_{12} \\ a_{21}b_{11} & a_{21}b_{12} \\ a_{31}b_{11} & a_{31}b_{12} \\ a_{41}b_{11} & a_{41}b_{12} \end{bmatrix}$$

식 (7.17)로부터 $\mathbf{AB}$는 행렬 $\mathbf{A}$의 열과 행렬 $\mathbf{B}$의 행이 각각 하나씩 외적되어 생기는 행렬의 합임을 알 수 있습니다.

이상으로 행렬곱을 해석하는 세 가지 관점을 알아봤습니다. 머신 러닝·딥 러닝 문헌에서 행렬을 사용하여 수식을 전개시킬 때 지금까지 알아본 행렬곱을 해석하는 세 가지 방식을 묵시적으로 사용하는 경우가 많습니다. 따라서 이 세 가지 관점을 잘 이해해 두면 앞으로 인공지능 관련 자료에서 선형대수와 관계된 부분을 공부할 때 한층 더 높아진 안목을 가질 수 있습니다. 동일한 내용의 동영상 강의[8]도 인터넷에서 무료로 볼 수 있으니 꼭 한번 살펴보기 바랍니다.

행렬을 이용한 코딩

딥 러닝 모델을 구현한 코드를 보면 이론상 꽤 복잡해 보이는 수식인데 코드로는

---

8 주재걸, 2019, 인공지능을 위한 선형대수 CHAPTER 2-3, *https://www.boostcourse.org/ai251/lecture/540314 20102/*, edwith

상상할 수 없을 정도로 짧게 구현되는 경우가 많습니다. 이런 현상은 행렬과 벡터의 연산 성질을 이용하기 때문에 가능한 것입니다. 행렬을 이용하여 코딩을 할 때 for 문을 쓰면 직관적이고 편리합니다. 하지만 파이썬 같은 인터프리터 언어를 쓸 때 for 문을 많이 쓰면 수행 속도가 급격히 느려지는 문제가 생깁니다. 이런 문제를 해결하기 위해 행렬 곱셈과 벡터 내적을 적극적으로 활용하게 되는데 이런 방법을 벡터화라 합니다.

벡터화 실습 1(기본 곱셈)

다음 식을 코딩해 봅시다.

$$y_i = \sum_{j=1}^{m} a_{ij} x_j \tag{7.18}$$

식 (7.18)은 행렬과 벡터를 곱하는 인덱스 표현식입니다. 행렬 벡터 형태로 다시 써 보면 $\mathbf{y} = \mathbf{Ax}$입니다. $\mathbf{y} = \mathbf{Ax}$ 식이 제시되어 있으면 행렬과 벡터를 바로 곱하면 됩니다. 하지만 식 (7.18)처럼 인덱스 형태로 제시되어 있으면 우선 다음처럼 for 루프를 쓰는 방식으로 코딩하는 것이 편합니다.

```
import numpy as np

A = np.random.randint(0,10,12).reshape(4,3) #❶
x = np.random.randint(0,10,3)

m = x.shape[0] #❷
y = []         #❸
temp = 0
for i in range(A.shape[0]) : #❹
    for j in range(m) :      #❺
        temp += A[i,j]*x[j]  #❻
    y.append(temp)           #❼
    temp = 0
```

❶ 실험에 사용할 행렬과 벡터를 임의로 생성합니다. ❷ 시그마 기호에 대한 인덱스 j는 x와 A에서 열에 대한 인덱스이므로 인덱스 최댓값을 x의 길이로 설정합니다. ❸ 결과 벡터를 저장할 리스트를 생성합니다. ❹ 결과 인덱스 i에 대해서 루프를 돌면서 ❺ 시그마 기호에 대한 인덱스 j에 대해서도 루프를 돕니다. ❻ 루프 안에서 주어진 식과 완전히 동일한 표현 A[i,j]*x[j]로 중간 결과를 계산해 temp에 누적시

킵니다. ❼ 인덱스 j에 대한 루프가 종료되면 temp를 결과 벡터 y에 추가합니다.

앞 코드처럼 인덱스에 대한 동작을 그대로 구현하는 방식은 직관적이고 코드를 쓰기도 편합니다. 하지만 파이썬은 속도가 빠른 언어가 아니므로 코드에 나오는 for 문 두 개를 이미 만들어진 라이브러리에서 실행되도록 하는 것이 훨씬 유리합니다. 다음처럼 하면 됩니다.

```
y = A.dot(x)
```

위 코드는 식 (7.18)을 행렬 벡터 형태로 쓴 식과 동일합니다.

벡터화 실습 2(전치 곱셈)

$$y_i = \sum_{j=1}^{m} a_{ji} x_j \tag{7.19}$$

식 (7.19)는 식 (7.18)과 a의 인덱스 순서만 다릅니다. 식 (7.19)처럼 인덱스가 주어졌을 때 for 문 방식 코드는 한 부분만 고치면 됩니다.

```
import numpy as np

A = np.random.randint(0,10,12).reshape(3,4)
x = np.random.randint(0,10,3)

m = x.shape[0]
y = []
temp = 0
for i in range(A.shape[1]) :
    for j in range(m) :
        temp += A[j,i]*x[j] #❶
    y.append(temp)
    temp = 0
```

❶ 식 (7.19)처럼 인덱스 순서만 바꿔주면 됩니다. 이 경우를 벡터화시키면 어떻게 될까요? 식 (7.19)에서 인덱스 j가 0, 1, 2, …, m-1로 x의 요소와 곱해지는 행렬 **A**의 요소 위치를 잘 생각해 보세요. j는 행렬 **A**에서 행 인덱스입니다. 식 (7.19)가 수행되는 형태를 행렬곱과 함께 생각해 봅시다.

$$y_i = \sum_{j=1}^{m} a_{ij}x_j \qquad\qquad y_i = \sum_{j=1}^{m} a_{ji}x_j$$

$$\begin{bmatrix} y_1 \\ y_2 \\ \vdots \\ y_n \end{bmatrix} = \begin{bmatrix} a_{11} & a_{12} & \cdots & a_{1m} \\ a_{21} & a_{22} & \cdots & a_{2m} \\ \vdots & \vdots & \vdots & \vdots \\ a_{n1} & a_{n2} & \cdots & a_{nm} \end{bmatrix} \begin{bmatrix} x_1 \\ x_2 \\ \vdots \\ x_m \end{bmatrix} \qquad \begin{bmatrix} y_1 \\ y_2 \\ \vdots \\ y_n \end{bmatrix} = \begin{bmatrix} a_{11} & a_{12} & \cdots & a_{1n} \\ a_{21} & a_{22} & \cdots & a_{2n} \\ \vdots & \vdots & \vdots & \vdots \\ a_{m1} & a_{m2} & \cdots & a_{mn} \end{bmatrix} \begin{bmatrix} x_1 \\ x_2 \\ \vdots \\ x_m \end{bmatrix}$$

그림 7-17 $a_{ij}x_j$와 $a_{ji}x_j$의 비교

위 그림 왼쪽은 y_1을 계산하기 위한 행렬곱을 나타냅니다. 주어진 인덱스 표현식은
오른쪽입니다. $a_{ji}x_j$에서 j가 움직이므로 y_1을 계산하기 위해 곱해지는 요소들은
그림에서 화살표를 따라 이동합니다. a_{ji}로 a에 대한 인덱스를 뒤집으면 $\mathbf{A}$행렬의
열벡터와 $\mathbf{x}$가 내적되는 결과를 만들어 냅니다. 따라서 행렬 $\mathbf{A}$를 전치시켜 보통 행
렬곱을 하면 $\sum_{j=1}^{m} a_{ji}x_j$와 결과가 같아집니다.

$$\mathbf{y} = \mathbf{A}^\mathsf{T}\mathbf{x}$$

$$\begin{bmatrix} y_1 \\ y_2 \\ \vdots \\ y_n \end{bmatrix} = \begin{bmatrix} a_{11} & a_{21} & \cdots & a_{m1} \\ a_{12} & a_{22} & \cdots & a_{m2} \\ \vdots & \vdots & \vdots & \vdots \\ a_{1n} & a_{2n} & \cdots & a_{mn} \end{bmatrix} \begin{bmatrix} x_1 \\ x_2 \\ \vdots \\ x_m \end{bmatrix}$$

그림 7-18 식 (7.19)의 행렬 벡터 표현

그림 7-18과 그림 7-17 오른쪽 그림을 비교하면 같은 계산이란 것을 알 수 있습니
다. 따라서 주어진 식은 다음처럼 간단하게 한 줄로 계산됩니다. 다음 코드는 이전
코드와 동일한 결과를 계산합니다.

```
y = A.T.dot(x)
```

이렇게 행렬과 벡터가 인덱스 형태로 곱해져 있을 때 이것을 벡터화시켜 코드로 바
꾸는 것에 익숙해질 필요가 있습니다. 이런 방식은 처음에는 익숙하지 않기 때문에
많은 연습이 필요합니다. 처음부터 잘 안 된다면 for 문으로 코딩하여 결과를 확인
한 후 부분적으로 점차 벡터화시켜 나가는 방법을 추천합니다.

마지막으로 조금 더 복잡한 예를 하나 더 보겠습니다.

벡터화 실습 3(선형회귀에서 경사도벡터 식)

$$g_j = \sum_{i=1}^{n} \left(\mathbf{X}_{(i,:)} \cdot \mathbf{w} - y_i \right) x_{ij} \tag{7.20}$$

위 식 (7.20)을 벡터화 방식으로 코딩해 보도록 합시다. 이번 식은 만만치가 않은데 10장에서 선형회귀를 다시 살펴볼 때 만나게 될 식입니다. 먼저 위 식에서 i의 최대 인덱스를 n, j의 최대 인덱스를 m이라고 하면 $\mathbf{X}$는 n행 m열을 가지는 행렬입니다. $\mathbf{w}$는 m차원 벡터고, y_i를 요소로 가지는 벡터 $\mathbf{y}$는 n차원 벡터입니다. $\mathbf{X}_{(i,:)}$는 행렬 $\mathbf{X}$에서 i번째 행을 나타냅니다. 마지막으로 x_{ij}는 행렬 $\mathbf{X}$의 요소를 나타냅니다. $n = 5, m = 2$로 두고 무작위 행렬과 벡터를 만들어 봅시다.

```python
import numpy as np

np.random.seed(10)

n, m = 5, 2

X = np.random.rand(n, m)
w = np.random.rand(m)
y = np.random.rand(n)

X
#>>> array([[0.7713, 0.0208],
#           [0.6336, 0.7488],
#           [0.4985, 0.2248],
#           [0.1981, 0.7605],
#           [0.1691, 0.0883]])

w
#>>> array([0.6854, 0.9534])

y
#>>> array([0.0039, 0.5122, 0.8126, 0.6125, 0.7218])
```

주어진 수식을 그대로 for 문으로 코딩합니다.

```python
g = np.zeros_like(w)      #❶

for j in range(m) :       #❷
    for i in range(n) :
        g[j] += (np.dot(X[i,:], w) - y[i]) * X[i,j] #❸
```

```
y
#>>> array([0.656 , 0.5726])
```

❶ 결과 벡터 g는 w와 차원이 같으므로 w와 모양이 같은 0으로 채워진 벡터를 만듭니다. ❷ for 문으로 g[j]를 하나씩 계산합니다. ❸ 주어진 식을 그대로 코딩합니다. 식과 코드가 일치하여 특별히 어려울 것이 없습니다.

이제 이 코드를 단계적으로 벡터화시키기 위해서는 식이 계산되는 과정을 생각해 봐야 합니다. 시그마 기호 내부에 있는 다음 부분을 봅시다.

$$\mathbf{X}_{(i,:)} \cdot \mathbf{w} - y_i$$

$\mathbf{X}_{(i,:)} \cdot \mathbf{w}$는 i번째 행벡터와 열벡터의 내적이므로 결과는 스칼라가 됩니다. 이 스칼라는 모두 n개가 계산됩니다(i의 최대 인덱스 값이 n입니다). $\mathbf{y}$도 요소가 n개인 벡터이므로 위 식의 결과는 스칼라 값 n개입니다. 이 값을 b_i로 두기로 합시다.

$$\mathbf{X}_{(i,:)} \cdot \mathbf{w} - y_i = b_i$$

시그마 기호 내부를 b_i로 다시 적으면 다음과 같습니다.

$$g_j = \sum_{i=1}^{n} b_i x_{ij} = \sum_{i=1}^{n} x_{ij} b_i$$

스칼라 곱은 순서를 바꿔도 상관없으므로 x_{ij}와 b_i를 바꿔 적었습니다. 위 식은 바로 직전 벡터화 실습에서 알아본 다음 식과 인덱스와 문자만 다르고 완전히 동일합니다.

$$y_i = \sum_{j=1}^{m} a_{ji} x_j$$

인덱스 배치가 위 식처럼 적혀 있으면 행렬의 전치와 벡터의 곱이란 것을 두 번째 실습을 통해 알고 있습니다. 따라서 식을 다시 행렬과 벡터 형태로 적어보면 다음 식과 같이 됩니다.

$$\mathbf{g} = \mathbf{X}^{\mathrm{T}} \mathbf{b}$$

여기서 $\mathbf{b} = \mathbf{Xw} - \mathbf{y}$입니다. 정리된 앞 식을 코드로 써보면 다음과 같습니다.

```
g = np.dot(X.T, np.dot(X,w) - y)

g
#>>> array([0.656 , 0.5726])
```

for 문 두 개로 된 코드가 간단히 한 줄로 줄었습니다. 최종 코드와 식을 다시 비교해 보면 코드와 식 모양이 많이 다른 것을 느낄 수 있습니다. 모양에서만 차이가 나는 것이 아니라 실행시간에서도 많은 차이가 있습니다. 다음 코드를 실행하여 for 문으로 작성된 코드와 벡터화 코드의 실행 시간을 비교할 수 있습니다. 주피터 노트북 셀에 다음 코드를 각각 실행하면 평균 코드 실행시간이 계산됩니다.

```
%%timeit
for j in range(m):
    for i in range(n):
        g[j] += (np.dot(X[i,:], w) - y[i]) * X[i,j]

#>>> 15.2 µs ± 36.6 ns per loop (mean ± std. dev. of 7 runs,
                                100000 loops each)
```

```
%%timeit
g = np.dot(X.T, np.dot(X,w) - y)

#>>> 1.74 µs ± 6.48 ns per loop (mean ± std. dev. of 7 runs,
                                1000000 loops each)
```

벡터화 코드가 약 8.7배 빠르게 계산됩니다. 사실 이 식은 선형회귀를 공부할 때 다시 보게 될 목적함수를 미분한 식입니다. 미분한 형태가 식 (7.20)으로 나타나게 되는데 그때 행렬과 벡터의 성질을 이용해 복잡한 식을 간단히 코딩할 수 있게 되었습니다.

이번 장에서는 행렬과 행렬을 컴퓨터로 다루는 방법에 대해서 이야기했습니다. 이제 우리는 함수와 다변수 함수, 미분과 미분을 컴퓨터로 계산하는 법 그리고 행렬과 벡터에 대한 기본 이론과 그것들을 컴퓨터로 다루는 법을 알게 되었습니다. 꽤 많은 내용을 배웠습니다. 지금부터는 이 지식들을 이용한 응용 주제들을 배우게 됩니다. 그 첫 번째 주제로 이어지는 장에서 머신 러닝·딥 러닝을 위한 최적화를 배워보겠습니다.

✓ **NOTE**

선형대수학이라는 방대한 주제를 코딩할 때 행렬을 이용하는 방법에 초점을 맞춰 상당히 압축적으로 전달했습니다. 따라서 행렬과 관련해 미처 다루지 못한 주제가 많습니다. 이 책을 다 읽은 후 다음 키워드로 더 학습하기 바랍니다.

- 행렬식
- 고유치와 고유벡터
- 행렬의 대각화와 특잇값 분해

## 8장

M a t h e m a t i c s   f o r   M a c h i n e   L e a r n i n g

최적화: 눈먼 등산객이 언덕 가장 낮은 곳을 찾아가는 방법

이번 장에서는 주어진 어떤 함수에서 가장 작은 함숫값을 찾는 문제를 다루게 됩니다. 예를 들어 $y = x^2$은 $x = 0$에서 함숫값이 가장 작아집니다. 하지만 변수가 여러 개인 함수는 간단하게 최솟값을 찾기 힘든 경우가 많습니다. 다음 함수를 봅시다.

$$J(w_0, w_1) = \frac{1}{2} \left\{ (y_1 - w_1 x_1 - w_0)^2 + (y_2 - w_1 x_2 - w_0)^2 \right\}$$

y_1, x_1, y_2, x_2가 주어진 어떤 상수이고 w_0와 w_1을 적당히 조절하여 함수 $J(w_0, w_1)$가 가장 작아지는 w_0와 w_1을 찾는 건 $y = x^2$에서 했던 것보다 훨씬 힘듭니다. 앞서 '손으로 해보는 선형회귀'에서 다이얼 두 개를 돌려가며 직선을 데이터에 맞춰본 적이 있는데 그 과정이 바로 이 문제를 푸는 과정입니다. 그때 돌린 두 다이얼이 w_0와 w_1인 것이죠. 이제 더 이상 다이얼을 돌리는 방법 따위는 사용하지 않고 문제를 풀기 위해 최적화 이론에 대해 공부합니다.

가장 일반적인 최적화 문제는 다음처럼 기술할 수 있습니다.

$$\text{minimize } f(\mathbf{x}) \text{ subject to } \mathbf{h}(\mathbf{x}) = \mathbf{0}, \ \mathbf{g}(\mathbf{x}) \leq \mathbf{0} \qquad (8.1)$$

함수 $f(\mathbf{x})$를 최소화하되 $\mathbf{x}$가 $\mathbf{h}(\mathbf{x}) = \mathbf{0}$, $\mathbf{g}(\mathbf{x}) \leq \mathbf{0}$로 주어진 등호와 부등호 조건을 만족시키라는 것입니다. 위에서 예로 든 $y = x^2$의 경우 가령

$$\text{minimize } x^2 \text{ subject to } -x + 3 \leq 0$$

라고 주어진다면 $x = 3$이 조건을 만족하는 해가 되며 그때 최솟값은 9가 됩니다. 3 보다 작은 x, 즉 2 같은 값이 더 작은 함숫값을 출력하지만 $-x + 3 \leq 0$을 위배하기 때문에 3이 최적해가 되는 것입니다.

식 (8.1)처럼 구성된 최적화 문제에서 최소화시켜야 할 주어진 함수를 목적함수 objective function라고 합니다. 분야에 따라 비용함수cost function, 손실함수loss function라 고 부르기도 합니다. 인공지능 분야에서는 전통적으로 손실함수라는 용어를 많이 사용합니다. 이름이야 어쨌든 비용과 손실은 줄이는 것이 좋습니다. 목적함숫값을 변화시키는 변수 $\mathbf{x}$를 설계변수design variable라고 합니다. 설계변수 역시 분야에 따 라 매개변수 또는 모수parameter라고 합니다. 마지막으로 $-x + 3 \leq 0$과 같이 설계 변수가 지켜야 할 조건을 제약조건constraint이라고 합니다. 이 책에서는 제약조건이 없는 비제약 최적화만 이야기합니다. 더 정확히는 비제약 최적화 중에서 목적함수 의 미분계수를 이용하는 일계법first order method이라는 방법에 대해서 다음 주제순으 로 이야기합니다.

- 테일러급수
- 경사도벡터와 강하 방향
- 최적성 조건
- 경사하강법

✓ **NOTE**

목적함수를 두 번 연속 미분한 미분계수를 이용하는 방법을 이계법second order method이라 하는데, 대표적으로 뉴턴법newton method과 유사 뉴턴법quasi-newton method 이 있습니다. 다변수 목적함수에 대한 이계 미분 정보를 특별히 헤시안hessian이라 고 하는데 헤시안을 구하기 위한 계산량이 너무 많으므로 머신 러닝·딥 러닝에서는 일계법을 주로 사용합니다.

테일러급수

앞서 설명에서는 함수를 최소화시키는 변수 $\mathbf{x}$를 찾는 것에 대해 이야기했습니다. 함수를 최소화시키는 $\mathbf{x}$는 기본적으로 만족시켜야 할 조건이 있습니다. 어떤 변숫 값 $\mathbf{x}$가 함수 $f(\mathbf{x})$를 최소로 만들 만한 자격이 있는가를 판단하는 조건이 있다는 것입니다. 앞으로 테일러급수taylor series라는 것을 사용하여 다변수 함수에서 $\mathbf{x}$가

함수 $f(\mathbf{x})$를 최소화시키는 최솟점이 될 수 있는지 확인하는 조건을 유도할 것입니다. 다변수 함수에서 최솟점을 찾는 과정은 공학 문제를 해결하는 많은 분야에서 이용되니 이번 기회에 잘 정리해 두도록 합시다.

먼저 테일러급수를 설명한 위키피디아 문장을 봅시다. 한국어 위키백과에 따르면 테일러급수는 "도함수들의 한 점에서의 값으로 계산된 항의 무한합으로 해석함수를 나타내는 방법"이라고 정의하고 있습니다.

정의만 봐서는 무슨 말인지 이해할 수 없으니 우선 간단한 식을 제시하고 예를 들어 설명하겠습니다.

$$f(x) \approx f(x^*) + f'(x^*)(x - x^*) \tag{8.2}$$

식 (8.2)는 x를 변수로 가지는 스칼라함수 $f(x)$에서 함숫값을 아는 점 x^*로부터 약간 떨어진 어떤 x에서 함숫값을 근사approximation하는 식입니다. 이를 위해 함숫값 $f(x^*)$, 그리고 미분계수 $f'(x^*)$를 이용하고 있습니다. 예를 들어 $f(x) = \ln(x)$가 있을 때 $x^* = 1$이라 하면 $f(1) = 0$, $f'(1) = 1$이므로 $x^* = 1$에서 0.01만큼 떨어진 곳에서 함숫값 $f(1.01)$은 다음 식처럼 근사됩니다.

$$f(1.01) \approx f(1) + f'(1)(1.01 - 1) = 0 + 1 \times 0.01 = 0.01$$

파이썬으로 실제 함숫값을 소수 여섯째 자리까지 출력해 보면 $f(1.01) = 0.009950$입니다. 식 (8.2)를 사용하여 나쁘지 않은 근사값을 계산할 수 있음을 알 수 있습니다. 식 (8.2)를 함수 $f(x)$에 대한 선형근사linear approximation라고 합니다. 그림으로 살펴보면 식 (8.2)에서 우변은 x^*에서 함수의 접선이 됨을 알 수 있습니다.

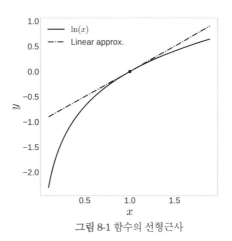

그림 8-1 함수의 선형근사

근사하고자 하는 함수가 곡선이므로 직선으로 근사하지 않고 곡선으로 근사하면 더 정확하게 할 수 있을 것입니다. 다음처럼 해봅시다.

$$f(x) \approx f(x^*) + f'(x^*)(x - x^*) + \frac{1}{2}f''(x^*)(x - x^*)^2 \qquad (8.3)$$

$f''(x^*)$는 함수 $f(x)$를 두 번 연속 미분하여 얻게 되는 미분계수를 나타냅니다. 다시 제시된 식은 x에 대한 2차 근사식으로 선형근사보다 더 정확한 값을 계산해줍니다. $f(x) = \ln(x)$에 대해 $x^* = 1$에서 식 (8.2), (8.3)을 직접 적어보면 다음과 같습니다.

$$f(x) \approx f(1) + f'(1)(x - 1) = x - 1$$
$$f(x) \approx f(1) + f'(1)(x - 1) + f''(1)(x - 1)^2 = (x - 1) - \frac{1}{2}(x - 1)^2$$

다음은 $f(x) = \ln(x)$, 근사된 일차 함수와 이차 함수를 함께 그린 그림입니다.

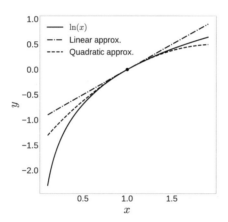

그림 8-2 함수의 선형근사와 2차 근사

그림 8-2를 보면 이차 함수로 근사한 것이 $x^* = 1$을 중심으로 조금 더 넓은 범위에서 원래 함수와 비슷한 것을 알 수 있습니다. 이렇게 미분계수를 이용하면 어떤 함수를 다항식으로 근사할 수 있습니다. 주어진 함수를 연속해서 미분할 수 있다면 다항식의 차수를 높여가면서 특정 위치를 기준으로 점점 더 정확한 근사 함수를 만들 수 있습니다. 지금처럼 다항식의 합으로 어떤 함수를 나타낸 것을 테일러급수라

고 합니다. 테일러급수를 일반적으로 적으면 다음과 같습니다.

$$f(x) = f(x^*) + f'(x^*)(x-x^*) + \frac{1}{2!}f''(x^*)(x-x^*)^2$$

$$+ \frac{1}{3!}f^{(3)}(x^*)(x-x^*)^3 + \cdots + \frac{1}{k!}f^{(k)}(x-x^*)^k + R_k \tag{8.4}$$

식 (8.4)에서 $f^{(k)}$는 함수 f를 k번 미분한 도함수를 나타냅니다. k 거듭제곱과 구별하기 위해 (k)로 표시했습니다. 그리고 2!, 3! 같은 표현은 팩토리얼factorial이라고 하며 $2! = 2 \times 1$, $3! = 3 \times 2 \times 1$처럼 계산합니다. R_k는 k차 다항식으로 근사하고 생긴 나머지 오차를 나타냅니다. R_k가 있기 때문에 식 (8.4)에 등호가 성립합니다. 테일러급수의 유용성을 확인하기 위해 $\sin(x)$를 $x = 0$에서 테일러급수로 근사시켜 보면 그림 8-3을 얻을 수 있습니다.

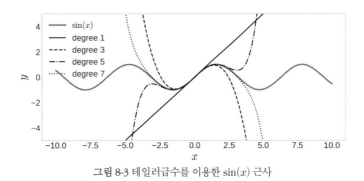

그림 8-3 테일러급수를 이용한 $\sin(x)$ 근사

그림 8-3에서 차수가 올라갈수록 $x = 0$을 중심으로 점점 $\sin(x)$와 닮아가는 것을 확인할 수 있습니다.

✓ NOTE

이전 장에서 $\cos(x)$ 함수를 대관람차에 비유하여 간단히 알아본 것을 기억하시나요? $\cos(x)$가 대관람차의 가로 위치값을 계산해주는 함수라면 $\sin(x)$는 대관람차의 세로 높이값을 계산해주는 함수라고 생각하면 됩니다.

테일러급수는 다변수 함수에도 적용될 수 있는데 만약 주어진 함수가 이변수 함수라면 다음처럼 전개할 수 있습니다.

$$f(x_1, x_2) = f(x_1^*, x_2^*) + \frac{\partial f(x_1^*, x_2^*)}{\partial x_1}(x_1 - x_1^*) + \frac{\partial f(x_1^*, x_2^*)}{\partial x_2}(x_2 - x_2^*)$$

$$+ \frac{1}{2}\frac{\partial^2 f(x_1^*, x_2^*)}{\partial^2 x_1}(x_1 - x_1^*)^2 + \frac{1}{2}\frac{\partial^2 f(x_1^*, x_2^*)}{\partial x_1 x_2}(x_1 - x_1^*)(x_2 - x_2^*)$$

$$+ \frac{1}{2}\frac{\partial^2 f(x_1^*, x_2^*)}{\partial x_2 x_1}(x_1 - x_1^*)(x_2 - x_2^*) \tag{8.5}$$

$$+ \frac{1}{2}\frac{\partial^2 f(x_1^*, x_2^*)}{\partial^2 x_2}(x_2 - x_2^*)^2 + R_2$$

식이 많이 복잡해 보이지만 식 (8.4)와 잘 비교해 보면 같은 식이란 것을 알 수 있습니다. 1차항 부분부터 보면 변수가 두 개이기 때문에 미분계수가 편미분계수로 바뀌면서 항이 두 개로 늘어났습니다. 하지만 각 변수에 대해서 한번 미분한 미분계수를 x_i^*로부터 약간 떨어진 $(x_i - x_i^*)$와 곱한다는 점은 동일합니다. 2차 항에서는 변수 두 개로 두 번 편미분해야 하므로 항 수가 네 개로 늘어났습니다. $\partial^2/\partial x_1 x_2$기호는 x_1과 x_2에 대해 각각 한 번씩 미분한다는 의미입니다. $\partial^2/\partial^2 x_1$는 x_1으로만 두 번 미분한다는 의미가 됩니다. x_i^*로부터 약간 떨어진 $(x_i - x_i^*)$에 대한 곱셈 항도 식처럼 각각 네 개가 됩니다. 이제 이 식을 합의 기호를 써서 좀 더 간략하게 나타내 보면 식 (8.6)처럼 쓸 수 있습니다.

$$f(x_1, x_2) = f(x_1^*, x_2^*) + \sum_{i=1}^{2} \frac{\partial f(x_1^*, x_2^*)}{\partial x_i}(x_i - x_i^*)$$

$$+ \frac{1}{2}\sum_{i=1}^{2}\sum_{j=1}^{2} \frac{\partial^2 f(x_1^*, x_2^*)}{\partial x_i x_j}(x_i - x_i^*)(x_j - x_j^*) + R_2 \tag{8.6}$$

이 책 2장에서 합의 기호가 두 번 연속된 경우에 대해 연습해 본 적이 있습니다. 그때 기억을 되살려 식 (8.6)을 전개하면 식 (8.5)와 같다는 것을 알 수 있습니다. 이렇게 변수가 여러 개라도 테일러급수를 사용하여 어떤 함수를 다항식으로 근사할 수 있습니다. 다루기 힘든 함수를 유한한 항들의 합으로 표현되는 다항식으로 근사해서 다룰 수 있다는 점에서 테일러급수는 매우 실용적이라 할 수 있습니다.

이제 함수의 최대, 최소를 알아본 후 테일러급수를 사용하여 다변수 함수의 최적성 조건을 유도해 봅시다.

힘수의 최대, 최소, 극대, 극소

최솟값을 찾기 위해서 최솟값, 최댓값, 극댓값, 극솟값(문헌에 따라 '값'을 쓰지 않고 최대, 최소, 극대, 극소로 표현) 같은 용어들이 구체적으로 어떤 상태를 나타내는지 알아 둘 필요가 있습니다. 용어를 구체적으로 살펴보기 전에 열린 구간과 닫힌 구간에 대해서 간략하게 짚어봅시다.

$a < b$인 두 실수 a, b에 대해서 구간 I를 $I = (a, b)$로 정의하면 I는 a와 b를 포함하지 않으며 이 경우 구간 I를 열린 구간이라 합니다. 반대로 $I = [a, b]$로 정의하면 두 끝점 a, b를 포함하며 닫힌 구간이라 합니다. 여기서 알아볼 함수의 최대, 최소는 주어진 구간에서 생각하며 구간이 열린 구간인지 닫힌 구간인지에 따라 최대, 최소의 존재 여부가 결정되게 됩니다. 어떻게 결정되는지 하나씩 따져봅시다.

최대와 최소

함수 $f(x)$의 최대global maximum, absolute maximum라는 것은 이 함수 $f(x)$가 정의된 정의역 D의 모든 점에 대해서 $f(x) \leq f(c)$를 만족하는 c가 있을 때 함숫값 $f(c)$를 의미합니다. 반대로 최소global minimum, absolute minimum는 $f(x) \geq f(c)$를 만족하는 c에 대해 $f(c)$를 의미합니다. 쉽게 말해 주어진 정의역에서 가장 큰 값 또는 가장 작은 값을 나타내는 용어라고 생각하면 됩니다. 영어 명칭에서 명시적으로 드러나 있는 것처럼 전체 영역global에서 가장 크고 가장 작은 값입니다. 그래서 전역 최대, 전역 최소라는 용어도 사용합니다.

어떤 닫힌 구간 $[a, b]$에서 연속인 함수는 항상 최댓값과 최솟값을 가지게 됩니다. 하지만 닫힌 구간이 아니거나 닫힌 구간이더라도 그 구간에서 함수가 연속이 아니면 최대 또는 최소가 존재하지 않을 수 있습니다. 다음 쪽 그림 8-4를 봅시다.

그림 8-4는 아래로 볼록한 어떤 함수에서 구간에 따른 전역 최대와 최소를 보여주고 있습니다. 세 번째와 네 번째 그림은 구간이 닫혀 있지 않으므로 경우에 따라 최대 또는 최소가 존재하지 않음을 보여줍니다. 세 번째 그림에서 함수의 최대는 $f(3) = 9$이지만 구간에 0은 포함되지 않으므로 최소는 특정할 수 없습니다. 다만 함숫값이 0보다 작아지지는 않는다고 이야기할 수 있습니다. 다시 말해 최대 하한이 0이라고 말할 수는 있습니다. 네 번째 그림은 최대도 최소도 없습니다. 다만 함수가 0보다 작아지지 않고 9보다 커지지 않습니다.

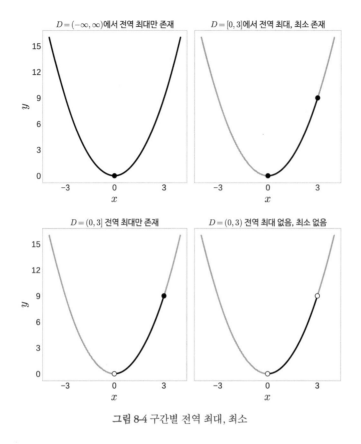

그림 8-4 구간별 전역 최대, 최소

한편 정의역이 닫힌 구간이라 하더라도 연속이 아닌 함수에 대해서 생각해봅시다. 닫힌 구간 $[0, 4]$에서 정의된 아래 함수는 $x = 2$에서 연속이 아닙니다.

$$f(x) = \begin{cases} x + 1, & 0 \leq x < 2 \\ -x + 4, & 2 \leq x \leq 4 \end{cases}$$

그래프를 그려보면 그림 8-5와 같습니다. 이 경우 구간 내에서 불연속 함수이며 최소 상한 3이 존재할 뿐(다시 말해 이 함수는 구간 내에서 3보다 커지지 않습니다) 최대는 없습니다.

전역적인 개념과 반대로 지역적으로 가장 크고 가장 작은 값도 생각해 볼 수 있습니다. 최대, 최소의 영어 명칭에 전역을 사용하고 있으므로 이 경우는 전역의 반대인 지역local을 써서 지역 최대local maximum, 지역 최소local minimum라 합니다. 또 다른 용어로는 극대極大, 극소極小라고 표기하기도 합니다.

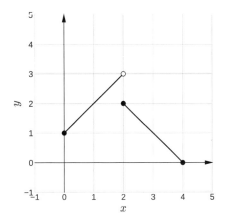

그림 8-5 닫힌 구간에서 불연속인 함수에서 최대, 최소

극대와 극소

극대와 극소의 개념을 알아보기 위해 다음 그림을 봅시다.

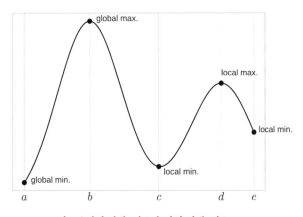

그림 8-6 전역 최대, 최소와 지역 최대, 최소

그림 8-6을 보면 c에서 함숫값은 c 근방에서 가장 작습니다. 같은 논리로 d에서 함
숫값은 근방에서 가장 크고, e에서 함숫값은 다시 근방에 가장 작습니다. 이렇게 특
정 위치 근방에서 가장 크거나 작은 함숫값을 가질 때 그 함숫값을 극대 또는 극소
라고 합니다. 또 다른 명칭으로 지역 최대, 지역 최소라고 쓰기도 하는데 이 책에서
는 최대, 최소, 극대, 극소란 용어보다는 전역과 지역을 명시적으로 밝히는 용어를
사용하도록 하겠습니다. 그 편이 의미를 더 명확하게 전달하기 때문입니다. 지역
최대의 정의는 다음과 같습니다.

"함수 f가 정의역 내의 한 점 c를 포함하는 한 개구간의 모든 $x \in D$에 대해서 $f(x) \leq f(c)$일 때, f는 c에서 지역 최댓값을 가진다고 한다."[1]

지역 최소의 정의는 위 정의에서 부등식이 반대로 되면 됩니다.

그림 8-6으로부터 유추할 수 있는 중요한 사실은 구간 내부에 존재하는 지역 최대, 지역 최소에서 접선의 기울기가 0이라는 사실입니다. b, c, d에서 접선의 기울기가 0이라는 사실은 $f'(b) = 0$, $f'(c) = 0$, $f'(d) = 0$이라는 의미입니다. 이는 지역 최대, 최소에 대한 1계 도함수 정리로 다음처럼 쓸 수 있습니다.

"어떤 함수 f가 정의역 내부점 c에서 지역 최대 또는 지역 최소를 가지고 c에서 미분계수가 정의되면 $f'(c) = 0$이 성립한다."

위 정리는 c에서 극한의 정의를 이용하면 증명할 수 있습니다.

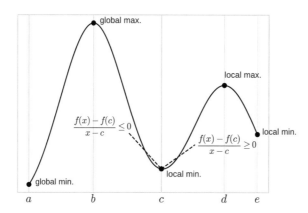

그림 8-7 지역 최소에서 왼쪽과 오른쪽 할선의 기울기

그림 8-7에서 주어진 함수는 c에서 지역 최소입니다. c 왼쪽에 있는 어느 점 x에서 c로 다가가면서 x와 c를 잇는 직선을 그리면 이 직선의 기울기는 항상 0보다 작거나 같습니다. 반대로 c 오른쪽에서 c로 다가가면서 그린 직선은 기울기가 항상 0보다 크거나 같습니다. 그런데 c에서 미분계수가 정의되려면 왼쪽에서 다가오는 직선의 기울기와 오른쪽에서 다가오는 직선의 기울기가 c에서 일치해야 할 것입니다. 그래야 c에서 접선의 기울기가 한 값으로 일치하고 그 기울기가 바로 미분계수가 되기 때문입니다. 이 상황을 식으로 써보면 다음과 같습니다.

---

1 Thomas Jr., George B., 수학교재연구회(역), 2017, 미분적분학 13판, Thomas's Calculus 13th ed, 자유아카데미, p.163

$$0 \leq \lim_{x \to c+} \frac{f(x) - f(c)}{x - c} = \lim_{x \to c-} \frac{f(x) - f(c)}{x - c} \leq 0$$

위 식에서 $\lim\limits_{x \to c+}$ 는 x가 c보다 큰 오른쪽에서 c로 점점 다가간다는 의미이고 $\lim\limits_{x \to c-}$ 는 반대로 c보다 작은 왼쪽에서 c로 다가간다는 의미입니다. 이 상황에서 두 극한값 $\lim\limits_{x \to c+} \frac{f(x) - f(c)}{x - c}$ 와 $\lim\limits_{x \to c-} \frac{f(x) - f(c)}{x - c}$ 가 같아야 c에서 미분계수가 정의되는데 그런 경우는 두 극한값이 0이 되는 경우밖에 없습니다. 따라서 $f'(c) = 0$임을 알 수 있습니다. 지역 최대에 대해서는 부등호 방향이 반대가 될 뿐 같은 논리를 적용해서 지역 최대에서도 $f'(c) = 0$이 성립함을 보일 수 있습니다.

$f'(x) = 0$임을 이용하여 최솟값을 구하는 간단한 예제를 하나 살펴봅시다.

예제 8-1

$f(x) = x^3 - 6x + 3$의 최솟값을 구하세요. 단, $x \in [-2, 3]$

풀이

1계 도함수 정리를 사용하기 위해 주어진 식의 도함수를 구합니다. 간단하게 다항식 미분법을 적용하면 $f'(x) = 3x^2 - 6$입니다. 지역 최대, 지역 최소에서 도함수 값이 0이 되므로 $3x^2 - 6 = 0$으로 두고 2차 방정식을 풀어보면 $x = \pm\sqrt{2}$임을 알 수 있고, 주어진 함수는 $x = \pm\sqrt{2}$에서 지역 최소 또는 지역 최대를 가지게 됩니다. 원 식에 구한 값을 대입하면 $f(\sqrt{2}) = 3 - 4\sqrt{2}$, $f(-\sqrt{2}) = 3 + 4\sqrt{2}$입니다. 마지막으로 주어진 구간에서 함숫값을 구해보면 $f(-2) = 7$, $f(3) = 12$이므로 주어진 영역에서 최솟값은 $f(\sqrt{2}) = 3 - 4\sqrt{2}$, 최댓값은 $f(3) = 12$가 됩니다. 나머지 두 값 $f(-2) = 7$은 지역 최소, $f(-\sqrt{2}) = 3 + 4\sqrt{2}$은 지역 최대가 됩니다. 그림 8-8은 예제에 대한 그림입니다. 주어진 영역이 진한 색으로 그려져 있고 1계 도함수 정리를 만족시키는 점은 원으로 구간 양 끝점은 사각형으로 나타내었습니다.

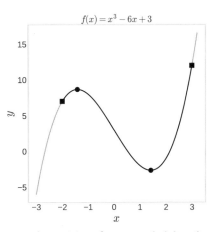

그림 8-8 $f(x) = x^3 - 6x + 3$에 대한 그래프

지금까지 함수의 최대, 최소가 무엇인지 알아보고 간단한 예제를 풀어봤습니다. 그 과정에서 최대 또는 최소를 판단하기 위해 1계 도함수 정리를 적용했습니다. 다변수 함수에도 이와 동일한 논리를 적용할 수 있을까요? 다시 말해 다변수 함수가 주어졌을 때 특정 위치에서 편미분계수가 모두 0이 되면 그 위치가 지역 최대 또는 지역 최소가 될 수 있을까요? 우리는 다변수 함수를 주로 다룰 예정이므로 이 사실을 확인하는 것은 매우 중요합니다. 다변수 함수에서도 이 사실이 성립함을 보이려면 경사도벡터와 헤시안행렬에 대해서 이야기해야 합니다.

경사도벡터와 헤시안행렬

경사도벡터

경사도벡터는 다변수 스칼라함수의 편미분계수를 요소로 가지는 벡터를 의미합니다. 때로는 경사도벡터 대신 그래디언트gradient라는 원어 용어를 사용하기도 하는데, 최근에는 번역된 용어를 더 많이 사용하는 편입니다. 함수 $f(\mathbf{x})$에 대해서 $\mathbf{x}^*$에서 편미분계수를 $c_i = \dfrac{\partial f(\mathbf{x}^*)}{\partial x_i}$로 표기하면 경사도벡터는 식 (8.7)처럼 열벡터로 정의됩니다.

$$\nabla f(\mathbf{x}^*) = \begin{bmatrix} \dfrac{\partial f(\mathbf{x}^*)}{\partial x_1} \\ \dfrac{\partial f(\mathbf{x}^*)}{\partial x_2} \\ \vdots \\ \dfrac{\partial f(\mathbf{x}^*)}{\partial x_n} \end{bmatrix} \tag{8.7}$$

식 (8.7)에서 경사도벡터를 $\nabla f(\mathbf{x}^*)$로 표기했습니다. ∇는 델del 또는 나블라nabla라고 읽고 스칼라함수에 작용하여 경사도벡터를 나타내는데 다음처럼 편미분 연산자를 요소로 가지는 벡터로 정의합니다.

$$\nabla = \left(\frac{\partial}{\partial x_1}, \quad \cdots, \quad \frac{\partial}{\partial x_n} \right)$$

$f(\mathbf{x}^*)$는 스칼라이므로 벡터 ∇에 스칼라 $f(\mathbf{x}^*)$를 곱하면 벡터가 되고 이를 경사도벡터라 하는 것입니다. 연습으로 이변수 스칼라함수에 대한 경사도벡터를 구해봅시다.

예제 8-2

$f(x_1, x_2) = -\frac{1}{3}x_1^2 \exp(x_2)$에 대해 $\mathbf{x}^* = (2, 0)$에서 경사도벡터를 구하세요.

풀이

$$\nabla f(x_1, x_2) = \left(\frac{\partial f}{\partial x_1}, \quad \frac{\partial f}{\partial x_2} \right)^{\mathrm{T}}$$

경사도벡터는 위와 같으므로 각각 편도함수를 구해봅시다. $f(x_1, x_2) = -\frac{1}{3}x_1^2 \times \exp(x_2)$으로 보고 곱셈의 미분법을 적용합니다.

$$\frac{\partial}{\partial x_1} f(x_1, x_2) = \frac{\partial}{\partial x_1} \left(-\frac{1}{3}x_1^2 \right) \exp(x_2) + \left(-\frac{1}{3}x_1^2 \frac{\partial}{\partial x_1} \exp(x_2) \right) = -\frac{2}{3}x_1 \exp(x_2)$$

$$\frac{\partial}{\partial x_2} f(x_1, x_2) = \frac{\partial}{\partial x_2} \left(-\frac{1}{3}x_1^2 \right) \exp(x_2) + \left(-\frac{1}{3}x_1^2 \frac{\partial}{\partial x_2} \exp(x_2) \right) = -\frac{1}{3}x_1^2 \exp(x_2)$$

$\mathbf{x}^* = (2, 0)$을 대입하면 $\nabla f(\mathbf{x}^*) = \left(-\frac{4}{3}, -\frac{4}{3} \right)^{\mathrm{T}}$를 경사도벡터로 구할 수 있습니다.

경사도벡터가 무엇인지 알았으니 경사도벡터가 가지는 매우 중요한 성질 두 가지를 알아봅시다.

$f(\mathbf{x}^*) = c$인 표면의 초접평면에 수직

경사도벡터는 단순히 편미분계수를 모두 모아 놓은 벡터이지만 매우 중요한 성질을 가집니다. 첫 번째로 경사도벡터는 함수 표면의 초접평면hyper tangent plane에 수직입니다. 초접평면이라는 용어는 모든 차원에 존재하는 평면을 나타내기 위해 사용된 용어입니다. 이를 시각적으로 확인하기 위해 임의의 이변수 함수에 대해 경사도벡터 몇 개를 그려보면 그림 8-9와 같습니다.

그림 8-9는 이변수 함수를 등고선 그래프로 그린 것입니다. 그리고 특정 등고선 위에서 크기를 모두 동일하게 조절한 경사도벡터를 그린 것입니다. 경사도벡터의 방향을 보면 모두 등고선에 수직인 것을 알 수 있습니다. 앞서 이야기한 함수 표면이라는 것은 함숫값이 모두 같은 면을 이야기합니다. 이변수 함수에서는 함숫값이 모두 같은 표면은 바로 등고선입니다. 그리고 이변수 함수에서 초접평면이란 이 등고선에 접하는 접선이 됩니다. 즉, 이변수 함수에서 경사도벡터는 등고선의 접선에 수직이 되는 것입니다.

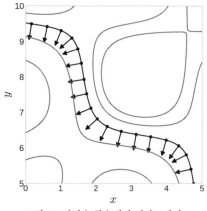

그림 8-9 이변수 함수에서 경사도벡터

함수 표면과 초접평면이란 개념이 차원이 낮아지면서 형태상 면이 선으로 바뀌었지만 개념은 동일합니다. 함수 표면과 접평면을 있는 그대로 보기 위해서 다변수인 경우를 하나 더 확인해 보겠습니다.

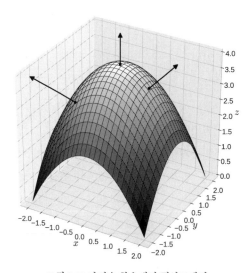

그림 8-10 다변수 함수에서 경사도벡터

그림 8-10에 그려진 곡면은 $-\dfrac{1}{2}x^2 - \dfrac{1}{2}y^2 - z + 4 = 0$인 등위면을 나타냅니다. 3장 '한쪽이 숫자로 고정되면?'에서 변수 세 개인 함수는 3차원 공간에 그릴 수 없지만 한쪽이 숫자로 고정된 등위면은 3차원에 그릴 수 있다고 했습니다. 그림 8-10이 바로 그런 경우입니다. 이 등위면 상에 그려진 경사도벡터 세 개는 모두 함수 등위면의 접평면에 수직 방향을 가리키고 있다는 사실을 확인할 수 있습니다. 변수 네 개

인 함수에 대해서는 함수의 표면도 무피가 되고 이에 접하는 초접평면도 부피가 될 것입니다.

이제 이 사실을 증명해 봅시다.[2]

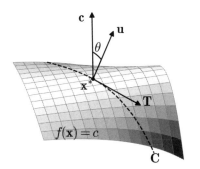

그림 8-11 등위면과 등위면 위를 지나는 곡선

그림 8-11은 n차원 벡터 $\mathbf{x}$를 변수로 가지는 스칼라함수의 등위면 $f(\mathbf{x}) = c$와 그 곡면 위를 지나가는 곡선 $\mathbf{C}$를 나타낸 것입니다. 그리고 곡선 $\mathbf{C}$ 위 점 $\mathbf{x}^*$에서 곡선 $\mathbf{C}$에 접하는 접선벡터는 $\mathbf{T}$, 경사도벡터는 $\mathbf{c}$로 표시되어 있습니다. 그림은 $n = 3$인 경우를 나타내지만 여기서 논의되는 과정은 n차원까지 일반적으로 적용될 수 있습니다. 곡면 위를 지나는 곡선 $\mathbf{C}$는 변수 t에 대한 일변수 벡터함수라 할 수 있습니다. 변수가 세 개인 경우에 대해 곡선 $\mathbf{C}$를 그림 8-12처럼 나타낼 수 있습니다.

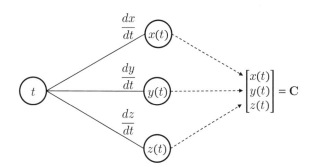

그림 8-12 그림 8-11에서 곡선 $\mathbf{C}$에 대한 그래프 표현

t를 이용해서 x, y, z를 정의하고 이를 모아 3차원 공간에 점을 찍으면 곡면 위를 지나는 곡선이 그려집니다. 명확하게 이해할 수 있도록 다음 코드로 상황을 시각화합시다.

2 Arora, Jasbir S., 임오강 외 5인(역), 2017, 최적설계입문 4판, 한티미디어, p.446

```
import numpy as np
import matplotlib.pyplot as plt
from mpl_toolkits.mplot3d import Axes3D

# f(x,y,z) = 0
x = y = np.arange(-1.0, 1.0, 0.05)
X, Y = np.meshgrid(x, y)
Z = -(1/3)*(X**2)*(np.exp(Y)) #❶

# 곡선 C에 대한 변수 t와 x(t), y(t), z(t)
t = np.linspace(-0.5, 0.5, 100)
xt = np.array(2*t)              #❷
yt = np.array(t)
zt  = -(1/3)*(xt**2)*(np.exp(yt))

fig = plt.figure(figsize=(10,10))
ax = fig.add_subplot(111, projection='3d')

# 곡면 그리기
ax.plot_surface(X, Y, Z, rstride=3, cstride=3,
                cmap=plt.cm.gray, edgecolor='gray', zorder=1) #❸

# 곡면 위를 지나는 곡선 C = [xt, yt, zt]^T
ax.plot3D(xt, yt, zt, '―', lw=2, color='k', zorder=10)          #❹

ax.set_zlim(-1,1)
ax.set_axis_off()
ax.view_init(35, -15)

plt.show()
```

❶ $f(x, y, z) = \frac{1}{3}x^2 e^y + z$에 대해 $\frac{1}{3}x^2 e^y + z = 0$인 등위면을 생성합니다. 다만 매트플롯립이 등위면 그리기를 지원하지 않으므로 여기서는 편의상 z를 이항하여 $-\frac{1}{3}x^2 e^y = z$인 이변수 함수를 생성합니다. ❷ 매개변수 t에 대해 $\mathbf{C}(x(t), y(t), z(t)) = \left(2t, t, -\frac{1}{3}x(t)^2 e^{y(t)}\right)^{\mathrm{T}}$로 정의합니다. t에 따라 이 벡터는 공간에 곡선을 그리게 될 것입니다. ❸, ❹ 생성된 곡면과 곡선을 함께 그립니다. 위 코드를 실행하면 그림 8-11처럼 곡면과 그 곡면 위를 지나는 곡선이 함께 그려집니다.

한편 곡선 $\mathbf{C}$를 따라 $\mathbf{C}$에 접하는 접선벡터 $\mathbf{T}$는 $\mathbf{C}$의 성분을 각각 t로 미분한 결과를 요소로 가지는 벡터입니다. 이는 그림 8-13을 통해 직관적으로 이해할 수 있습니다.

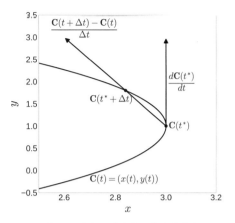

그림 8-13 일변수 벡터함수의 접선벡터

그림 8-13에서 $\mathbf{C}(t)$의 t에 대한 도함수는 다음과 같습니다.

$$\frac{d\mathbf{C}(t)}{dt} = \lim_{\Delta t \to 0} \frac{\mathbf{C}(t + \Delta t) - \mathbf{C}(t)}{\Delta t}$$

그림으로부터 Δt를 점점 0에 가깝게 줄여가면 $\dfrac{\mathbf{C}(t + \Delta t) - \mathbf{C}(t)}{\Delta t}$가 $\mathbf{C}(t)$에서 접선벡터가 되는 것을 직관적으로 알 수 있습니다. 따라서 $\mathbf{x}^*$에서 곡선 $\mathbf{C}$의 접선벡터는 각 성분을 t에 대해 미분한 것이므로 다음처럼 쓸 수 있습니다.

$$\mathbf{T} = \left(\frac{dx_1(t)}{dt}, \quad \frac{dx_2(t)}{dt}, \quad \cdots, \quad \frac{dx_n(t)}{dt} \right)^{\mathrm{T}}$$

이제 곡선에 대한 변수 t가 미세하게 변할 때 곡면 함수 $f(\mathbf{x})$의 변화를 생각해 봅시다. 함수 $f(\mathbf{x})$를 t로 미분하는 것인데 t가 변함에 따라 함숫값은 변하지 않고 상수로 일정합니다. 그 이유는 t가 변하면 그림에 표시된 곡선을 따라 이동하게 되고 이 곡선은 곡면 위에 있으며 곡면 위에서 함숫값은 모두 c로 동일하기 때문입니다. 따라서 다음처럼 f의 t에 대한 변화율은 0이 됩니다.

$$\frac{df}{dt} = 0$$

$f(\mathbf{x})$는 $x_1, x_2, \cdots, x_n$에 관한 함수이고 $x_i(t)$는 다시 t에 대한 함수이므로 연쇄법칙을 적용하면 위 식은 다음처럼 쓸 수 있습니다.

$$\frac{df}{dt} = \frac{\partial f}{\partial x_1}\frac{dx_1}{dt} + \frac{\partial f}{\partial x_2}\frac{dx_2}{dt} + \cdots + \frac{\partial f}{\partial x_n}\frac{dx_n}{dt} = 0$$

앞 식을 분리하여 벡터 내적 형태로 다시 적을 수 있습니다.

$$\frac{df}{dt} = \begin{bmatrix} \dfrac{\partial f}{\partial x_1} & \dfrac{\partial f}{\partial x_2} & \cdots & \dfrac{\partial f}{\partial x_n} \end{bmatrix} \begin{bmatrix} \dfrac{dx_1}{dt} & \dfrac{dx_2}{dt} & \cdots & \dfrac{dx_n}{dt} \end{bmatrix}^{\mathrm{T}} = 0$$

그런데 앞의 식에서 첫 번째 항은 경사도벡터이며 두 번째 항은 접선벡터 $\mathbf{T}$입니다. 따라서 다음과 같습니다.

$$\mathbf{c} \cdot \mathbf{T} = 0$$

결과적으로 $\mathbf{x}^*$에서 경사도벡터 $\mathbf{c}$와 접선벡터 $\mathbf{T}$는 수직입니다. 한편 $\mathbf{T}$는 $\mathbf{x}^*$에서 함수 표면에 접하는 초접평면에 있는 임의의 접선벡터이므로 최종적으로 경사도벡터 $\mathbf{c}$와 $\mathbf{x}^*$에서 초접평면과 수직이 됩니다.

함수의 최대증가방향

경사도벡터의 신기한 성질 중 두 번째 성질은 함수가 가장 빠르게 증가하는 방향을 가리킨다는 성질입니다. 경사도벡터는 언제나 함수가 가장 빠르게 증가하는 방향을 가리키기 때문에 경사도벡터 방향의 반대 방향은 함수가 가장 빠르게 줄어드는 방향을 가리킬 것입니다. 이런 이유 때문에 어떤 함수의 최솟값을 구하기 위해서 변수를 변화시킬 때 경사도벡터를 구하는 것이 가장 우선되는 작업입니다. 물론 경사도벡터를 구하기 위해서는 주어진 함수를 미분할 수 있어야 합니다. 그래서 미분을 열심히 배웠던 것입니다. 이제 경사도벡터가 왜 함수가 가장 빠르게 증가하는 방향을 가리키는지 알아봅시다.[3]

그림 8-11에서 임의의 방향을 가리키는 단위벡터 $\mathbf{u}$를 생각해 봅시다. 이때 $\mathbf{c}$와 $\mathbf{u}$가 이루는 각은 θ입니다. 현재 위치 $\mathbf{x}^*$에서 $\mathbf{u}$ 방향으로 변화를 준다면 이 변화는 또 다른 매개변수 t를 도입하여 $\mathbf{x}^* + t\mathbf{u}$로 표시할 수 있습니다. $t = 0$이면 $\mathbf{x}^* + t\mathbf{u}$는 $\mathbf{x}^*$가 되며 t가 조금씩 증가하면 $\mathbf{x}^*$에 $t\mathbf{u}$만큼씩 더해지면서 $\mathbf{x}^* + t\mathbf{u}$는 $\mathbf{u}$를 따라 조금씩 이동한다는 이야기입니다. 이제 $\mathbf{x}^*$에서 $\mathbf{u}$ 방향으로 t에 대한 미분을 생각해 볼 수 있는데 이러한 미분을 특정 방향으로 미분한다 하여 방향 미분이라 합니다. 이 방향 미분을 미분의 정의대로 쓰면 다음과 같습니다.

---

3 Arora, Jasbir S., 임오강 외 5인(역), 2017, 최적설계입문 4판, 한티미디어, p.447

$$\nabla_{\mathbf{u}} f = \lim_{t \to 0} \frac{f(\mathbf{x}^* + t\mathbf{u}) - f(\mathbf{x}^*)}{t} \tag{8.8}$$

정의는 늘 보던 미분의 정의와 동일합니다. 다만 함수의 변화가 $\mathbf{u}$ 방향으로 구속된 경우를 나타낸 것입니다. 이제 분자 $f(\mathbf{x}^* + t\mathbf{u})$ 부분을 중심 $f(\mathbf{x}^*)$에서 테일러급수로 전개하면 다음과 같은 t에 대한 다항식이 됩니다.

$$f(\mathbf{x}^* + t\mathbf{u}) = f(\mathbf{x}^*) + t \left\{ u_1 \frac{\partial f}{\partial x_1} + u_2 \frac{\partial f}{\partial x_2} + \cdots + u_n \frac{\partial f}{\partial x_n} \right\} + O(t^2)$$

$O(t^2)$는 t에 대한 제곱 이상 항을 포함하는 항이라는 뜻입니다. 여기에 시그마 기호를 도입하고 양변에 $f(\mathbf{x}^*)$를 빼면 간단히 다음처럼 쓸 수 있습니다.

$$f(\mathbf{x}^* + t\mathbf{u}) - f(\mathbf{x}^*) = t \sum_{i=1}^{n} u_i \frac{\partial f}{\partial x_i} + O(t^2)$$

이 결과를 식 (8.8)에 대입하면 아래와 같습니다.

$$\nabla_{\mathbf{u}} f = \lim_{t \to 0} \frac{t \sum_{i=1}^{n} u_i \frac{\partial f}{\partial x_i} + O(t^2)}{t} = \lim_{t \to 0} \sum_{i=1}^{n} u_i \frac{\partial f}{\partial x_i} + O(t) = \sum_{i=1}^{n} u_i \frac{\partial f}{\partial x_i} = \mathbf{c} \cdot \mathbf{u}$$

두 번째 등호는 분자 분모에 t가 약분되어 성립하고 세 번째 등호는 $O(t)$에 극한을 적용하면 0으로 수렴하여 성립합니다. 결국 $\mathbf{x}^*$에서 단위벡터 $\mathbf{u}$ 방향으로의 방향 미분은 $\mathbf{x}^*$에서 경사도벡터 $\mathbf{c}$와 $\mathbf{u}$의 내적이라는 사실을 알 수 있습니다.

지금까지 상황을 정리해 봅시다. $\mathbf{x}^*$에서 단위벡터 $\mathbf{u}$ 방향으로의 방향 미분은 $\mathbf{x}^*$에서 $\mathbf{u}$를 따라 변하는 함수의 변화율을 나타내고 그것이 $\mathbf{c} \cdot \mathbf{u}$이라는 것입니다. 내적의 정의에 따라 $\mathbf{c} \cdot \mathbf{u} = |\mathbf{c}||\mathbf{u}| \cos \theta$이므로 이 변화율이 가장 커지려면 $\cos \theta$가 가장 커져야 합니다. $\cos$ 함수는 앞서 알아본 대관람차 정의에 의해 -1에서 1 사이 값을 가지는데, 가장 큰 값은 $\cos 0° = 1$이므로 $\theta = 0°$여야 합니다. 즉, 어떤 방향 $\mathbf{u}$를 따라 함수가 변할 때 그 증가율이 가장 크려면 $\mathbf{u}$가 경사도벡터 방향이어야 함이 증명되었습니다. 반면 $\theta = 180°$이면 $\mathbf{u}$는 경사도벡터 $\mathbf{c}$와 반대 방향이 되며 $\cos 180° = -1$이므로 이 방향을 따라 변할 때 함수의 감소율이 가장 큼을 알 수 있습니다.

이상 알아본 두 가지 성질을 입체적으로 이해하기 위해 다음 주소를 웹브라우저로 열어보세요.

✓ **URL을 반드시 열어보세요**

https://metamath1.github.io/noviceml/contour.html

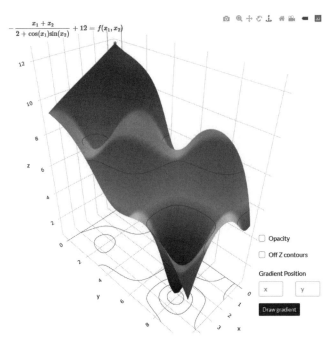

그림 8-14 이변수 스칼라함수와 등고선

제시된 웹 앱을 웹브라우저로 열어보면 어떤 이변수 함수가 그려집니다. 이 프로그램의 목적은 경사도벡터를 실시간으로 시각화 하는 것입니다. 오른쪽 하단 입력 칸에 x, y 좌표를 입력하고 Draw gradient 버튼을 클릭하면 해당 좌표에서 경사도벡터를 계산하여 원뿔 모양으로 그려줍니다. 원뿔의 뾰족한 부분이 벡터 방향이 되고 원뿔의 크기는 벡터의 크기를 나타냅니다. 그려진 경사도벡터의 방향이 등고선에 수직인지 그리고 그 방향이 함수가 증가하는 방향인지 확인해 봅시다. 확인을 쉽게 하기 위해 Opacity와 Off Z contours를 체크하세요.

그림 8-15는 $x = 2.5$, $y = 8$에서 경사도벡터를 표시한 것입니다. 경사도벡터가 원뿔로 그려지고 주어진 점을 포함하는 등고선이 함께 그려집니다. 오른쪽 그림은 위에서 바라본 모습으로 원뿔이 등고선의 접선에 수직 방향을 가리키고 있습니다. 왼쪽 그림은 다른 방향에서 바라본 모습으로 주어진 위치에서 경사도벡터 방향으로 이동하면 언덕을 타고 올라가게 되는 것을 상상할 수 있습니다. 이때 올라가는

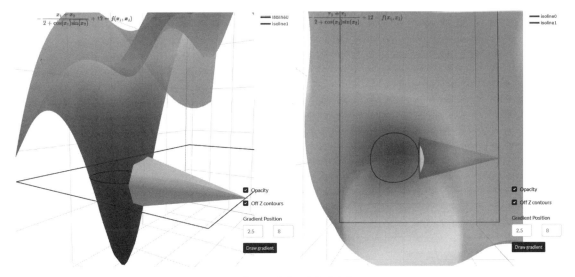

그림 8-15 경사도벡터 시각화

경사가 매우 가파르기 때문에 원뿔의 크기가 굉장히 크게 그려진 것입니다.

이 실험에서 알 수 있는 중요한 점은 경사도벡터가 언덕을 타고 올라가는 방향을 위쪽으로 가리키지 않는다는 사실입니다. 실험에 사용되는 함수는 이변수 함수이며 경사도벡터가 2차원 벡터이므로 이 벡터는 항상 xy 평면과 평행한 평면 위에 놓이게 됩니다. 다시 말해 경사도벡터는 오른쪽 그림처럼 등고선이 그려진 평면 위에 있는 벡터이므로, 이 벡터가 경사진 방향을 가리키기 위해 위쪽을 향하고 있지 않다는 이야기입니다. 그러므로 경사도벡터의 차원은 변수의 차원과 같고 경사진 정도는 벡터 크기가 알려준다는 점을 꼭 이해해야 합니다. 몇몇 다른 위치에서 경사도벡터를 그려보면 이 차이를 금방 실감할 수 있습니다. 예를 들어 (3, 5)에서 경사도벡터를 그리면 거의 언덕 꼭대기에 위치하기 때문에 원뿔이 작게 그려지는 것을 확인할 수 있습니다. 이런 성질 때문에 함수 전체 모습을 보지 못하더라도 경사도벡터를 구해 현재 위치가 경사진 곳인지 평지인지 확인할 수 있게 되는 것입니다.

헤시안행렬

다변수 스칼라함수를 두 번 편미분하면 행렬 형태가 되는데 이것을 헤시안hessian 또는 헤시안행렬이라고 합니다. 문헌에 따라서 헷세행렬이라고 하기도 합니다. 헤시안은 기호 $\mathbf{H}$로 쓰고 다음과 같습니다.

$$\mathbf{H} = \frac{\partial^2 f(\mathbf{x})}{\partial \mathbf{x} \, \partial \mathbf{x}} = \begin{bmatrix} \dfrac{\partial^2 f}{\partial x_1 x_1} & \dfrac{\partial^2 f}{\partial x_1 x_2} & \cdots & \dfrac{\partial^2 f}{\partial x_1 x_n} \\[2mm] \dfrac{\partial^2 f}{\partial x_2 x_1} & \dfrac{\partial^2 f}{\partial x_2 x_2} & \cdots & \dfrac{\partial^2 f}{\partial x_2 x_n} \\[2mm] \vdots & \vdots & \ddots & \vdots \\[2mm] \dfrac{\partial^2 f}{\partial x_n x_1} & \dfrac{\partial^2 f}{\partial x_n x_2} & \cdots & \dfrac{\partial^2 f}{\partial x_n x_n} \end{bmatrix} \tag{8.9}$$

경사도벡터를 한번 편미분하는 형태로 헤시안을 써보면 앞서 알아본 야코비안과 동일하다는 것을 알 수 있습니다. 헤시안을 구하는 예를 하나 들어보겠습니다.

예제 8-3

$f(x_1, x_2) = -\frac{1}{3}x_1^2 \exp(x_2)$에 대해 $\mathbf{x}^* = (2, 0)$에서 헤시안을 구하세요.

풀이

헤시안을 구하기 위해 두 번 연속 미분하는 것은 자칫 헷갈리기 쉬우니 차근차근 풀어봅시다. 앞선 경사도벡터 예제에서 한 번 미분한 편도함수는 이미 구해 두었습니다.

$$\frac{\partial}{\partial x_1} f(x_1, x_2) = \frac{\partial}{\partial x_1}\left(-\frac{1}{3}x_1^2\right)\exp(x_2) + \left(-\frac{1}{3}x_1^2 \frac{\partial}{\partial x_1}\exp(x_2)\right) = -\frac{2}{3}x_1 \exp(x_2)$$

$$\frac{\partial}{\partial x_2} f(x_1, x_2) = \frac{\partial}{\partial x_2}\left(-\frac{1}{3}x_1^2\right)\exp(x_2) + \left(-\frac{1}{3}x_1^2 \frac{\partial}{\partial x_2}\exp(x_2)\right) = -\frac{1}{3}x_1^2 \exp(x_2)$$

각 결과에 대해 다시 한번 곱셈의 미분법을 적용합니다.

$$\frac{\partial}{\partial x_1}\left(\frac{\partial}{\partial x_1} f(x_1, x_2)\right) = \frac{\partial}{\partial x_1}\left(-\frac{2}{3}x_1 \exp(x_2)\right)$$
$$= \frac{\partial}{\partial x_1}\left(-\frac{2}{3}x_1\right)\exp(x_2) + \left(-\frac{2}{3}x_1 \frac{\partial}{\partial x_1}\exp(x_2)\right) = -\frac{2}{3}\exp(x_2)$$

$$\frac{\partial}{\partial x_2}\left(\frac{\partial}{\partial x_1} f(x_1, x_2)\right) = \frac{\partial}{\partial x_2}\left(-\frac{2}{3}x_1 \exp(x_2)\right)$$
$$= \frac{\partial}{\partial x_2}\left(-\frac{2}{3}x_1\right)\exp(x_2) + \left(-\frac{2}{3}x_1 \frac{\partial}{\partial x_2}\exp(x_2)\right) = -\frac{2}{3}x_1 \exp(x_2)$$

$$\frac{\partial}{\partial x_1}\left(\frac{\partial}{\partial x_2}f(x_1, x_2)\right) = \frac{\partial}{\partial x_1}\left(-\frac{1}{3}x_1^2\exp(x_2)\right)$$

$$= \frac{\partial}{\partial x_1}\left(-\frac{1}{3}x_1^2\right)\exp(x_2) + \left(-\frac{1}{3}x_1^2\frac{\partial}{\partial x_1}\exp(x_2)\right) = -\frac{2}{3}x_1\exp(x_2)$$

$$\frac{\partial}{\partial x_2}\left(\frac{\partial}{\partial x_2}f(x_1, x_2)\right) = \frac{\partial}{\partial x_2}\left(-\frac{1}{3}x_1^2\exp(x_2)\right)$$

$$= \frac{\partial}{\partial x_2}\left(-\frac{1}{3}x_1^2\right)\exp(x_2) + \left(-\frac{1}{3}x_1^2\frac{\partial}{\partial x_2}\exp(x_2)\right) = -\frac{1}{3}x_1^2\exp(x_2)$$

결과를 행렬 형태로 묶어 씁니다.

$$\mathbf{H} = \begin{bmatrix} -\dfrac{2}{3}\exp(x_2) & -\dfrac{2}{3}x_1\exp(x_2) \\ -\dfrac{2}{3}x_1\exp(x_2) & -\dfrac{1}{3}x_1^2\exp(x_2) \end{bmatrix}$$

이때 경사도벡터나 헤시안행렬은 편도함수들의 모임이라는 사실을 항상 염두에 두어야 합니다. 주어진 함수가 일차나 이차 함수라면 경사도벡터와 헤시안은 바로 숫자로 채워진 벡터나 행렬을 얻습니다. 하지만 예제 같이 여러 번 미분할 수 있는 함수인 경우는 숫자로 이뤄진 결과가 구해지지 않는다는 점을 알아야 합니다. 이제 구해진 헤시안에 $\mathbf{x}^* = (2, 0)$을 대입하면 미분계수들을 요소로 가지는 헤시안이 구해집니다.

$$\mathbf{H}(2, 0) = \begin{bmatrix} -\dfrac{2}{3} & -\dfrac{4}{3} \\ -\dfrac{4}{3} & -\dfrac{4}{3} \end{bmatrix}$$

풀이 과정에서 진행한 계산이 너무 복잡하게 느껴진다면 6장에서 알아본 심파이를 사용해서 간단하게 계산할 수 있습니다.

```
import sympy as sp

x1 = sp.Symbol('x1')
x2 = sp.Symbol('x2')

f = -sp.Rational(1, 3) * x1**2 * sp.E**x2 # ❶

sp.derive_by_array(sp.derive_by_array(f, (x1, x2)), (x1, x2)) # ❷
```

$$\#>>> \begin{bmatrix} -\dfrac{2e^{x_2}}{3} & -\dfrac{2x_1e^{x_2}}{3} \\ -\dfrac{2x_1e^{x_2}}{3} & -\dfrac{x_1^2e^{x_2}}{3} \end{bmatrix}$$

```
H = sp.derive_by_array(sp.derive_by_array(f, (x1, x2)), (x1, x2)) #❸
H.subs({x1:2, x2:0})
```

$$\#>>> \begin{bmatrix} -\dfrac{2}{3} & -\dfrac{4}{3} \\ -\dfrac{4}{3} & -\dfrac{4}{3} \end{bmatrix}$$

❶ 미분할 변수를 심벌로 선언하고 함수 f를 정의합니다. 여기서 분수 $\dfrac{1}{3}$을 sp.Rational() 함수로 표현하여 계산 결과에서도 분수가 유지되게 했습니다. 그냥 $\dfrac{1}{3}$을 써도 되지만 계산 결과에서 $\dfrac{1}{3}$이 0.3333333처럼 표시됩니다. ❷ sp.derive_by_array() 함수로 여러 변수에 대해서 순차적으로 미분합니다. (x1, x2)으로 한 번 미분한 결과를 다시 (x1, x2)로 미분하므로 헤시안을 구하고 있는 것입니다. 물론 이전처럼 sp.diff(f, x1, x1), sp.diff(f, x1, x2)라고 각각 두 번씩 미분하는 방식도 가능합니다. ❸ 미분 결과를 H에 저장하고 값을 대입substitution하는 메서드인 .subs를 이용하여 심벌 x1, x2에 구체적인 값을 대입하면 결과가 출력됩니다.

이제 경사하강법을 이야기하기 위해 알아야 할 마지막 개념인 행렬의 형식을 살펴 보겠습니다.

행렬의 형식

어떤 행렬 $\mathbf{A}$에 $\mathbf{0}$ 벡터가 아닌 임의의 벡터 $\mathbf{x}$를 $\mathbf{x}^\mathrm{T}\mathbf{A}\mathbf{x}$로 곱하면 결과는 0, 양수, 또는 음수가 될 수 있습니다. 이때 어떤 벡터를 곱해도 항상 양수가 되는 행렬이 있을 수 있는데 이런 행렬을 양정positive definite행렬이라 합니다. 번역된 용어는 양정 행렬, 양정치 행렬, 양의 정부호 행렬 등 다양합니다. 예를 들어 다음 같은 경우를 봅시다.

$$\begin{bmatrix} x_1 & x_2 \end{bmatrix} \begin{bmatrix} 2 & 0 \\ 0 & 3 \end{bmatrix} \begin{bmatrix} x_1 \\ x_2 \end{bmatrix} = 2x_1^2 + 3x_2^2$$

예에서 제시된 행렬은 어떤 임의의 벡터를 앞뒤로 곱해도 결과는 무조건 양수가 됨을 알 수 있습니다. 반대로 위 예에서 주 대각 요소가 −2, −3이면 결과는 무조건 음수가 되겠죠. 이런 행렬은 음정negative definite행렬이라 합니다. 행렬에 대한 이런 성질을 행렬의 형식form of a matrix이라고 합니다. 다음 절에서 행렬의 형식을 사용하여 최적성 조건을 유도하도록 하겠습니다.

최적성 조건: 1계 필요조건

이번 장에서 달성하고자 하는 목표는 함수의 최적성 조건을 이야기하고 이를 사용하여 경사하강법을 이해하는 것입니다. 드디어 두 주제 중에서 최적성 조건을 이야기할 단계입니다. 앞서 일변수 함수에 대해 $f'(x) = 0$이 지역 최소와 최대를 판단하기 위한 조건이 된다는 것을 확인했습니다. 이제 이 최적성 조건을 다변수 함수로 일반화시키도록 하겠습니다. 논의를 계속하기 위해 경사도벡터와 헤시안행렬을 사용하여 식 (8.6)을 행렬-벡터 형식으로 바꿔 쓰면 식 (8.10)과 같습니다.

$$f(\mathbf{x}) = f(\mathbf{x}^*) + \nabla f(\mathbf{x}^*)^{\mathrm{T}}(\mathbf{x} - \mathbf{x}^*) + \frac{1}{2}(\mathbf{x} - \mathbf{x}^*)^{\mathrm{T}}\mathbf{H}(\mathbf{x}^*)(\mathbf{x} - \mathbf{x}^*) + R_2 \quad (8.10)$$

식 (8.10)에서 우변 셋째 항에서 보인 행렬-벡터 형식이 조금 복잡하게 느껴지니 식 (8.6)에서 해당 부분을 다시 보기로 합시다.

$$\frac{1}{2}\sum_{i=1}^{2}\sum_{j=1}^{2}\frac{\partial^2 f(x_1^*, x_2^*)}{\partial x_i x_j}(x_i - x_i^*)(x_j - x_j^*)$$

위 식에서 $\frac{\partial^2 f(x_1^*, x_2^*)}{\partial x_i x_j}$ 부분은 식 (8.9)에서 보인 헤시안의 i, j번째 요소와 동일합니다. $(x_i - x_i^*)$와 $(x_j - x_j^*)$는 $\mathbf{x} - \mathbf{x}^*$ 벡터의 요소입니다. 위 식은 결국 행렬 요소와 벡터 요소를 곱해서 모두 더하는 식입니다. 헤시안행렬 앞, 뒤로 $\mathbf{x} - \mathbf{x}^*$ 벡터를 행렬곱하면 위 식과 동일한 결과를 얻을 수 있습니다. 7장에서 공부한 인덱스 표현을 벡터화 하는 방법을 복습할 겸 직접 적어서 결과를 확인해 보는 것도 좋은 방법입니다.

이렇게 행렬-벡터 형식으로 테일러급수를 적으면 변수 개수가 n개인 일반적인 다변수 함수에 대해서 동일한 형태를 유지할 수 있습니다. 식 (8.10)에 경사도벡터와 헤시안의 성질을 적용하여 최적성 조건을 유도해 봅시다.

$\mathbf{x} - \mathbf{x}^* = \mathbf{d}$로 두고 $f(\mathbf{x}^*)$를 좌변으로 넘기면

$$f(\mathbf{x}^* + \mathbf{d}) - f(\mathbf{x}^*) = \nabla f(\mathbf{x}^*)^{\mathrm{T}}\mathbf{d} + \frac{1}{2}\mathbf{d}^{\mathrm{T}}\mathbf{H}(\mathbf{x}^*)\mathbf{d} + R_2$$

여기서 좌변은 함숫값이 변한 정도이므로 $f(\mathbf{x}^* + \mathbf{d}) - f(\mathbf{x}^*) = \Delta f$라고 적습니다.

$$\Delta f = \nabla f(\mathbf{x}^*)^{\mathrm{T}} \mathbf{d} + \frac{1}{2} \mathbf{d}^{\mathrm{T}} \mathbf{H}(\mathbf{x}^*) \mathbf{d} + R_2 \qquad (8.11)$$

식 (8.11)에서 $\mathbf{d}$는 $\mathbf{x}^*$에서 변수를 약간 변화시켰을 때 발생하는 아주 작은 차이입니다. 만약 $\mathbf{x}^*$가 지역 최소라고 한다면 $f(\mathbf{x}^* + \mathbf{d})$는 $f(\mathbf{x}^*)$보다 항상 클 것입니다. 지역 최소는 근방에서 함숫값이 가장 작은 경우이므로 $\mathbf{x}^*$가 지역 최소라면 $\mathbf{x}^*$에서 어떤 방향으로 약간을 이동하더라도 함숫값은 항상 커지게 됩니다. 따라서 $\mathbf{x}^*$가 지역 최소라면 $\Delta f > 0$이어야 합니다.

식 (8.11)은 $\mathbf{d}$에 대한 다항식이며 항을 거듭할수록 $\mathbf{d}$의 요소들이 제곱, 세제곱, 네제곱 되는 식입니다. $\mathbf{d}$는 $\mathbf{x}^*$로부터 아주 작은 변화이므로 요소들이 제곱을 거듭할수록 급격히 작아집니다. 이런 이유로 식 (8.11)에서 우변 첫째 항이 Δf를 구성할 때 가장 지배적입니다. 그러므로 어떤 $\mathbf{x}^*$에서 $\Delta f > 0$이 되기 위해서는 식 (8.11)에서 우선 우변 첫째 항이 적어도 음수가 아님을 보장할 수 있어야 합니다. 물론 항상 양수가 된다는 것을 보장하면 최고의 결과입니다. 하지만 $\nabla f(\mathbf{x}^*)^{\mathrm{T}} \mathbf{d}$는 함수 $f(\mathbf{x})$의 경사도벡터와 변화벡터 $\mathbf{d}$가 내적된 것인데, 이 숫자가 항상 양수가 될 수는 없습니다. 어떤 벡터 $\mathbf{d}$를 내적하는가에 따라 양수도 되고 음수도 될 것입니다. 첫째 항의 부호를 보장할 수 없으므로 이 항이 적어도 음수가 아니기 위해서는 $\nabla f(\mathbf{x}^*) = \mathbf{0}$이 되어 첫째 항이 사라지는 것이 필수적입니다. 결과적으로 다음과 같은 지역 최소를 위한 1계 필요조건first order necessary condition이 유도됩니다.

$$\nabla f(\mathbf{x}^*) = \mathbf{0} \qquad (8.12)$$

식 (8.12)는 일변수 함수의 1계 도함수 정리에서 본 $f'(x) = 0$과 완전히 동일한 것입니다. 따라서 다변수 함수에서 식 (8.12)를 만족하지 않는 $\mathbf{x}$는 절대 지역 최소가 될 수 없습니다.

1계 필요조건을 만족하는 $\mathbf{x}^*$라 하더라도 아직 $\Delta f > 0$을 보장하지는 않습니다. 만약 어떤 $\mathbf{x}^*$가 1계 필요조건을 만족시키면 식 (8.11)은 다음처럼 됩니다.

$$\Delta f = \frac{1}{2} \mathbf{d}^{\mathrm{T}} \mathbf{H}(\mathbf{x}^*) \mathbf{d} + R_2$$

이제 Δf를 구성하는 가상 지배적인 항은 $\frac{1}{2}\mathbf{d}^T\mathbf{H}(\mathbf{x}^*)\mathbf{d}$가 되었습니다. 이 항이 만약 양수가 된다면 $\Delta f > 0$을 보장할 수 있게 되어 $\mathbf{x}^*$가 지역 최소임이 확정됩니다. 첫 번째 항과 다르게 이 항은 $\mathbf{d}$에 상관없이 항상 양수가 되게 하는 조건을 찾을 수 있습니다. 바로 헤시안 $\mathbf{H}$가 양정행렬이 되는 것입니다. 헤시안행렬이 양정행렬이면 $\mathbf{x}^*$로부터 작은 변화를 나타내는 어떤 임의의 $\mathbf{d}$에 대해서도 $\mathbf{d}^T\mathbf{H}(\mathbf{x}^*)\mathbf{d} > 0$이 되어 $\Delta f > 0$이 보장되며 그 결과 $\mathbf{x}^*$는 지역 최소가 됩니다. 따라서 다음과 같은 지역 최소에 대한 2계 충분조건이 유도됩니다.

$$\mathbf{d}^T\mathbf{H}(\mathbf{x}^*)\mathbf{d} > 0 \tag{8.13}$$

지금까지 유도한 식 (8.12), (8.13)을 사용하여 다변수 함수에서 어떤 점 $\mathbf{x}$가 지역 최소점인지 판단할 수 있습니다.

✓ **NOTE**

2계 충분조건에서 $\frac{1}{2}\mathbf{d}^T\mathbf{H}(\mathbf{x}^*)\mathbf{d}$가 양수라 하더라도 나머지항 R_2가 음수가 되어 $\Delta f > 0$를 보장하지 못할 것 같다는 생각이 들 수 있습니다. 결론은 그렇지 않다는 것인데, 본문에서도 언급했듯이 아주 작은 변화에 대해서 R_2에 포함되는 항은 거듭제곱으로 급격히 작아져서 $|R_2|$이 $\frac{1}{2}\mathbf{d}^T\mathbf{H}(\mathbf{x}^*)\mathbf{d}$보다 작아진다는 것을 직관적으로 받아들일 수 있습니다. 실제로 $|R_2| < \frac{1}{2}\mathbf{d}^T\mathbf{H}(\mathbf{x}^*)\mathbf{d}$를 만족시키는 $0 < \|\mathbf{d}\| < \delta$인 작은 양수 δ가 항상 존재한다는 것을 증명할 수 있는데, 이에 대한 자세한 증명에 관심이 있으면 벡터 미적분학 교재를 참고하세요.[4]

필요조건과 충분조건을 사용하는 예제를 하나 풀어보고 이야기를 마무리하겠습니다.

예제 8-4

$f(x, y) = 50(y - x^2)^2 + (2 - x)^2$에 1계 필요조건과 충분조건을 적용하여 함수를 최소화시키는 최적해를 구해보세요.

4　Marsden, Jerrold E. and Tromba, Anthony, 2011, Vector Calculus 6ed., W. H. Freeman and Company, p.173

직접 미분하여 풀기엔 함수가 조금 복잡할 수 있기 때문에 심파이를 사용하여 차근
차근 풀어보겠습니다.

우선 1계 필요조건을 적용하기 위해 주어진 식을 편미분하여 경사도벡터와 헤시
안을 구해야 합니다.

```
import sympy as sp

x = sp.Symbol('x')
y = sp.Symbol('y')

f = 50*(y-x**2)**2 + (2-x)**2

c = sp.derive_by_array(f, (x, y))
Hf = sp.derive_by_array(c, (x, y))

c
#>>> 
```
$$\left[-200x(-x^2+y)+2x-4 \quad -100x^2+100y\right]$$

```
Hf
#>>> 
```
$$\begin{bmatrix} 600x^2-200y+2 & -200x \\ -200x & 100 \end{bmatrix}$$

위 코드는 헤시안을 구하는 예제처럼 함수를 정의하고 (x, y)에 대해 각각 연속적
으로 편미분하여 경사도벡터 c와 헤시안 Hf를 구하고 있습니다. 1계 필요조건은
c=0이므로 구해진 c의 요소를 모두 동시에 0으로 두면 다음 연립방정식이 얻어집
니다. 이를 풀어 필요조건을 만족시키는 해를 구합니다.

$$-200x(-x^2+y)+2x-4=0$$
$$-100x^2+100y=0$$

두 번째 식을 정리하여 얻은 $y=x^2$을 첫 번째 식에 대입하여 해를 구할 수도 있지
만 여기서도 심파이를 사용해서 풀어봅시다.

```
first_ncs_sol = sp.solve(c)
first_ncs_sol
#>>> [{x: 2, y: 4}]
```

간단하게 sp.solve() 함수를 이용하면 주어진 식을 만족하는 해를 구해줍니다. x
$=2, y=4$가 구해졌습니다. 이 해를 Hf에 대입하여 (2, 4)에서 숫자로 구성된 헤시

안행렬을 구합니다.

```
H = Hf.subs({x:first_ncs_sol[0][x], y:first_ncs_sol[0][y]})
H
```
$$\#\text{>>>} \begin{bmatrix} 1602 & -400 \\ -400 & 100 \end{bmatrix}$$

이제 구해진 행렬이 양정행렬인지 확인하면 (2, 4)는 함수를 최소화시키는 최적해가 됩니다. 앞에서는 양정행렬의 의미만 알아보고 어떤 행렬이 양정행렬인지 판단하는 방법은 배우지 않았습니다. 양정행렬을 판단하는 가장 간단한 방법은 행렬의 고윳값이 모두 양수인지 검사하는 것입니다. 행렬 편에서 고윳값에 대해 이야기하지 않았기 때문에 자세히 이야기할 수는 없지만, 행렬에는 고윳값이란 것이 있고 이것들이 모두 양수면 행렬이 양정이라고만 알아둡시다. 넘파이는 행렬의 고윳값을 구하는 함수를 제공합니다.

```
H = np.array(H).astype(np.float64).reshape(2,2)  #❶
lamda, _ = np.linalg.eig(H)                       #❷

lamda
#>>> array([1.7019e+03, 1.1752e-01])
```

❶ 심파이 객체인 H를 넘파이 어레이 타입으로 변환합니다. ❷ np.linalg.eig() 함수를 호출하면 고윳값을 구해줍니다. 두 번째 반환되는 반환값은 고유벡터인데 여기서는 필요 없으니 _로 버렸습니다. lamda를 확인해 보면 고윳값 두 개가 모두 양수이며 따라서 (2, 4)는 최적해임이 확정되었습니다.

이번 절에서 유도한 1계 필요조건은 여러 공학 분야에 광범위하게 적용됩니다. 예를 들면 머신 러닝에서 가장 가능성이 높을 것 같은 답을 찾는 방식을 최대가능도 추정이라 하는데, 이 과정에서 1계 필요조건이 많이 사용되니 나중에 공부할 때를 대비해 잘 기억해 두도록 합시다.

경사하강법

지금까지 최적해를 구하는 수치해법인 경사하강법gradient descent method을 설명하기 위한 모든 이론적 배경을 알아봤습니다. 어떤 목적함수를 최소화시키는 최적해를 구할 때 주어진 목적함수가 미분하기 쉽도록 주어졌다면 앞서 알아본 필요조건과 충분조건을 사용하여 최적해를 구할 수 있습니다. 이런 방식을 최적성 기준법 optimality criteria method 또는 간접법indirect method이라 합니다. 하지만 목적함수가 미분하기 쉽지 않을 수도 있고 심지어 함수가 정식화formulation되지 않아 도함수를 구할 수 없는 경우도 있을 수 있습니다. 이런 경우 수치적 방법으로 최적해를 탐색하는 탐색법search method 또는 다른 용어로 직접법direct method을 사용해야 합니다. 머신 러닝·딥 러닝에서도 주로 탐색법을 사용하는데 대표적인 방법이 경사하강법입니다. '손으로 하는 선형회귀'에서 다이얼을 돌리는 방법도 일종의 탐색법입니다. 다만 경사도벡터 정보를 이용하지 않았기 때문에 경사하강법이 아닐 뿐입니다. 해를 탐색할 때 경사도벡터 정보를 이용하면 해를 효율적으로 탐색할 수 있는데, 이렇게 탐색을 도와주는 경사도벡터의 성질은 앞에서 이미 설명했습니다. 바로 함수가 가장 빠르게 감소하는 방향이 경사도벡터의 반대 방향이라는 성질입니다.

4장 '에러를 줄이는 과정'에서 봤던 그림 4-1과 동영상을 다시 상기해 봅시다. 그림 4-1에 표시된 경로가 바로 함숫값이 줄어드는 방향을 따라간 경로입니다. 미분에 대한 이야기를 시작하면서 제시했던 그림이 가진 본 뜻을 이제 다음 절차로 정리할 수 있게 되었습니다. 그림 8-16을 봅시다. 그림에서 등고선은 주어진 목적함수를 나타내고 $\mathbf{x}^{(k)}$는 현재 설계 변수 위치를 나타냅니다. 별표는 찾아야 할 목적함수의 최소를 나타내고 있습니다.

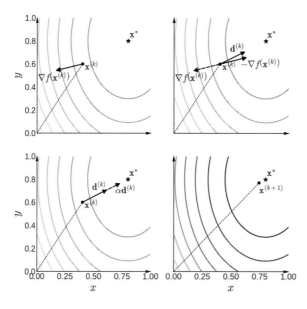

그림 8-16 경사도벡터를 이용한 최적해 탐색 과정

함숫값이 가장 작은 위치 $\mathbf{x}^*$를 찾고 싶다면

1. 현재 위치한 최적점이 아닌 $\mathbf{x}^{(k)}$에서 경사도벡터 $\nabla f\left(\mathbf{x}^{(k)}\right)$를 계산합니다. 여기서 위첨자 (k)는 설계 변수 $\mathbf{x}$를 계속 개선해가는 과정에서 k번째 과정을 의미합니다. 이 상황은 그림 8-16 좌상단에 해당합니다.

2. 경사도벡터의 반대방향 $-\nabla f\left(\mathbf{x}^{(k)}\right)$ 또는 보다 더 좋은 방향이 있다면 그 방향을 이동 방향으로 설정합니다. 그림 8-16 우상단을 보면 $-\nabla f\left(\mathbf{x}^{(k)}\right)$와 조금 다른 방향인 $\mathbf{d}^{(k)}$가 있습니다. 이 경우는 $\mathbf{d}^{(k)}$ 방향을 따라 이동하기로 결정합니다. 여기서 이동 방향을 어떻게 구하는지에 따라 각각 다른 최적화 수법이 됩니다.

3. $\mathbf{d}^{(k)}$ 방향을 따라 $\alpha \mathbf{d}^{(k)}$만큼 설계변수 $\mathbf{x}$를 이동시킵니다. 여기서 α는 $\mathbf{d}$ 방향으로 얼마나 이동할지를 나타내는 작은 양수로 이동거리라고 합니다. 이동된 $\mathbf{x}^{(k+1)}$는 다음처럼 두 벡터 $\mathbf{x}^{(k)}$와 $\alpha \mathbf{d}^{(k)}$를 더하여 계산됩니다.

$$\mathbf{x}^{(k+1)} = \mathbf{x}^{(k)} + \alpha \mathbf{d}^{(k)}$$

그림 8-16 좌하단에 이 상황이 나타나 있었습니다. 그림에서 $\mathbf{x}^{(k)}$는 가는 점선으로 나타내고 $\alpha \mathbf{d}^{(k)}$는 굵은 점선으로 나타내었습니다. $\alpha \mathbf{d}^{(k)}$는 $\mathbf{d}^{(k)}$와 방향이 일치하고 길이는 조금 더 긴 것을 알 수 있습니다.

4. 이동한 위치 $\mathbf{x}^{(k+1)}$에서 함숫값 $f\left(\mathbf{x}^{(k+1)}\right)$는 분명히 $f\left(\mathbf{x}^{(k)}\right)$보다 작습니다. 이제 $\mathbf{x}^{(k+1)}$에서 1번 과정부터 다시 반복하여 함숫값을 줄여갑니다. 그림 8-16 우하단을 보면 이동된 $\mathbf{x}^{(k+1)}$는 처음 $x^{(k)}$보다 최적점에 더 가까워졌음을 알 수 있습니다.

이 과정은 눈먼 등산객이 하산을 하기 위해 지팡이로 발밑을 두드려가며 지면 경사를 파악하고 내리막길을 따라 조금씩 내려오는 과정과 완전히 동일합니다. 그래서 이번 장 부제가 '눈먼 등산객이 언덕 가장 낮은 곳을 찾아가는 방법'입니다.

강하 방향
경사도벡터의 반대 방향으로 이동하면 함숫값이 무조건 줄어든다는 것을 이제 알았습니다. 그러나 함숫값을 줄이는 방향이 꼭 경사도벡터의 반대 방향만 있는 것이

아니기 때문에 어떤 방향들이 함숫값을 줄일 수 있는지 알아야 할 필요가 있습니다. 현재 위치에서 함수를 가장 빠르게 줄이는 방향은 경사도벡터의 반대 방향이지만 약간 다른 방향으로 가면서 함숫값을 줄이는 편이 전체적으로는 더 효율적인 방향일 수 있기 때문입니다. 그렇다면 경사도벡터의 반대 방향 외에 어떤 방향이 함숫값을 줄이는 방향인지 알아보도록 합시다.

주어진 목적함수에서 현재 위치를 $\mathbf{x}^{(k)}$라 하겠습니다. 만약 $\mathbf{x}^{(k)}$가 최적해가 아니라면 함숫값을 더 작게 만드는 $\mathbf{x}^{(k+1)}$이 어딘가에 있고 $\mathbf{x}^{(k+1)}$로 향하는 방향 $\mathbf{d}$가 있을 것입니다. 여기서 함숫값을 줄이는 방향 $\mathbf{d}$는 다음 식 (8.14)를 만족해야 합니다.[5]

$$\nabla f\left(\mathbf{x}^{(k)}\right) \cdot \mathbf{d} < 0 \qquad (8.14)$$

다시 말해 $\mathbf{x}^{(k)}$에서 계산된 어떤 방향 $\mathbf{d}$가 함수를 줄이는 방향이 되려면 경사도벡터 $\nabla f\left(\mathbf{x}^{(k)}\right)$와 내적이 음수가 되어야 한다는 것입니다. 식 (8.14)를 만족하는 방향 $\mathbf{d}$를 강하 방향descent direction이라 합니다. 그리고 강하 방향을 따라 최적해를 탐색하는 방법을 강하법이라 합니다. 경사도벡터를 이용하여 강하 방향을 결정하는 방법을 특별히 경사하강법이라고 합니다.

최속강하법

강하법을 사용하기 위해서 결정해야 할 가장 중요한 정보 두 가지가 무엇일까요? 바로 강하 방향 $\mathbf{d}$와 결정된 강하 방향으로 얼마만큼 이동할 것인지를 결정하는 이동 거리 α입니다. 가장 간단한 경우로 강하 방향을 $\mathbf{d} = -\nabla f(\mathbf{x})$로 설정할 수 있습니다. 이렇게 강하 방향을 경사도벡터의 반대 방향으로 결정하면 매순간 함수를 가장 빠르게 줄이는 방향을 따라 이동하게 됩니다. 이렇게 강하 방향을 결정하는 방법을 최속강하법steepest descent method이라고 합니다.

선 탐색과 학습률

강하 방향을 결정했다면 강하 방향을 따라 이동거리를 결정해야 합니다. 가장 확실한 방법은 강하 방향을 따라 함숫값이 더 이상 줄어들지 않을 때까지 전진하는 것

---

5 식 (8.14)가 유도되는 자세한 과정은 "Nocedal, Jorge and Wright, Stephen J., 2006, *Numerical Optimization 2ed.*, Springer"에서 22페이지를 참고하세요.

입니다. 여기서 주의해야 할 점은 함수의 차원이 아무리 높아도 강하 방향이 결정되면 그 방향으로 이동하며 발생하는 함수의 변화는 α에 대한 일변수 함수라는 것입니다. 입력이 다변수인 함수, 다시 말해 입력이 벡터인 함수에서 특정 $\mathbf{x}^{(k)}$에서 강하 방향 $\mathbf{d}^{(k)}$가 결정되면 벡터변수 $\mathbf{x}$는 다음처럼 α에 의해 구속됩니다.

$$\mathbf{x} = \mathbf{x}^{(k)} + \alpha \mathbf{d}^{(k)}$$

위 식에서 $\alpha = 0$이면 $\mathbf{x} = \mathbf{x}^{(k)}$이고 $\alpha = 1$이면 $\mathbf{x} = \mathbf{x}^{(k)} + \mathbf{d}^{(k)}$, $\alpha = 2$이면 $\mathbf{x} = \mathbf{x}^{(k)} + 2\mathbf{d}^{(k)}$가 되는 식으로 $\mathbf{x}^{(k)}$에서 α가 증가할수록 $\mathbf{d}^{(k)}$ 방향으로 변수가 변하게 됩니다. 이것은 스칼라 변수 α가 변하면서 벡터변수 $\mathbf{x}$가 변하고 이에 따라 스칼라 함수 $f(\mathbf{x})$가 변하는 상황으로, 전체 함수는 일변수 스칼라함수 $f(\alpha)$인 것입니다.

$$\underbrace{\alpha \to \mathbf{x}(\alpha) \to f(\mathbf{x})}_{f(\alpha)}$$

여기서 중간 변수 $\mathbf{x}$의 차원이 아무리 높아져도 합성함수가 일변수 스칼라함수라는 것은 변하지 않습니다. 이 사실을 코드로 확인해 봅시다.

```python
import numpy as np
import matplotlib.pyplot as plt

fig = plt.figure(figsize=(7, 7))
ax = fig.add_subplot(1,1,1)

def f(X):                    #❶
    return X[0]**2 + X[1]**2 + 2

x_0 = np.array([0.7, 0.7]) #❷
d = np.array([-1, 0])

def f_alpha(a):              #❸
    return f(x_0.reshape(2,1) + a*d.reshape(2,1))

alphas = np.linspace(0, 1, 30)
ax.plot(alphas, f_alpha(alphas), 'k') #❹
ax.set_xlabel(r'$\alpha$', fontsize=20)
ax.set_ylabel(r'$f(\alpha)$', fontsize=20)

plt.show()
```

❶ 변수가 두 개인 함수를 정의합니다. ❷ 함수 f(X)에서 한 점 x_0을 임의로 지정하고 그 점에서 강하 방향 d 또한 임의로 지정합니다. ❸ a를 입력으로 받는 일변수 함수 f_alpha(a)를 정의합니다. $\mathbf{x}^{(k)} + \alpha\mathbf{d}^{(k)}$와 동일하게 정의하는데, 다만 입력 a에 여러 값이 지정될 때 함숫값 여러 개를 동시에 계산하기 위해 x_0, d를 적당히 reshape하여 브로드캐스팅이 잘 수행되도록 하였습니다. ❹ α를 0에서 1 사이 값으로 설정하고 f_alpha(a)를 그려봅니다.

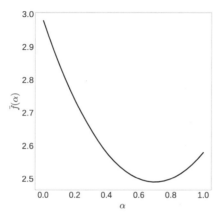

그림 8-17 일변수 함수로 나타난 이변수 함수에 대한 탐색 경로

코드를 실행하면 그림 8-17처럼 그려집니다. 이 함수는 이변수 함수 f(X)에서 d 방향을 따라가면서 생긴 하강 경로입니다. 그래프를 보면 x_0에서 d 방향으로 하강할 때 alpha=0.7까지 하강하면 함숫값을 최소로 만들 수 있다는 사실을 알 수 있습니다. alpha=1까지 진행하면 최솟값에서 함숫값이 약간 증가하게 됩니다. 하지만 이 경우도 최초 위치 alpha=0에서 함숫값이 줄어든 것은 분명합니다. 이 상황을 입체적인 그림으로 다시 살펴봅시다.

그림 8-18은 아래로 볼록한 함수 $f(\mathbf{x})$가 목적함수이고 $\mathbf{x}^{(k)} = (0.7, 0.7)^{\mathrm{T}}$에서 강하 방향이 $\mathbf{d} = (-1, 0)^{\mathrm{T}}$으로 결정되었을 때 이 방향으로 일정 거리만큼 이동한 후 $\mathbf{x}^{(k+1)}$가 결정되는 과정을 나타낸 것입니다. 곡면을 따라 굵게 표시된 곡선은 탐색 경로를 나타내며 그림 8-17에 있는 경로입니다. 왼쪽 그림은 $\mathbf{d}$ 방향으로 함수가 가장 작아지는 지점까지 진행한 것입니다. 반면 오른쪽 그림은 이동거리를 더 길게 결정해서 $\mathbf{d}$ 방향으로 함수가 가장 작아지는 지점을 지나간 경우입니다. 이렇게 정해진 강하 방향으로 함수에 대한 최솟값을 찾는 것을 선 탐색line search이라 합니다.

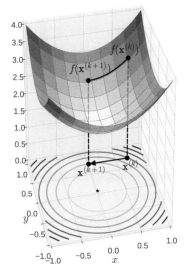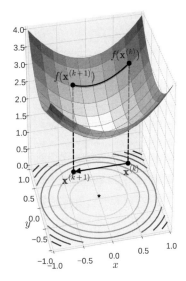

그림 8-18 정확 선 탐색 과정과 부정확 선 탐색 과정

선 탐색에는 다양한 방법이 있을 수 있으며 크게 정확 선 탐색과 부정확 선 탐색으로 나눌 수 있습니다. 정확 선 탐색은 일변수 함수 $f(\alpha)$의 최솟값을 정확하게 찾는 방법으로 그림 8-18에서 왼쪽에 해당하는 경우입니다. 다시 말해 $\mathbf{d}$를 따라 함수가 감소할 수 있는 만큼 최대한 감소시키는 방법입니다. 등간격 탐색equal step search, 황금분할 탐색golden section search 같은 방법이 있습니다.[6]

이런 방법은 함숫값을 계산하는 컴퓨터 비용이 높으므로 대체로 부정확 선 탐색을 사용합니다.

부정확 선 탐색은 현재 함숫값보다 목적 함숫값이 충분히 감소하는 적당한 이동거리를 선택하는 방법입니다. 알미조 법칙armijo condition, 강 울프 조건strong wolfe condition을 사용하는 방법이 있습니다.[7]

파이썬 `scipy.optimize` 라이브러리는 다양한 선 탐색 알고리즘을 함수로 제공합니다. 잠시 후 구현에서 이 선 탐색 함수들을 사용해서 코드를 작성해 보겠습니다.[8]

최적해를 찾는 과정에서 선 탐색이 필요함에도, 머신 러닝에서는 선 탐색을 하지 않고 α를 대부분 적당한 값으로 고정하고 사용합니다. 강하 방향이 정확하게 결정

---

6 등간격 탐색이나 황금분할 탐색에 대한 내용은 "Arora, Jasbir S., 임오강 외 5인(역), 2017, 최적설계입문 4판, 한티미디어"를 참고하세요.
7 부정확 탐색법에 대한 자세한 내용은 전공서적을 참고해야 합니다. 추천 도서로는 "Nocedal, Jorge and Wright, Stephen J., 2006, Numerical Optimization 2ed., Springer"가 있습니다.
8 Optimization and root finding, *https://docs.scipy.org/doc/scipy/reference/optimize.html*, SciPy Ref. Guide

되면 α는 적당히 작게 설정해도 탐색을 성공할 수 있기 때문입니다. 적당히 고정된 이동거리를 학습률learning rate이라 하고 주로 η로 표시합니다. 인공지능 분야에서는 선 탐색을 하지 않는 대신 최적화 스텝이 진행되면서 학습률을 적당히 조절하는 방법이 많이 사용되고 있습니다.[9]

구현

이제 최속강하법을 직접 구현해 봅시다. 구현한 코드를 그림 8-19에 나타낸 테스트 함수에 대해서 적용해 보겠습니다. 최적화 알고리즘을 테스트하기 위해 특별히 고안된 함수들은 영문위키백과에 잘 정리되어 있습니다.[10]

우리는 그중 Booth 함수와 Rosenbrock 함수를 선택해서 사용할 것이며, 각 함수의 식은 다음과 같습니다.

Booth 함수: $(x_1 + 2x_2 - 7)^2 + (2x_1 + x_2 - 5)^2$

Rosenbrock 함수: $50(x_2 - x_1{}^2)^2 + (2 - x_1)^2$

여기서 Rosenbrock 함수의 최적해는 (2, 4)이고, Booth 함수의 최적해는 (1, 3)입니다.

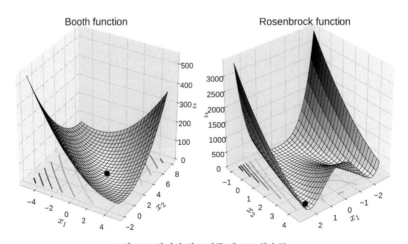

그림 8-19 최적화 알고리즘 테스트 함수들

---

9 학습속도를 조절하는 방법은 다음 강의 노트에서 '학습 속도 담금질(*http://aikorea.org/cs231n/neural-networks-3/#anneal*)'을 참고하세요.

10 Test function for optimization, *https://en.wikipedia.org/wiki/Test_functions_for_optimization*

알고리즘은 다음 표에 표시된 질차내로 진행됩니다.

---

① 초기화: 시작점 $\mathbf{x}^{(0)}$를 선정, 반복 횟수 $k = 0$으로 설정, 수렴 상수 ϵ 설정

② 경사도벡터 계산: $\mathbf{c}^{(k)} = \nabla f\left(\mathbf{x}^{(k)}\right)$를 계산

③ 수렴판정: $||\mathbf{c}^{(k)}|| < \epsilon$이면 $\mathbf{x}^* = \mathbf{x}^{(k)}$로 두고 정지, 아니면 단계를 계속 진행

④ 강하 방향 설정: $\mathbf{d}^{(k)} = -\mathbf{c}^{(k)}$

⑤ 이동거리 계산: $\mathbf{d}^{(k)}$를 따라 $f(\alpha) = f\left(\mathbf{x}^{(k)} + \alpha\mathbf{d}^{(k)}\right)$를 최소화하는 α_k를 계산

⑥ 업데이트: $\mathbf{x}^{(k+1)} = \mathbf{x}^{(k)} + \alpha_k\mathbf{d}^{(k)}$로 변수를 업데이트하고 $k = k + 1$로 두고 ②로 가서 반복

표 8-1 최속하강법 알고리즘

알고리즘은 단계별로 간단하게 서술하니 좀 어렵게 느껴지기도 하지만 다변수 함수, 경사도벡터, 강하 방향 같은 개념에 대해 익숙하다면 그렇게 복잡한 내용은 아닙니다. 단계별로 코드를 살펴봅시다.

```python
def f1(X):  #❶
    return (X[0]+2*X[1]-7)**2 + (2*X[0]+X[1]-5)**2

def df1(X):  #❷
    dx0 = 2*(X[0]+2*X[1]-7)+4*(2*X[0]+X[1]-5)
    dx1 = 4*(X[0]+2*X[1]-7)+2*(2*X[0]+X[1]-5)
    return np.array([dx0, dx1])

def f2(X):  #❸
    return 50*(X[1]-X[0]**2)**2 + (2-X[0])**2

def df2(X):  #❹
    dx0 = -200*X[0]*(X[1]-X[0]**2)-2*(2-X[0])
    dx1 = 100*(X[1]-X[0]**2)
    return np.array([dx0, dx1])
```

우선 ❶, ❷로 그림 8-19 왼쪽 함수와 도함수를 정의합니다. 동일한 방식으로 ❸, ❹를 통해 오른쪽 함수와 도함수를 정의합니다. 이제 준비가 끝났으니 표 8-1에 나온 절차를 만들어 봅시다.

```
from scipy.optimize import line_search         #❶

# 단계 1. 초기화: 시작점 x^(0)를 선정
x = np.array([0, 4.5])

# 수렴 상수 ε 설정
def SDM(f, df, x, eps=1.0e-7, callback=None): #❷
    max_iter = 10000

    # 단계 1. 반복 횟수 k=0으로 설정
    for k in range(max_iter):                  #❸
        # 단계 2. 경사도벡터 계산: c^(k) = ∇f(x^(k))를 계산
        c = df(x)

        # 단계 3. 수렴판정: c^(k)<ε이면 x^*=x^(k)로 두고 정지, 아니면 단계를 계속 진행
        if np.linalg.norm(c) < eps :
            print("Stop criterion break Iter.: {:5d}, x: {}".format(k, x))
            break

        # 단계 4. 강하 방향 설정: d^(k)=-c^(k)
        d = -c

        # 단계 5. 이동거리 계산: d^(k)를 따라 f(α)=f(x^(k)+α*d^(k))를 최소화하는
        #         α_k를 계산
        alpha = line_search(f, df, x, d)[0] #❹

        # 단계 6. 업데이트: x^(k+1)=x^(k)+α_k*d^(k)로 변수를 업데이트하고
        #                   k=k+1로 두고 2로 가서 반복
        x = x + alpha * d

        if callback :                          #❺
            callback(x)
    else:
        print("Stop max iter:{:5d} x:{}".format(k, x))

SDM(f1, df1, x)
#>>> Stop criterion break Iter.:    61, x: [1. 3.]
```

코드를 보면 표 8-1을 그대로 옮긴 것에 지나지 않습니다. 표 8-1의 각 단계에 해당하는 코드에는 주석으로 표 8-1과 동일한 설명을 달았습니다. 그러므로 표 8-1에 없는 부분만 설명하겠습니다.

❶ 우리는 이동거리를 구하기 위해 선 탐색을 할 것이므로 scipy.optimize에서 제공하는 선 탐색 함수 line_search()를 불러옵니다. ❷ 최속강하법을 수행하기 위한 함수를 정의합니다. ❸ 표 8-1에서는 3단계 수렴 판정이 성공할 때까지 알고리

즘을 계속 반복힙니다. 하지만 무언가 살못되어 누한 루프에 빠지는 것을 막기 위해 최대 반복 수를 지정하고 수렴하지 않으면 반복을 멈추도록 코딩하는 것이 안전합니다. ❹ 이동거리 계산함수 line_search()에 목적함수와 목적함수의 도함수 그리고 탐색을 시작할 현재 x, 강하 방향 d를 넘겨주면 적당한 이동거리를 찾아줍니다. line_search()에서 반환되는 값은 튜플이므로 그중 첫 번째 요소를 alpha에 대입합니다.

✓ **NOTE**

코드에서 ❺는 알고리즘과 직접적인 연관이 없는 보조 코드로 외부에서 어떤 작업을 수행하는 함수를 넘겨받아 실행하는 부분입니다. 해를 탐색하는 과정을 기록하기 위한 함수를 callback에 전달하면 탐색 경로를 저장할 수 있습니다. 자세한 사용법은 이 책 깃허브 저장소에 있는 소스코드 CHAP-08.ipynb을 참고하세요.

코드를 실행하면 61번 반복하여 결과가 최적해 (1, 3)에 수렴했음을 알 수 있습니다. 같은 코드를 두 번째 테스트 함수인 Rosenbrock 함수에 적용해 봅시다.

```
# 1. 초기화: 시작점 x^(0)를 선정
x = np.array([-1, 2])

SDM(f2, df2, x)
#>>> Stop max iter: 9999 x:[1.9743 3.8977]
```

코드에서 고칠 곳은 초깃값을 다시 지정하고 목적함수를 f2, 목적함수의 도함수를 df2로 바꾸는 것뿐입니다. 위 코드를 실행하면 알고리즘은 최대 반복 수에서 수렴하지 않고 종료하게 됩니다. 최종 종료 시점에서 구해진 해는 (1.9743, 3.8977)로 앞서 필요조건과 충분조건을 통해 구한 해석적 최적해 (2, 4)에 조금 미치지 못한 것을 알 수 있습니다. 해가 수렴하지 못하는 현상을 직관적으로 이해하기 위해 f1 함수에 대해서 알고리즘이 거쳐간 탐색 경로를 그려보면 그림 8-20과 같습니다.

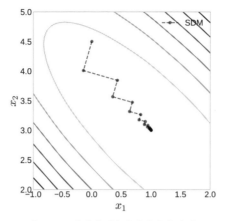

그림 8-20 f1에 대한 최속강하법의 탐색 경로

그림을 보면 매 반복에서 탐색 경로가 수직을 이루고 있습니다. 이런 현상이 심해 질수록 최적해로 수렴이 느려지게 되는데, 다음 절에서 이 현상을 해결할 수 있는 알고리즘을 알아보겠습니다.

켤레경사법

켤레경사법conjugate gradient method은 이전 강하 방향을 계속 이용하는 방법으로 k번 째 강하 방향을 경사도벡터의 반대 방향으로 설정하지 않고 식 (8.15)처럼 설정합니다.

$$\mathbf{d}^{(k)} = -\mathbf{c}^{(k)} + \beta_k \mathbf{d}^{(k-1)} \tag{8.15}$$

식 (8.15)에서 β_k는 플레처R. Fletcher와 리브스C. M. Reeves가 제안한 방식[11]으로 다음 처럼 결정합니다.

$$\beta_k = \frac{\mathbf{c}^{(k)} \cdot \mathbf{c}^{(k)}}{\mathbf{c}^{(k-1)} \cdot \mathbf{c}^{(k-1)}}$$

식 (8.15)는 k번째 강하 방향을 현재 위치에서 경사도벡터 반대 방향 $-\mathbf{c}^{(k)}$와 현재 위치에 도착하기 위해 따라온 직전 강하 방향 $\mathbf{d}^{(k-1)}$를 적당히 더하여 결정합니다. 따라서 계속 진행해오는 강하 방향을 어느 정도 반영하여 새로운 강하 방향을 결정

---

11 플레처와 리브스의 방법에 대한 자세한 유도는 'Rao, Singiresu S., 1996, Engineering Optimization, Wiley' 에서 pp.384~387을 참고하세요.

히게 됩니다. 이 때문에 최속깅하법처럼 이전 강하 방향과 현재 상하 방향이 완전히 90°로 꺾이는 일이 발생하지 않습니다. 알고리즘의 나머지 부분은 모두 동일합니다. 다음 표는 켤레경사법을 요약한 것입니다.

---

① 초기화: 시작점 $\mathbf{x}^{(0)}$를 선정, 반복 횟수 $k = 0$으로 설정, 수렴 상수 ϵ 설정 $\mathbf{x}^{(0)}$에서 강하 방향 계산 $\mathbf{d}^{(0)} = -\mathbf{c}^{(0)} = -\nabla f\left(\mathbf{x}^{(0)}\right)$.

$\|c(0)\| < \epsilon$이면 중단, 그렇지 않으면 ⑤로 이동

② 경사도벡터 계산: $\mathbf{c}^{(k)} = \nabla f\left(\mathbf{x}^{(k)}\right)$를 계산

③ 수렴판정: $\|\mathbf{c}^{(k)}\| < \epsilon$이면 $\mathbf{x}^* = \mathbf{x}^{(k)}$로 두고 정지, 아니면 단계를 계속 진행

④ 강하 방향 설정: $\mathbf{d}^{(k)} = -\mathbf{c}^{(k)} + \beta_k \mathbf{d}^{(k-1)}$

여기서 $\beta_k = \dfrac{\mathbf{c}^{(k)} \cdot \mathbf{c}^{(k)}}{\mathbf{c}^{(k-1)} \cdot \mathbf{c}^{(k-1)}}$

⑤ 이동거리 계산: $\mathbf{d}^{(k)}$를 따라 $f(\alpha) = f\left(\mathbf{x}^{(k)} + \alpha\mathbf{d}^{(k)}\right)$를 최소화하는 α_k를 계산

⑥ 업데이트: $\mathbf{x}^{(k+1)} = \mathbf{x}^{(k)} + \alpha_k\mathbf{d}^{(k)}$로 변수를 업데이트하고 $k = k + 1$로 두고 ②로 가서 반복

표 8-2 켤레경사법 알고리즘

위 표를 코드로 바꿔봅시다.

```
# 단계 1. 초기화: 시작점 x^(0)를 선정
x = np.array([0, 4.5])

def CGM(f, df, x, eps=1.0e-7, callback=None):
    max_iter = 10000

    # 단계 1. 반복 횟수 k=0으로 설정
    for k in range(max_iter):
        # 단계 2. 경사도벡터 계산: c^(k) = ∇f(x^(k))를 계산
        c = df(x)

        # 단계 3. 수렴판정: c^(k)<ε이면 x^*=x^(k)로 두고 정지, 아니면 단계를 계속 진행
        if np.linalg.norm(c) < eps :
            print("Stop criterion break Iter: {:5d}, x: {}".format(k, x))
            break
```

```
        # 단계 4. 강하 방향 설정: d^(k)=-c^(k) 또는 d^(k)=-c^(k)+ β_k*d^(k-1)
        if k == 0 : #❶
            d = -c
        else:
            beta = (np.linalg.norm(c) / np.linalg.norm(c_old))**2
            d = -c + beta*d

        # 단계 5. 이동거리 계산: d^(k)를 따라 f(α)=f(x^(k)+α*d^(k))를 최소화하는
        #                      α_k를 계산
        alpha = line_search(f, df, x, d, c2=0.1)[0]

        # 단계 6. 업데이트: x^(k+1)=(x^(k)+α_k*d^(k)로 변수를 업데이트하고
        #                 k=k+1로 두고 2로 가서 반복
        x = x + alpha * d

        # 단계 7. 현재 정보 저장
        c_old = c.copy() #❷

        if callback :
            callback(x)
    else:
        print("Stop max iter:{:5d} x:{}".format(k, x))

CGM(f1, df1, x)
#>>> Stop criterion break Iter:    2, x: [1. 3.]
```

❶ 강하 방향을 설정한 부분과 ❷ β 계산을 위해 현재 경사도벡터를 저장하는 부분을 제외하면 최속강하법과 완전히 동일합니다. ❶을 보면 첫 번째 반복에서는 강하 방향이 최속강하법과 똑같이 설정되고 있습니다. 이는 이전 강하 방향이 없으므로 당연한 것입니다. 두 번째 반복부터는 강하 방향을 식 (8.15)처럼 계산하고 있습니다. ❷에서 현재 단계에서 사용했던 경사도벡터를 저장해서 β 계산을 위해 사용합니다. 코드 실행 결과를 보면 이 알고리즘이 f1 함수에 대해 2번 반복으로 해를 찾는 것을 알 수 있습니다. 최속강하법이 61번 반복해서 수렴한 것과 비교하면 코드 두세 줄만 고쳐서 매우 급격한 성능 향상을 이룬 것이라 할 수 있습니다. 실제 두 알고리즘의 탐색 경로를 그림 8-21에 표시했습니다.

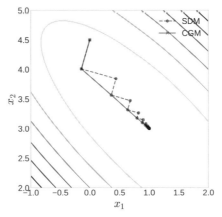

그림 8-21 f1에 대한 최속강하법과 켤레경사법 비교

✓ **NOTE**

켤레경사법을 구현한 코드에서 선 탐색 함수를 호출할 때 최속강하법과 다르게
c2=0.1이라는 인자를 지정했습니다. 이렇게 선 탐색 알고리즘마다 각기 다른 매
개변수를 가지고 있습니다. 목적함수의 굴곡이 심하면 언제든지 선 탐색 과정이
실패할 수 있기 때문에 알고리즘 특성을 파악하여 그때마다 매개변수를 적절히
잘 지정하는 요령이 필요합니다. 강 울프 조건을 사용하는 선 탐색 매개변수에 대
한 자세한 설명은 이 책의 범위를 벗어나므로 관심이 있다면 "Arora, Jasbir S., 임
오강 외 5인(역), 2017, 최적설계입문 4판, 한티미디어" 442쪽를 읽어보세요.

첫 반복 경로는 최속강하법과 동일하지만 그 이후 최속강하법에서 보이던 지그재
그 형태가 사라지고 바로 최적해로 한번에 수렴하는 것을 확인할 수 있습니다. 이
제 최속강하법이 수렴에 실패했던 f2 함수에 적용해 봅시다.

```
# 1. 초기화: 시작점 x^(0)를 선정
x = np.array([-1, 2])

CGM(f2, df2, x)
#>>> Stop criterion break Iter:   89, x: [2. 4.]
```

89번 반복만에 정확히 (2, 4)에 수렴하게 됩니다. 지금까지 만들어 본 켤레경사법
은 `scipy.optimize`에서도 제공합니다(fmin_cg, SciPy Ref. Guide).[12]

---

12 함수에 대한 자세한 사용법은 *https://docs.scipy.org/doc/scipy/reference/generated/scipy.optimize.fmin_cg.html*를
참고하세요.

다음 코드를 이용해서 동일한 해를 구할 수 있습니다.

```
from scipy import optimize

x = np.array([-1, 2])
result_scipy = optimize.fmin_cg(f2, x)

result_scipy
#>>> Optimization terminated successfully.
        Current function value: 0.000000
        Iterations: 39
        Function evaluations: 348
        Gradient evaluations: 87
    [2. 4.]
```

fmin_cg()에 함수와 초깃값을 넘기면 최적해는 (2, 4)로 동일하게 구해지고 반복은 39번 만에 끝난 것을 확인할 수 있습니다. 앞서 구현한 코드와 반복에서 차이가 나는 이유는 선 탐색을 조금 더 정교하게 하고 β를 구하는 방법이 다르기 때문입니다. fmin_cg()에서는 β를 구하기 위해 폴락E. Polak과 리비에르G. Ribière가 제안한 방식을 사용하고 있습니다.[13]

이상으로 최적화에 대한 기초 이론과 경사도벡터를 사용하는 최적화 알고리즘을 직접 구현해 봤습니다. 실제로 인공지능 분야에서도 이번 장에서 설명한 방법을 사용하고 있습니다. 대표적으로 확률적 경사하강법stochastic gradient descent은 매 반복에서 목적함수를 확률적으로 구성한다는 점만 약간 다를 뿐 이동거리를 고정한 최속강하법과 완전히 동일합니다. 켤레경사법에서 이동거리와 β를 간단히 적당한 상수로 고정하면 모멘텀momentum 방법(Qian, 1999)이 됩니다.[14]

이외 통계적인 수법을 동원한 최적화 방법들이 많이 사용됩니다.[15] 하지만 경사도벡터를 구하여 강하 방향을 결정하고 그 방향을 따라 적당히 이동하는 방식은 모두 동일합니다. 그러므로 이번 장을 잘 이해해 두면 앞으로 다양하게 만나게 될 각종 최적화 기법을 이해하는 데 크게 도움이 되리라 생각합니다.

---

[13] 폴락과 리비에르의 방법에서 β를 계산하는 방식은 Nonlinear conjugate gradient method, *https://en.wikipedia.org/wiki/Nonlinear_conjugate_gradient_method*에서 확인할 수 있습니다.

[14] 모멘텀 방법에 대한 훌륭한 설명은 박해선 님의 블로그(*https://tensorflow.blog/2017/03/22/momentum-nesterov-momentum/*)를 참고하세요.

[15] 다양한 최적화 방법들은 다음 논문에서 확인할 수 있습니다. Ruder, Sebastian, 2016, An overview of gradient descent optimization algorithms, arXiv:1609.04747

9장

인공신경망: 복잡한 입력과 출력의 관계를 표현하기

머신 러닝 입문을 위한 수학을 공부하기 위해, 특히나 선형회귀를 공부하기 위해서 인공신경망을 꼭 알아야 하는 것은 아닙니다. 하지만 현재 가장 주목 받는 분야이고 인공신경망을 활용하여 선형회귀 문제를 풀면서 배울 점도 많기 때문에 한 장을 할애하여 신경망 이야기를 해볼까 합니다. 인공신경망 관련해 공부해야 할 내용이 많지만 대개 본격적인 딥 러닝 학습서에서나 다루게 됩니다. 이 책은 지금까지 그래왔듯이 기본적인 내용을 살펴보고 본질적인 부분을 먼저 이해해 보겠습니다. 그런 다음 인공신경망을 거대한 합성함수로 바라보고 그것을 자동미분 관점에서 미분하기 위해 알아야 할 내용을 짚어 보는 식으로 진행하겠습니다.

- 선형 분류기의 결합
- 인공신경망 학습하기
- 인공신경망에 대한 미분

인공신경망의 기본 구성

이 책의 최종 목적지는 선형회귀를 수학적으로 이해하는 것이므로 직접 분류 문제를 다루지는 않습니다. 하지만 이미 간단한 웹 앱으로 분류기를 만들어 본 적이 있습니다. 비록 말도 안 되게 단순화시키긴 했지만 입력에 가중치를 곱해서 모두 더한 값을 로지스틱 함수에 통과시켜 개·고양이 분류기를 만들 수 있었습니다. 그때 경험을 되살려 인공신경망이 형성되는 과정을 순차적으로 시뮬레이션하며 소개해 보겠습니다.

여기서 다룰 간단한 분류 데이터는 다음 그림과 같습니다.

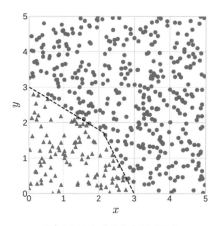

그림 9-1 입력 데이터와 결정경계

2차원 평면에 삼각형과 원이 흩뿌려져 있고 이 두 도형을 구분하는 구분선이 점선으로 표시되어 있습니다. 표시된 점선을 결정경계decision boundary라고 하는데 바로 그 경계를 찾고 싶은 것입니다. 데이터만 있는 시점에서는 이 결정경계를 알 수 없는 것이죠. 반대로 결정경계만 알고 있다면 경계의 안쪽과 바깥쪽으로 데이터를 구분할 수 있습니다. 이제 이 결정경계를 찾기 위해서 개·고양이 분류기처럼 해봅시다.

✓ NOTE

그림 9-1에 나타낸 데이터를 생성하는 과정은 이 책의 깃허브 저장소에서 CHAP-09.ipynb 파일을 참고하세요. 이후 코드에서 이 데이터를 samples라는 이름으로 참조합니다. samples는 (500, 2)인 넘파이 어레이이며 이와 짝이 되는 target은 (500,)인 넘파이 어레이로 samples에 있는 점 데이터 500개에 대한 0, 1로 표현된 레이블 값을 담고 있습니다.

선형 분류기

첫 번째 선형 분류기

제시된 데이터는 포인트 하나가 (x, y)로 구성된 점 500개입니다. 2차원 평면에 있는 점 500개를 구분하기 위해서 식 (9.1)처럼 이변수 스칼라함수를 생각해 봅시다.

$$z_1 = 3x + 5y - 15 \tag{9.1}$$

식 (9.1)에 대한 계산 그래프 표현은 그림 9-2와 같습니다.

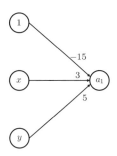

그림 9-2 식 (9.1)에 대한 계산 그래프 표현

그림 9-2에서 a_1은 z_1에 어떤 비선형 함수를 적용한 출력입니다. 앞에서는 이 함수로 로지스틱 시그모이드 함수를 사용했었습니다. 인공신경망에서는 이런 함수들을 활성화 함수activation function라고 합니다. $3, 5, -15$ 같은 계수들은 가중치weight라고 하며 w_i로 표시합니다. 이 함수는 현재 가중치를 세 개 가지고 있습니다. 입력이 (x, y)로 숫자 두 개인데 그래프에서 입력이 세 개처럼 보이는 이유는 식 (9.1)에서 상수항 -15를 고정된 입력 1과 곱해지는 가중치로 처리하기 위함입니다. 이렇게 상수 1과 곱해지는 가중치를 특별히 편향bias이라고 하기도 합니다. a_1를 식으로 일반화해서 나타내면 다음과 같습니다.

$$a_i = f\left(\sum_{j=1}^{D} w_j x_j\right) \tag{9.2}$$

식 (9.2)에서 w_j는 입력과 곱해지는 가중치를 나타내며 x_j는 각 입력을 나타냅니다. 보통 입력을 x, y로 표시하지만 일반적으로 표시하기 위해 x_1, x_2처럼 아래첨자를 사용하였습니다. 정리하면 그림 9-2에서 1은 x_1, x는 x_2, y는 x_3이라고 생각하면 되겠습니다. 그럼 D는 입력 데이터의 차원이 될 것입니다. $f()$는 비선형 활성화 함수로 용도에 따라 다양한 함수가 될 수 있습니다.[1]

이 비선형 활성화 함수가 어떤 역할을 하는지 선형회귀를 다시 공부할 때 알아보겠습니다.

---

1 다양한 활성화 함수에 대한 내용은 위키백과에서 다음 주소의 활성화 함수 항목을 참고하세요. Activation function, *https://en.wikipedia.org/wiki/Activation_function*, 영문위키백과

활성화 함수, 가중치 같은 용어들이 등장하니 복잡해 보입니다. 하지만 이미 배운 다변수 함수, 합성함수 시각에서 생각해 보면 그냥 이변수 스칼라함수를 하나 선언하고 그것을 활성화 함수로 사용되는 로지스틱 시그모이드 함수에 합성시킨 것입니다. 식 (9.1)은 다변수 함수인데 한쪽 변이 0으로 고정되면 직선이 된다는 사실을 3장에서 알아본 바 있습니다. 직선 $3x + 5y - 15 = 0$을 데이터 위에 그려보면 다음과 같습니다.

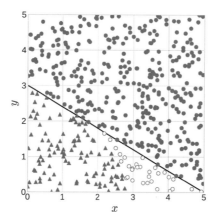

그림 9-3 식 (9.1)에 의한 선형 분류와 오류

그려진 직선 위에서 함숫값은 모두 0입니다. 로지스틱 시그모이드 함수에 0을 입력하면 출력은 0.5가 되므로 직선 위에서 a_1은 모두 0.5입니다. 직선 위쪽 영역에 있는 점을 입력하면 a_1은 0.5보다 크고 아래쪽 영역에 있는 점을 입력하면 a_1은 0.5보다 작습니다. 따라서 임의의 입력에 대해서 출력이 0.5보다 크거나 같으면 원이라 판단하고 0.5보다 작으면 삼각형이라 판단할 수 있습니다.

우리는 선형식 $3x + 5y - 15$를 이용하여 간단한 분류기를 만들어 본 것입니다. 이렇게 구성된 분류기를 선형 분류기linear classifier라 합니다. 하지만 여기는 문제가 있습니다. 그림 9-3의 흰색으로 표시된 원은 모두 잘못 분류된 것들입니다. 이 흰색 원들이 그림 9-2에 표시된 분류기에 입력되면 사실은 원인데 삼각형이라 판단하게 됩니다. 조금 더 정확한 선형 분류기는 없을까요? 결정경계인 직선을 조금씩 움직여 봅시다.

두 번째 선형 분류기

계수를 조금씩 조정해서 다음처럼 식 (9.1)을 변형해 봅시다.

$$z_2 = -6x - 3y + 18 \qquad\qquad (9.3)$$

식 (9.2)를 이용하여 이번에는 식 (9.3)에 대한 출력 a_2를 그림 9-4처럼 만들어 볼 수 있습니다.

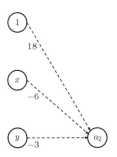

그림 9-4 식 (9.3)에 대한 계산 그래프 표현

이전 경우처럼 $-6x - 3y + 18 = 0$을 데이터 위에 그려보면 그림 9-5와 같습니다.

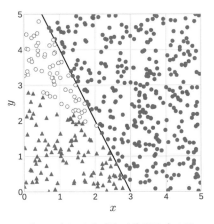

그림 9-5 식 (9.3)에 의한 선형 분류와 오류

그림 9-5에서 직선은 식 (9.3)이 0인 위치입니다. 직선을 경계로 우상단 영역에서 식 (9.3)의 값은 0보다 작고, 좌하단에서 값은 0보다 큽니다. 이전과 마찬가지로 직선 위쪽 영역에 있는 점을 입력하면 a_2는 0.5보다 작고 아래쪽 영역에 있는 점을 입력하면 a_2는 0.5보다 큽니다. 따라서 a_2가 0.5보다 크거나 같으면 삼각형으로 분류하고 0.5보다 작으면 원으로 분류합니다. 하지만 이번 경우도 흰색 원은 삼각형으로 분류되어 버리는 문제를 여전히 가지고 있습니다.

　이런 오류는 찾고자 하는 결정경계가 선형이 아니기 때문에 필연적으로 발생하는 오류입니다. 이 문제를 해결하기 위해서는 결정경계를 곡선 형태로 만들 필요가 있습니다.

선형 분류기를 합성하기

앞서 만들어 보았던 선형 분류기를 섞어봅시다. 그림 9-2와 9-4에 나타난 선형 분류기를 하나로 겹쳐서 그리면 그림 9-6과 같습니다.

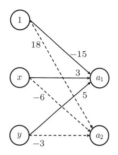

그림 9-6 함께 나타낸 두 선형 분류기

두 선형 분류기에서 만들어 내는 출력 a_1과 a_2를 입력으로 하는 선형 분류기를 다시 만들어 봅시다. 즉, 식 (9.4)처럼 다시 반복합니다.

$$z = 10a_1 - 9a_2 + 4 \tag{9.4}$$

식 (9.4)에서 얻은 z를 로지스틱 시그모이드 함수에 입력하여 그림 9-7처럼 최종 출력 a를 얻을 수 있을 것입니다.

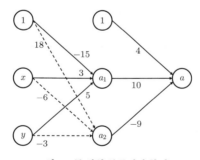

그림 9-7 두 선형 분류기의 합성

그림 9-7은 입력이 x, y로 두 개이고 출력이 a 하나인 이변수 스칼라함수입니다. 이렇게 만들어진 이변수 스칼라함수는 이미 잘 알고 있듯이 3차원 공간에 곡면이 되

는데 높이 0.5, 다시 말해 힘숫값이 0.5인 등고선을 네이터 위에 그려보면 놀라운
상황이 펼쳐집니다.

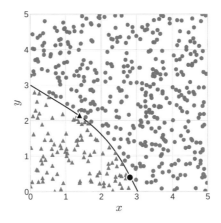

그림 9-8 합성된 선형 분류기에 의한 결정경계와 오류

함숫값이 0.5인 등고선이 적절히 곡선으로 형성되었습니다. 그리고 이 결정경계를
기준으로 함숫값이 0.5보다 크거나 같은 경우를 원으로 분류하고 작은 경우를 삼각
형으로 분류했을 때 발생하는 오류는 검은색으로 표시된 단 두 가지 경우뿐입니다.

그림 9-7에 계산 그래프로 나타낸 이변수 스칼라함수를 3차원 공간에 바로 그리
면 그림 9-9처럼 됩니다.

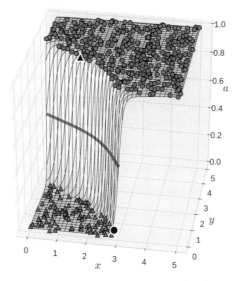

그림 9-9 3차원에 표현된 합성된 선형 분류기에 의한 분류

a축에서 높잇값 0.5가 되는 지점을 굵은 선으로 표시했습니다. xy 평면에서 임의의 포인트를 뽑아 이 함수에 입력하면 함숫값이 출력되는데, 이 함숫값은 그림 9-9에서 높이에 해당됩니다. 주어진 점 데이터를 이렇게 모두 함수에 입력하여 얻은 높잇값에 해당 점 데이터를 그리면 그림 9-9처럼 높이에 따라 데이터가 분류되는 것을 확인할 수 있습니다. 대부분 원은 높이 1 근처에 있고 삼각형은 높이 0 근처에 있습니다.

합성함수로 바라보기

지금까지 결정경계가 곡선인 데이터를 적당히 분류하기 위해 간단한 분류기를 만들고 그것을 결합하는 과정을 알아봤습니다. 입력으로 데이터 x, y를 받아들이는 함수 a_1과 a_2를 만들고 이것을 다시 입력으로 하는 함수 a를 만든 것입니다. 이 과정은 원하는 결과를 얻을 수 있도록 함수를 합성시킨 것입니다. 그리고 합성된 함수가 적절하게 동작하기 위해서 각 개별 함수의 계수를 미리 실험한 값으로 제안했습니다. 그 결과 신기하게도 올바른 분류를 할 수 있다는 것을 확인할 수 있었습니다.

그림 9-7을 다시 살펴보면 그림 9-10처럼 벡터함수와 스칼라함수가 합성된 형태라는 것을 알 수 있습니다.

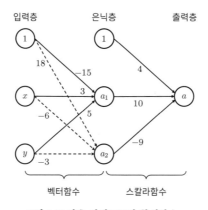

그림 9-10 다층 퍼셉트론과 합성함수

그림 9-10과 같은 구조를 만들기 위해 처음 만들었던 그림 9-2, 9-4와 같은 형태를 퍼셉트론perceptron이라고 합니다. 엄밀하게 이야기하면 퍼셉트론은 마지막 비선형

활성화 함수로 단위계단 힘수를 사용한 것을 말합니다.[2]

여기서는 단위계단 함수 대신 로지스틱 시그모이드 함수를 사용했습니다. 이 퍼셉트론은 이미 확인한 것처럼 선형 결정경계만을 생성합니다. 결정경계를 결정하는 것은 식 (9.1), (9.3)에서 입력과 곱해지는 계수를 조정하는 것을 의미합니다. 계수를 조정하면서 좋은 결정경계를 찾는 행위를 학습 또는 훈련이라고 합니다. 놀랍게도 데이터가 선형적으로 분리 가능하기 만하면 퍼셉트론 학습 규칙은 반드시 결정경계를 찾아냅니다.

✓ **NOTE**

여기서 퍼셉트론을 선형 분리 가능한 데이터에 적용했을 때 반드시 결정경계를 찾아내는지 이야기하는 것은 논점을 너무 벗어나므로 관심 있는 독자들은 《머신 러닝 교과서Python Machine Learning》[3] 54쪽과 필자의 블로그 '퍼셉트론 테스트와 수렴정리(https://bit.ly/31Ck5Ak)'를 참고하기 바랍니다.

그림 9-10과 같은 구조는 퍼셉트론이 여러 개 결합되고 그 결합으로부터 계산되는 결과들에 다시 퍼셉트론을 적용한 것입니다. 이런 구조를 다층 퍼셉트론multi-layer percetron이라고 합니다. 그림 9-10 상단에 각 층에 대한 명칭이 표시되어 있습니다. 제일 왼쪽 입력층과 제일 오른쪽 출력층을 제외한 나머지 층을 은닉층hidden layer이라고 합니다.

그림 9-10에 표시된 다층 퍼셉트론은 인공신경망의 가장 기본적인 구조입니다. 이 책에서는 다층 퍼셉트론을 합성함수로 바라보고 있습니다. 합성함수가 여러 번 합성될 수 있듯이 다층 퍼셉트론에서 은닉층도 여러 개가 될 수 있습니다. 은닉층이 여러 개가 되면 깊은 인공신경망 또는 심층 인공신경망이라고 하며 이런 모델을 다루는 분야를 '딥 러닝'이라고 하는 것입니다.

그림 9-10은 마치 함수에 대한 틀을 만든 것과 같다고 볼 수 있습니다. 이 틀이 제대로 동작하기 위해서는, 다시 말해 함수가 임의의 입력에 대해서 적절한 출력을 내주기 위해서는 각 함수의 계수인 가중치를 잘 결정해야 합니다. 이런 행위를 학습이라 한다고 앞서 이야기했습니다. 이전 절에서 제시된 가중치들은 이미 학습을

---

2 단위계단 함수는 말 그대로 계단 모양 함수로 로지스틱 시그모이드 함수의 각진 버전이라고 할 수 있습니다. 자세한 내용은 다음 위키백과 항목을 참고하세요. 단위계단 함수, *https://ko.wikipedia.org/wiki/단위_계단_함수*, 한국어위키백과
3 Raschka, Sebastian and Mirjalili, Vahid, 박해선(역), 2019, 머신 러닝 교과서, 길벗

통해서 잘 결정된 가중치들이었습니다. 그렇기 때문에 아주 작은 오류로 원과 삼각형을 분류할 수 있었던 것입니다.

퍼셉트론 정도라면 가중치를 이리저리 움직이면서 학습할 수 있겠지만 다층 퍼셉트론에서는 이렇게 학습할 수 없습니다. 따라서 8장에서 공부한 최적화 이론을 동원해야 합니다. 이제 이 최적화 이론을 적용하여 그림 9-10에 표시된 인공신경망을 직접 학습시켜 보겠습니다.

인공신경망 학습하기

신경망 표현법

그림 9-10에 표현된 계산 그래프를 함수로 표현하기 위해 지금까지 상황을 다시 정리해 봅시다. 우선 그림 9-10에서 각 층에 번호를 붙이겠습니다. 입력층은 0번, 은닉층은 1번, 출력층은 2번으로 하기로 합시다. 0번 층에서 1번 층으로 진행하는 식 (9.1)에서 계수들을 기호로 표현해 봅시다.

$$z_1 = 3x + 5y - 15$$

여기서 계수들을 다음처럼 표시합니다. $b_1^{(1)} = -15$, $w_{11}^{(1)} = 3$, $w_{12}^{(1)} = 5$. 여기서 위 첨자 (1)은 0번 층에서 1번 층으로 진행하는 데 사용되는 가중치란 뜻입니다. 알파벳을 b와 w로 구분한 것은 고정 입력 1과 곱해지는 항을 편향bias이라 칭하기 때문에 특별히 알파벳 b로 표시했습니다. w에 대한 아래첨자는 두 개인데 앞 숫자는 z_1을 만든다는 의미로 1을 썼으며 뒤 숫자는 각각 입력에 대한 번호를 나타냅니다. x가 1번, y가 2번입니다. 예를 들면 $w_{12}^{(1)}$에서 (1)은 0번 레이어로부터 입력을 받아 1번 레이어의 결과를 만들어 내는 데 기여하는 가중치라는 것을 뜻합니다. 그리고 아래첨자 1과 2는 1번 레이어의 첫 번째 결과를 만드는 데 관계되어 있으며 곱해지는 입력은 두 번째 입력이란 것을 알 수 있습니다. 편향인 경우는 아래첨자를 하나밖에 사용하지 않았습니다. 입력이 무조건 1과 곱해지므로 입력에 대한 첨자는 생략한 것입니다. 조금 복잡한 규칙이지만 다음 그림처럼 정리하고 잘 기억해 둡시다.

그림 9-11 가중치 표기법

✓ **NOTE**

가중치 첨자 순서를 반대로 사용하는 경우도 있습니다. 첫 번째 번호가 입력번호를 나타내고 두 번째 번호가 출력번호를 나타내는 방식입니다. 보통 입력을 앞에 쓰고 싶은 습관이 있어서 이런 방식이 더 자연스러워 보이지만 실제 계산에서는 입력번호를 뒤에 적는 방식이 더 편리합니다. 그림 9-10을 가지고 설명해 보겠습니다.

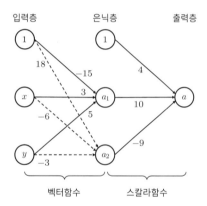

입력층으로부터 $1, x, y$를 입력받아 z_1, z_2를 만들어 내는 연산을 행렬 곱셈으로 나타내려고 합니다.

$$z_1 = 3x + 5y - 15$$
$$z_2 = -6x - 3y + 18$$

위 식을 행렬 곱셈으로 써보면 다음과 같습니다.

$$\begin{bmatrix} z_1 \\ z_2 \end{bmatrix} = \begin{bmatrix} -15 & 3 & 5 \\ 18 & -6 & -3 \end{bmatrix} \begin{bmatrix} 1 \\ x \\ y \end{bmatrix}$$

여기서 계수 행렬을 $\mathbf{W}$, 입력벡터를 $\mathbf{x}$, 출력을 $\mathbf{z}$로 쓰면 다음처럼 행렬 곱셈 형태로 식을 쓸 수 있습니다.

$$\mathbf{z} = \mathbf{W}\mathbf{x}$$

이때 계수 행렬은 다음과 같습니다.

$$\mathbf{W} = \begin{bmatrix} w_{11} & w_{12} & w_{13} \\ w_{21} & w_{22} & w_{23} \end{bmatrix} = \begin{bmatrix} -15 & 3 & 5 \\ 18 & -6 & -3 \end{bmatrix}$$

행렬 $\mathbf{W}$의 크기는 $(2, 3)$으로 앞 숫자가 출력 개수, 뒤 숫자가 입력 개수와 일치합니다. 행렬 요소의 첨자를 보면 앞 숫자가 출력번호 뒤 숫자가 입력번호임을 알 수 있습니다. 즉, 그림 9-11처럼 첨자를 붙인 것입니다. 만약 반대로 앞 숫자를 입력번호, 뒤 숫자를 출력번호로 했다면 계수 행렬은 다음처럼 됩니다.

$$\mathbf{W} = \begin{bmatrix} w_{11} & w_{12} \\ w_{21} & w_{22} \\ w_{31} & w_{32} \end{bmatrix} = \begin{bmatrix} -15 & 18 \\ 3 & -6 \\ 5 & -3 \end{bmatrix}$$

이렇게 정의된 계수 행렬은 요소 세 개짜리 입력벡터에 곱할 수 없습니다. 따라서 입력과 출력의 관계를 행렬 곱셈으로 나타내려면 다음처럼 해야 합니다.

$$\mathbf{z} = \mathbf{W}^{\mathrm{T}}\mathbf{x} \text{ 또는 } \mathbf{z}^{\mathrm{T}} = \mathbf{x}^{\mathrm{T}}\mathbf{W}$$

첫 번째 방식이 훨씬 간편하고 깔끔한 것을 알 수 있습니다. 어쨌거나 두 가지 방식이 혼용되므로 문서에 따라 잘 구별할 필요가 있습니다.

식 (9.3)에서 가중치도 같은 방식으로 표시합니다.

$$z_2 = -6x - 3y + 18$$

$b_2^{(1)} = 18$, $w_{21}^{(1)} = -6$, $w_{22}^{(1)} = -3$. 지금은 이미 제시된 숫자를 사용하고 있지만, 이 가중치들은 원래 모르는 값들이며 임의의 값으로 초기화 되어야 한다는 사실을 꼭 상기합시다. 같은 방법으로 식 (9.4)에 대해서도 가중치를 기호로 표시하겠습니다.

$$z = 10a_1 - 9a_2 + 4$$

$b_1^{(2)} = 4$, $w_{11}^{(2)} = 10$, $w_{12}^{(2)} = -9$처럼 표시할 수 있습니다. 이렇게 결정해야 하는 총 가중치는 9개가 됩니다. 이제 이 함수를 계산하는 파이썬 코드를 만들어 봅시다.

```
def network(X, W):
    """
    X : (N, D)
    W : (3, 3)
        [b^(1)_1, w^(1)_11, w^(1)_12]
        [b^(1)_2, w^(1)_21, w^(1)_22]
        [b^(2)_1, w^(2)_11, w^(2)_12]

    ret : (N,)

    D, H, A = 2, 2, 1
    """
    X = np.hstack( (np.ones(X.shape[0]).reshape(-1,1), X) ) # (N,D)->(N,D+1) # ❶
    Z1 = np.dot(W[:2,:], X.T) # (H,N)=(H,D+1)*(D+1,N) ❷
    A1 = sigmoid(Z1)          # (H,N)                  ❸

    A1 = np.vstack((np.ones(A1.shape[1]), A1)) # (H,N)->(H+1,N) ❹
    Z = np.dot(W[-1,:], A1)                    # (H+1,)*(H+1,N) ❺
    A = sigmoid(Z)                             # (N,)           ❻

    return A
```

주석을 제외하면 몇 줄 안 되지만 얼핏 꽤 복잡한 코드로 보입니다. 하나하나 풀어서 알아봅시다. 우선 이 함수가 받는 인자 X와 W를 봅시다. 여기서 X는 (N,D) 넘파이 어레이입니다. N은 데이터의 수, D는 데이터 하나의 차원수입니다. 이 예제에서는 N=500, D=2입니다. W는 앞에서 설명한 가중치 9개가 (3, 3) 행렬 형태로 저장된 넘파이 어레이입니다. 주석에 표시된 것처럼 구체적으로 아래처럼 배치하여 함수에 전달합니다.

$$\begin{bmatrix} b_1^{(1)} & w_{11}^{(1)} & w_{12}^{(1)} \\ b_2^{(1)} & w_{21}^{(1)} & w_{22}^{(1)} \\ b_1^{(2)} & w_{11}^{(2)} & w_{12}^{(2)} \end{bmatrix} \tag{9.5}$$

함수가 실행된 결과는 데이터 N개에 대해서 결괏값 하나씩 출력되므로 (N,)인 어레이가 될 것입니다. 이제 한 줄씩 따라가 봅시다. 다음처럼 행렬곱 한 번으로 식 (9.1), (9.3)을 데이터 N개에 대해서 계산하고자 합니다.

$$z_1 = \begin{bmatrix} b_1^{(1)} & w_{11}^{(1)} & w_{12}^{(1)} \end{bmatrix} \begin{bmatrix} 1 & 1 & \cdots & 1 \\ x_1 & x_2 & \cdots & x_N \\ y_1 & y_2 & \cdots & y_N \end{bmatrix}$$

$$z_2 = \begin{bmatrix} b_2^{(1)} & w_{21}^{(1)} & w_{22}^{(1)} \end{bmatrix} \begin{bmatrix} 1 & 1 & \cdots & 1 \\ x_1 & x_2 & \cdots & x_N \\ y_1 & y_2 & \cdots & y_N \end{bmatrix} \tag{9.6}$$

그렇게 하기 위해 ❶을 통해 X의 왼쪽에 1을 요소로 가지는 벡터를 추가합니다. ❶
을 수행하면 X의 모양이 아래처럼 바뀔 것입니다.

$$\mathbf{X} = \begin{bmatrix} 1 & x_1 & y_1 \\ 1 & x_2 & y_2 \\ \vdots & \vdots & \vdots \\ 1 & x_N & y_N \end{bmatrix}$$

즉, (N, D)인 X가 $(N, D+1)$로 바뀌었습니다. 이렇게 X에 1을 추가한 후 ❷를 통
해 식 (9.6)처럼 한번에 은닉층에 대한 식 (9.1), (9.3)을 계산합니다. 행렬을 이용하
면 이렇게 많은 데이터에 대한 계산을 한번에 편리하게 다룰 수 있습니다. ❸은 계
산된 결과에 로지스틱 시그모이드 함수를 적용하는 것입니다. 여기서 sigmoid() 함
수는 다음과 같습니다.

```
def sigmoid(x):
    return 1 / (1+np.exp(-x))
```

❹, ❺, ❻ 과정은 은닉층에서 출력층으로 진행하기 위해 지금까지 과정을 다시 한
번 반복하는 것에 지나지 않습니다. 이 함수가 그림 9-10을 정확하게 묘사하는지
검증해 봅시다.

검증을 위해서는 인자 W를 앞서 제안했던 숫자들로 초기화하여 결과를 만들고 이
결과가 target과 얼마나 차이가 나는지 알아보면 됩니다. network() 함수가 제대로
작동한다면 그림 9-8처럼 단 두 개만 값이 달라야 합니다. 다음 코드를 실행해 보
세요.

```
import numpy as np

W = np.array([ [-15, 3, 5], [18, -6, -3], [4, 10, -9] ]) #❶
pred = network(samples, W)                               #❷
```

```
pred[pred>=0.5] = 1                          # ❸
pred[pred<0.5] = 0

result = pred==target                        # ❹

np.size(result) - np.count_nonzero(result) # ❺
#>>> 2
```

❶ 식 (9.1), (9.3), (9.4)에 해당하는 계수들을 상수항, x, y의 계수순으로 W에 초기화합니다. ❷ network 함수에 samples와 W를 함께 넘겨 예측값 pred를 얻습니다. ❸ pred은 모두 500개이므로 그 값 중 0.5보다 같거나 큰 값이 있는 위치에 1을 대입하고 그렇지 않은 위치에 0을 대입합니다. 이를 위해 넘파이에서 공부한 어레이 인덱스 방법을 사용하였습니다. ❹ 예측 pred와 정답 target을 비교하여 result에 대입합니다. 이렇게 하면 pred와 target이 같은 위치에는 True가 할당되고 다른 위치에는 False가 할당됩니다. ❺ result에서 False의 개수를 출력해 봅니다. 예상대로 2가 출력됩니다. 방금 만든 함수가 인공신경망에 대한 순전파를 이상 없이 수행하는 것 같습니다. 이제 W 값을 임의의 숫자로 초기화시키고 학습을 통해 적절히 W가 결정되도록 하는 일만 남았습니다.

우선 다음 코드처럼 W를 무작위 값으로 초기화합니다.

```
np.random.seed(17)
W = np.random.randn(9)

W.reshape(3,3)
#>>> array([[ 0.2763, -1.8546,  0.6239],
            [ 1.1453,  1.0372,  1.8866],
            [-0.1117, -0.3621,  0.1487]])
```

np.random.seed(17)은 코드를 반복 실행할 때 동일한 무작위 수가 발생되도록 하는 코드입니다. 이렇게 해서 재현성을 확보합니다. 이렇게 무작위로 초기화된 W를 사용하여 인공신경망을 순전파시킨 결과는 별로 좋지 않을 것입니다. 앞서 검증 코드를 다시 반복해 봅시다.

```
pred = network(samples, W.reshape(3,3))

pred[pred>=0.5] = 1
pred[pred<0.5] = 0

result = pred==target
```

```
np.size(result) - np.count_nonzero(result)
#>>> 163
```

역시 예상대로 163개나 틀린 결과를 나타냅니다. 이렇게 상태가 좋지 않을 때 얼마나 좋지 않는지 평가해 줄 함수가 있다고 한다면 이 함숫값이 작아지도록 W를 설정하면 될 것입니다. 이 과정이 이전 장에서 공부했던 최적화 과정입니다. 따라서 신경망의 상태가 얼마나 좋지 않은지 나타내는 함수가 목적함수가 됩니다. 이를 다음처럼 정의하도록 합니다.

목적함수

$$J(\mathbf{W}; \mathbf{X}, \mathbf{t}) = \frac{1}{2N} \sum_{i=1}^{N} (t_i - y_i)^2 \tag{9.7}$$

식 (9.7)은 평균제곱 오차mean squared error, mse라고 하며 **W**는 가중치를 나타냅니다. 이 함수는 가중치를 바꾸면 함숫값이 바뀌므로 이 함수에 대한 독립변수는 **W**입니다. N은 데이터의 개수를 나타냅니다. t_i는 i번째 레이블을 나타내고 y_i는 신경망이 출력한 i번째 데이터에 대한 결과입니다. **X**와 **t**는 데이터와 레이블을 나타내는 변수로 함수 J를 계산하기 위해 필요한 주어진 변수들이지만 함수에 대한 독립변수는 아닙니다. 레이블은 때로는 타깃이라고 이야기하므로 알파벳 t를 사용했습니다. 식 (9.7)을 코드로 쓰면 아래와 같습니다.

```
def J(W, X, T):
    """
    W: 함숫값을 결정하는 변수, 가중치 (9,)
    X: 주어진 점 데이터 X, X: (N,D)
    T: 데이터에 대한 클래스 T, 0 또는 1, T: (N,)
    """
    N = X.shape[0]
    W = W.reshape(3,3)

    Y = network(X, W)
    return (1/(2*N)) * ((T-Y)**2).sum()

# 초기 상태에서 목적함숫값
J(W, samples, target)
#>>> 0.1263148192185165
```

함수는 식 (9.7)과 동일한 형태입니다. 초기 무작위 W에 대해서 목적함숫값은 약

0.126 정도 되는 것을 알 수 있습니다. 이제 W를 적당히 조절하여 이 값을 낮춰보겠습니다.

✓ **NOTE**

보통 분류 문제에서는 식 (9.7)로 정의되는 목적함수를 사용하지 않고 바이너리 크로스 엔트로피binary cross entropy[4]라는 목적함수를 사용합니다. 하지만 인공신경 망의 기본적인 이해와 선형회귀를 설명하기 위해서는 평균제곱 오차가 더 이해하기 쉽기 때문에 평균제곱 오차를 사용하겠습니다. 바이너리 크로스 엔트로피를 제대로 이해하기 위해서는 확률 이론을 알아야 하기 때문에 평균제곱 오차를 사용하면 학습 부담이 준다는 측면도 고려하였습니다.

학습하기

목적함수를 정의했으므로 이 함수를 최소화시키는 W를 구하기 위해서 이전 장에서 공부했던 최적화 수법을 적용할 수 있습니다. 여기서는 켤레경사법을 사용해 보겠습니다. 직접 함수를 만들 수도 있으나 scipy에서 제공하는 optimize에 있는 신뢰할 수 있는 함수를 사용하겠습니다. 목적함수가 구성되었으므로 다음 두 줄이면 충분합니다.

```
from scipy import optimize

# https://docs.scipy.org/doc/scipy/reference/generated/scipy.optimize.fmin_
cg.html
W_star = optimize.fmin_cg(J, W, args=(samples, target),  gtol=1e-06)

#>>> Optimization terminated successfully.
        Current function value: 0.000003
        Iterations: 509
        Function evaluations: 20262
        Gradient evaluations: 1842
```

optimize.fmin_cg()는 켤레경사법을 구현한 함수로 목적함수 J와 인공신경망의 가중치이며 최적화 이론 시각에서는 설계변수인 W를 전달받습니다. 그리고 optimize.fmin_cg() 함수에는 목적함수를 실행하기 위한 추가 변수를 args라는 이

---

4 바이너리 크로스 엔트로피를 설명하기 위해서는 확률 기초와 엔트로피를 이해해야 합니다. 엔트로피와 크로스 엔트로피에 대한 내용은 필자의 블로그 글에서 정보 엔트로피 부분(*https://bit.ly/2WBHIK4*)을 읽어보세요.

름을 가진 튜플로 전달할 수 있습니다. gtol은 탐색을 중단하기 위한 중단 조건으로, 목적함수의 경사도벡터 크기가 gtol에 지정한 값보다 작아지면 탐색을 중단하게 됩니다. 결과를 보면 509번 반복해 탐색을 성공적으로 종료했고 그때 목적함숫값은 0.000003으로 초기 목적함숫값 0.126보다 많이 작아진 것을 알 수 있습니다. 구해진 가중치 값들을 확인해 봅시다.

```
W_star = W_star.reshape(3,3)
W_star
#>>> array([[ 42.3795,  -9.3715, -13.6424],
           [-24.8334,   8.7549,   2.9808],
           [ 17.7471, -45.1586,  42.9089]])
```

예시로 제안했던 가중치와는 조금 다른 값들이 구해졌습니다. 이 가중치를 사용한 신경망의 결과를 그려보면 어떻게 될까요?

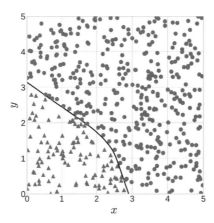

그림 9-12 최적화 과정으로 찾아낸 결정경계

단 하나의 오차도 없이 아주 적절하게 데이터를 분류하는 결정경계를 얻을 수 있습니다. 물론 이렇게 학습 데이터에 대해서 오차가 하나도 없는 것이 항상 좋지는 않습니다. 이런 현상을 과대적합overfitting이란 용어로 설명할 수 있는데, 이에 대해서는 다음 장에서 구체적으로 알아보겠습니다. 어쨌거나 하려 했던 작업은 원과 삼각형을 잘 분류하는 것이었고 우선 그 목적은 훌륭하게 달성한 것 같습니다.

이제 지금까지 해왔던 과정을 다시 한번 정리해 봅시다. 주어진 데이터에 대해서 선형 결정경계를 찾기 위해 두 가지 선형 분류 모델을 설정했습니다. 여기서 두 선형 분류 모델이 약간씩 오차를 보이기 때문에 두 모델을 결합했습니다. 그리고 전체 모델에 대한 가중치를 찾기 위해 목적함수를 정의하고 최적화 수법을 적용하여 목적함숫값을 줄였습니다. 이게 전부입니다.

8장 최적화 과정을 자세히 이해한 독자라면 위 과정에서 중요한 하나가 빠졌음을 눈치챌 수 있을 것입니다. 켤레경사법은 경사도벡터를 이용하는 방법인데 여기서는 경사도벡터를 구한 적이 없습니다. optimize.fmin_cg() 함수가 목적함숫값을 이용해 수치미분으로 경사도벡터를 구하기 때문에 직접 경사도벡터를 구하지 않아도 최적화 과정이 잘 수행된 것입니다. 하지만 구하고자 하는 변수가 9개가 아니라 100개, 1000개, 10000개라면 이렇게 수치미분으로 경사도벡터를 구하기에는 시간이 너무 많이 걸리게 됩니다. 따라서 그림 9-10에 나타낸 인공신경망으로부터 경사도벡터를 구하는 좋은 방법이 필요합니다. 다시 말해 미분을 하는 좋은 방법이 필요합니다. 여기서 인공신경망을 어떻게 미분할까 싶은 생각이 들 수도 있지만 인공신경망은 합성함수이므로 미분할 수 있습니다. 약간 복잡할 뿐 지금까지 이 책에서 배운 지식으로도 충분히 가능합니다. 그중에서 가장 중요한 것은 바로 자동미분입니다.

이번 장의 마지막 과정으로 인공신경망을 미분하는 방법에 대해서 알아보겠습니다.

인공신경망 미분하기

인공신경망을 미분하는 알고리즘을 역전파back propagation 알고리즘이라고 합니다. 역전파 알고리즘이란 용어는 인공신경망에서 경사도벡터를 구하는 단계와 구해진 경사도벡터를 이용하여 최적화 알고리즘을 수행하는 단계를 모두 포함하기도 합니다. 경우에 따라서 경사도벡터를 구하는 단계만 의미하기도 합니다. 이 두 가지 의미가 큰 구분 없이 사용되므로 맥락에 따라 적당히 이해하면 되겠습니다. 이미 경사도벡터를 이용하여 가중치 또는 설계변수를 업데이트하는 방법을 8장에서 살펴봤으므로 여기서는 경사도벡터를 구하는 방법에 집중하겠습니다. 이번 절에서 설명하는 내용은 조금 어려울 수도 있습니다. 하지만 이미 배운 지식을 최대한 동원하면 결코 이해 못할 내용은 아닙니다. 그리고 딥 러닝을 학습하기 위해서라면 한번은 넘어야 할 산이므로 꼭 꼼꼼히 읽어 이해해 둡시다.

우선 앞서 만든 네트워크를 약간 다르게 나타내 보겠습니다.

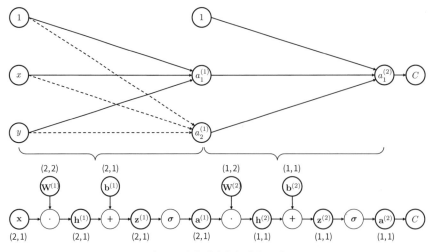

그림 9-13 예제 신경망과 계산 그래프

그림 9-13 위쪽은 네트워크를 노드와 에지를 중심으로 나타낸 것으로 지금껏 봐오던 그림입니다. 아래쪽은 이것과 동일한 계산 그래프입니다. 입력과 연산을 중심으로 다시 그린 것입니다. 미분의 연쇄법칙을 순차적으로 적용하기 위해서는 아래 계산 그래프가 훨씬 도움이 됩니다. 굵은 테두리 원이 입력과 출력을 나타내고 얇은 테두리 원이 연산을 나타냅니다. 위쪽 네트워크 그림에서 x, y를 입력하여 $\mathbf{a}_1^{(1)}$, $\mathbf{a}_2^{(1)}$를 출력하기 위해 필요한 연산이 아래쪽 계산 그래프에 나타나 있습니다. 그 과정을 따라가 보면 입력 $\mathbf{x}$와 가중치 $\mathbf{W}^{(1)}$이 내적되어 $\mathbf{h}^{(1)}$을 만들고 여기에 편향 $\mathbf{b}^{(1)}$이 더해져 $\mathbf{z}^{(1)}$이 출력됩니다. $\mathbf{z}^{(1)}$을 로지스틱 시그모이드 함수 σ에 입력하여 최종적으로 $\mathbf{a}^{(1)}$을 출력하게 됩니다. $\mathbf{a}^{(2)}$도 마찬가지로 반복됩니다. 마지막 C는 네트워크가 출력하는 최종 출력 $\mathbf{a}^{(2)}$를 입력받아 계산된 목적함숫값입니다. 목적함수는 식 (9.7)에서 정의하였습니다. 입력과 출력에는 벡터 또는 스칼라의 형태가 표시되어 있습니다. 예를 들어 입력 $\mathbf{x}$는 2행 1열인 벡터이며 $\mathbf{W}^{(1)}$은 2행 2열인 행렬인 것을 알 수 있습니다. 이제 계산 그래프가 어떻게 구성되었는지 알았으므로 직접 계산해 보겠습니다.

그림 9-13에 그린 계산 그래프는 전체적으로 합성함수입니다. 입력 $\mathbf{x}$에서 출력 C까지 여러 연산이 합성되어 있으며 변수 $\mathbf{W}^{(1)}$, $\mathbf{W}^{(2)}$ 등이 입력되는 시점도 다릅니다. 하지만 각각 개별 함수들을 미분하여 연속적으로 곱해 나가면 모든 변수에 대한 미분계수를 구할 수 있다는 사실을 이미 알고 있습니다.

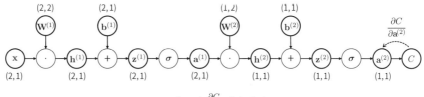

그림 9-14 $\frac{\partial C}{\partial \mathbf{a}^{(2)}}$ 계산 과정

우선 그림 9-14를 봅시다. 여기서 구하고 싶은 것은 목적함수 C의 $\mathbf{W}^{(1)}$, $\mathbf{b}^{(1)}$, $\mathbf{W}^{(2)}$, $\mathbf{b}^{(2)}$에 대한 미분계수입니다. C는 다변수 스칼라함숫값인데 입력변수가 행렬과 벡터가 뒤섞여 꽤 복잡한 형태를 띄고 있습니다. 이 계산 그래프에 $\mathbf{x}$ 하나가 입력되어 결과 C를 계산했다고 가정합시다. samples라는 변수에 담긴 입력 $\mathbf{x}$는 500개라는 사실을 잊지 마세요.

C에 입력되는 마지막 변수는 $\mathbf{a}^{(2)}$입니다. 일반적으로 나타내기 위해 벡터 형태로 표기했지만 이 예에서 $\mathbf{a}^{(2)}$는 스칼라입니다. 따라서 C를 $\mathbf{a}^{(2)}$에 대해 미분하는 것은 어렵지 않게 할 수 있습니다. 식 (9.7)에서 y_i에 해당하는 것이 $\mathbf{a}^{(2)}$이므로 이것을 미분하면 다음 식 (9.8)처럼 됩니다.

$$\frac{\partial C}{\partial \mathbf{a}^{(2)}} = -\frac{1}{N}\left(t - \mathbf{a}^{(2)}\right) \tag{9.8}$$

현재 입력 데이터 $\mathbf{x}$가 하나인 경우에 대해서 생각하고 있으므로 합의 기호는 사라졌고, t나 $\mathbf{a}^{(2)}$에도 아래첨자를 사용하지 않았습니다. 그리고 여기서 $\mathbf{a}^{(2)}$는 비록 볼드체로 써졌지만 스칼라라는 점을 다시 한번 강조해 둡니다. 이렇게 합성함수에서 가장 마지막에 있는 함수를 미분했습니다. 이제 그다음에 오는 함수를 또 미분한 다음 그 결과를 식 (9.8)과 곱하면 $\frac{\partial C}{\partial \mathbf{z}^{(2)}}$를 구할 수 있겠죠.

이렇게 합성함수 미분에 적용하는 연쇄법칙을 적용하면 개념적으로는 신경망을 쉽게 미분할 수 있습니다. 하지만 이 미분 과정이 만만치 않은 이유는 앞으로 미분해야 하는 각 개별 함수들이 벡터 또는 행렬을 입력받고 벡터를 출력하는 함수이기 때문입니다. 여기서는 이를 아주 철저히 분석해서 전체 미분 과정을 완성해 보겠습니다. 그러기 위해서 파이썬 코드를 활용하고 자동미분에서 활용했던 파이토치 자동미분함수를 다시 활용하기로 하겠습니다.

준비작업

먼저 그림 9-13에 나타난 계산 그래프를 순전파시키는 함수를 작성합니다. 이때 가중치 W는 식 (9.5)에 제시한 것처럼 행렬 형태로 전달된다고 가정합니다.

```python
def logistic(x):
    return 1 / (1+np.exp(-x))

def forward(X, W, T, retopt='all'):
    """
    네트워크를 피드포워드시킨다. numpy 버전
    X : 네트워크의 입력벡터 shape:(N,2)
    retopt : 네트워크가 순전파되면서 각 레이어에서 계산된 결과 값을
    되돌릴 방법을 설정한다.
        - 'all'  : 모든 층에서 계산된 결과를 튜플 형태로 되돌린다.
        - 'fval' : 함수의 최종 출력값만 되돌린다.
    """
    N = X.shape[0]

    H1 = np.dot(W[:2,1:], X.T)       #❶, X와 W_1을 내적
    Z1 = H1 + W[:2,0].reshape(-1,1)  # H1과 b_1을 더합니다.
    A1 = logistic(Z1)

    H2 = np.dot(W[2,1:], A1)         #❷, A1과 W_2를 내적
    Z2 = H2 + W[2,0]                 # H2와 b_2를 더합니다.
    A2 = logistic(Z2)

    C = (1/(2*N)) * ((T-A2)**2).sum() # 식 (9.7)

    if retopt == 'all':
        return (H1, Z1, A1, H2, Z2, A2, C)
    elif retopt == 'fval':
        return C
```

forward() 함수는 입력 X, 네트워크의 가중치 W, 입력에 대한 레이블 T를 입력받아 그림 9-13의 계산 그래프를 계산합니다. 최종적으로 각 단계에서 도출된 결과를 모두 모아 튜플로 반환합니다. 그림과 코드를 비교하기 쉽게 변수명과 계산 그래프에서 입출력 기호를 일치시켰습니다. 가중치 행렬 W에서 계산에 필요한 부분만 잘라내기 위해 ❶, ❷에서 인덱스 슬라이싱을 적극 활용하고 있습니다. 이 함수는 넘파이 어레이인 X, W, T에 적용하는 함수입니다. 파이토치 텐서형 X, W, T에 적용하는 완전히 동일하게 작동하는 함수 forward_torch()를 다음처럼 정의합니다.

```python
def forward_torch(X, W, T, retopt='all'):
    """
```

```
네트워크를 피드포워드시킨다. 파이토치 버전
X : 네트워크의 입력벡터 size:(N,2)
retopt : 네트워크가 순전파되면서 각 레이어에서 계산된 결과 값을
되돌릴 방법을 설정한다.
        - 'all'  : 모든 층에서 계산된 결과를 튜플 형태로 되돌린다.
        - 'fval' : 함수의 최종 출력값만 되돌린다.
"""
N = X.size()[0]
T = torch.tensor(T, dtype=torch.double)

# 계산 결과 검증을 위해 pytorch를 사용하므로 numpy 어레이뿐 아니라
# pytorch tensor 형태에 대해서도 동일한 연산을 합니다.
H1 = torch.mm(W[:2,1:], torch.t(X))    # np.dot() 대신 torch.mm() 사용
Z1 = H1 + W[:2,0].view(-1,1)           # reshape() 대신 view() 사용
A1 = torch.sigmoid(Z1)                 # logistic() 대신 torch.sigmoid() 사용

H2 = torch.mm(W[2:,1:], A1)
Z2 = H2 + W[2,0]
A2 = torch.sigmoid(Z2)

C = (1/(2*N)) * ((T-A2)**2).sum()

if retopt == 'all':
    return (H1, Z1, A1, H2, Z2, A2, C)
elif retopt == 'fval':
    return C
```

코드를 비교해 보면 넘파이용 함수를 파이토치 전용 함수로 몇 개 대체한 것을 제외하면 완전히 동일하다는 것을 알 수 있습니다.

여기서는 행렬 또는 텐서를 이용한 계산을 넘파이와 파이토치를 통해 진행하면서 그 두 결과를 비교할 것이므로 넘파이 어레이와 파이토치 텐서를 보기 좋게 프린트할 보조함수를 다음처럼 정의합니다.

```
def print_tensor(t):
    """
    텐서형 자료를 보기 좋게 프린트하기 위한 보조 함수
    """
    def namestr(obj, namespace):
        return [name for name in namespace if namespace[name] is obj]

    var_name = namestr(t, globals())[0]

    print("{}:{},{}".format(var_name, t.shape, t.dtype)) # ❶
    print(t)                                             # ❷
    print("------------------------------------------------")
```

❶, ❷에서 어레이 또는 텐서의 이름, 모양, 데이터 타입 그리고 실제 값을 프린트합니다. 이것으로 보조함수는 모두 정의했습니다. 이제 네트워크를 순전파 하기 위해 임의로 W를 만들겠습니다.

```
import torch # 가장 먼저 파이토치부터 임포트합시다.

np.random.seed(17)                                                        #❶
W = np.random.randn(9).reshape(3,3)                                       #❷
W_torch = torch.tensor(W, dtype=torch.double); W_torch.requires_grad=True #❸

print_tensor(W) #❹
#>>> W:(3, 3),float64
    [[ 0.2763 -1.8546  0.6239]
     [ 1.1453  1.0372  1.8866]
     [-0.1117 -0.3621  0.1487]]
―――――――――――――――――――――――――――――――

print_tensor(W_torch)
#>>> W_torch:torch.Size([3, 3]),torch.float64
    tensor([[ 0.2763, -1.8546,  0.6239],
            [ 1.1453,  1.0372,  1.8866],
            [-0.1117, -0.3621,  0.1487]], dtype=torch.float64, requires_
grad=True)
―――――――――――――――――――――――――――――――
```

❶ 항상 같은 난수로 초기화된 W를 얻기 위해 시드를 설정합니다. ❷ 난수 아홉 개를 생성하여 (3, 3) 행렬로 W를 초기화합니다. ❸ W로부터 파이토치 텐서를 생성합니다. 여기서는 W에 대한 미분계수를 구해야 하므로 required_grad=True로 설정합니다. ❹ 만들어 둔 출력함수로 값을 출력해 보면 W와 W_torch 모두 같은 값을 가지고 있음을 알 수 있습니다. 무작위 값으로 초기화된 W와 W_torch를 사용하여 목적함숫값을 계산하고 forward() 함수를 실행하여 두 값이 같은지 비교해 봅시다.

```
# 초기 상태에서 목적함숫값
J(W, samples, target)
#>>> 0.1263148192185165

H1, Z1, A1, H2, Z2, A2, C = forward(samples, W, target)
C
#>>> 0.1263148192185165
```

이전에 만들어 두었던 목적함수 J와 forward()에서 계산한 C 값이 서로 같습니다. 이것으로 forward()가 잘 동작함을 확인했습니다. 이제 입력 데이터 한 개와 W와

W_torch를 가지고 네트워크를 순전파시켜 봅시다.

```
N = 1
x = samples[[0]]                                                    #❶
x_torch = torch.tensor(x, dtype=torch.double); x_torch.requires_grad=True #❷
t = target[[0]]                                                    #❸

print_tensor(x)
#>>> x:(1, 2),float64
     [[2.754  3.5407]]
------------------------------------------------

print_tensor(x_torch)
#>>> x_torch:torch.Size([1, 2]),torch.float64
     tensor([[2.7540, 3.5407]], dtype=torch.float64, requires_grad=True)
------------------------------------------------

print_tensor(t)
#>>> t:(1,),float64
     [1.]
------------------------------------------------
```

❶ 우선 samples에서 첫 번째 데이터를 x라는 변수에 저장합시다. ❷ 그리고 같은 값을 가지는 텐서형 변수도 생성합니다. 두 데이터를 프린트해 보면 (1, 2)인 행렬임을 알 수 있습니다. x 좌표값 2.754, y 좌표값 3.5407인 점 데이터가 되겠습니다. ❸ 해당 입력에 대한 타깃값을 변수 t에 할당합니다.

다음은 넘파이 어레이에 대한 순전파 결과입니다.

```
H1, Z1, A1, H2, Z2, A2, C = forward(x, W, t)

print_tensor(H1); print_tensor(Z1); print_tensor(A1)
print_tensor(H2); print_tensor(Z2); print_tensor(A2)
print_tensor(C)

#>>>
H1:(2, 1),float64
[[-2.8986]
 [ 9.5365]]
------------------------------------------------
Z1:(2, 1),float64
[[-2.6223]
 [10.6818]]
------------------------------------------------
A1:(2, 1),float64
[[0.0677]
 [1.    ]]
```

```
─────────────────────────────────────────
H2:(1,),float64
[0.1242]
─────────────────────────────────────────
Z2:(1,),float64
[0.0125]
─────────────────────────────────────────
A2:(1,),float64
[0.5031]
─────────────────────────────────────────
C:(),float64
0.12344827837124746
─────────────────────────────────────────
```

다음은 파이토치 텐서에 대한 순전파 결과입니다.

```
H1_torch, Z1_torch, A1_torch, H2_torch, Z2_torch, A2_torch, C_torch = forward_
torch(x_torch, W_torch, t)

print_tensor(H1_torch); print_tensor(Z1_torch); print_tensor(A1_torch)
print_tensor(H2_torch); print_tensor(Z2_torch); print_tensor(A2_torch)
print_tensor(C_torch)

#>>>
H1_torch:torch.Size([2, 1]),torch.float64
tensor([[-2.8986],
        [ 9.5365]], dtype=torch.float64, grad_fn=<MmBackward>)
─────────────────────────────────────────
Z1_torch:torch.Size([2, 1]),torch.float64
tensor([[-2.6223],
        [10.6818]], dtype=torch.float64, grad_fn=<AddBackward0>)
─────────────────────────────────────────
A1_torch:torch.Size([2, 1]),torch.float64
tensor([[0.0677],
        [1.0000]], dtype=torch.float64, grad_fn=<SigmoidBackward>)
─────────────────────────────────────────
H2_torch:torch.Size([1, 1]),torch.float64
tensor([[0.1242]], dtype=torch.float64, grad_fn=<MmBackward>)
─────────────────────────────────────────
Z2_torch:torch.Size([1, 1]),torch.float64
tensor([[0.0125]], dtype=torch.float64, grad_fn=<AddBackward0>)
─────────────────────────────────────────
A2_torch:torch.Size([1, 1]),torch.float64
tensor([[0.5031]], dtype=torch.float64, grad_fn=<SigmoidBackward>)
─────────────────────────────────────────
C_torch:torch.Size([]),torch.float64
tensor(0.1234, dtype=torch.float64, grad_fn=<MulBackward0>)
─────────────────────────────────────────
```

파이토치 쪽 결과가 조금 복잡하긴 하지만 어쨌거나 각 단계마다 출력되는 값들은
모두 동일한 것을 알 수 있습니다.

이제 모든 준비가 끝났습니다. 지금부터 직접 손으로 미분을 하고 그 과정을 넘
파이 어레이를 사용하여 코드로 확인하겠습니다. 그리고 그 계산 결과가 올바른지
파이토치 자동미분을 이용한 계산 결과와 비교하여 검증하겠습니다.

✓ **NOTE**

앞으로 과정에서 보여지는 함숫값들은 앞선 코드에서 임의로 초기화된 가중치를
사용하여 계산된 값들이기 때문에 독자 여러분이 직접 코드를 실행할 때는 구체
적인 값이 다를 수 있습니다. 여기서 보이고자 하는 것은 직접 미분하여 얻은 미
분계수와 파이토치로 계산한 미분계수가 같다는 것입니다. 따라서 코드를 실행할
때도 이점을 염두에 두고 내용을 읽어 나가기를 바랍니다.

단계별 미분

미분의 첫 단계인 $\frac{\partial C}{\partial \mathbf{a}^{(2)}}$를 그림 9-14, 식 (9.8)에서 구해보았습니다. 그다음 단계부
터 차례로 진행하도록 하겠습니다.

$\frac{\partial C}{\partial \mathbf{z}^{(2)}}$ 계산하기

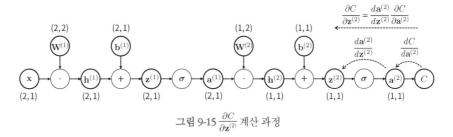

그림 9-15 $\frac{\partial C}{\partial \mathbf{z}^{(2)}}$ 계산 과정

그림 9-15처럼 $\frac{d\mathbf{a}^{(2)}}{d\mathbf{z}^{(2)}}$를 계산해야 할 차례입니다. 여기서도 일반적인 경우를 위해 변
수를 볼드체로 표시했지만 이 예제에서는 스칼라이기 때문에 미분이 어렵지 않습
니다. 입력 $\mathbf{z}^{(2)}$, 출력 $\mathbf{a}^{(2)}$인 함수는 로지스틱 시그모이드 함수 $\sigma(\mathbf{z}^{(2)})$고 이 함수의
도함수가 $\sigma(\mathbf{z}^{(2)})(1 - \sigma(\mathbf{z}^{(2)}))$라는 것을 알고 있습니다. 따라서 다음과 같습니다.

$$\frac{d\mathbf{a}^{(2)}}{d\mathbf{z}^{(2)}} = \sigma\left(\mathbf{z}^{(2)}\right)\left(1 - \sigma\left(\mathbf{z}^{(2)}\right)\right) \tag{9.9}$$

식 (9.9)를 계산하고 그림 9-15 위쪽에 표시된 것처럼 식 (9.8)과 곱하면 $\frac{\partial C}{\partial \mathbf{z}^{(2)}}$를 계산할 수 있습니다. 이 과정까지 직접 파이썬으로 코딩해 봅시다. 우선 $\frac{\partial C}{\partial \mathbf{a}^{(2)}}$를 구하는 식 (9.8)입니다.

```
dA2 = -(t-A2)/N #❶
dA2
#>>> array([-0.4969])

dA2_torch = torch.autograd.grad(C_torch, A2_torch, torch.tensor(1,
dtype=torch.double), retain_graph=True)[0] #❷
dA2_torch
#>>> tensor([[-0.4969]], dtype=torch.float64)
```

❶에서 식 (9.8)을 그대로 코딩했습니다. ❷에서는 종속변수를 C_torch로 하고 독립변수를 A2_torch로 하여 직접 파이토치 자동미분으로 미분한 것입니다. 식 (9.8)이 틀리지 않았다면 dA2와 dA2_torch는 동일해야 합니다. 출력 결과를 비교하면 동일한 것을 알 수 있습니다.

이제 식 (9.9)를 코딩하고 앞 결과와 곱해서 $\frac{\partial C}{\partial \mathbf{z}^{(2)}}$를 계산해 보겠습니다.

```
dA2_dZ2 = logistic(Z2)*(1-logistic(Z2)) #❶
dZ2 = dA2_dZ2 * dA2                      #❷
dZ2
#>>> array([-0.1242])

dZ2_torch = torch.autograd.grad(C_torch, Z2_torch, torch.tensor(1,
dtype=torch.double), retain_graph=True)[0] #❸
dZ2_torch
#>>> tensor([[-0.1242]], dtype=torch.float64)
```

❶ 식 (9.9)대로 $\frac{d\mathbf{a}^{(2)}}{d\mathbf{z}^{(2)}}$를 계산합니다. ❷ 그림 9-15에 나타난 연쇄법칙 식처럼 계산한 두 결과를 곱합니다. 여기서 계산한 결과 dA2_dZ2와 dA2는 모두 스칼라 값이므로 이 곱은 숫자끼리 곱이 되고 계산된 결과는 목적함수 C를 $\mathbf{z}^{(2)}$로 미분한 미분계수가 됩니다. 지금 다루는 신경망에서 $\mathbf{z}^{(2)}$가 스칼라이므로 미분계수도 당연히 스칼라가 되겠죠. 결과는 -0.1242입니다. 이제 ❸을 통해 연쇄법칙을 쓰지 않고 파이토치에게 그냥 미분계수를 계산해 달라고 해봅니다. 계산 결과가 앞서 수행한 결과와 똑같습니다. 이로써 $\mathbf{z}^{(2)}$변수까지 미분, 다시 말해 $\frac{\partial C}{\partial \mathbf{z}^{(2)}}$을 성공적으로 계산하였습니다.

파이썬 코드에서 쓰는 변수 명명법을 잠깐 언급하겠습니다. 예제에서 설명하려는 내용은 목적함수 C에 대한 여러 변수의 미분계수를 계산하는 것입니다. 이런 경우 파이썬 코드에서 쓰는 변수는 d[**변수명**]으로 두겠습니다. 예를 들어 $\frac{\partial C}{\partial a^{(2)}}$는 dA2라고 두는 것입니다.

이와 다르게 합성함수 중간에서 계산되는 $\frac{da^{(2)}}{dz^{(2)}}$와 같은 경우는 dA2_dZ2처럼 분자와 분모 모두를 변수명에 쓰는 방식을 사용합니다.

$\frac{da^{(2)}}{dz^{(2)}}$에 대해 조금 더 알아보기

앞서 $\frac{\partial C}{\partial z^{(2)}}$를 구하기 위해 $\frac{da^{(2)}}{dz^{(2)}}$를 계산했습니다. 지금 다루고 있는 모델에서는 $a^{(2)}$, $z^{(2)}$가 스칼라이지만 일반적으로는 벡터입니다. 그림 9-13을 보면 $a^{(2)}$에 해당하는 노드가 하나뿐이므로 이 값이 스칼라가 된 것입니다. 신경망의 노드 수는 디자인하는 사람이 임의로 정할 수 있으므로 $a^{(2)}$, $z^{(2)}$가 얼마든지 벡터가 될 수 있습니다. 만약 $a^{(2)}$, $z^{(2)}$가 벡터라면 $\frac{da^{(2)}}{dz^{(2)}}$는 야코비안이 되어야 합니다. 5장에서 이미 야코비안 행렬에 대해서 알아본 바 있습니다. 그때 미분계수들을 행렬 모양으로 정리하는 방식에서 야코비안이 따르는 방식은 분자 레이아웃이라고 한 것을 기억할 것입니다. 여기서 $\frac{\partial C}{\partial z^{(2)}}$를 구한 식을 다시 살펴봅시다.

$$\frac{\partial C}{\partial z^{(2)}} = \frac{da^{(2)}}{dz^{(2)}} \frac{\partial C}{\partial a^{(2)}}$$

위 식에서 $\frac{\partial C}{\partial a^{(2)}}$에 있는 $a^{(2)}$도 이 경우에는 스칼라지만 일반적으로 벡터입니다. 그렇다면 $\frac{\partial C}{\partial a^{(2)}}$는 목적함수 C를 벡터 $a^{(2)}$로 미분한 경사도벡터가 될 것입니다. 경사도벡터는 입력변수 $a^{(2)}$와 같은 모양입니다. 그래서 분모 레이아웃을 따라 미분된 것입니다. 따라서 야코비안 $\frac{da^{(2)}}{dz^{(2)}}$와 경사도벡터 $\frac{\partial C}{\partial a^{(2)}}$를 바로 행렬곱할 수 없습니다.

예를 들어봅시다. $a^{(2)}$가 $(m, 1)$인 벡터라고 하면 $\frac{\partial C}{\partial a^{(2)}}$도 $(m, 1)$이 되겠죠. $z^{(2)}$가 $(n, 1)$인 벡터라고 하면 $\frac{da^{(2)}}{dz^{(2)}}$은 (m, n)인 행렬이 됩니다.[5] 따라서 $(m, n) \times (m, 1)$처럼 행렬곱할 수 없다는 것을 바로 알 수 있습니다. 결국 위 식은 아래처럼 되어야 겨우 곱하기가 가능해집니다.

---

5 현재 예제로 제시된 신경망에서 $a^{(2)}$와 $z^{(2)}$는 길이가 다를 수 없지만, 다변수 벡터 함수가 연쇄법칙에 적용될 때 야코비안을 전치시켜야 한다는 점을 설명하기 위해 길이가 다르다고 가정하였습니다.

$$\frac{\partial C}{\partial \mathbf{z}^{(2)}} = \left(\frac{d\mathbf{a}^{(2)}}{d\mathbf{z}^{(2)}} \right)^{\mathrm{T}} \frac{\partial C}{\partial \mathbf{a}^{(2)}}$$

앞 식은 합성함수 C를 어떤 벡터변수 $\mathbf{z}^{(2)}$로 미분할 때 적용되는 일반적인 규칙을 이야기해 줍니다. 그 규칙은 $\mathbf{z}^{(2)}$가 입력되는 "함수를 미분한 야코비안 전치와 그 함수 직전 함수까지 미분한 경사도벡터를 곱한다"는 것입니다.[6] 일반적인 연쇄법칙에 곱해지는 항들이 가지는 모양에 대한 규칙이 추가된 것입니다.

신경망에 대한 역전파 알고리즘을 설명하는 방법은 행렬, 벡터의 인덱스를 중심으로 설명하는 방법[7]과 행렬 연산을 중심으로 설명하는 방법[8] 등 여러 가지지만 이 책에서는 앞서 소개한 규칙을 중심으로 모든 과정을 설명하겠습니다.

여기서 예를 들고 있는 인공신경망은 곱해지는 두 항이 아직까지 모두 스칼라였기 때문에 야코비안 전치와 경사도벡터를 곱하는 상황이 표면적으로 드러나지 않았습니다. 스칼라는 전치하여 곱하나 그냥 곱하나 결과가 같기 때문입니다. 이후 단계를 진행하면서 야코비안을 전치시켜 곱하는 것이 단지 모양을 맞춰 행렬 곱셈을 할 수 있게 할 뿐 아니라 연쇄법칙을 만족시킨다는 것을 알아보겠습니다.

$\frac{\partial C}{\partial \mathbf{b}^{(2)}}$ 계산하기

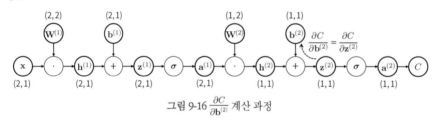

그림 9-16 $\frac{\partial C}{\partial \mathbf{b}^{(2)}}$ 계산 과정

다음 단계는 $\frac{\partial C}{\partial \mathbf{b}^{(2)}}$를 계산하는 것입니다. 앞 과정으로 $\frac{\partial C}{\partial \mathbf{z}^{(2)}}$를 구했고 여기서 할 일은 $\frac{\partial \mathbf{z}^{(2)}}{\partial \mathbf{b}^{(2)}}$를 구해서 곱하는 것입니다. 그런데 $\mathbf{z}^{(2)} = \mathbf{b}^{(2)} + \mathbf{h}^{(2)}$이므로 여기서 만든 인공신경망의 경우 $\frac{\partial \mathbf{z}^{(2)}}{\partial \mathbf{b}^{(2)}}$는 1입니다. 만약 $\mathbf{z}^{(2)}$와 $\mathbf{b}^{(2)}$가 벡터라면 결과는 단위행렬이 될 것입니다. 따라서 다음과 같은 결과를 얻을 수 있습니다.

---

6 Goodfellow, Ian, Bengio, Yoshua and Courville, Aaron, 류광(역), 2018, 심층 학습, 제이펍, p.228
7 인덱스 방식 설명은 다음 온라인 문서를 참고하세요. "Nielsen, Michael A., 2015, Neural Networks and Deep Learning, *http://neuralnetworksanddeeplearning.com/chap2.html*, Determination Press"
8 행렬 연산을 중심으로 설명하는 방법은 다음 슬라이드를 참고하세요. "임성빈, 2017, Matrix Calculus, *https://www.slideshare.net/ssuser7e10e4/matrix-calculus*"

$$\frac{\partial C}{\partial \mathbf{b}^{(2)}} = \frac{\partial C}{\partial \mathbf{z}^{(2)}} \tag{9.10}$$

6장 자동미분에서 더하기 연산에 대한 역전파 함수 add_deriv()를 코딩할 때 항상 상류층 미분계수를 그냥 반환하는 방식으로 코딩했습니다. 식 (9.10)도 덧셈에 대해서 상류층 미분계수 $\frac{\partial C}{\partial \mathbf{z}^{(2)}}$를 그냥 반환하는 것을 나타내고 있습니다. 코드로도 특별히 할 것이 없고 다음처럼 간단히 쓸 수 있습니다.

```
db2 = dZ2
```

```
db2
#>>> array([-0.1242])
```

이 결과가 맞는지 파이토치로 검증해 봅시다.

```
dW_torch = torch.autograd.grad(C_torch, W_torch,
                               torch.tensor(1, dtype=torch.double),
                               retain_graph=True)[0]
```

```
dW_torch[2,0]
#>>> tensor(-0.1242, dtype=torch.float64)
```

파이토치로 미분하는 과정은 약간 설명이 필요합니다. 여기서는 식 (9.5)처럼 가중치와 편향 변수를 행렬 하나에 모두 담아서 사용합니다. 이렇게 변수를 행렬로 모아 놓은 다음 forward(), forward_torch() 함수에서 필요한 변수를 적당한 위치로부터 잘라내어 사용했습니다. 이 경우 직접 가중치 $\mathbf{W}^{(1)}$, $\mathbf{W}^{(2)}$와 편향 $\mathbf{b}^{(1)}$, $\mathbf{b}^{(2)}$에 대해 미분계수를 구하려면 앞으로 설명할 단계를 모두 거쳐야 하지만 파이토치 자동미분은 모든 변수에 대한 미분계수를 한꺼번에 구할 수 있습니다. 행렬 형태인 W_torch를 독립변수로 지정하고 torch.autograd.grad()를 호출하면 (3, 3)형태인 미분계수가 dW_torch에 구해집니다. 여기서 $\frac{\partial C}{\partial \mathbf{b}^{(2)}}$에 해당하는 값은 식 (9.5)에 따르면 3행 1열에 있는 값입니다. 따라서 dW_torch[2,0]를 출력해서 직접 계산했던 결과와 비교하면 되는 것입니다. 비교 결과 값이 같은 것을 알 수 있습니다.

이렇게 $\mathbf{b}^{(2)}$에 대한 미분계수를 구함으로써 첫 번째 단계가 끝났습니다. 남은 것은 $\mathbf{W}^{(2)}$, $\mathbf{b}^{(1)}$, $\mathbf{W}^{(1)}$에 대한 미분입니다.

$\dfrac{\partial C}{\partial \mathbf{h}^{(2)}}$ 계산하기

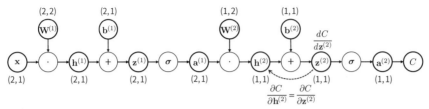

그림 9-17 $\dfrac{\partial C}{\partial \mathbf{h}^{(2)}}$ 계산 과정

$\dfrac{\partial C}{\partial \mathbf{b}^{(2)}}$와 완전히 동일한 이유로 $\dfrac{\partial C}{\partial \mathbf{h}^{(2)}}$도 식 (9.11)처럼 되겠습니다.

$$\frac{\partial C}{\partial \mathbf{h}^{(2)}} = \frac{\partial C}{\partial \mathbf{z}^{(2)}} \tag{9.11}$$

지금까지 진행한 미분 방식과 그림 9-17을 보면 $\mathbf{W}^{(2)}$에 대한 미분계수를 구하기 위해 $\dfrac{\partial C}{\partial \mathbf{h}^{(2)}}$가 사용되리란 것을 예상할 수 있습니다. 그리고 식 (9.10), (9.11)을 종합하면 $\mathbf{b}^{(2)}$와 $\mathbf{W}^{(2)}$에 대한 미분계수를 구하기 위해 중요한 것은 결국 $\dfrac{\partial C}{\partial \mathbf{z}^{(2)}}$라는 것을 알게 됩니다. 이 미분계수는 신경망에서 층 하나에 대한 계산을 끝내고 활성화 함수에 입력되기 직전 변수에 대한 목적함수의 변화율입니다. 이 값을 알면 뒤이어 오는 편향과 가중치에 대한 미분계수를 구할 수 있으므로 역전파 알고리즘에서는 특별히 기호 δ(델타)로 나타냅니다. 주로 다음처럼 나타냅니다.

$$\delta^{(2)} = \frac{\partial C}{\partial \mathbf{z}^{(2)}} \tag{9.12}$$

식 (9.12)에 δ라는 기호를 제시했지만 여기서는 계산 그래프상에 기호법과 변수명을 맞추기 위해 δ보다는 dH2라는 변수명을 사용하겠습니다. 코드로는 간단히 다음처럼 하면 됩니다.

```
dH2 = dZ2
dH2_torch = dZ2_torch
```

$\dfrac{\partial C}{\partial \mathbf{W}^{(2)}}$ 계산하기

이제 다음 단계인 $\mathbf{W}^{(2)}$에 대한 미분계수를 구해봅시다.

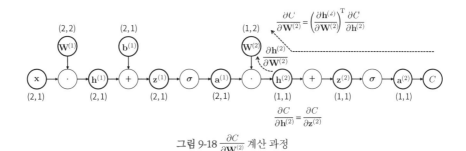

그림 9-18 $\dfrac{\partial C}{\partial \mathbf{W}^{(2)}}$ 계산 과정

위 그림에서 $\mathbf{h}^{(2)}$가 계산되는 과정은 $\mathbf{W}^{(2)}$와 $\mathbf{a}^{(1)}$의 내적입니다. 내적은 벡터 사이에 정의된 곱셈의 한 종류입니다. 앞서 $\mathbf{h}^{(2)}$와 $\mathbf{b}^{(2)}$ 사이에 있는 덧셈을 이야기할 때 add_deriv() 함수에 대해 이야기했습니다. 여기서도 같은 방식으로 간단히 개요를 살펴볼 수 있습니다. 자동미분에서 곱하기 연산을 미분하기 위해 times_deriv()라는 함수를 만들었습니다. 이 함수는 상류층 미분계수에 입력을 서로 반대로 곱하여 입력에 대한 편미분계수를 계산했습니다. 그림 9-18을 보면 이 경우와 마찬가지로 $\mathbf{W}^{(2)}$에 대한 미분계수는 상류층 미분계수 $\dfrac{\partial C}{\partial \mathbf{h}^{(2)}}$에 $\mathbf{a}^{(1)}$을 곱하면 된다는 것을 알 수 있습니다. 자동미분에서 배운 경험을 바탕으로 이런 식으로 미분계수를 구할 수 있다는 사실을 직관적으로 알 수 있습니다. 이제 이 직관을 우리가 고수하고자 했던 규칙 "야코비안 전치와 그 함수 직전 함수까지 미분한 경사도벡터를 곱한다"에 맞춰보겠습니다.

경사도벡터는 이미 $\dfrac{\partial C}{\partial \mathbf{h}^{(2)}}$로 구해 놓았습니다. 물론 아직까지 우리 예에서는 이 값이 벡터가 아닌 스칼라입니다. 전치시켜 곱해야 하는 야코비안은 그림 9-18에서 $\dfrac{\partial \mathbf{h}^{(2)}}{\partial \mathbf{W}^{(2)}}$입니다. $\mathbf{W}^{(2)}$는 모양이 $(1, 2)$이므로 미분계수인 $\dfrac{\partial C}{\partial \mathbf{W}^{(2)}}$도 $(1, 2)$가 되어야 합니다. 결과가 이렇게 나오는지 한번 따져봅시다. 야코비안은 분자 레이아웃으로 적습니다. 따라서 분자의 요소 개수가 야코비안 행렬에서 행수가 되어야 합니다. 그런데 $\dfrac{\partial \mathbf{h}^{(2)}}{\partial \mathbf{W}^{(2)}}$에서 $\mathbf{h}^{(2)}$는 스칼라이고 $\mathbf{W}^{(2)}$는 열벡터가 아니라 행벡터입니다. $\mathbf{W}^{(2)}$가 열벡터라면 분자 레이아웃으로 미분한 야코비안은 $(1, 2)$가 될 것입니다. 하지만 $\mathbf{W}^{(2)}$가 행벡터이기 때문에 이렇게 적기가 좀 곤란해집니다. 미분 결과가 야코비안이 되게 하기 위해 $\mathbf{W}^{(2)}$를 강제로 열벡터로 만들고 미분하면 $(1, 2)$가 됩니다. 이렇게 구해진 야코비안을 '전치'시켜 $(2, 1)$로 만든 다음 이미 구해 놓은 스칼라 $\dfrac{\partial C}{\partial \mathbf{h}^{(2)}}$를 '곱'하면 결과는 $(2, 1)$이 됩니다. 구하고자 하는 미분계수의 모양은 $(1, 2)$인 행벡터가 되어야 하는데 결과가 열벡터이니 한번 전치시켜야 모양이 맞습니다. 처음 미분할 때 $\mathbf{W}^{(2)}$를 이미 전치시켜 열벡터로 만들었기 때문에 마지막에 다시 전치를 시켜야 모양이 맞게 됩니다. 이제 모양 맞추기 말고 실제 계산을 해봅시다.

$\mathbf{h}^{(2)}$는 다음 식처럼 계산됩니다.

$$\mathbf{h}^{(2)} = w_{11}^{(2)} a_1^{(1)} + w_{12}^{(2)} a_2^{(1)}$$

이 스칼라를 이제 $\mathbf{W}^{(2)}$로 미분합니다. $\mathbf{W}^{(2)}$는 행벡터이므로 앞서 이야기처럼 열벡터로 만들고 미분하겠습니다.

$$\frac{\partial \mathbf{h}^{(2)}}{\partial \mathrm{vec}\left(\mathbf{W}^{(2)}\right)} = \left[\frac{\partial}{\partial w_{11}^{(2)}}\left(w_{11}^{(2)} a_1^{(1)} + w_{12}^{(2)} a_2^{(1)}\right) \quad \frac{\partial}{\partial w_{12}^{(2)}}\left(w_{11}^{(2)} a_1^{(1)} + w_{12}^{(2)} a_2^{(1)}\right) \right] = \begin{bmatrix} a_1^{(1)} & a_2^{(1)} \end{bmatrix} = \mathbf{a}^{(1)\mathrm{T}}$$

열벡터로 만든다는 의미로 vec() 연산자를 사용했습니다. 야코비안 $\mathbf{a}^{(1)\mathrm{T}}$를 전치시켜 $\frac{\partial C}{\partial \mathbf{h}^{(2)}}$와 곱하면 다음 식과 같이 됩니다.

$$\begin{bmatrix} a_1^{(1)} \\ a_2^{(1)} \end{bmatrix} \times \frac{\partial C}{\partial \mathbf{h}^{(2)}} = \begin{bmatrix} a_1^{(1)} \dfrac{\partial C}{\partial \mathbf{h}^{(2)}} \\ \\ a_2^{(1)} \dfrac{\partial C}{\partial \mathbf{h}^{(2)}} \end{bmatrix}$$

이를 다시 전치시키면 아래와 같이 됩니다.

$$\frac{\partial C}{\partial \mathbf{W}^{(2)}} = \begin{bmatrix} a_1^{(1)} \dfrac{\partial C}{\partial \mathbf{h}^{(2)}} & a_2^{(1)} \dfrac{\partial C}{\partial \mathbf{h}^{(2)}} \end{bmatrix}$$

지금까지 과정을 코드로 적어봅시다.

```
dH2_dW2 = A1.T                          #❶
dW2 = np.dot(dH2_dW2.T, dH2.reshape(-1,1)) #❷
dW2.T                                   #❸
#>>> array([[-0.0084, -0.1242]])

dW_torch[2,1:]                          #❹
#>>> tensor([-0.0084, -0.1242], dtype=torch.float64)
```

❶ 위 계산처럼 $\frac{\partial \mathbf{h}^{(2)}}{\partial \mathrm{vec}(\mathbf{W}^{(2)})}$를 A1.T로 설정합니다. ❷ 이 야코비안을 전치시키고 $\frac{\partial C}{\partial \mathbf{h}^{(2)}}$인 dH2와 행렬곱합니다. dH2.reshape(-1,1)로 모양을 바꾼 것은 dH2가 (1,)인 1차원 넘파이 어레이기 때문에 열벡터인 (1, 1)로 만들어 주기 위함입니다. ❸ 계산 결과를 전치시키면 (1, 2)인 미분계수가 구해집니다. ❹ 우리 계산이 맞는지 검증하

기 위해 미리 계산해 둔 dW_torch에서 $\mathbf{W}^{(2)}$가 있는 위치인 3행 두 번째, 세 번째 요소를 출력해 보면 결과값이 동일한 것을 알 수 있습니다.

야코비안 전치와 경사도벡터를 곱하는 규칙을 유지하기 위해 조금 복잡하게 모양 맞추기를 했습니다. vec() 연산자는 행렬도 열벡터로 만들 수 있기 때문에 (2, 2) 행렬인 $\mathbf{W}^{(1)}$로 미분할 때도 지금과 같은 방식을 사용할 수 있습니다.

$\dfrac{\partial C}{\partial \mathbf{a}^{(1)}}$ 계산하기

다음 단계는 $\dfrac{\partial C}{\partial \mathbf{a}^{(1)}}$를 계산하는 것입니다.

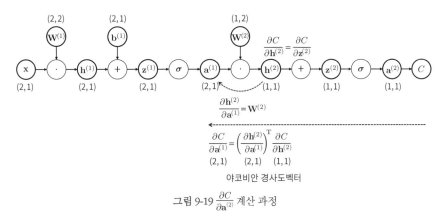

그림 9-19 $\dfrac{\partial C}{\partial \mathbf{a}^{(2)}}$ 계산 과정

그림 9-19처럼 $\dfrac{\partial \mathbf{h}^{(2)}}{\partial \mathbf{a}^{(1)}}$를 구한 다음 전치시켜 $\dfrac{\partial C}{\partial \mathbf{h}^{(2)}}$와 곱하면 됩니다. $\dfrac{\partial \mathbf{h}^{(2)}}{\partial \mathbf{a}^{(1)}}$는 야코비안이므로 여기서도 야코비안 전치에 경사도벡터를 곱하는 것입니다. 야코비안 $\dfrac{\partial \mathbf{h}^{(2)}}{\partial \mathbf{a}^{(1)}}$을 구해봅시다. 이 예제 신경망에서 $\mathbf{h}^{(2)}$는 실제로 스칼라이고 $\mathbf{a}^{(1)}$은 (2, 1)인 열벡터이므로 야코비안의 모양은 (1, 2)가 됩니다. 다음 식은 구체적인 계산입니다.

$$\frac{\partial \mathbf{h}^{(2)}}{\partial \mathbf{a}^{(1)}} = \left[\frac{\partial}{\partial a_1^{(1)}} \left(w_{11}^{(2)} a_1^{(1)} + w_{12}^{(2)} a_2^{(1)} \right) \quad \frac{\partial}{\partial a_2^{(1)}} \left(w_{11}^{(2)} a_1^{(1)} + w_{12}^{(2)} a_2^{(1)} \right) \right] = \left[w_{11}^{(2)} \quad w_{12}^{(2)} \right] = \mathbf{W}^{(2)} \quad (9.13)$$

구해진 야코비안이 가중치 $\mathbf{W}^{(2)}$입니다. 이것을 전치시키면 모양은 (2, 1)이 되고 스칼라 $\dfrac{\partial C}{\partial \mathbf{h}^{(2)}}$와 곱하면 모양이 (2, 1)인 미분계수 $\dfrac{\partial C}{\partial \mathbf{a}^{(2)}}$가 구해집니다. 식 (9.11), (9.12)를 이용하면 다음처럼 쓸 수 있습니다.

$$\frac{\partial C}{\partial \mathbf{a}^{(1)}} = \left(\frac{\partial \mathbf{h}^{(2)}}{\partial \mathbf{a}^{(1)}} \right)^{\mathrm{T}} \frac{\partial C}{\partial \mathbf{h}^{(2)}} = \left(\frac{\partial \mathbf{h}^{(2)}}{\partial \mathbf{a}^{(1)}} \right)^{\mathrm{T}} \frac{\partial C}{\partial \mathbf{z}^{(2)}} = \mathbf{W}^{(2)\,\mathrm{T}} \boldsymbol{\delta}^{(2)} \quad (9.14)$$

식 (9.14)는 인공신경망 각 층에 있는 활성화 함수의 출력변수 $\mathbf{a}$에 대한 미분계수를 구할 수 있게 해주는 일반적인 공식입니다. 즉, 다음과 같은 간단한 규칙이 성립합니다.

$$\frac{\partial C}{\partial \mathbf{a}^{(l)}} = \mathbf{W}^{(l+1)\,\mathrm{T}} \boldsymbol{\delta}^{(l+1)} \tag{9.15}$$

식 (9.15)가 맞는지 코드로 확인해 봅시다.

```
dH2_dA1 = W[2:,1:]                          #❶, 식 (9.13)
dA1 = np.dot(dH2_dA1.T, dH2.reshape(-1,1)) #❷, 식 (9.15)
dA1
#>>> array([[ 0.045 ],
            [-0.0185]])

dA1_torch = torch.autograd.grad(C_torch, A1_torch, torch.tensor(1,
dtype=torch.double), retain_graph=True)[0] #❸
dA1_torch
#>>> tensor([[ 0.0450],
             [-0.0185]], dtype=torch.float64)
```

❶ 식 (9.13)처럼 $\frac{\partial \mathbf{h}^{(2)}}{\partial \mathbf{a}^{(1)}}$를 설정합니다 W 변수는 (3, 3) 행렬이므로 $\mathbf{W}^{(2)}$에 해당하는 값을 적당히 슬라이스해 잘라옵니다. ❷ 식 (9.15)를 그대로 코딩합니다. 그리고 ❸ 파이토치로 자동미분합니다. 이번에도 두 결과가 동일함을 확인할 수 있습니다.

지금까지 역전파를 잘 진행해오고 있습니다. 그런데 계산 그래프 그림을 자세히 보면 이후 과정은 우리가 지금까지 했던 과정들이 반복될 것이란 것을 예상할 수 있습니다.

$\dfrac{\partial C}{\partial \mathbf{z}^{(1)}}$ 계산하기

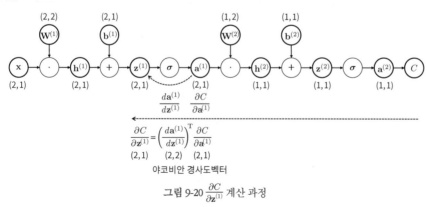

그림 9-20 $\dfrac{\partial C}{\partial \mathbf{z}^{(1)}}$ 계산 과정

이제 $\mathbf{z}^{(1)}$에 대한 미분계수를 구할 차례입니다. 앞서 알아본 것처럼 $\mathbf{z}^{(1)}$에 대한 미분은 꽤 중요한 의미를 가지며 특별히 $\boldsymbol{\delta}$로 표시한다고 했었습니다. $\mathbf{z}^{(1)}$에 대해 미분하기 위해서 $\frac{d\mathbf{a}^{(1)}}{d\mathbf{z}^{(1)}}$을 구하고 이것을 전치시켜 $\frac{\partial C}{\partial \mathbf{a}^{(1)}}$과 곱하면 될 것입니다. 다시 한번 야코비안 전치와 경사도벡터를 곱하는 것입니다.

먼저 $\frac{d\mathbf{a}^{(1)}}{d\mathbf{z}^{(1)}}$을 구해보겠습니다. $\mathbf{a}^{(1)}$은 $(2, 1)$인 열벡터, $\mathbf{z}^{(1)}$도 $(2, 1)$인 열벡터이므로 이에 대한 미분은 $(2, 2)$ 야코비안이 된다는 것을 알 수 있습니다.

$$\frac{d\mathbf{a}^{(1)}}{d\mathbf{z}^{(1)}} = \begin{bmatrix} \dfrac{da_1^{(1)}}{dz_1^{(1)}} & \dfrac{da_1^{(1)}}{dz_2^{(1)}} \\ \dfrac{da_2^{(1)}}{dz_1^{(1)}} & \dfrac{da_2^{(1)}}{dz_2^{(1)}} \end{bmatrix}$$

그런데 $\mathbf{a}^{(1)}$은 $\mathbf{z}^{(1)}$을 입력으로 하는 로지스틱 시그모이드 함수이므로 $\frac{da_i^{(1)}}{dz_j^{(1)}}$에서 $i \neq j$인 경우는 모두 0입니다. 따라서 $\frac{d\mathbf{a}^{(1)}}{d\mathbf{z}^{(1)}}$는 대각행렬이 됩니다. 대각행렬은 주대각 요소만 값을 가지고 나머지는 모두 0인 행렬을 말합니다.

$$\frac{d\mathbf{a}^{(1)}}{d\mathbf{z}^{(1)}} = \begin{bmatrix} \dfrac{da_1^{(1)}}{dz_1^{(1)}} & 0 \\ 0 & \dfrac{da_2^{(1)}}{dz_2^{(1)}} \end{bmatrix} \tag{9.16}$$

야코비안이 이렇게 되는 이유는 로지스틱 시그모이드 함수가 스칼라함수이기 때문입니다. 식 (9.16)으로 구해진 야코비안은 전치를 시켜도 동일하다는 것을 쉽게 알 수 있습니다. 이제 경사도벡터와 곱해봅시다.

$$\frac{\partial C}{\partial \mathbf{z}^{(1)}} = \left(\frac{d\mathbf{a}^{(1)}}{d\mathbf{z}^{(1)}} \right)^{\mathrm{T}} \frac{\partial C}{\partial \mathbf{a}^{(1)}} = \begin{bmatrix} \dfrac{da_1^{(1)}}{dz_1^{(1)}} & 0 \\ 0 & \dfrac{da_2^{(1)}}{dz_2^{(1)}} \end{bmatrix} \begin{bmatrix} \dfrac{\partial C}{\partial a_1^{(1)}} \\ \dfrac{\partial C}{\partial a_2^{(1)}} \end{bmatrix} = \begin{bmatrix} \dfrac{da_1^{(1)}}{dz_1^{(1)}} \cdot \dfrac{\partial C}{\partial a_1^{(1)}} \\ \dfrac{da_2^{(1)}}{dz_2^{(1)}} \cdot \dfrac{\partial C}{\partial a_2^{(1)}} \end{bmatrix} \tag{9.17}$$

식 (9.17)을 코드로 구현해 봅시다.

```
dA1_dZ1 = np.zeros((A1.shape[0], Z1.shape[0])) #❶
dA1_dZ1[np.diag_indices(Z1.shape[0])] = (logistic(Z1)*(1-logistic(Z1))).
```

```
reshape(-1) #❷, 식 (9.16)

dA1_dZ1
#>>> array([[6.3132e-02, 0.0000e+00],
            [0.0000e+00, 2.2958e-05]])

dZ1 = np.dot(dA1_dZ1.T, dA1) #❸, 식 (9.17)
dZ1
#>>> array([[ 2.8396e-03],
            [-4.2398e-07]])

dZ1_torch = torch.autograd.grad(C_torch, Z1_torch, torch.tensor(1,
dtype=torch.double), retain_graph=True)[0] #❹
dZ1_torch
#>>> tensor([[ 2.8396e-03],
             [-4.2398e-07]], dtype=torch.float64)
```

$\dfrac{d\mathbf{a}^{(1)}}{d\mathbf{z}^{(1)}}$를 구하기 위해 ❶에서 모양이 $(2, 2)$인 0으로 채워진 행렬을 만듭니다. 이제 이 행렬의 대각 요소를 특정 값으로 채우기 위해 diag_indices()라는 함수를 사용합니다. 이 함수는 인자로 주어진 숫자를 행과 열로 가지는 정사각 행렬에서 대각 요소에 해당하는 인덱스를 돌려주는 함수입니다. 다음 코드로 diag_indices()가 동작하는 방식을 실험해 보세요.

```
np.diag_indices(2)
#>>> (array([0, 1]), array([0, 1]))
```

$(2, 2)$ 정사각 행렬에서 대각 요소를 가리키는 인덱스는 $(0, 0)$, $(1, 1)$입니다. 실행 결과를 보면 diag_indices() 함수는 행 인덱스는 행 인덱스끼리 열 인덱스는 열 인덱스끼리 모은 튜플을 리턴합니다. 이 튜플을 넘파이 어레이의 요소를 지정하기 위해 사용할 수 있다는 것을 넘파이 단원에서 공부한 적이 있습니다. 따라서 ❷는 지정된 대각 요소 위치에 $\sigma(\mathbf{z}^{(1)})(1 - \sigma(\mathbf{z}^{(1)}))$를 대입하여 대각 행렬을 만드는 것입니다. 마지막 .reshape(-1)은 diag_indices() 함수로 추출된 넘파이 어레이가 $(2,)$인 1차원 어레이이므로 $(2, 1)$인 logistic(Z1)*(1-logistic(Z1))을 1차원 어레이로 바꿔서 대입하기 위해 쓴 것입니다. ❸은 식 (9.17)을 그대로 구현한 것입니다. 구해진 $(2, 1)$ 벡터 값과 ❹에서 파이토치로 계산한 값을 비교하면 이번에도 같은 것을 확인할 수 있습니다. 이것으로 $\dfrac{\partial C}{\partial \mathbf{z}^{(1)}}$도 성공적으로 구했습니다.

그런데 $\left(\dfrac{d\mathbf{a}^{(1)}}{d\mathbf{z}^{(1)}}\right)^{\mathrm{T}}$가 대각행렬이므로 행렬곱한 결과는 $\left(\dfrac{d\mathbf{a}^{(1)}}{d\mathbf{z}^{(1)}}\right)^{\mathrm{T}}$에서 0인 요소를 제외한 열벡터의 요소와 $\dfrac{\partial C}{\partial \mathbf{a}^{(1)}}$의 요소들끼리 곱과의 같습니다. 군이 행렬곱을 하는

셋보다 이렇게 요소들끼리 곱을 하는 편이 훨씬 간단합니다. 벡터나 행렬에서 요소들끼리 곱을 아다마르 곱hadamard product이라 하며 ⊙로 나타냅니다. 아다마르 곱을 써서 식 (9.17)을 다시 적으면 다음과 같습니다.

$$\frac{\partial C}{\partial \mathbf{z}^{(1)}} = \frac{d\mathbf{a}^{(1)}}{d\mathbf{z}^{(1)}} \odot \frac{\partial C}{\partial \mathbf{a}^{(1)}} = \begin{bmatrix} \dfrac{da_2^{(1)}}{dz_1^{(1)}} \\ \dfrac{da_2^{(1)}}{dz_2^{(1)}} \end{bmatrix} \odot \begin{bmatrix} \dfrac{\partial C}{\partial a_1^{(1)}} \\ \dfrac{\partial C}{\partial a_2^{(1)}} \end{bmatrix} = \begin{bmatrix} \dfrac{da_2^{(1)}}{dz_1^{(1)}} \cdot \dfrac{\partial C}{\partial a_1^{(1)}} \\ \dfrac{da_2^{(1)}}{dz_2^{(1)}} \cdot \dfrac{\partial C}{\partial a_2^{(1)}} \end{bmatrix} \quad (9.18)$$

이 식에서 $\dfrac{d\mathbf{a}^{(1)}}{d\mathbf{z}^{(1)}}$ 은 야코비안이 아니라 0이 아닌 요소만 모아 놓은 열벡터입니다. 식 (9.18)을 이용하여 코딩하면 방금 전의 코드는 다음과 같이 바뀝니다.

```
dA1_dZ1 = logistic(Z1)*(1-logistic(Z1))
dZ1_ = dA1_dZ1 * dA1        # 식 (9.18)
dZ1_
#>>> array([[ 2.8396e-03],
            [-4.2398e-07]])
```

결과는 같고 코드는 훨씬 간결해졌습니다. 하지만 이 코드에서는 '야코비안 전치와 경사도벡터를 곱한다'는 규칙성을 찾아볼 수 없기 때문에, 이런 축약 코드는 충분히 이해하고 쓰는 것이 좋습니다.

지금까지 과정과 식 (9.15)를 이용하면 $\boldsymbol{\delta}$를 계산하는 규칙을 일반적인 공식으로 적을 수 있습니다.

$$\boldsymbol{\delta}^{(l)} = \frac{\partial C}{\partial \mathbf{z}^{(l)}} = \frac{d\mathbf{a}^{(l)}}{d\mathbf{z}^{(l)}} \odot \frac{\partial C}{\partial \mathbf{a}^{(l)}} = \sigma'\left(\mathbf{z}^{(l)}\right) \odot \left(\mathbf{W}^{(l+1)^{\mathrm{T}}} \boldsymbol{\delta}^{(l+1)}\right) \quad (9.19)$$

$\dfrac{\partial C}{\partial \mathbf{b}^{(1)}}, \dfrac{\partial C}{\partial \mathbf{h}^{(1)}}$ 계산하기

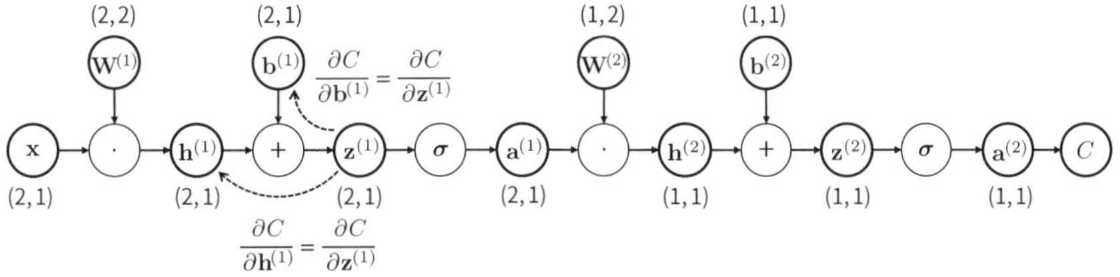

그림 9-21 $\dfrac{\partial C}{\partial \mathbf{b}^{(1)}}, \dfrac{\partial C}{\partial \mathbf{h}^{(1)}}$ 계산 과정

$\dfrac{\partial C}{\partial \mathbf{b}^{(1)}}$과 $\dfrac{\partial C}{\partial \mathbf{h}^{(1)}}$는 (2)번 층과 마찬가지로 $\dfrac{\partial C}{\partial \mathbf{z}^{(1)}}$와 같습니다. 파이토치로 구해진 $\dfrac{\partial C}{\partial \mathbf{b}^{(1)}}$가 이전 절에서 구했던 $\dfrac{\partial C}{\partial \mathbf{z}^{(1)}}$와 일치하는지만 확인하면 됩니다. $\dfrac{\partial C}{\partial \mathbf{b}^{(1)}}$는 미리 계산해 둔 dW_torch에서 1행 1열과 2행 1열에 있는 값이므로 다음처럼 확인할 수 있습니다.

```
dW_torch[:2,0].view(-1,1)
#>>> tensor([[ 2.8396e-03],
             [-4.2398e-07]], dtype=torch.float64)
dH1 = dZ1
dH1_torch = dZ1_torch
```

미리 파이토치로 계산해 두었던 $\dfrac{\partial C}{\partial \mathbf{b}^{(1)}}$ 값이 직접 계산한 $\dfrac{\partial C}{\partial \mathbf{z}^{(1)}}$와 같음을 확인할 수 있습니다. 이제 마지막 $\mathbf{W}^{(1)}$에 대한 미분만 남겨 두었습니다.

$\dfrac{\partial C}{\partial \mathbf{W}^{(1)}}$ 계산하기

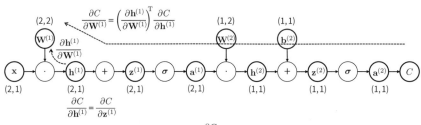

그림 9-22 $\dfrac{\partial C}{\partial \mathbf{W}^{(1)}}$ 계산 과정

$\mathbf{W}^{(1)}$에 대한 미분도 개념적으로는 이전 계산들과 완전히 동일합니다. $\dfrac{\partial \mathbf{h}^{(1)}}{\partial \mathbf{W}^{(1)}}$을 구하고 이것을 전치시켜 이미 구해 놓은 $\dfrac{\partial C}{\partial \mathbf{h}^{(1)}}$와 곱하는 것입니다. 다시 한번 강조하면 $\dfrac{\partial C}{\partial \mathbf{h}^{(1)}}$는 $\dfrac{\partial C}{\partial \mathbf{z}^{(1)}}$와 같고 결국 $\boldsymbol{\delta}^{(1)}$을 의미합니다. 문제는 $\dfrac{\partial \mathbf{h}^{(1)}}{\partial \mathbf{W}^{(1)}}$인데 이것을 야코비안으로 표시하기 애매하다는 것입니다. $\mathbf{h}^{(1)}$은 (2, 1) 벡터이고 $\mathbf{W}^{(1)}$은 (2, 2) 행렬이기 때문에 벡터를 행렬로 미분해야 합니다. 벡터를 벡터로 미분해야 야코비안이 되므로 앞서 $\mathbf{W}^{(2)}$에 대한 미분을 할 때 vec() 연산자를 사용했습니다. $\text{vec}(\mathbf{W}^{(1)})$은 (2, 2) 행렬이 가진 요소 네 개를 일렬로 펴서 (4, 1) 벡터를 만듭니다. 따라서 $\dfrac{\partial \mathbf{h}^{(1)}}{\partial \text{vec}(\mathbf{W}^{(1)})}$는 (2, 4)인 야코비안이 됩니다. 이것을 전치시키면 (4, 2)인 행렬이 되고 (2, 1)인 $\boldsymbol{\delta}^{(1)}$과 행렬곱하면 (4, 1)인 행렬이 얻어질 것입니다. 이를 다시 vec() 역연산으로 모양을 되돌리면 (2, 2)인 행렬이 얻어집니다. $\mathbf{W}^{(2)}$에 대해 미분할 때도 마지막에 다시 한번 전치를 했었죠. 이렇게 하면 이 행렬이 바로 $\dfrac{\partial C}{\partial \mathbf{W}^{(1)}}$가 됩니다.

$\mathbf{W}^{(2)}$에 vec()을 적용하는 것은 단순히 행벡터를 열벡터로 전치시키는 것이었습니다. 따라서 마지막 과정에서도 간단히 전치시키기만 하면 vec() 역연산을 할 수 있었습니다. $\mathbf{W}^{(1)}$에 vec()을 적용하는 것은 (2, 2) 행렬을 (4, 1) 벡터로 변환하는 것이기 때문에 단순히 전치시켜서는 되지 않습니다. 따라서 vec()이 동작하는 일반적인 동작 방식을 알아야 합니다. 이 책에서 설명하기에는 지면의 한계가 있으므로 필자의 블로그 글 '벡터, 행렬에 대한 미분(*https://bit.ly/2QMAksT*)'을 참고하기 바랍니다.

여기서는 관점을 약간 달리하여 $\dfrac{\partial \mathbf{h}^{(1)}}{\partial \mathbf{W}^{(1)}}$을 바로 야코비안으로 처리하는 방법을 생각해 보겠습니다. 이렇게 하나 저렇게 하나 결과는 같게 되므로 결과적으로 편한 쪽을 선택하면 되겠습니다. 한번 천천히 알아봅시다.

$\mathbf{h}^{(1)}$은 (2, 1)인 벡터이므로 요소가 두 개입니다. $\dfrac{\partial \mathbf{h}^{(1)}}{\partial \mathbf{W}^{(1)}}$에서 분자의 요소 개수가 야코비안에서 행 개수가 됩니다. $\mathbf{h}^{(1)}$의 요소인 $h_1^{(1)}$과 $h_2^{(1)}$를 각각 따로 $\mathbf{W}^{(1)}$로 미분한다고 하면 그 결과는 $(2, (2, 2))$인 텐서라고 생각할 수 있습니다. 즉, 다음 그림처럼 될 것입니다.

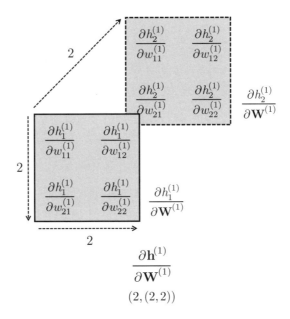

그림 9-23 벡터를 행렬로 미분할 경우 얻게 되는 일반화된 야코비안

$\mathbf{h}^{(1)}$의 요소를 각각 행렬 $\mathbf{W}^{(1)}$로 미분합니다. 이때 미분 결과는 행렬 형태를 유지합니다. $\mathbf{h}^{(1)}$의 요소 개수가 결과 행렬에서 행 개수가 되므로 여기서도 행수가 2인 야코비안이 얻어져야 합니다. 그 결과 $(2, (2, 2))$가 얻어진 것입니다. $(2, (2, 2))$는 행이 두 개이고 각 행의 모양이 $(2, 2)$인 약간 이상한 행렬이라고 생각할 수 있습니다. 그림에서 회색 사각형은 각 행을 나타냅니다. 이를 '일반화된 야코비안'이라 일컫기도 합니다.[9]

이제 $(2, (2, 2))$를 전치시키고 $\dfrac{\partial C}{\partial \mathbf{h}^{(1)}}$를 곱해야 합니다. (m, n) 행렬을 전치시키면 (n, m) 행렬이 되므로 여기서도 행과 열을 바꿉니다. 즉 $(2, (2, 2))$를 전치시키면 $((2, 2), 2)$가 될 것입니다. 어떻게 전치되는지 그림으로 알아봅시다.

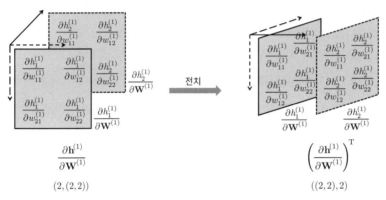

그림 9-24 일반화된 야코비안의 전치

그림 9-24에 표시된 축들이 전치가 되면서 어떻게 서로 바뀌는지 주의해서 보기 바랍니다. 이렇게 야코비안을 전치시켰으므로 이제 남은 것은 경사도벡터 $\dfrac{\partial C}{\partial \mathbf{h}^{(1)}}$와 곱해야 합니다. 여기서 $((2, 2), 2)$인 텐서와 $(2, 1)$인 벡터의 곱은 일반적인 행렬곱이 아니라 어떻게 곱할지 막막합니다.

이 시점에서 행렬곱을 배웠던 기억을 떠올려 봅시다. 앞서 7장에서 행렬 곱셈의 해석을 '열 결합'으로 이해한 바 있습니다. 행렬 곱셈을 '열 결합'으로 바라보는 시각을 이제 쓸 때가 왔습니다. 전치된 야코비안은 $((2, 2), 2)$입니다. 열이 두 개 있는데 열 하나가 $(2, 2)$인 행렬이라는 이야기입니다. $((2, 2), 2)$인 텐서와 $(2, 1)$인 벡터를 곱하는 것은 텐서의 $(2, 2)$인 각 열을 $(2, 1)$인 벡터의 요소로 선형결합하는 것으로 생각할 수 있습니다. 그림 9-25를 봅시다.

9 Johnson, Justin, 2017, Derivatives, Backpropagation, and Vectorization, *http://cs231n.stanford.edu/hand outs/derivatives.pdf*, cs231n 강의노트

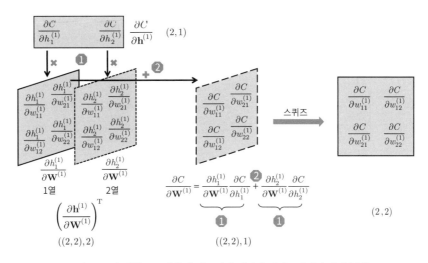

그림 9-25 열 결합으로 해석된 야코비안 전치와 경사도벡터의 행렬 곱셈

그림 9-25는 야코비안 전치 $\left(\dfrac{\partial \mathbf{h}^{(1)}}{\partial \mathbf{W}^{(1)}}\right)^{\mathrm{T}}$ 와 경사도벡터 $\dfrac{\partial C}{\partial \mathbf{h}^{(1)}}$ 를 곱하는 과정을 보여줍니다. $\dfrac{\partial C}{\partial \mathbf{h}^{(1)}}$ 의 각 요소를 $\left(\dfrac{\partial \mathbf{h}^{(1)}}{\partial \mathbf{W}^{(1)}}\right)^{\mathrm{T}}$ 의 각 열인 $(2,2)$ 행렬에 곱한 다음 서로 더합니다. 이 과정이 바로 '열 결합'으로 진행되는 행렬 곱셈입니다. 그림에 계산 순서가 숫자로 표시되어 있습니다. 이렇게 행렬 곱셈하는 것을 식으로 표현하면 식 (9.20) 과 같습니다.

$$\frac{\partial C}{\partial \mathbf{W}^{(1)}} = \frac{\partial h_1^{(1)}}{\partial \mathbf{W}^{(1)}} \frac{\partial C}{\partial h_1^{(1)}} + \frac{\partial h_2^{(1)}}{\partial \mathbf{W}^{(1)}} \frac{\partial C}{\partial h_2^{(1)}} \tag{9.20}$$

식 (9.20)에서 각 항은 경사도벡터의 요소와 열을 곱하는 과정을 나타내고 항들끼리 덧셈은 선형결합의 덧셈을 나타냅니다. 이렇게 계산된 결과는 $((2,2),1)$이 되겠죠. 결과에서 1인 마지막 차원을 없애면 $(2,2)$인 행렬이 되고 요소들도 순서에 맞게 그림처럼 배치됩니다. 그림에서 가운데 있는 행렬에서 요소 배치 상태와 마지막 행렬에서 요소 배치 상태를 잘 비교해 보세요. 이렇게 1인 차원을 없애는 과정을 스퀴즈라고 합니다. 파이썬에서는 np.squeeze()라는 함수로 해당 기능을 제공합니다.

전체적인 계산을 어떻게 하는지 알았으므로 $\dfrac{\partial \mathbf{h}^{(1)}}{\partial \mathbf{W}^{(1)}}$ 만 구체적으로 계산하면 됩니다. $\mathbf{h}^{(1)}$은 다음처럼 계산됩니다.

$$\mathbf{h}^{(1)} = \mathbf{W}^{(1)}\mathbf{x} = \begin{bmatrix} w_{11}^{(1)}x_1 + w_{12}^{(1)}x_2 \\ w_{21}^{(1)}x_1 + w_{22}^{(1)}x_2 \end{bmatrix}$$

그러므로 여기서 $\mathbf{h}^{(1)}$의 각 성분을 $\mathbf{W}^{(1)}$으로 미분하면 아래와 같습니다.

$$
\frac{\partial h_1^{(1)}}{\partial \mathbf{W}^{(1)}} =
\begin{bmatrix}
\dfrac{\partial h_1^{(1)}}{\partial w_{11}^{(1)}} & \dfrac{\partial h_1^{(1)}}{\partial w_{12}^{(1)}} \\[3mm]
\dfrac{\partial h_1^{(1)}}{\partial w_{21}^{(1)}} & \dfrac{\partial h_1^{(1)}}{\partial w_{22}^{(1)}}
\end{bmatrix}
$$

$$
=
\begin{bmatrix}
\dfrac{\partial}{\partial w_{11}^{(1)}}\left(w_{11}^{(1)} x_1 + w_{12}^{(1)} x_2\right) & \dfrac{\partial}{\partial w_{12}^{(1)}}\left(w_{11}^{(1)} x_1 + w_{12}^{(1)} x_2\right) \\[3mm]
\dfrac{\partial}{\partial w_{21}^{(1)}}\left(w_{11}^{(1)} x_1 + w_{12}^{(1)} x_2\right) & \dfrac{\partial}{\partial w_{22}^{(1)}}\left(w_{11}^{(1)} x_1 + w_{12}^{(1)} x_2\right)
\end{bmatrix}
=
\begin{bmatrix}
x_1 & x_2 \\
0 & 0
\end{bmatrix}
$$

$$
\frac{\partial h_2^{(1)}}{\partial \mathbf{W}^{(1)}} =
\begin{bmatrix}
\dfrac{\partial h_2^{(1)}}{\partial w_{11}^{(1)}} & \dfrac{\partial h_2^{(1)}}{\partial w_{12}^{(1)}} \\[3mm]
\dfrac{\partial h_2^{(1)}}{\partial w_{21}^{(1)}} & \dfrac{\partial h_2^{(1)}}{\partial w_{22}^{(1)}}
\end{bmatrix}
$$

$$
=
\begin{bmatrix}
\dfrac{\partial}{\partial w_{11}^{(1)}}\left(w_{21}^{(1)} x_1 + w_{22}^{(1)} x_2\right) & \dfrac{\partial}{\partial w_{12}^{(1)}}\left(w_{21}^{(1)} x_1 + w_{22}^{(1)} x_2\right) \\[3mm]
\dfrac{\partial}{\partial w_{21}^{(1)}}\left(w_{21}^{(1)} x_1 + w_{22}^{(1)} x_2\right) & \dfrac{\partial}{\partial w_{22}^{(1)}}\left(w_{21}^{(1)} x_1 + w_{22}^{(1)} x_2\right)
\end{bmatrix}
=
\begin{bmatrix}
0 & 0 \\
x_1 & x_2
\end{bmatrix}
$$

식이 복잡해 보이지만 결과는 입력벡터 요소만 남아 있는 행렬로 매우 간단합니다.

따라서 예제에서 식 (9.20)은 아래처럼 구체적으로 계산됩니다.

$$
\frac{\partial C}{\partial \mathbf{W}^{(1)}} =
\begin{bmatrix}
x_1 & x_2 \\
0 & 0
\end{bmatrix}
\frac{\partial C}{\partial h_1^{(1)}} +
\begin{bmatrix}
0 & 0 \\
x_1 & x_2
\end{bmatrix}
\frac{\partial C}{\partial h_2^{(1)}}
$$

$$
=
\begin{bmatrix}
x_1 & x_2 \\
0 & 0
\end{bmatrix}
\delta_1^{(1)} +
\begin{bmatrix}
0 & 0 \\
x_1 & x_2
\end{bmatrix}
\delta_2^{(1)} \tag{9.21}
$$

$$
=
\begin{bmatrix}
\delta_1^{(1)} x_1 & \delta_1^{(1)} x_2 \\
\delta_2^{(1)} x_1 & \delta_2^{(1)} x_2
\end{bmatrix}
$$

$$
= \boldsymbol{\delta}^{(1)} \mathbf{x}^{\mathrm{T}}
$$

식 (9.21)에서 $\delta_1^{(1)}$과 $\delta_2^{(1)}$는 $\frac{\partial C}{\partial z_1^{(1)}}$와 $\frac{\partial C}{\partial z_2^{(1)}}$를 나타내며 결국 이 값은 $\frac{\partial C}{\partial h_1^{(1)}}$와 $\frac{\partial C}{\partial h_2^{(1)}}$와 같은 값입니다. 이 식을 계산하는 과정에서 얻어진 결과로부터 어떤 l층에서 가중치 $\mathbf{W}^{(l)}$에 대한 미분계수를 구하는 일반적인 규칙을 정의할 수 있습니다.

$$\frac{\partial C}{\partial \mathbf{W}^{(l)}} = \boldsymbol{\delta}^{(l)} \left(\mathbf{a}^{(l-1)} \right)^{\mathrm{T}} \tag{9.22}$$

식 (9.22)에서 $\mathbf{a}^{(l-1)}$은 이전 층으로부터 넘어오는 입력을 나타내며 식 (9.21)에서는 $\mathbf{x}$에 해당합니다. 굳이 다시 적어보자면 $\mathbf{x}$는 $\mathbf{a}^{(0)}$처럼 적을 수 있을 것입니다. 과정은 조금 복잡했지만 정리된 결과 식 (9.22)는 매우 간단합니다. l층으로 들어오는 입력과 l층에서 출력되는 $\mathbf{z}^{(l)}$에 대한 경사도벡터를 곱하는 것이 전부입니다.

지금까지 과정을 파이썬으로 구현하면서 더 구체적으로 이해해 보겠습니다.

```python
dH1_dW1 = np.zeros((2,2,2))
dH1_dW1[0,0,:] = x
dH1_dW1[1,1,:] = x

print_tensor(dH1_dW1)
#>>> dH1_dW1:(2, 2, 2),float64
[[[2.754  3.5407]
  [0.     0.    ]]

 [[0.     0.    ]
  [2.754  3.5407]]]
_____
```

위 코드는 앞서 해본 $\frac{\partial h_1^{(1)}}{\partial \mathbf{W}^{(1)}}$, $\frac{\partial h_2^{(1)}}{\partial \mathbf{W}^{(1)}}$에 대한 계산을 그대로 구현한 것입니다. 먼저 0으로 채워진 (2, 2, 2) 넘파이 어레이를 만들고 첫 번째 행렬의 1열과 두 번째 행렬의 2열에 x를 대입합니다. 이제 그림 9-25를 다음 코드로 구현합니다.

```python
dW1 = (dH1_dW1*dH1.reshape(dH1.shape[0], 1, 1)).sum(axis=0)
dW1
#>>> array([[ 7.8203e-03,  1.0054e-02],
#           [-1.1676e-06, -1.5012e-06]])

dW_torch[:2,1:]
#>>> tensor([[ 7.8203e-03,  1.0054e-02],
#            [-1.1676e-06, -1.5012e-06]], dtype=torch.float64)
```

dH1_dW1에 있는 $(2, 2)$ 행렬인 각 행에 dH1의 요소를 곱하기 위해 dH1의 모양을 적당히 변경합니다. 그런 다음 두 행렬을 axis=0 방향을 따라 더해버립니다. 여기서는 dH1_dW1을 굳이 전치시키지 않았습니다. 수학적으로 규칙을 맞추기 위해서는 전치시켜야 하는 것이 맞으나 코드에서는 그렇게 할 필요가 없습니다. 결과만 만들면 되니 전치시키지 않고 각 행렬에 dH1의 요소를 곱해서 더하면 됩니다. 그림 9-26처럼 하는 것입니다. 그림 9-25와 비교하면 결국 계산 결과는 같다는 것을 알 수 있습니다.

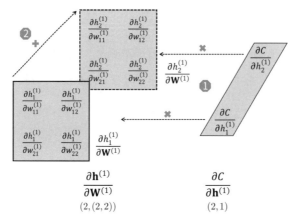

그림 9-26 코드에서 사용한 그림 9-25와 동일한 방법

최종적으로 계산된 결과와 dW_torch에서 $\dfrac{\partial C}{\partial \mathbf{W}^{(1)}}$가 있는 부분을 잘라서 비교해 보면 결과가 같습니다. 이제 모든 과정을 생략하고 식 (9.22)를 이용해서 바로 계산을 해 봅시다.

```
print(dH1.shape) #❶
#>>> (2, 1)

print(x.shape)    #❷
#>>> (1, 2)

np.dot(dH1, x)    #❸
#>>> array([[ 7.8203e-03,  1.0054e-02],
            [-1.1676e-06, -1.5012e-06]])
```

❶ dH1의 모양은 $(2, 1)$인 열벡터입니다. ❷ 입력 x의 모양은 이미 $(1, 2)$로 열벡터 $(2, 1)$이 전치되어 있습니다. 이번 장 시작할 때 samples를 $(500, 2)$인 행렬로 초기화했음을 상기하세요. 이 행렬에서 데이터 하나는 x, y 좌표가 가로로 나열된 행벡

터입니다. ❸ 식 (9.22)처럼 열백터와 행벡터를 행널 곱셈합니다. 계산된 결과는 이전 계산 결과와 정확히 일치합니다. 이것으로 행렬로 구성된 가중치 $\mathbf{W}^{(1)}$에 대한 미분계수도 모두 구하였습니다.

만약 행렬이 아닌 텐서를 행렬 곱셈하는 과정이 이상하게 느껴진다면 전치시킨 야코비안을 행렬로 만들어 곱하는 방법도 있습니다. 결국 같은 이야기지만 이 과정에 대해서도 한번 알아봅시다. 지금까지 내용은 결코 쉬운 내용이 아닙니다. 다음 내용을 알아보기 전에 잠깐 쉬면서 커피 한잔을 마시고 오세요.

일반화된 야코비안을 평활화하기

앞서 계산한 $\dfrac{\partial \mathbf{h}^{(1)}}{\partial \mathbf{W}^{(1)}}$은 $(2, (2, 2))$인 텐서였습니다. 이를 행렬 형태로 만들어 완전히 야코비안으로 변환하고 전치시킨 다음 행렬곱을 할 수 있습니다. 이런 방식을《심층 학습》에서 이야기하는데 인용해 보면 다음과 같습니다.

> "흔히 쓰이는 방식은, 각 텐서를 벡터 형태로 평평하게 펼친 후 벡터 값 기울기를 계산하고 그것을 다시 텐서 형태로 재조립하는 것이다."[10]

위 말이 무슨 말인지 우선 알아보기 위해 파이썬 코드로 한번 알아봅시다.

```python
T = np.arange(8).reshape(2,2,2) #❶
T
#>>> array([[[0, 1],
            [2, 3]],

           [[4, 5],
            [6, 7]]])


T.reshape(-1,2)                 #❷
#>>> array([[0, 1],
            [2, 3],
            [4, 5],
            [6, 7]])


T.reshape(-1,2).reshape(2,2,2)  #❸
#>>> array([[[0, 1],
            [2, 3]],
```

---

10 참고 문헌은 "Goodfellow, Ian, Bengio, Yoshua and Courville, Aaron, 류광(역), 2018, 심층 학습, 제이펍, p.228"이며 원문은 다음과 같습니다.

"We could imagine **flattening each tensor into a vector** before we run back-propagation, computing a vector-valued gradient, and then **reshaping the gradient back into a tensor**."

```
[[4, 5],
 [6, 7]]])
```

❶ 0부터 7까지 자연수로 $(2, 2, 2)$인 텐서를 만듭니다. 출력해 보면 $(2, 2)$인 행렬이 두 개 저장된 어레이인 것을 확인할 수 있습니다. ❷ 마지막 축만 2로 유지하고 0번, 1번 축으로 늘어선 요소를 한 축으로 다 몰아넣습니다. 결과는 $(4, 2)$인 행렬이 됩니다. 이렇게 3차원 텐서를 2차원 행렬로 만드는 작업을 평활화flattening라고 표현합니다. ❸ 다시 $(2, 2, 2)$인 텐서로 변환하면 원래 모양으로 되돌아가는 것을 확인할 수 있습니다.

이 과정을 전치된 야코비안 $\left(\dfrac{\partial \mathbf{h}^{(1)}}{\partial \mathbf{W}^{(1)}}\right)^{\mathrm{T}}$에 적용해 보기 위해 다음 그림을 봅시다.

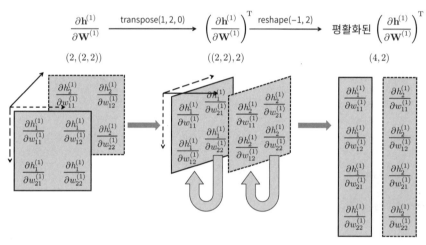

그림 9-27 전치된 야코비안의 평활화

그림 9-27은 일반화된 야코비안을 `transpose(1,2,0)`으로 전치시킨 후 조금 전 코드처럼 `reshape(-1,2)`으로 평활화시키는 과정을 나타낸 것입니다. 마지막으로 얻어진 $(4, 2)$ 행렬은 전치된 야코비안으로 볼 수 있습니다. 이제 다음 그림 9-28처럼 $(2, 1)$인 $\dfrac{\partial C}{\partial \mathbf{h}^{(1)}}$와 행렬 곱셈할 수 있습니다.

평활화된 $\left(\dfrac{\partial \mathbf{h}^{(1)}}{\partial \mathbf{W}^{(1)}}\right)^{\mathrm{T}}$ $\dfrac{\partial C}{\partial \mathbf{h}^{(1)}}$ $\left(\dfrac{\partial \mathbf{h}^{(1)}}{\partial \mathbf{W}^{(1)}}\right)^{\mathrm{T}} \dfrac{\partial C}{\partial \mathbf{h}^{(1)}}$

         (4, 2)   (2, 1)   (4, 1)

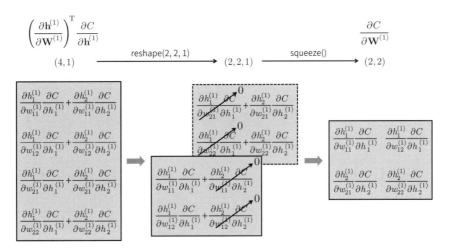

그림 9-28 평활화된 야코비안 전치와 경사도벡터의 곱

곱셈 결과로 (4, 1)인 벡터가 얻어졌습니다. 이제 평활화하기 전 모양으로 돌려놔야 합니다. (4, 1) 벡터를 반으로 잘라 절반을 뒤로 보내면 되겠죠. 다음 그림을 봅시다.

그림 9-29 평활화된 야코비안으로부터 구한 미분계수를 원래 모양으로 되돌리는 과정

reshape(2,2,1)로 평활화하기 전 형태로 돌려놓으면 (2, 2, 1)인 텐서가 됩니다. 그림 9-25처럼 1인 차원을 없애는 스퀴즈 과정을 거치면 (2, 2) 행렬이 얻어집니다. 이 과정에서 $\dfrac{\partial h_2^{(1)}}{\partial w_{11}^{(1)}}, \dfrac{\partial h_2^{(1)}}{\partial w_{12}^{(1)}}, \dfrac{\partial h_1^{(1)}}{\partial w_{21}^{(1)}}, \dfrac{\partial h_1^{(1)}}{\partial w_{22}^{(1)}}$이 포함된 항들은 모두 0으로 사라졌습니다. 최종적으로 얻어진 제일 오른쪽 행렬에서 $\dfrac{\partial h_1^{(1)}}{\partial w_{11}^{(1)}} = x_1, \dfrac{\partial h_1^{(1)}}{\partial w_{12}^{(1)}} = x_2, \dfrac{\partial h_2^{(1)}}{\partial w_{21}^{(1)}} = x_1,$ $\dfrac{\partial h_2^{(1)}}{\partial w_{22}^{(1)}} = x_2, \dfrac{\partial C}{\partial h_1^{(1)}} = \delta_1^{(1)}, \dfrac{\partial C}{\partial h_2^{(1)}} = \delta_2^{(1)}$로 고쳐 쓰면 식 (9.21)에서 얻은 결과와 같

은 것을 알 수 있습니다. 이 과정을 간단한 코드로 확인해 보겠습니다.

```
np.dot(dH1_dW1.transpose(1,2,0).reshape(-1,2), dH1).reshape(2, 2, 1).squeeze()
#>>> array([[ 7.8203e-03,  1.0054e-02],
           [-1.1676e-06, -1.5012e-06]])
```

지금까지 설명한 과정을 한 줄로 연결하여 적은 코드입니다. 계산 결과 구해진 (2, 2) 행렬이 이전 계산 결과와 일치하는 것을 알 수 있습니다.

야코비안 전치와 미분의 연쇄법칙

이제 마지막으로 야코비안 전치와 경사도벡터를 곱하는 규칙이 가지는 당위성을 생각해 볼 차례입니다. 행렬 곱셈을 하기 위해 야코비안을 전치시키는 것은 맞지만 이런 이유는 결과에 대한 당위성을 보장해 주지는 못합니다. 누군가 여러분에게 "미분계수끼리 곱할 때 하나는 야코비안이고 하나는 경사도벡터인데 이걸 왜 전치시켜 곱하는데?"라고 묻는다면 "전치시켜야 곱할 수 있으니까"라고 대답할 수는 없는 것입니다. 결과적으로 야코비안 전치와 경사도벡터를 곱하는 것이 연쇄법칙을 만족시킨다는 것을 알아보겠습니다.

앞서 다변수 함수에 적용되는 연쇄법칙을 식 (5.8)로 알아본 바 있습니다. 내용을 상기할 겸 식 (5.8)을 나타내는 그림을 다시 보겠습니다.

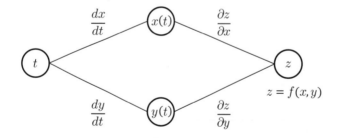

위 그림과 연결되는 식 (5.8)도 다시 봅시다.

$$\frac{dz}{dt} = \frac{\partial z}{\partial x}\frac{dx}{dt} + \frac{\partial z}{\partial y}\frac{dy}{dt}$$

출력변수 z를 입력변수 t로 미분할 때 적용되는 연쇄법칙은 그림에서 입력변수 t로 모이는 모든 경로를 따라 미분계수를 곱한 다음 경로에 대해 더하는 것입니다. 이 과정에서 중간변수 x, y가 존재합니다. 이제 예제 신경망에서 입력변수가 $\mathbf{W}^{(1)}$이고 출력변수기 C인 경우를 생각해 봅시다.

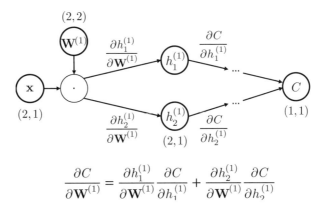

$$\frac{\partial C}{\partial \mathbf{W}^{(1)}} = \frac{\partial h_1^{(1)}}{\partial \mathbf{W}^{(1)}} \frac{\partial C}{\partial h_1^{(1)}} + \frac{\partial h_2^{(1)}}{\partial \mathbf{W}^{(1)}} \frac{\partial C}{\partial h_2^{(1)}}$$

그림 9-30 신경망에 적용되는 다변수 함수의 연쇄법칙

그림 9-30은 전체 신경망에서 최종 출력 C와 입력 $\mathbf{x}$에 관계되는 부분만 남기고 나머지는 생략한 그림입니다. 생략된 부분은 …으로 나타냈습니다. 그림에서 볼 수 있는 것처럼 $\mathbf{W}^{(1)}$도 출력 C를 만들기 위해 입력되고 있습니다. 앞선 두 그림을 비교하면 t에는 $\mathbf{W}^{(1)}$이 해당되며 중간변수 x, y에는 $h_1^{(1)}$, $h_2^{(1)}$이 해당되는 것을 알 수 있습니다. 따라서 C를 $\mathbf{W}^{(1)}$으로 미분하기 위해 연쇄법칙을 적용하면 그림 아래 표시된 식처럼 되는 것을 알 수 있습니다. 에지에 적혀 있는 미분계수들을 다 곱하여 더한 것이며 이것이 바로 우리가 알고 있는 다변수 함수에서 적용되는 연쇄법칙인 것이죠. 그런데 이 식은 야코비안 전치 $\left(\frac{\partial \mathbf{h}^{(1)}}{\partial \mathbf{W}^{(1)}}\right)^{\mathrm{T}}$와 경사도벡터를 곱한 식 (9.20)과 정확히 똑같습니다. 이것으로 야코비안을 전치시켜서 경사도벡터와 곱해가는 규칙에 대한 수학적 이유도 설명이 되었습니다.

데이터가 여러 개인 경우

여러 번 반복하기

지금까지 신경망에 입력되는 데이터가 하나인 경우에 대해 목적함숫값을 구하고 그 값으로부터 계산 그래프를 역전파시켜 미분계수를 구하는 법을 알아보았습니다. 하지만 식 (9.7)을 보면 목적함수는 데이터 하나에 대한 오차가 아니라 모든 입력 데이터에 대한 신경망의 오차를 더하고 있음을 알 수 있습니다. 식 (9.7)을 풀어 적으면 다음과 같습니다.

$$J\left(\mathbf{W};\mathbf{X},\mathbf{t}\right) = \frac{1}{2N}\sum_{i=1}^{N}(t_i - y_i)^2 = \frac{1}{2N}\left\{(t_1 - y_1)^2 + (t_2 - y_2)^2 + \cdots + (t_N - y_N)^2\right\}$$

첫 번째 데이터 하나에 대해서만 생각한다면 목적함수는 다음과 같을 것입니다.

$$J\left(\mathbf{W};\mathbf{X},\mathbf{t}\right) = \frac{1}{2}(t_1 - y_1)^2$$

이 함수가 바로 지난 절에서 미분했던 목적함수입니다. 데이터가 여러 개 있을 때 무엇인가 복잡한 느낌이 들면서 미분 과정이 이해하기 힘들게 느껴질 수 있습니다. 하지만 덧셈으로 연결된 항이 늘어났을 뿐이기 때문에 겁먹지 않아도 됩니다. 덧셈 에 대한 미분은 모든 항을 각각 미분한 결과를 더해주면 된다는 것을 이미 공부했 습니다. 따라서 모든 입력 데이터에 대해서 완전하게 구성된 목적함수를 미분하기 위해서는 이전 절에 했던 과정을 각 데이터마다 반복하여 결과를 더해주면 됩니다.

$$\frac{J(\mathbf{W};\mathbf{X},\mathbf{t})}{\partial\mathbf{W}} = \frac{1}{2N}\left\{\frac{\partial}{\partial\mathbf{W}}(t_1 - y_1)^2 + \frac{\partial}{\partial\mathbf{W}}(t_2 - y_2)^2 + \cdots + \frac{\partial}{\partial\mathbf{W}}(t_N - y_N)^2\right\}$$

$$= \frac{1}{N}\left\{\frac{\partial}{\partial\mathbf{W}}\left(\frac{1}{2}(t_1 - y_1)^2\right) + \frac{\partial}{\partial\mathbf{W}}\left(\frac{1}{2}(t_2 - y_2)^2\right) + \cdots \right. \tag{9.23}$$

$$\left. + \frac{\partial}{\partial\mathbf{W}}\left(\frac{1}{2}(t_N - y_N)^2\right)\right\}$$

식 (9.23)처럼 전체 목적함수를 미분하는 것은 각 항을 미분한 다음 결과를 모두 더 하고 N으로 나눠주면 되는 것입니다. 위 식에서 $\mathbf{W}$로 표시한 변수는 신경망에서 $\mathbf{W}$와 $\mathbf{b}$로 구분하여 쓴 것을 모두 포함하고 있는 일반적인 표시라고 생각하면 됩니 다. 이것이 전부입니다. 이 상황을 코드로 구현해 봅시다. 코드에서 데이터 세 개만 사용해 봅시다. 즉 $N = 3$인 경우입니다.

```
N=3
x = samples[[0,5,10]]
x_torch = torch.tensor(x, dtype=torch.double); x_torch.requires_grad=True
t = target[[0,5,10]]

print_tensor(x)
#>>> x:(3, 2),float64 #❶
    [[2.754  3.5407]
     [0.1494 2.2842]
     [1.4176 3.4657]]
```
———————————————————————————

```
print_tensor(x_torch)
#>>> x_torch:torch.Size([3, 2]),torch.float64
      tensor([[2.7540, 3.5407],
              [0.1494, 2.2842],
              [1.4176, 3.4657]], dtype=torch.float64, requires_grad=True)
————————————————————————————————————————

print_tensor(t)
#>>> t:(3,),float64 #❷
      [1. 0. 1.]
————————————————————————————————————————
```

이전에 사용했던 코드에 인덱스를 [0, 5, 10]으로 넘기고 있습니다. 즉 영 번째, 다섯 번째, 열 번째 데이터 세 개를 가지고 오는 것입니다. ❶ 출력되는 입력 **x**를 보면 (3, 2)인 행렬입니다. 행 하나가 데이터 하나에 해당합니다. ❷ 입력 데이터에 짝이 되는 레이블은 (1, 0, 1)이란 것을 알 수 있습니다.

이전 절에서 순서대로 하나하나 구현했던 역전파 코드를 한꺼번에 모아 함수 하나로 만듭니다. 다음처럼 순전파로 목적함숫값을 구하고, 역전파로 미분계수 값을 구하는 함수를 작성합니다.

```
def forward_backward(X, W, T):
    # forward
    N = X.shape[0]

    H1 = np.dot(W[:2,1:], X.T)
    Z1 = H1 + W[:2,0].reshape(-1,1)
    A1 = logistic(Z1)

    H2 = np.dot(W[2,1:], A1)
    Z2 = H2 + W[2,0]
    A2 = logistic(Z2)

    C = (1/(2*N)) * ((T-A2)**2).sum()

    # backward, dA->dZ->db->dW
    dA2 = -(T-A2)/N
    dA2_dZ2 = logistic(Z2)*(1-logistic(Z2))
    dZ2 = dA2_dZ2 * dA2

    db2 = dZ2
    dW2 = np.dot(dZ2, A1.T)

    dH2_dA1 = W[2:,1:]
    dA1 = np.dot(dH2_dA1.T, dZ2.reshape(-1,1))
    dA1_dZ1 = logistic(Z1)*(1-logistic(Z1))
```

```
    dZ1 = dA1_dZ1 * dA1

    db1 = dZ1
    dW1 = np.dot(dZ1, X)

    return C, (dW1, db1, dW2, db2)
```

forward_backward() 함수는 먼저 순전파를 하고 순전파 결과를 이용해 바로 역전파를 합니다. 그리고 반환값으로 목적함숫값과 각 층에서 가중치와 편향에 대한 미분계수를 튜플로 묶어 되돌립니다. 역전파 코드는 이전에 순차적으로 코딩했던 코드 조각을 하나로 모은 것에 지나지 않습니다. forward_backward()는 데이터 하나에 대해 목적함숫값과 미분계수를 구할 수 있으므로 다음 코드처럼 여러 데이터에 대해 한번씩 호출하고 결과 값에 대한 평균을 구하면 미분계수를 구할 수 있습니다.

```
f, dW1, db1, dW2, db2 = 0, 0, 0, 0, 0        #❶

for x_, t_ in zip(x, t):                     #❷
    x_ = np.array([x_]); t_ = np.array([t_])

    fv, derivs = forward_backward(x_, W, t_) #❸

    f += fv  #❹
    dW1 += derivs[0]; db1 += derivs[1]
    dW2 += derivs[2]; db2 += derivs[3]

f   /= N      #❺
dW1 /= N; db1 /= N
dW2 /= N; db2 /= N

print('C:', f)
print_tensor(dW1); print_tensor(db1)
print_tensor(dW2); print_tensor(db2)

#>>>
C: 0.12001678911062634
dW1:(2, 2),float64
[[7.9160e-03 1.2443e-02]
 [1.5168e-06 4.1280e-05]]
―――――――――――――――――――――――――――――――――――
db1:(2, 1),float64
[[2.8791e-03]
 [1.8509e-05]]
―――――――――――――――――――――――――――――――――――
dW2:(2,),float64
[ 0.0061 -0.0499]
```

```
db2:(1,),float64
[-0.0497]
```

❶ 목적함숫값과 미분계수를 담을 변수를 초기화합니다. ❷ 데이터 세 개가 저장되어 있는 입력 x와 타깃 t에 대해 for 루프를 돌면서 데이터를 하나씩 받아옵니다. ❸ 이 데이터 하나에 대해서 각각 forward_backward() 함수를 호출하여 함숫값과 미분계수를 구합니다. ❹ 구해진 미분계수를 누적합니다. ❺ 누적된 미분계수를 데이터 개수로 나눠 평균을 구합니다. 코드와 식 (9.23)을 잘 비교해 보세요. 식 그대로 작성되었음을 알 수 있습니다. 출력된 결과가 정확한지 아직 검증하지 않았지만 수식을 통해 과정을 유추하고 이를 코드로 작성했으므로 틀리지 않아야 합니다. 결과에 대한 검증은 조금 후에 해보겠습니다.

이런 식으로 이해하는 것이 편리하고 직관적이긴 하지만 여기에는 치명적인 단점이 있습니다. 바로 데이터 개수만큼 계속 순전파와 역전파를 반복해야 된다는 것입니다. 그래서 실제로는 행렬 연산을 이용하여 모든 입력 데이터를 한 번에 순전파시키고 이에 대한 역전파도 단 한 번으로 끝내게 됩니다. 일단 해봅시다.

한 번에 끝내기

여러 데이터에 대해 미분계수를 한 번에 구하는 방법은 데이터 하나에 대해서 단계별로 계산했던 방식을 단지 벡터에서 행렬로 확장하면 됩니다. 원리적으로는 벡터를 행렬로 확장한다고 했지만 행렬 곱셈에 대한 정확한 이해 없이는 이 과정을 선명하게 이해하기 힘듭니다. 이미 행렬 곱셈을 여러 가지 관점으로 살펴봤기 때문에 이 과정을 충분히 쉽게 이해할 수 있습니다. 여기서는 파이썬 코드를 주로 사용하여 알아보겠습니다. 우선 입력되는 x를 다시 한번 출력해 봅시다.

```
x
#>>> array([[2.754 , 3.5407],
            [0.1494, 2.2842],
            [1.4176, 3.4657]])
```

(3, 2)인 행렬입니다. 3은 데이터 개수, 2는 데이터 차원입니다. 이전에 만들어 두었던 forward(), forward_torch() 함수들은 이미 여러 개 데이터를 처리할 수 있게 작성되어 있습니다. 바로 실행해 봅시다.

```
H1, Z1, A1, H2, Z2, A2, C = forward(x, W.reshape(3,3), t)

print_tensor(H1)
print_tensor(Z1)
print_tensor(A1)
print_tensor(H2)
print_tensor(Z2)
print_tensor(A2)
print_tensor(C)

#>>>
H1:(2, 3),float64
[[-2.8986  1.148  -0.4669]
 [ 9.5365  4.4643  8.0089]]
──────────────────────────────────
Z1:(2, 3),float64
[[-2.6223  1.4243 -0.1907]
 [10.6818  5.6096  9.1542]]
──────────────────────────────────
A1:(2, 3),float64
[[0.0677 0.806  0.4525]
 [1.     0.9964 0.9999]]
──────────────────────────────────
H2:(3,),float64
[ 0.1242 -0.1437 -0.0152]
──────────────────────────────────
Z2:(3,),float64
[ 0.0125 -0.2554 -0.1269]
──────────────────────────────────
A2:(3,),float64
[0.5031 0.4365 0.4683]
──────────────────────────────────
C:(),float64
0.12001678911062633
──────────────────────────────────
```

함수가 출력한 단계별 결과를 데이터 하나를 입력했을 때의 결과와 비교해 봅시다. 첫 번째 출력 H1은 $(2, 3)$입니다. 나머지 A1까지도 모두 $(2, 3)$입니다. 여기서 각 열은 신경망의 출력 $(2, 1)$인 벡터를 의미하고 열이 세 개 있는 것은 입력 데이터가 세 개라는 것을 나타냅니다. 따라서 신경망 첫 층의 출력은 $(2, N)$이 됨을 알 수 있습니다. 그다음 H2에서 A1까지는 $(1, 3)$입니다. 이번에도 $(1, N)$이 출력되는 것을 알 수 있습니다. 이제 마지막 목적함숫값 C를 계산하기 위해 A2에 저장된 값 세 개를 이용합니다. 계산 결과는 0.12 정도 되네요. 출력을 보니 데이터 하나가 입력될 때와 달라진 것은 열 개수가 데이터 개수만큼 늘어난 것뿐입니다. forward_torch()

함수도 실행하면 동일한 결과를 얻을 수 있습니다.

```
H1_torch, Z1_torch, A1_torch, H2_torch, Z2_torch, A2_torch, C_torch = forward_
torch(x_torch, W_torch, t)

print_tensor(H1_torch)
print_tensor(Z1_torch)
print_tensor(A1_torch)
print_tensor(H2_torch)
print_tensor(Z2_torch)
print_tensor(A2_torch)
print_tensor(C_torch)

#>>>
H1_torch:torch.Size([2, 3]),torch.float64
tensor([[-2.8986,  1.1480, -0.4669],
        [ 9.5365,  4.4643,  8.0089]], dtype=torch.float64,
        grad_fn=<MmBackward>)
-------------------------------------------
Z1_torch:torch.Size([2, 3]),torch.float64
tensor([[-2.6223,  1.4243, -0.1907],
        [10.6818,  5.6096,  9.1542]], dtype=torch.float64,
        grad_fn=<AddBackward0>)
-------------------------------------------
A1_torch:torch.Size([2, 3]),torch.float64
tensor([[0.0677, 0.8060, 0.4525],
        [1.0000, 0.9964, 0.9999]], dtype=torch.float64,
        grad_fn=<SigmoidBackward>)
-------------------------------------------
H2_torch:torch.Size([1, 3]),torch.float64
tensor([[ 0.1242, -0.1437, -0.0152]], dtype=torch.float64,
        grad_fn=<MmBackward>)
-------------------------------------------
Z2_torch:torch.Size([1, 3]),torch.float64
tensor([[ 0.0125, -0.2554, -0.1269]], dtype=torch.float64,
        grad_fn=<AddBackward0>)
-------------------------------------------
A2_torch:torch.Size([1, 3]),torch.float64
tensor([[0.5031, 0.4365, 0.4683]], dtype=torch.float64,
        grad_fn=<SigmoidBackward>)
-------------------------------------------
C_torch:torch.Size([]),torch.float64
tensor(0.1200, dtype=torch.float64, grad_fn=<MulBackward0>)
-------------------------------------------
```

이제 순전파된 결과들을 가지고 역전파하면서 미분계수를 하나씩 구해봅시다. 앞
서의 '단계별 미분' 절에서 유도했던 결과를 그대로 다시 재사용할 것입니다.

가장 먼저 $\frac{\partial C}{\partial \mathbf{a}^{(2)}}$를 구합니다.

```
dA2 = -(t-A2)/N
dA2
#>>> array([-0.1656,  0.1455, -0.1772])
```

구하는 방식은 식 (9.8)을 그대로 다시 사용하기 때문에 코드도 데이터 하나일 때와 같습니다. 다만 결과는 데이터 세 개에 대해서 미분계수 세 개가 구해집니다.

이제 $\frac{\partial C}{\partial \mathbf{z}^{(2)}}$ 차례입니다. $\frac{\partial C}{\partial \mathbf{z}^{(2)}}$는 $\boldsymbol{\delta}^{(2)}$로도 표시하며 $\mathbf{b}^{(2)}$와 $\mathbf{W}^{(2)}$를 구하는 데 아주 중요한 역할을 한다는 것을 다시 상기합시다.

```
dA2_dZ2 = logistic(Z2)*(1-logistic(Z2))
dZ2 = dA2_dZ2 * dA2
dZ2
#>>> array([-0.0414,  0.0358, -0.0441])
```

이번에도 역시 코드는 데이터가 하나일 때와 동일하고 결과만 세 개 구해집니다. 지금까지 큰 문제없이 잘 진행되고 있습니다.

이제 $\frac{\partial C}{\partial \mathbf{b}^{(2)}}$를 구할 차례입니다. 데이터가 하나일 때 $\frac{\partial C}{\partial \mathbf{b}^{(2)}} = \frac{\partial C}{\partial \mathbf{z}^{(2)}}$(식 (9.10))였습니다. 지금은 데이터가 세 개이므로 $\frac{\partial C}{\partial \mathbf{z}^{(2)}}$가 총 세 개가 구해졌습니다. 식 (9.23)을 다시 한번 보세요. 각 데이터에 대한 항을 따로 미분하여 더하고 있습니다. 이 사실은 이미 for 문을 이용한 코드에서 실험으로 검증해 본 것입니다. 따라서 구해진 $\frac{\partial C}{\partial \mathbf{z}^{(2)}}$를 모두 더해줍니다. 단, N으로 나누지 않습니다. dA2를 구할 때 이미 나누었기 때문에 더하기만 하면 됩니다.

```
db2 = dZ2.sum(axis=0, keepdims=True) # ❶
dH2 = dZ2                            # ❷
db2
#>>> array([-0.0497])
```

이렇게 $\mathbf{b}^{(2)}$에 대한 미분계수가 구해졌습니다. 여기서 앞서의 for 문 버전에서 구해진 db2와 값을 비교해 보세요. 값은 동일합니다. ❶에서 keepdims=True라는 인자를 쓴 것은 구해진 결과를 넘파이 어레이로 유지하기 위해서입니다. dZ2가 $(1, 3)$이 아니라 정확히는 $(3,)$이므로 다 더하면 어레이가 아니라 그냥 숫자 값이 되어버립니다. 사실 $\mathbf{h}^{(2)}$라는 변수는 이제 필요 없지만 이전과 표기법을 일관성 있게 유지하기 위해 ❷에서 dH2 변수를 만들었습니다.

이제 $\frac{\partial C}{\partial \mathbf{W}^{(2)}}$를 구할 차례입니다. 앞서 복잡하게 식 (9.22)까지 유도 과정을 공부했으므로 여기서는 그 결과인 식 (9.22)를 바로 이용하겠습니다.

```
dH2_dW2 = A1.T
dW2 = np.dot(dH2, dH2_dW2)
dW2
#>>> array([ 0.0061, -0.0499])
```

식 (9.22)대로라면 $\frac{\partial C}{\partial \mathbf{W}^{(2)}}$를 구하기 위해 $\mathbf{W}^{(2)}$와 내적되는 $\mathbf{a}^{(1)}$을 전치시킨 것을 지금까지 구해진 경사도벡터 $\boldsymbol{\delta}^{(2)}$(코드에서 dH2 또는 dZ2)와 행렬 곱셈하면 됩니다. $\mathbf{a}^{(1)}$은 $(2, 3)$이고 $\boldsymbol{\delta}^{(2)}$는 $(1, 3)$이므로 식 (9.22)처럼 곱셈하면 $(1, 3) \times (3, 2) = (1, 2)$가 되어 $\mathbf{W}^{(2)}$ 모양과 일치된 결과를 얻을 수 있습니다. 코드에서 그대로 하고 있으며 결과도 이전 for 문을 사용한 버전과 일치합니다.

$\mathbf{b}^{(2)}$에 대한 미분은 미분계수 세 개를 모두 더해서 구했습니다. 그런데 $\mathbf{W}^{(2)}$에 대한 미분을 구하는 과정은 모두 더하는 과정이 없습니다. 어떻게 된 일일까요? 명시적으로 덧셈 과정이 없어진 것은 행렬 곱셈이 마술 같은 역할을 하고 있기 때문입니다. 어떤 역할을 하는 것인지는 다음 쪽 $\mathbf{W}^{(1)}$에 대한 미분계수를 구할 때 자세히 설명하겠습니다. 자 나머지 과정을 계속 이어나가 봅시다.

지금부터는 $\frac{\partial C}{\partial \mathbf{a}^{(1)}}, \frac{\partial C}{\partial \mathbf{z}^{(1)}}, \frac{\partial C}{\partial \mathbf{b}^{(1)}}, \frac{\partial C}{\partial \mathbf{W}^{(1)}}$를 순서대로 바로 구해봅시다. 먼저 $\frac{\partial C}{\partial \mathbf{a}^{(1)}}$은 식 (9.15)에 의해 아래와 같이 됩니다.

$$\frac{\partial C}{\partial \mathbf{a}^{(1)}} = \mathbf{W}^{(2)\,\mathrm{T}} \boldsymbol{\delta}^{(2)}$$

```
dH2_dA1 = W[2:,1:]                        #❶
dA1 = np.dot(dH2_dA1.T, dH2.reshape(1,-1)) #❷ W.T * delta
dA1
#>>> array([[ 0.015 , -0.013 ,  0.016 ],
            [-0.0062,  0.0053, -0.0066]])
```

❶ $(3, 3)$ 행렬에서 $\mathbf{W}^{(2)}$에 해당하는 부분을 슬라이스로 잘라옵니다. 이것이 결국 분자 레이아웃으로 미분한 $\frac{\partial \mathbf{h}^{(2)}}{\partial \mathbf{a}^{(1)}}$인 것이죠. ❷에서 dH2를 reshape(1,-1)한 것은 $(3,)$을 $(1, 3)$인 행렬로 만들어 곱하기 위해서입니다. 결과는 $(2, 3)$인 행렬입니다. 순전파에서 $\mathbf{a}^{(1)}$이 $(2, 3)$인 행렬이었죠. 따라서 모양이 잘 맞고 있습니다.

$\dfrac{\partial C}{\partial \mathbf{z}^{(1)}}$ 는 $\dfrac{\partial C}{\partial \mathbf{z}^{(2)}}$ 를 구할 때 썼던 코드를 다시 한번 반복하면 됩니다.

```
dA1_dZ1 = logistic(Z1)*(1-logistic(Z1))
dZ1 = dA1_dZ1 * dA1
dZ1
#>>> array([[ 9.4654e-04, -2.0261e-03,  3.9587e-03],
           [-1.4133e-07,  1.9344e-05, -6.9385e-07]])
```

이렇게 $\dfrac{\partial C}{\partial \mathbf{z}^{(1)}}$, 다시 말해 $(2, 3)$인 $\boldsymbol{\delta}^{(1)}$이 구해졌습니다. $\dfrac{\partial C}{\partial \mathbf{b}^{(1)}}$를 구하기 위해 이 $\boldsymbol{\delta}^{(1)}$에 있는 각 열을 모두 더해주면 되겠죠.

```
db1 = dZ1.sum(axis=1, keepdims=True)
db1
#>>> array([[2.8791e-03],
           [1.8509e-05]])
```

$(2, 1)$인 미분계수들이 구해졌습니다. 결과는 for 문을 사용한 버전과 동일합니다. 이제 마지막 $\dfrac{\partial C}{\partial \mathbf{W}^{(1)}}$를 구할 차례입니다. 이미 식 (9.22)에 의해 공식이 있으므로 실행부터 하고 $\mathbf{W}^{(2)}$를 구할 때 미뤄뒀던 행렬 곱셈에 대한 의미를 생각해 봅시다.

```
dW1 = np.dot(dZ1, x)
dW1
#>>> array([[7.9160e-03, 1.2443e-02],
           [1.5168e-06, 4.1280e-05]])
```

x는 점 데이터를 나타내는 벡터가 행 방향으로 저장되어 있으므로 이미 전치되어 있습니다. 그렇기 때문에 dZ1과 바로 행렬 곱셈을 할 수 있습니다. $(2, 3) \times (3, 2) = (2, 2)$가 되어 $\mathbf{W}^{(1)}$과 모양이 같은 미분계수가 구해졌습니다.

결과는 확인했으니 데이터가 여러 개일 경우 식 (9.22)에 대해서 생각해 봅시다. 아래에 식 (9.22)를 다시 한번 적었습니다.

$$\frac{\partial C}{\partial \mathbf{W}^{(l)}} = \boldsymbol{\delta}^{(l)} \left(\mathbf{a}^{(l-1)} \right)^{\mathrm{T}}$$

데이터가 하나인 경우 식 (9.22)를 다음 그림처럼 이해할 수 있습니다.

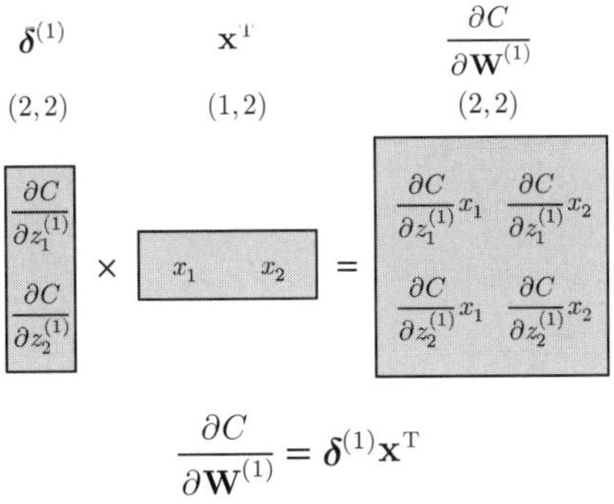

$$\frac{\partial C}{\partial \mathbf{W}^{(1)}} = \boldsymbol{\delta}^{(1)}\mathbf{x}^{\mathrm{T}}$$

그림 9-31 데이터 하나일 때 식 (9.22)에 대한 그림 표현

열벡터와 행벡터의 행렬 곱셈에 의해 $(2, 2)$ 행렬이 얻어진다는 것을 알 수 있습니다. 데이터가 세 개인 경우는 $\boldsymbol{\delta}^{(1)}$이 $(2, 1)$에서 $(2, 3)$으로 바뀌고 $\mathbf{x}^{\mathrm{T}}$가 $(1, 2)$에서 $(3, 2)$로 바뀌게 됩니다. 그래서 그림으로 표현해 보면 다음과 같아질 것입니다.

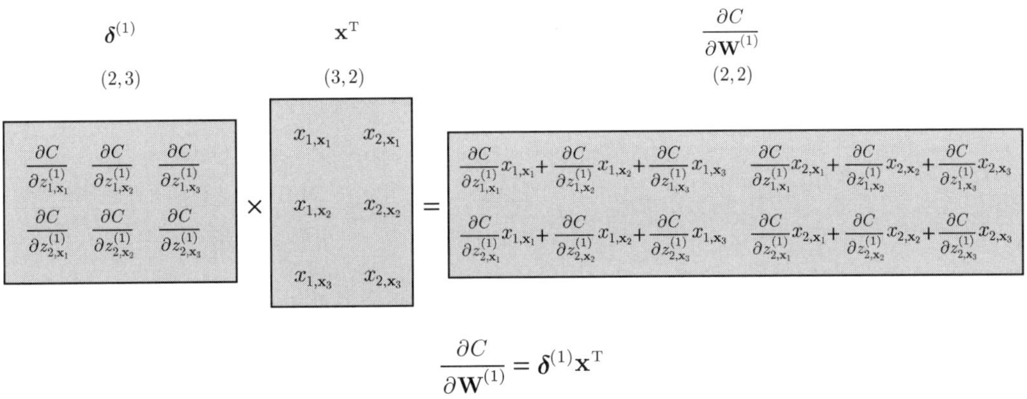

$$\frac{\partial C}{\partial \mathbf{W}^{(1)}} = \boldsymbol{\delta}^{(1)}\mathbf{x}^{\mathrm{T}}$$

그림 9-32 데이터 세 개일 때 식 (9.22)에 대한 그림 표현

그림에서 $\mathbf{x}$에 포함된 데이터 세 개를 각각 $\mathbf{x}_1$, $\mathbf{x}_2$, $\mathbf{x}_3$으로 나타냈습니다. 그리고 행렬에서 개별 데이터에 해당하는 요소를 표시하기 위해 아래첨자에 $\mathbf{x}_1$, $\mathbf{x}_2$, $\mathbf{x}_3$을 표시했습니다.

이제 7장에서 공부한 행렬 곱셈을 해석하는 여러 관점을 떠올려 봅시다. 그중에서 외적합에 대한 해석을 그림 9-32에 적용해 보면 그림 9-32에서 행렬 곱셈은 그림 9-33처럼 표현될 수 있다는 것을 알 수 있습니다.

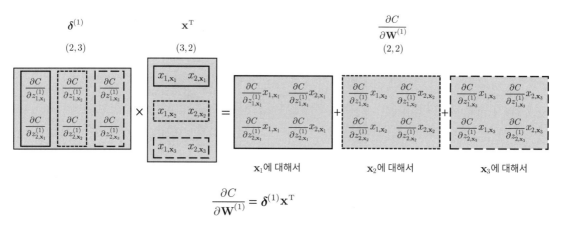

$$\frac{\partial C}{\partial \mathbf{W}^{(1)}} = \boldsymbol{\delta}^{(1)} \mathbf{x}^{\mathrm{T}}$$

그림 9-33 그림 9-32에서 보인 행렬 곱셈의 또 다른 표현

$(2, 3)$ 행렬과 $(3, 2)$ 행렬을 곱하는 것은 앞 행렬에 있는 열과 뒤 행렬에 있는 행을 각각 따로 외적하여 행렬을 만든 후 이 행렬들을 모두 더하는 것으로 생각할 수 있습니다. 이런 관점으로 식 (9.22)를 바라보면 결국 식 (9.22)가 개별 데이터에 대해 미분계수를 구한 다음 이것을 모두 더하고 있다는 것을 알 수 있습니다. 다시 그림 9-32를 보면 결과 행렬에서 요소는 개별 데이터에 대해서 모두 더해지고 있다는 것을 알 수 있습니다. 이렇게 행렬을 이용하면 데이터 개수가 수백, 수천 개가 되어도 명시적으로 덧셈 연산을 하지 않고 행렬 곱셈 한번에 모든 덧셈을 계산할 수 있게 됩니다.

마지막으로 계산했던 결과들이 정확한지 파이토치로 미분해서 결과를 검증해 봅시다.

```
dW_torch = torch.autograd.grad(C_torch, W_torch, torch.tensor(1, dtype=torch.
double), retain_graph=True)[0]
dW_torch
#>>> tensor([[ 2.8791e-03,  7.9160e-03,  1.2443e-02],
            [ 1.8509e-05,  1.5168e-06,  4.1280e-05],
            [-4.9747e-02,  6.0737e-03, -4.9872e-02]], dtype=torch.float64)
```

파이토치에 의해 한꺼번에 구해진 미분계수들과 앞서 직접 계산한 결과를 비교하면 미분계수들이 정확히 구해졌다는 것을 알 수 있습니다.

지금까지 인공신경망을 가중치와 편향에 대해서 미분하는 방법에 대해 이야기했습니다. 특히 행렬로 이뤄진 가중치에 대해 미분할 때 여러 가지 시각으로 이해를 시도해 보았습니다. vec() 연산자를 사용하는 방법, 일반화된 야코비안을 행렬 곱셈하는 방법, 일반화된 야코비안을 행렬로 바꿔서 곱셈하는 방법들이 바로 그것입니다. 이 과정은 인공신경망을 처음 접하는 분들에게 결코 쉬운 내용이 아닙니다. 하지만 7장까지 내용을 통해 인공신경망에 대한 미분을 이해할 수 있을 정도로 기초 지식을 쌓았기 때문에 주의 깊게 공부하면 충분히 이해할 수 있습니다. 언젠가는 꼭 이해해야 하는 내용이므로 반복해서 읽어보고 꼭 선명하게 이해되도록 합시다.

이번 장에서 도출된 미분 공식을 아래 표로 정리했습니다. 표에서 $\boldsymbol{\delta}^{(l)}_{:,j}$는 $\boldsymbol{\delta}^{(l)}$에서 j번째 열을 의미합니다

$\dfrac{\partial C}{\partial \mathbf{a}^{(l)}}$	$\dfrac{\partial C}{\partial \mathbf{a}^{(l)}} = \mathbf{W}^{(l+1)\,\mathrm{T}}\boldsymbol{\delta}^{(l+1)}$	식 (9.15)
$\dfrac{\partial C}{\partial \mathbf{z}^{(l)}}$	$\boldsymbol{\delta}^{(l)} = \sigma'\left(\mathbf{z}^{(l)}\right) \odot \left(\mathbf{W}^{(l+1)\,\mathrm{T}}\boldsymbol{\delta}^{(l+1)}\right)$	식 (9.19)
$\dfrac{\partial C}{\partial \mathbf{b}^{(l)}}$	$\dfrac{\partial C}{\partial \mathbf{b}^{(l)}} = \sum_{j} \boldsymbol{\delta}^{(l)}_{:,j}$	식 (9.10), (9.12)
$\dfrac{\partial C}{\partial \mathbf{W}^{(l)}}$	$\dfrac{\partial C}{\partial \mathbf{W}^{(l)}} = \boldsymbol{\delta}^{(l)}\left(\mathbf{a}^{(l-1)}\right)^{\mathrm{T}}$	식 (9.22)

표 9-1 임의의 l층에 대한 역전파 미분 공식들

## 10장

M a t h e m a t i c s   f o r   M a c h i n e   L e a r n i n g

다시 만나는 선형회귀: 모두 모아

드디어 이 책 마지막 장인 선형회귀를 공부할 차례입니다. 사실 지금까지 내용을 이어오면서 선형회귀에 대한 개념을 여러 차례 이야기했습니다. 이제 우리가 알고 있는 수학 지식과 선형회귀를 실제로 연결하고 구현하는 것만 남았습니다. 아울러 선형회귀 과정에서 접하게 되는 과대적합overfitting과 확률적 경사하강법stochastic gradient descent, SGD에 대해서도 공부해 봅니다. 이런 과정들은 비단 선형회귀에만 국한된 것이 아니라 인공지능 분야 전반에 해당하는 이야기입니다. 따라서 독자 여러분은 이번 장을 토대로 앞으로 머신 러닝·딥 러닝을 공부할 수 있는 감각을 키울 수 있게 될 것입니다. 이번 장에서는 선형회귀에 대해서 다음과 같은 주제순으로 이야기합니다.

- 기저함수 모델과 인공신경망 모델
- 경사하강법을 이용한 선형회귀
- 과대적합과 규제
- 확률적 경사하강법
- 노멀 방정식을 이용한 선형회귀

✓ **NOTE**

이번 장은 꽤 많은 수식과 기호 들이 등장합니다. 복잡한 기호에 매몰되지 말고 식의 구성과 의미를 잘 살피고 코드를 직접 실행하면서 내용을 파악하도록 합시다. 자칫 복잡할 수 있는 여러 기호는 크리스토퍼 비숍의 《패턴 인식과 머신 러닝》[1]과

---

1 Bishop, Christopher, 김형진(역), 2018, 패턴 인식과 머신 러닝, 제이펍

대부분 동일하게 작성했음을 밝혀 둡니다.

《패턴 인식과 머신 러닝》은 가장 유명한 참고 도서이므로 함께 볼 때 혼란을 피하기 위해 그렇게 했습니다. 또 이 책에서 이야기하지 않은 확률 통계를 바탕으로 선형회귀를 기술하는 관점에 대한 자세한 내용도 비숍의 책을 참고하면 많은 도움이 됩니다.

샘플 데이터

우선 회귀를 할 데이터를 준비합시다. 현실 세계 데이터는 데이터 차원이 높아서 회귀 과정을 그림으로 확인할 수 없습니다. 그래서 우리는 1차원 데이터를 사용하겠습니다. 다음과 같은 1차원 데이터를 인위적으로 만들었습니다.

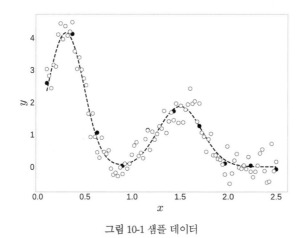

그림 10-1 샘플 데이터

데이터는 깃허브 저장소에서 **data_1d.npz**를 내려받고 다음 코드로 로드할 수 있습니다.

```
import numpy as np

D = np.load('data_1d.npz') #❶

x = D['x']
t = D['t']
X_train = D['X_train']
Y_train = D['Y_train']
X_test = D['X_test']
```

```
Y_tcst = D['Y_test']

N = X_train.shape[0]
```

❶ 넘파이 load() 함수를 사용해서 이미 만들어 놓은 압축 파일로부터 데이터를 로딩합니다. (x, t) 쌍을 사용해서 그림 10-1에 나타난 점선을 그렸습니다. 검은 점은 (X_train, Y_train)을 사용해서 그렸고 흰 점은 (X_test, Y_test)를 사용하여 그린 것입니다.

선형회귀를 공부할 때 데이터가 가지는 물리적 의미가 중요하지는 않지만 실제 의미를 알면 이해하는 데 도움이 됩니다. 그래서 내려받은 데이터가 시간에 따른 약물의 반응이라고 가상 시나리오를 부여하겠습니다. 세로축은 병 상태를 나타내는 혈액 지표이고 가로축은 약물을 투여한 후 시간이라고 가정합시다. 이 데이터대로라면 이미 병을 가지고 있는 상태인 2.5 정도 수치에서 약을 복용하기 시작했을 때 복용 초기에 오히려 수치가 상승합니다. 그리고 곧 하강하다가 다시 한번 어느 정도 상승한 후 안정화되면서 0으로 수렴합니다. 약을 투여한 후 약물 반응이 어떻게 일어날지 예측할 수 있는 모델이 있다면 치료에 많은 도움이 될 것입니다. 이런 예측은 의학이나 약학을 전공하지 않아도 중요한 문제라는 것을 예상할 수 있습니다.

그림 10-1에서 점선은 데이터를 생성한 어떤 함수 관계를 가지는 진짜 곡선입니다. 이 곡선을 따라 약물 반응이 진행된다는 것입니다. 하지만 실제 데이터는 흰색 점과 검은색 점처럼 약간씩 오차를 가지고 있을 것입니다. 그리고 현장에서는 점선처럼 이미 약물 반응을 정확히 묘사하는 함수를 알지 못하고 다음처럼 데이터만 가지고 있을 것입니다.

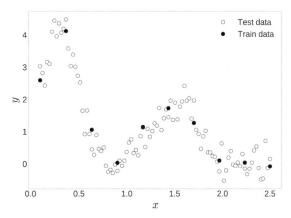

그림 10-2 학습 데이터와 테스트 데이터

점 데이터만 사용해서 그림 10-1에 나타난 점선에 대한 함수를 찾을 수 있다면 그 함수에 약을 복용하고 나서 경과된 시간을 입력하면 약물에 대한 반응 정도를 구할 수 있을 것입니다. 함수를 찾기 위해 사용하는 데이터는 검은색 점 데이터입니다. 이 데이터를 학습 데이터train data라고 합니다. 그리고 흰색 점 데이터는 학습으로 찾은 함수가 잘 맞는지 테스트하기 위해 사용하는 데이터로 테스트 데이터test data 라고 합니다. 이 데이터는 함수를 찾는 과정에서는 사용하지 않습니다. 즉, 함수를 찾기 위한 머신 러닝 과정에서 한 번도 보지 못한 데이터를 사용해서 함수의 유효성을 검증하는 것입니다.

데이터 표현

7장 '행렬을 이용한 데이터 표현'에서 제시한 예처럼 주어진 데이터 하나는 한 행으로 나타냅니다. 여기서 들고 있는 예에서는 데이터 포인트 하나가 숫자 하나에 불과하므로 행으로 나타내기 적절치 않다는 생각이 들 수 있습니다. 실제 데이터를 출력해 보면 아직까지는 1차원 어레이로 데이터를 저장하고 있음을 알 수 있습니다.

```
X_train
#>>> array([0.1   , 0.3667, 0.6333, 0.9   , 1.1667, 1.4333, 1.7   , 1.9667,
           2.2333, 2.5   ])
```

이제 이 데이터세트를 요소 개수가 숫자 하나인 행벡터라고 생각합시다. 아래 코드에서 출력된 결과는 (10, 1)인 행렬입니다. 10은 데이터 개수 N으로 표시합니다. 1은 데이터의 차원으로 D로 표시하겠습니다. 따라서 데이터를 저장한 행렬이 보통 (N, D)가 됨은 이미 7장에서 알아본 내용입니다.

```
X_train.reshape(-1,1)
#>>> array([[0.1   ],
           [0.3667],
           [0.6333],
           [0.9   ],
           [1.1667],
           [1.4333],
           [1.7   ],
           [1.9667],
           [2.2333],
           [2.5   ]])
```

$D = 1$인 현재 데이터는 다음 절에서 바로 숫자 두 개 이상의 행벡터로 변환되게 됩

니다. 이렇게 데이터 하나를 행벡터로 바라보는 시각을 자꾸 강조하는 이유는, 입력이 하나인 일변수 선형회귀와 입력이 여러 개인 다중 선형회귀를 구별하지 않고 한꺼번에 취급하기 위해서입니다. 선형회귀를 처음 접할 때 일반적으로 변수 하나가 입력되는 가장 간단한 경우를 공부한 다음 변수 여러 개가 입력되는 회귀 모델을 공부하게 됩니다. 그런데 이런 방식이 오히려 입문자를 더욱 혼란스럽게 만드는 경향이 있습니다. 그렇기 때문에 이 책에서는 두 경우를 크게 구별하지 않고 바로 데이터를 벡터로 바라보고 내용을 진행하겠습니다.

모델 선택

이제 입력과 출력의 관계를 표현하는 함수를 찾는 데 어떤 도구를 사용할지 결정해야 합니다. 그림 10-2를 보면 주어진 데이터를 직선으로 표현할 수는 없을 듯합니다. 하지만 이번 장의 주제가 선형회귀이므로 가장 간단한 직선 함수 $y = ax + b$를 우선 사용해 봅시다. $y = ax + b$에서 x는 입력이므로 여기서 결정해야 하는 것은 a, b입니다. 결정해야 하는 변수명을 w_1, w_2로 쓰면 직선식을 다음처럼 쓸 수 있습니다.

$$y = w_2 x + w_1 \tag{10.1}$$

위 식은 전혀 새로운 식이 아닙니다. 이미 식 (1.2)에서 봤습니다. 식에서 $w_2 x + w_1$를 벡터 내적으로 써보면 다음과 같이 됩니다.

$$y = \mathbf{w} \cdot \mathbf{x} = \mathbf{w}^{\mathrm{T}} \mathbf{x} = \begin{bmatrix} w_1 & w_2 \end{bmatrix} \begin{bmatrix} 1 \\ x \end{bmatrix}$$

식에서 $\mathbf{w} \cdot \mathbf{x}$는 벡터 내적을 나타내며 $\mathbf{w}^{\mathrm{T}} \mathbf{x}$는 이와 동일한 행렬 곱셈을 나타냅니다. 식을 보면 스칼라인 입력 x에 1을 추가하여 스칼라를 2차원 벡터로 만든 것을 알 수 있습니다. 다음 코드로 간단하게 각 x를 2차원 벡터로 만들 수 있습니다.

```
X = np.array([np.ones_like(X_train), X_train]).T # ❶
print(X.shape)
#>>> (10, 2)

print(X)
#>>> [[1.    0.1  ]
```

```
 [1.      0.3667]
 [1.      0.6333]
 [1.      0.9   ]
 [1.      1.1667]
 [1.      1.4333]
 [1.      1.7   ]
 [1.      1.9667]
 [1.      2.2333]
 [1.      2.5   ]]
```

❶ np.one_like(X_train)으로 X_train과 길이가 같은 1로 채워진 어레이를 만듭니다. 그리고 둘을 묶어 어레이 하나로 만든 다음 전치시켜 데이터 하나가 행벡터로 놓이게 합니다. 이렇게 하면 이미 입력 데이터가 벡터로 전환되었습니다. 따라서 찾고자 하는 함수는 벡터 입력, 스칼라 출력인 다변수 스칼라함수가 됩니다. 입력이 백 개가 된다 한들 변하는 것은 전혀 없습니다. 여전히 다변수 스칼라함수를 찾는 것입니다. w_1, w_2을 적당히 결정하고 식 (10.1)을 계산해 봅시다.

```
w1 = 3.5
w2 = -2.0
w = np.array([w1, w2])              #❶
print(np.dot(X, w.reshape(-1,1))) #❷
#>>> [[ 3.3   ]
     [ 2.7667]
     [ 2.2333]
     [ 1.7   ]
     [ 1.1667]
     [ 0.6333]
     [ 0.1   ]
     [-0.4333]
     [-0.9667]
     [-1.5   ]]
```

❶ 적당히 결정된 w1, w2로 넘파이 어레이로 만듭니다. ❷ X에는 행벡터로 표현된 데이터들이 저장되어 있으므로 w를 열벡터로 만들어 X_train과 w를 행렬 곱셈합니다. 식 (10.1)을 전치시킨 형태로 곱하는 셈입니다. 적당히 계산된 결과 숫자 열 개를 사용하여 직선을 그려보면 다음과 같습니다.

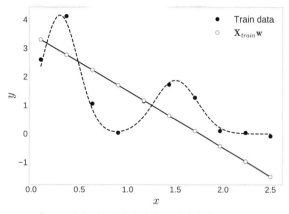

그림 10-3 직선모델에 의해 임의로 결정된 선형회귀 결과

직선 관계로 함수를 가정하고 결과를 계산해 봤더니 결과가 검은색 점을 잘 표현 하는 것 같지 않습니다. 직선의 형태는 아무렇게나 결정한 w_1, w_2에 의해 좌우됩니 다. 직선으로는 도저히 입출력의 관계를 설명할 수 없지만 그중에서도 가장 좋은 w_1, w_2는 있을 수 있습니다. 그 가장 좋은 w_1, w_2를 찾는 과정이 회귀라고 1장에서 낙서하는 어린 아이나 다이얼을 돌리는 웹 앱을 통해 알아봤었습니다. 책 서두에 밝혔듯이 때로는 피팅이란 용어를 사용하기도 합니다. 식을 데이터에 맞춘다는 뜻 이죠.

이제는 그 과정을 컴퓨터에게 시킬 것입니다. 그러기 위해서는 결과가 얼마나 틀 렸는지 알아야 하고 그것을 표현하기 위해 우리 예측인 흰색 점과 원래 데이터인 검은색 점 사이의 거리를 다음처럼 측정합시다.

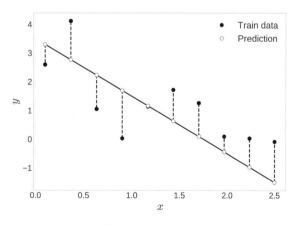

그림 10-4 직선모델의 오차

그림 10-4에서 점선으로 보이는 오차를 모두 더하면 직선모델이 얼마나 틀리고 있는지 알 수 있을 것입니다. 흰색 점의 높이값에서 검은색 점의 높이값을 빼면 경우에 따라 오차값이 음수도 되고 양수도 되므로 모두 양수로 만들기 위해 뺀 값을 제곱해 줍니다. 그리고 다음 식처럼 모두 더하게 됩니다.

$$J(\mathbf{w}) = \frac{1}{2}\sum_{n=1}^{N}\{y_n - \hat{y}(x_n, \mathbf{w})\}^2 \tag{10.2}$$

식 (10.2)가 조금 복잡해 보이는데 하나씩 알아봅시다. 식에서 x_n, y_n은 주어진 검은색 점 열 개에서 입력과 출력을 나타냅니다. 대문자 N은 늘 그랬듯이 데이터 개수를 나타내며 지금은 $N = 10$입니다. $\hat{y}(x_n, \mathbf{w})$는 x_n에 대해서 우리가 만들어 낸 y값을 의미합니다. 이 둘을 빼서 제곱해서 다 더하고 있습니다. $\frac{1}{2}$은 나중에 미분하기 좋게 하기 위해 임의로 붙인 상수입니다. 에러값을 가능한 한 작게 만들기만 하면 되므로 $\frac{1}{2}$을 곱해도 문제가 되지 않습니다. 위 식은 기호가 조금 바뀌고 N으로 나누는 과정이 빠졌을 뿐 앞서 9장에서 이미 본 적이 있는 식 (9.7)과 거의 같습니다. 식 (10.2)를 목적함수 또는 오차함수라고 부르도록 하겠습니다. 이 오차함수는 오차 제곱합을 나타내고 여기서는 이것을 최소화하기를 원하므로 이런 문제를 최소제곱법least square method이라고 부릅니다.

✓ **NOTE**

식 (9.7)과 식 (10.2)에서 가장 큰 차이점은 전체 합을 N으로 나누는가 나누지 않는가 하는 것입니다. 식 (10.2)는 굳이 N으로 나누지 않았는데, 여기서는 이 에러를 줄이기만 하면 되므로 N으로 나누지 않아도 문제를 해결하는 데 큰 문제가 생기지 않습니다.

또한 식 (10.2)에서 기호법이 약간 혼란스러울 수 있습니다. 직선 모델에서 $\hat{y}(x_n, \mathbf{w})$는 결국 $y = w_2 x + w_1$인데 $\hat{y}(x_n, \mathbf{w})$은 마치 독립변수가 x_n, $\mathbf{w}$ 두 개인 것처럼 보이기 때문입니다. 심지어 $\mathbf{w}$는 벡터입니다. $\hat{y}$에서는 x_n만이 독립변수이며 $\mathbf{w}$는 변수가 아니라 이미 외부로부터 정해지는 값입니다. 하지만 식 (10.2) 전체 입장에서 보면 $\mathbf{w}$가 변하면서 식의 값이 변하므로 $\mathbf{w}$는 독립변수입니다. 따라서 의미를 따진다면 $\hat{y}(x_n; \mathbf{w})$로 표현하는 것이 더 명확하지만 표기가 너무 복잡해지는 것을 피하기 위해 그냥 단순히 $\hat{y}(x_n, \mathbf{w})$로 표현하였습니다. 하지만 $\hat{y}(x_n, \mathbf{w})$는 x_n에 대한 함수임을 반드시 기억하세요.

실제 계산은 다음처럼 간단한 코드로 확인할 수 있습니다.

```
Y_pred = np.dot(X, w.reshape(-1,1)).reshape(-1)
0.5*(((Y_train - Y_pred)**2).sum())
#>>> 6.171744429866503
```

결과를 보면 점선으로 표시된 오차를 모두 줄이기 위해서 우리가 선택한 모델은 직선이 아니라 곡선이 되어야 함은 분명해 보입니다.

기저함수 이용하기

곡선모델을 사용한다고 하면 다항식을 가장 먼저 떠올릴 수 있습니다. 다음과 같은 삼차 함수를 생각해 봅시다.

$$y = w_4 x^3 + w_3 x^2 + w_2 x^1 + w_1 x^0 \tag{10.3}$$

이제 w_4, w_3, w_2, w_1만 결정하면 삼차 함수가 완성되고 이 함수가 이전 절에서 만든 직선 모델보다 작은 오차를 가지기를 기대해 봅시다. 이렇게 만들기 쉽진 않지만 임의로 $w_4 = -0.7$, $w_3 = 3$, $w_2 = -5$, $w_1 = 3.5$라고 정해보도록 하겠습니다. 이렇게 다항식의 계수들을 정하고 그림을 그려 확인해 보겠습니다.

```
coef = (3.5, -5.0, 3.0, -0.7)
y = coef[0] + coef[1]*x + coef[2]*x**2 + coef[3]*x**3
Y_pred = coef[0] + coef[1]*X_train + coef[2]*X_train**2 + coef[3]*X_train**3
```

위 코드로 삼차식의 곡선을 y에 저장하고 학습 데이터에 대한 결과를 Y_pred에 저장하여 적당히 그림을 그리면 다음처럼 됩니다.

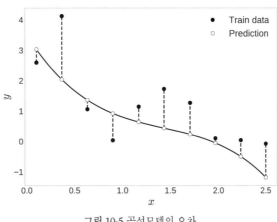

그림 10-5 곡선모델의 오차

그림 10-4와 비교하면 조금 휘어지면서 전체적으로 학습 데이터 쪽으로 더 가까워진 듯합니다. 실제 값을 계산해 봅시다.

```
0.5*(((Y_train - Y_pred)**2).sum())
#>>> 4.965242925784168
```

직선 모델보다 조금 오차값이 줄었습니다. 식 (10.3)에서 x^3, x^2, x^1, x^0이라는 함수들을 계수 w_4, w_3, w_2, w_1으로 조합해서 곡선모델을 만들었습니다. 그리고 성공적으로 오차를 조금 줄일 수 있었습니다. 이렇게 어떤 함수를 만들어 내기 위해 조합하는 재료 함수를 기저함수basis function라고 합니다. 방금 전의 식은 기저함수 네 개를 사용한 것입니다. 직선 모델에서는 x^1, x^0을 기저함수로 사용했다는 것을 알 수 있습니다.

위 모델에서 사용한 기저함수는 일변수 스칼라함수였습니다. 기저함수를 ϕ_j라 쓰면 $\phi_1(x) = x^0$, $\phi_2(x) = x^1$, $\phi_3(x) = x^2$, $\phi_4(x) = x^3$이 됩니다. 스칼라 x 하나가 기저함수 네 개에 의해 값 네 개로 확장된 것입니다. 이 표현법을 사용하여 식 (10.3)을 좀 더 일반적으로 쓰면 다음과 같습니다.

$$y = w_4\phi_4(x) + w_3\phi_3(x) + w_2\phi_2(x) + w_1\phi_1(x)$$

여기서 결정해야 w 개수는 기저함수 개수와 같습니다. 그리고 $\phi_j(x)$는 다항함수, 지수함수 등 다양하게 선택될 수 있습니다.

만약 주어진 데이터가 벡터였다면 $\phi_j(x)$는 벡터를 입력받는 함수 $\phi_j(\mathbf{x})$여야 할 것입니다. 따라서 기저함수를 조금 더 일반화시키면 벡터를 입력받아 스칼라를 출력하는 다변수 스칼라함수로 생각할 수 있습니다. D차원 데이터 $\mathbf{x}$에 기저 함수 M개를 적용한다고 합시다. 그러면 $\phi_1(\mathbf{x})$에서 $\phi_M(\mathbf{x})$들은 D차원 벡터를 입력받아 M차원 벡터를 출력하는 다변수 벡터함수가 됩니다. 식으로 쓰면 다음과 같습니다.

$$\phi(\mathbf{x}) = \begin{bmatrix} \phi_1(\mathbf{x}) \\ \phi_2(\mathbf{x}) \\ \vdots \\ \phi_M(\mathbf{x}) \end{bmatrix} \tag{10.4}$$

지금까지의 학습을 통해 위와 같은 표현을 어렵지 않게 이해할 수 있을 겁니다. 따라시 기저함수 모델을 가장 일반적으로 표현하면 죄송석으로 다음처럼 쓸 수 있습니다.

$$y(\mathbf{x}, \mathbf{w}) = \mathbf{w}^{\mathrm{T}} \phi(\mathbf{x}) \tag{10.5}$$

함수 조합과 특징 부여

앞서 기저함수를 조합하여 원하는 곡선 형태를 만들려는 시도를 했습니다. 또 이처럼 기저함수 $\phi_j(x)$를 입력 x에 적용하는 게 x를 벡터 $\phi(x)$로 변환하는 과정이라는 것도 확인해 봤습니다. 이 과정은 주어진 데이터로부터 또 다른 데이터를 만들어 내는 과정으로 볼 수 있습니다. 예를 들어 정사각형에 가까운 집에서 한 변 길이를 L이라 합시다. 이 L이 입력되면 이 집의 가치를 예측하고 싶습니다. 입력되는 L이 크면 큰 고급 주택일 가능성이 크므로 집값을 비싸게 예측해야 할 것입니다. 만약 예측 대상이 되는 집들이 거의 정사각형 형태라면 주어진 데이터 L에 x^2이라는 기저함수를 적용하여 얻게 되는 데이터는 집의 넓이가 됩니다. 집 넓이는 당연히 집값을 예측하는 데 도움이 될 것입니다. 결국 L이라는 스칼라 데이터에 (x, x^2)이라는 기저함수를 적용하면 (L, L^2)이라는 2차원 데이터를 얻게 됩니다. 이렇게 데이터를 고차원으로 보내거나 반대로 저차원으로 보내는 작업은 머신 러닝에서 빈번하게 사용됩니다.

방금 든 예에서 스칼라 데이터 L이 벡터 데이터 (L, L^2)로 확장되었을 때 벡터의 각 요소를 데이터의 특징이라고 이야기합니다. 물론 이런 특징들이 물리적 의미를 가질 수도 있고 아닐 수도 있습니다. 예를 들어 다항 기저함수를 더 고차원으로 적용하여 (L, L^2, L^3, L^4)으로 데이터를 확장했다면 L^4라는 특징에는 물리적 의미를 부여하기 힘들게 됩니다. 물리적 의미가 없다는 것이 데이터로써 가치가 없다는 의미는 아닙니다. 수학적으로 벡터의 차원이 확장되면서 더 좋은 회귀 결과를 만들어 낼 수 있기 때문입니다. 그림 10-5만 봐도 그 사실을 알 수 있습니다. 여기서 사용하는 입력 데이터는 약을 복용하기 시작한 후 경과한 시간인데 시간을 제곱, 세제곱하는 것은 물리적으로 아무런 의미가 없습니다. 하지만 더 좋은 회귀 결과를 만들어 냈습니다. 이렇게 어떤 특징을 선택하느냐도 중요한 문제입니다. 보통 집에 대한 데이터를 다룬다면 데이터 하나는 다음처럼 구성되어 있을 가능성이 큽니다.

(집 한 변의 길이, 집 넓이, 주소, 건축연도, 지하철역으로부터 거리, 매매횟수)

이 경우는 각 특징이 기저함수를 통해서 부여된 것이 아니라 원래 데이터에 들어있는 것들입니다. 이런 데이터를 바탕으로 집값을 예측한다고 하면, 첫 번째 특징인 집 한 변의 길이는 집 넓이가 있으므로 회귀를 할 때 정보력이 떨어질 것이란 예상을 할 수 있습니다. 하지만 최신 딥 러닝 알고리즘에서는 이런 특징 선택도 학습의 일부분으로 해결됩니다. 지금 이 대목에서 알아야 할 것은 데이터를 구성하는 구성 성분이 특징이란 사실입니다.

지금까지 기저함수를 적용하는 과정에 대해서 이야기했습니다. 한 가지 시각은 기저함수를 선택하고 이것들을 조합하여 더 나은 함수를 만드는 것이었습니다. 또 다른 시각 하나는 기저함수를 선택함으로써 데이터에 특징을 부여한다는 것이었습니다. 이 두 시각은 결국 같은 결과를 내게 됩니다. 넘파이와 사이킷런을 이용하여 이 두 가지 시각에 대한 실험을 해보겠습니다.

넘파이 피팅 vs 사이킷런 피팅

내려받은 데이터를 일차와 오차 다항식을 이용하여 피팅시켜 보겠습니다. 사용하는 라이브러리는 넘파이와 사이킷런입니다. 이 두 라이브러리가 어떤 관점으로 결과를 만들어 내는지 주의 깊게 살펴보면 재미있는 실험이 될 것입니다. 먼저 넘파이입니다.

```
P = 5

# 1차 다항식
z_lin    = np.polyfit(X_train, Y_train, 1) #❶

# P차 다항식
z_nonlin = np.polyfit(X_train, Y_train, P) #❷

y_lin    = np.poly1d(z_lin)                #❸
y_nonlin = np.poly1d(z_nonlin)
```

넘파이로 다항식 회귀를 하는 과정은 정말 간단합니다. ❶, ❷ polyfit() 함수에 X_train, Y_train을 넘기고 사용할 다항식 차수를 적어주면 됩니다. ❸ 다항식 계수를 저장하고 있는 어레이를 다항식처럼 취급하기 위해 poly1d() 함수를 사용합니다. 이렇게 하면 마치 함수를 사용하듯 y_nonlin(x)와 같은 식으로 함숫값을 구할 수 있게 됩니다. 이 과정에는 데이터에 특성을 부여한다든지 데이터를 고차원으로 확장한다든지 하는 느낌이 전혀 없습니다. 아주 직관적으로 그냥 P차 다항식을 데이터에 피팅시킨다는 느낌이 강합니다.

다음에는 같은 일을 하는 사이킷런 코드를 보겠습니다.

```
from sklearn.linear_model import LinearRegression #❶
from sklearn.preprocessing import PolynomialFeatures
from sklearn.pipeline import make_pipeline

# 1차 다항식
model = LinearRegression(fit_intercept=True) #❷
model.fit(X_train[:, np.newaxis], Y_train)
y_sk_lin = model.predict(x[:, np.newaxis])

# P차 다항식
poly_model = make_pipeline(PolynomialFeatures(P), LinearRegression()) #❸
poly_model.fit(X_train[:, np.newaxis], Y_train)
y_sk_nonlin = poly_model.predict(x[:, np.newaxis])
```

❶ 사이킷런에서 관련 모듈을 임포트합니다. ❷ LinearRegression이라는 선형회귀를 수행하는 객체를 만듭니다. 이 객체는 fit이라는 기능을 이미 가지고 있으므로 fit() 함수를 호출하여 피팅을 시도합니다. 피팅이 완료되었으면 predict() 함수를 사용하여 예측을 해서 y_sk_lin에 저장합니다. 눈여겨 봐야 할 코드는 P차 다항식을 사용하는 ❸입니다. 다시 객체를 만드는데 이번에는 make_pipeline()이라는 함수를 호출하여 모델을 만듭니다. 이 함수는 PolynomialFeatures라는 클래스와 LinearRegression라는 클래스를 전달받습니다. 즉, 이 모델은 다항polynomial 특성을 부여하는 기능과 선형회귀를 파이프처럼 연결시키는 역할을 합니다. 이제 이 모델 객체에 대해서 fit() 함수를 호출하면 내부적으로 X_train에 오차 다항 특성을 적용하고 그 특성들을 대상으로 선형회귀를 수행하게 됩니다. 우리가 이야기한 두 번째 관점을 그대로 따르고 있습니다. 이제 두 결과를 비교해 볼까요?

```
poly_model.steps[-1][1].coef_[0] = poly_model.steps[-1][1].intercept_
print("numpy coef.   : {} ".format(z_nonlin[::-1]))
print("sklearn coef. : {} ".format( poly_model.steps[-1][1].coef_ ))
#>>>
numpy coef.   : [  0.7995  27.0562 -80.0685  82.7845 -35.6486   5.4386]
sklearn coef. : [  0.7995  27.0562 -80.0685  82.7845 -35.6486   5.4386]
```

구해진 계수들을 출력해 보면 계수 여섯 개가 모두 같습니다. 계수를 이용해 그림을 그려 보면 다음과 같습니다.

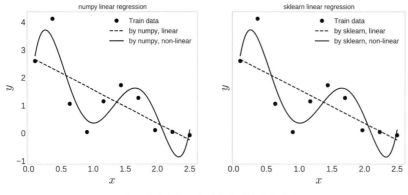

그림 10-6 넘파이 vs 사이킷런 선형회귀 결과

두 경우 모두 완전히 동일한 결과를 보여줍니다. 기저함수의 조합이나 특성 부여나 동일한 작업을 하고 있다는 것을 알 수 있습니다. 오차 다항특성을 사용했지만 결과는 썩 만족스럽지 못합니다. 다음 절부터 이 결과를 직접 개선시켜 보기로 하겠습니다.

선형의 의미

지금까지 '선형'이란 단어를 크게 생각해 보지 않고 사용해왔습니다. 선형회귀를 공부하고 있기 때문에 선형이란 용어를 조금만 더 자세히 이해하고 이야기를 계속 이어 나가겠습니다. 선형이란 일종의 수학적 함수 관계를 표현하는 용어로 구체적으로는 어떤 함수가 가산성additivity과 동차성homogeneity을 만족한다는 것을 뜻합니다.[2]

가산성은 임의의 수 x, y에 대해 $f(x + y) = f(x) + f(y)$가 만족되는 성질을 말하고 동차성이란 x와 상수 α에 대해 $f(\alpha x) = \alpha f(x)$가 만족되는 성질을 말합니다. 선형이 아니라면 모두 비선형입니다. 수학적 정의는 이런데 그것보다 좀 더 의미를 아는 것이 좋겠습니다. 선형이란 용어에 '선'은 직선을 의미하며 '형'은 형태를 의미합니다. 따라서 형태가 직선을 띄는 도형이나 함수 등을 일컫는다고 생각하면 크게 틀리지 않는데 이런 직선의 형태가 왜 중요하게 다뤄질까요?

조금 쉽게 비유를 해보겠습니다. 어떤 목표지점을 향해 길을 찾아갈 때 길이 똑

---

2 선형성, *https://ko.wikipedia.org/wiki/*선형성, 한글위키백과

바른 직선 도로라고 생각해 봅시다. 이런 직선 도로라면 원리적으로 출발점에서 도착점이 보이고(너무 멀어서 작게 보일 수는 있겠지만) 길 주변도 다 보이기 때문에 그 길을 따라가면서 무슨 일이 일어날지 예측할 수 있습니다. 하지만 보통 길은 휘어진 비선형이기 때문에 도착점이 보이지도 않고 앞으로 무슨 일이 일어날지 예측하기도 힘들죠. 수학에서의 선형도 이런 의미를 가진다고 생각하면 됩니다. 미분에 대해서 배울 때 함수의 민감도를 사용하여 예측을 할 수 있다고 이야기했습니다. 이제 미분계수의 의미를 잘 알고 있으므로 직선으로 표현되는 일차 함수는 어느 위치에서나 미분계수가 똑같다는 것을 알고 있습니다. 이것은 미분계수를 한번 계산해서 알고 있으면 언제 어디서나 동일한 정확성으로 함수의 변화를 예측할 수 있다는 의미가 됩니다. 하지만 포물선 같은 이차 함수, 즉 비선형 함수는 위치마다 미분계수가 다르고 좀 전에 했던 예측이 현재 위치에서는 맞지 않게 됩니다. 따라서 연구자들은 가능한 한 어떤 대상을 선형으로 묘사하고자 하는 경향이 있습니다. 다루기 쉽기 때문입니다.

✓ **NOTE**

직선의 방정식 $y = ax + b$는 앞서 이야기한 가산성과 동차성을 만족시키지 못합니다. 바로 절편 b 때문입니다. 그래서 엄격하게는 $y = ax + b$는 선형 함수가 아닙니다. $y = ax + b$ 같은 형식의 변환을 애파인 변환이라고 합니다. 애파인 변환에 대한 자세한 설명이 궁금한 독자는 다음 홍정모 님의 동영상 강의를 참고하세요. "홍정모, 2018, 애파인 변환, *https://youtu.be/DSmXIYkp024*, Youtube"

이렇게 선형의 의미를 알고 다시 그림 10-6의 결과를 보면 선형회귀라는 용어가 언뜻 이상하게 느껴질 수 있습니다. 분명히 오차 다항식 곡선으로 회귀를 했기 때문에 '비선형' 회귀라고 해야 할 것 같습니다. 하지만 여전히 선형회귀라고 하는 이유는 오차에서 영차 다항식을 적용하여 만들어진 특성 여섯 개가 계수 $\mathbf{w}$에 의해 선형 조합되고 있기 때문입니다. 식으로 쓰면 다음과 같이 되는데 $\phi_j(x)$들이 선형 조합되고 있습니다.

$$y = w_6\phi_6(x) + w_5\phi_5(x) + w_4\phi_4(x) + w_3\phi_3(x) + w_2\phi_2(x) + w_1\phi_1(x)$$

만약 확장된 특성 $\phi_j(x)$들이 원래 주어진 데이터의 특성들이었다면 위 식으로 회귀

식을 찾는 과정을 선형이 아니라고 의심할 이유는 없겠지요. 즉, 앞 식은 6차원에서 평면을 나타내는 식이 됩니다. 우리는 적합한 곡선을 찾는 것이 목적이지만 수학적으로는 입력 x를 6차원으로 보내고 6차원으로 보내진 모든 데이터 점을 가장 가깝게 지나가는 평면을 찾고 있는 것입니다.

지금까지 내용을 통해 데이터를 항상 벡터로 바라보고 벡터의 각 요소는 특징이란 성질로 표현된다는 것을 잘 이해해 두도록 합시다. 그렇게 하면 스칼라를 대상으로 하는 회귀나 벡터를 대상으로 하는 다중 회귀 모두 특징을 가진 벡터를 사용한 회귀로 이해할 수 있게 됩니다.

인공신경망 이용하기

입력과 출력의 관계를 표현할 때 꼭 앞서 살펴본 기저함수 모델만 사용할 필요는 없습니다. 어쨌거나 숫자 하나를 입력받아서 숫자 하나를 적당히 출력하는 모델이기만 하면 됩니다. 따라서 다음과 같은 인공신경망 모델을 생각해 볼 수 있습니다.

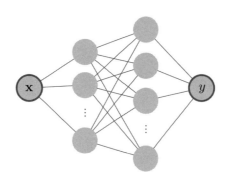

그림 10-7 입력과 출력을 연결하는 인공신경망 모델

이렇게 구성된 신경망에서 각 노드를 연결하는 가중치 $\mathbf{W}$를 결정하는 것은 이전 기저함수 모델과 개념적으로 동일합니다. 단지 입력과 출력을 연결하는 함수의 형태가 달라졌을 뿐입니다. 신경망을 구체적으로 어떤 식으로 구성할지는 전적으로 사용자의 경험에 달려 있지만 현재 다루는 예제 같은 경우 그렇게 복잡한 모델은 필요 없을 듯합니다. 이번 장 마지막에서 인공신경망을 사용한 결과를 실험해 보겠습니다.

이번 절을 통해 꼭 이해해야 하는 것은 입력과 출력을 표현하는 함수를 찾는 과정에서 그 함수들은 다양한 표현을 통해 가정될 수 있다는 것입니다. 가급적 복잡하지 않으면서 나누기 쉽고 예측 효율이 좋다면 더 뛰어난 모델이 될 수 있습니다. 이제 이렇게 선택된 모델을 학습시켜 가중치를 결정해 봅시다.

경사하강법을 이용한 선형회귀

지금부터 직접 실습을 통해 선형회귀를 알아보겠습니다. 일단 $\mathbf{w}$를 조절하면서 식 (10.2)에 정의된 오차를 최대한 줄이고 싶습니다. $\mathbf{w}$가 두 개뿐일 때 직접 손으로 해봤었죠. 이제 다항 기저함수를 세 개 이상 도입할 것이므로 더 이상 손으로 할 수가 없습니다. 8장에서 목적함수를 최소화시키는 최적화 알고리즘을 공부했습니다. 여기서 그 내용을 직접 적용해 보겠습니다. 먼저 식 (10.2)를 계산할 함수를 만들겠습니다.

우선 $\hat{y}(x_n, \mathbf{w})$ 부분을 해결해 봅시다. 현재 학습 데이터 x_n은 열 개입니다. 여기서는 P차 다항식 기저함수를 사용할 것이므로 이 점 열 개를 각각 P차까지 거듭제곱해야 합니다. 다음 코드를 실행해 봅시다.

```
P = 5
X = np.array([ X_train**i for i in range(P+1) ])
print(X)
#>>>
[[1.0000e+00 1.0000e+00 … 1.0000e+00 1.0000e+00]   # 0제곱
 [1.0000e-01 3.6667e-01 … 2.2333e+00 2.5000e+00]   # 1제곱
 [1.0000e-02 1.3444e-01 … 4.9878e+00 6.2500e+00]   # 2제곱
 [1.0000e-03 4.9296e-02 … 1.1139e+01 1.5625e+01]   # 3제곱
 [1.0000e-04 1.8075e-02 … 2.4878e+01 3.9062e+01]   # 4제곱
 [1.0000e-05 6.6276e-03 … 5.5561e+01 9.7656e+01]]  # 5제곱
```

위 코드는 리스트 내포 문법을 이용하여 X_train에 대해 거듭제곱을 순차적으로 수행한 후 모든 결과를 다시 어레이로 만드는 코드입니다. 결과는 (6, 10)인 넘파이 어레이가 되며 각 행은 거듭제곱한 결과 숫자 열 개가 들어 있습니다. 이제 임의로 초기화된 계수 여섯 개를 하나씩 각 행에 곱하고 모든 행을 더해주면 숫자 열 개가 얻어지는데, 이 숫자 열 개가 바로 $\hat{y}(x_1, \mathbf{w}), \hat{y}(x_2, \mathbf{w}), \cdots, \hat{y}(x_{10}, \mathbf{w})$가 됩니다. 이상의 설명을 다음 코드 ❶처럼 한 줄로 코딩할 수 있습니다.

```
w = np.random.rand(P+1)
print(w)
#>>> [0.6012 0.5472 0.0336 0.1144 0.7681 0.3712]
Y_pred = (w.reshape(-1,1) * X).sum(axis=0) #❶
```

```
print(Y_pred)
#>>> [ 0.6565  0.8284  1.1518  1.9275  3.6925  7.2794 13.877  25.0902 43.0001
      70.2239]
```

w를 reshape해서 $(6, 1)$로 만들고 $(6, 10)$인 X와 곱하면 브로드캐스팅이 일어나서 X의 각 행에 w의 숫자 하나씩 곱해지게 됩니다. 이렇게 만들어진 $(6, 10)$인 결과 어레이를 영 번 축 방향으로 다 더하면 숫자 열 개짜리 어레이인 Y_pred가 얻어집니다. 이렇게 입력 데이터 열 개에 대해서 예측 열 개를 한번에 계산할 수 있습니다. 이 과정을 함수 하나로 묶어 둡시다.

```
def J(w, P, x, y):
    X = np.array([ x**i for i in range(P+1) ])
    y_pred = (w.reshape(-1,1) * X).sum(axis=0)

    return 0.5*(( (y - y_pred)**2 ).sum()) #❶
```

오차 함수 J()는 인자로 w, P, x, y를 전달받습니다. w는 회귀 결과 곡선의 모양을 결정할 가중치이며 P는 기저함수의 차수를 나타냅니다. x, y는 주어진 학습 데이터를 나타냅니다. P, x, y는 고정되어 변하지 않는 보조 데이터입니다. 그래서 J(w; P, x, y)로 함수를 정의할 수 있다면 좋겠지만 파이썬에서 그런 문법을 지원하지 않기 때문에 J(w, P, x, y)로 코딩할 수밖에 없습니다. y_pred를 구하는 더 간단한 코딩 방법이 있습니다. 행렬 곱셈 특징을 잘 이용하면 브로드캐스팅과 sum() 함수 호출 없이 행렬 곱셈 한 번으로 동일한 작업을 할 수 있습니다. 7장 '행렬을 이용한 코딩'을 다시 복습하고 코드를 바꿔 보기 바랍니다. 마지막 ❶ 부분은 식 (10.2)를 그대로 코딩한 것입니다. 다음 코드로 오차 함수가 제대로 동작하는지 확인해 보세요.

```
J(np.random.rand(4), 3, X_train, Y_train)
#>>> 57.35825542332587
```

```
J(np.random.rand(6), 5, X_train, Y_train)
#>>> 1568.7178800766737
```

기저함수를 삼차, 오차로 선택하여 에러함수를 계산했을 때 오류 없이 값이 프린트되어야 합니다. 학습 데이터에 대해서 오차 함수를 계산할 수 있게 되었으므로, 이 함수를 최소화시키는 w를 찾기만 하면 됩니다. 함수를 최소화시켜 주는 함수로 사이파이가 제공하는 optimize.fmin_cg()를 8장에서 사용해 본 적이 있습니다. 이번 장에서도 사이파이가 제공하는 optimize.minimize() 함수를 사용하겠습니다.

optimize.minimize()는 다양한 최소화 알고리즘을 인자로 지정하여 불러 쓸 수 있게 만들어 놓은 상위 함수입니다. 사이파이에서 제공하는 최적화 함수는 목적함수와 변수만 인자로 넘기면 작동하지만 경사도벡터를 구해주는 함수를 추가로 넘겨주면 좀 더 안정적인 수렴을 기대할 수 있습니다. 경사도벡터를 구하기 위해서는 식 (10.2)를 직접 미분해야 하는데 지금은 일단 다음처럼 코딩해서 쓰도록 합시다. 경사도벡터를 왜 이런 코드로 구할 수 있는지는 이후 '미분하기' 절에서 노멀 방정식을 풀면서 다시 이야기하겠습니다.

```python
def grad_anal(w, P, x, y):
    N = x.shape[0]
    PHI = np.hstack( np.array( [np.power(x.reshape(N,1), p) for p in range(P+1)] ) )
    g = np.dot(np.dot(w.T,PHI.T)-y.T , PHI)

    return g
```

함수 grad_anal()은 J()와 똑같은 인자를 받고 지정된 위치 **w**에서 경사도벡터를 구해서 되돌리는 함수입니다. 이제 목적함수 J()와 경사도벡터를 구해주는 함수 grad_anal()를 모두 준비했으므로 optimize.minimize()를 사용하여 최적화 작업을 수행할 수 있게 되었습니다.

```python
from scipy import optimize #❶

np.random.seed(0)          #❷
Ps = [1, 3, 6, 12]         #❸
W = []

for P in Ps :                              #❹
    w = np.random.uniform(-1, 1, P+1) #❺

    ret = optimize.minimize(J, w, args=(P, X_train, Y_train),
                            jac=grad_anal, method='SLSQP') #❻
    W.append(ret.x)                                       #❼
    print(ret)
    print('\n')
```

❶ 사이파이에 최적화 모듈을 불러옵니다. ❷ **w**를 임의로 초기화 할 때 재현성을 확보하기 위해 시드를 설정합니다. ❸ 일차, 삼차, 육차, 십이차 기저함수들에 대해서 순차적으로 한 번씩 피팅하기 위해 차수를 리스트에 담아둡니다. ❹ 기저함수 차수에 대해 순차적으로 피팅 작업을 수행합니다. ❺ 결정되어야 하는 **w**를 임의로 초기

화합니다. ❻ optimize.minimize()를 사용하여 함수 J()를 w에 대해 최소화 합니다. 이때 jac 인자로 미리 만들어 놓은 경사도벡터 계산 함수를 넘깁니다. 그리고 arg 인자는 J()를 수행하는 데 필요한 보조 정보입니다. 이번 실행에서는 켤레경사법을 사용하지 않고 method에 SLSQP를 지정하여 순차 이차 계획법[3]으로 알려진 방법을 사용합니다. 이는 해의 수렴을 조금 더 안정되게 하기 위함입니다.

앞 코드를 실행하면 매우 빠르게 최적해를 찾아 다음과 같은 결과가 출력됩니다.

```
fun: 3.885207834041835
    jac: array([ 3.3307e-16, -1.3600e-15])
 message: 'Optimization terminated successfully.'
   nfev: 6
    nit: 3
   njev: 3
 status: 0
success: True
      x: array([ 2.7696, -1.2081])
```

…… # 이하 세 개 결과 생략

위 출력 결과는 일차 함수로 피팅했을 때 **w**가 (2.769, −1.208)에서 에러 함숫값은 3.88정도라는 의미입니다. 생략된 나머지 삼, 육, 십이차에 대한 내용도 꼭 살펴보세요. 얻어진 계숫값을 가지고 그림을 그려보면 그림 10-8처럼 그려집니다.

앞서 넘파이와 사이킷런을 사용했을 때 오차에서 만족스럽지 못한 결과를 보여주었다면 육차에서는 꽤 그럴듯한 결과가 나왔습니다. 기저함수의 차수를 올리면 결과 곡선이 주어진 학습 데이터를 모두 지나가려고 하는 현상을 보이게 됩니다. 즉, 차수가 올라갈수록 모델의 복잡도가 증가하는 것입니다. 일차 함수 같은 경우 모델의 복잡도가 작은 너무 단순한 모델이라 결과가 좋지 못합니다. 십이차는 모델의 복잡도가 충분히 커서 주어진 점들을 가볍게 모두 지나가면서 오차를 0으로 만드는 모습을 보여줍니다.

주어진 학습 데이터를 정확하게 모두 지나가는 것이 과연 좋은 것일까요? 마지막 십이차로 피팅한 결과를 보면 데이터와 데이터 사이에서 심하게 진동하는 모습을 보입니다. 육차와 십이차 결과 중 육차가 더 좋은 결과라는 것은 그래프를 보면 명

---

3 최적화 수법 중 순차 이차 계획법에 대한 설명은 이 책의 범위를 벗어나므로 다음 위키백과 항목이나 최적화 교재를 참고하세요.
  SQP, *https://en.wikipedia.org/wiki/Sequential_quadratic_programming*, 영문위키백과

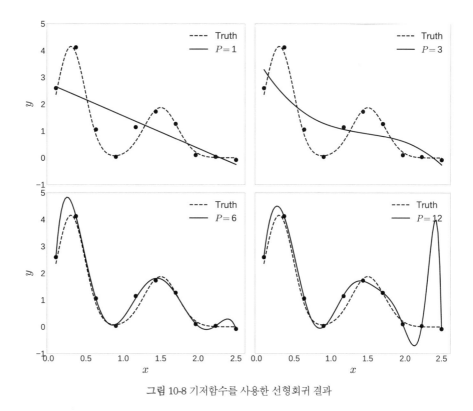

그림 10-8 기저함수를 사용한 선형회귀 결과

확합니다. 하지만 그래프를 볼 수 없는 더 고차원 입력 데이터의 경우는 이 사실을 어떻게 검증해야 할까요? 샘플 데이터를 만들 때 따로 떼어 두었던 테스트 데이터를 이용해서 검증할 수 있습니다.

과대적합

회귀 결과를 검증하는 방법에는 여러 가지가 있습니다.[4]

여기서는 가장 간단한 평균제곱근 오차Root Mean Square Error, RMSE를 사용하겠습니다. 오차 함수를 통해서 각 데이터가 가지는 오차 제곱의 합을 계산할 수 있습니다. 이 값은 모든 데이터에 대한 오차를 누적한 것이기 때문에 데이터세트에 데이터가 많을수록 커지게 됩니다. 그래서 데이터 하나당 평균적으로 얼마나 오차를 가지는지 측정하는 것이 평균제곱근 오차입니다. 다음처럼 정의되는 식에 의해 계산됩니다.

4 여러 가지 결과 검증 방법은 다음 블로그를 참고하세요.
  송호연, 2017, Regression 모델 평가 방법, *https://brunch.co.kr/@chris-song/34*

$$\text{RMSE}(\hat{\mathbf{y}}, \mathbf{y}) = \sqrt{\frac{\sum_{n=1}^{N}\{\hat{y}(x_n, \mathbf{w}) - y_n\}^2}{N}} \qquad (10.6)$$

식에서 $\hat{\mathbf{y}}$는 회귀에 의해 예측된 값을 가지고 있는 벡터고, $\mathbf{y}$는 학습 데이터의 타 깃 값입니다. $\sum_{n=1}^{N}\{\hat{y}(x_n, \mathbf{w}) - y_n\}^2$은 y 오차 함수를 두 배한 값이므로 다음 코드로 RMSE를 구현할 수 있습니다.

```
def rmse(w, J, P, x, y) :
    return np.sqrt( (2*J(w, P, x, y)) / x.shape[0] )
```

이렇게 정의된 RMSE를 학습 데이터에 대해서 계산한다고 생각해 봅시다. 이전 실 험에서 육차와 십이차 같은 경우 이미 학습 데이터에 대해서 $\hat{y}(x_n, \mathbf{w})$는 거의 y_n과 똑같기 때문에 RMSE는 거의 0이 됩니다. 하지만 학습 과정에서 한 번도 보지 못한 테스트 데이터에 대해서 계산하면 RMSE가 꽤 커질 수 있습니다. 앞선 실험한 육차 와 십이차의 경우에 대해 테스트 데이터에서 발생하는 오차를 그림으로 그려보면 다음과 같습니다.

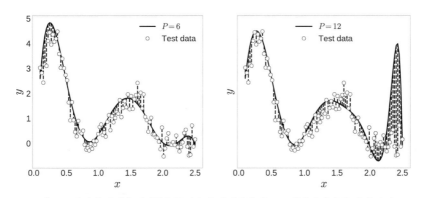

그림 10-9 육차와 십이차 기저함수를 사용한 회귀에서 테스트 데이터에 대한 에러 표시

그림 10-8에 의하면 두 경우 모두 학습 데이터에 대해서는 거의 에러가 0인데 반해 테스트 데이터에 대해서는 육차보다 십이차가 훨씬 에러가 많다는 것을 확인할 수 있습니다. 이렇게 학습 데이터에 대해서는 오차가 적지만 테스트 데이터에 대해서 오차가 많은 경우 학습 데이터에 과대적합overfitting되었다고 이야기합니다. 반면 일 차와 삼차 같은 경우는 학습 데이터에 대한 성능도 좋지 못합니다. 이런 경우를 과 소적합underfitting이라고 합니다. 과대적합이 발생하는 과정을 알아보기 위해 일차

에시 십이차까지 모두 피팅을 시도하고 결과를 비교해 보겠습니다.

```
np.random.seed(0) #❶

P_overfit = 12
Ps = np.arange(P_overfit+1)
W = []

for P in Ps :
    w = np.random.uniform(-1, 1, P+1)

    ret = optimize.minimize(J, w,  args=(P, X_train, Y_train),
                            jac=grad_anal, method='SLSQP')

    print(ret)
    W.append(ret.x)
    print('\n')

RMSE = np.zeros((len(Ps), 3)) #❷

for i in Ps :
    RMSE[i, 0] = i
    RMSE[i, 1] = rmse(W[i], J, W[i].shape[0]-1, X_train, Y_train) #❸
    RMSE[i, 2] = rmse(W[i], J, W[i].shape[0]-1, X_test, Y_test)   #❹
```

❶ 이전과 마찬가지로 일차에서 십이차까지 한 번씩 순차적으로 회귀 과정을 수행합니다. ❷ (12, 3)인 데이터를 저장할 어레이를 초기화시킵니다. ❸, ❹ 일차에서 십이차까지 순차적으로 RMSE를 한 번은 학습 데이터에 대해서, 한 번은 테스트 데이터에 대해서 계산하여 적당히 저장합니다. 저장된 RMSE 값을 기저함수 차수별로 그려보면 그림 10-10과 같습니다.

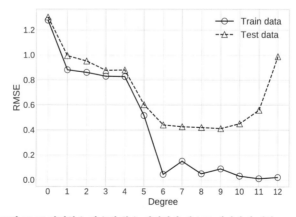

그림 10-10 기저함수 차수별 학습 데이터와 테스트 데이터에 대한 RMSE

기저함수의 차수를 늘려가면서 각 데이터세트에 대한 RMSE를 구해보면 육차까지 학습 데이터와 테스트 데이터에 대해서 지속적으로 줄어들고 있습니다. 이후 아주 소폭 감소하다가 십차부터 학습 데이터에 대한 에러는 줄어드는데 테스트 데이터에 대한 에러는 오히려 늘어나는 것을 알 수 있습니다. 과대적합이 발생하기 시작한 것입니다. 이렇게 과대적합이 발생하면 학습 데이터에 대한 성능은 뛰어나지만 실제 데이터가 입력되었을 때 성능이 떨어지게 됩니다. 그렇기 때문에 학습 과정에서 발생하는 과대적합 문제는 반드시 해결을 해야 합니다.

데이터 모으기

과대적합을 해결하기 위한 가장 이해하기 쉬운 방법은 데이터를 더 모으는 것입니다. 성능이 좋지 못한 이유가 과소적합 문제가 아니고 과대적합이 맞다면 모자란 데이터를 더 모아서 문제를 해결할 수 있습니다. 실험을 해봅시다. 만약 처음부터 데이터가 백 여 개 정도 있었다고 가정하고 테스트 데이터를 십이차 기저함수를 써서 피팅해 보겠습니다.

```
np.random.seed(0)

P = 12
w = np.random.uniform(-1, 1, P+1)

ret = optimize.minimize(J, w,  args=(P, X_test, Y_test), #❶
                        jac=grad_anal, method='SLSQP')
print(ret)
w = ret.x

X = np.array([ x**i for i in range(P+1) ])
y = (w.reshape(-1,1) * X).sum(axis=0)
```

❶ 우리가 할 일은 기존 코드에서 X_train, Y_train을 X_test, Y_test로 바꾸는 일입니다. 구해진 y를 x에 대해 그려보면 그림 10-11과 같습니다.

 학습 데이터 열 개에 대해서 십이차로 피팅한 모습과 비교하면 진동하는 현상이 거의 사라졌음을 알 수 있습니다. 이렇게 표현력이 큰 복잡한 모델에 대해 충분히 많은 데이터가 확보된다면 좋은 성능을 기대할 수 있습니다. 다만 너무 단순한 모델을 선택하여 발생한 과소적합에 의한 낮은 성능은 아무리 많은 데이터를 확보해도 성능이 개선되지 않는다는 점도 꼭 유념해야 합니다.

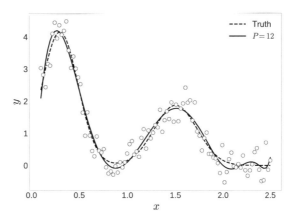

그림 10-11 더 많은 데이터에 대한 십이차 회귀 결과

규제

데이터를 더 모으는 것이 방법적으로 가장 단순한 해결법이긴 하지만 현실에서는 단순하지 않습니다. 데이터를 더 모은다는 것이 생각만큼 간단하지 않기 때문입니다. 예컨대 가정하고 있는 환자에 대한 약물반응 데이터를 어떻게 단기간에 더 모을 수가 있을까요? 더 많은 환자를 모집하고 약을 복용시켜 일정 기간이 흘러가길 기다려야 실제로 데이터를 확보할 수 있습니다. 따라서 데이터를 더 모은다는 것은 현실적인 대안이 아닐 수 있습니다.

현실적으로 많이 쓰이는 방법은 목적함수에 페널티 항을 추가하는 규제라고 하는 방법입니다. 원어로는 regularization이며 정규화, 규제 등으로 번역되고 있습니다. 이 책에서는 규제라는 용어를 사용하겠습니다. 왜냐하면 이 방법을 사용하면 $\mathbf{w}$가 결정될 때 특정 범위 내에서만 결정되는 효과를 발휘하기 때문입니다. 구체적으로 방법을 알아봅시다.

앞서 일차에서 십이차까지 순차적으로 피팅한 코드를 실행했다면 피팅 결과들이 W라는 변수에 저장되어 있습니다. 이 변수에서 삼차 피팅과 십이차 피팅 결과를 출력해 봅시다.

```
W[3]
#>>> rray([ 3.5619, -3.4342,  0.4566,  0.861 , -0.2973])

W[-1]
#>>> array([ -0.5879,  40.3413, -86.4146,   9.233 ,  57.0152,  20.8252,
            -33.4334, -35.1579,  17.1022,  35.4555, -33.7066,  10.9175,
             -1.2505])
```

계수를 비교하면 삼차보다 십이차에서 구해진 계수의 절댓값이 훨씬 큰 것을 알 수 있습니다. 고차인 경우 계수들이 아주 크거나 아주 작아지면서 모든 점을 정확하게 지나가도록 피팅된 것입니다. 그래서 계수들이 어느 수준 이상으로 커지지 않으면 진동 현상이 줄어들 것이라 예상해 볼 수 있습니다. 다시 말해 **w**를 특정 구역에 가두는 방식으로 **w**에 일종의 규제를 가하는 것입니다. 그래서 정규화보다는 규제라는 용어를 사용한 것입니다. **w**의 절댓값이 작기를 바라므로 다음처럼 목적함수에 **w**의 노름 항을 추가합니다. **w** 요소들의 절댓값이 크다면 노름 값은 커지게 됩니다. 왜냐하면 7장에서 공부했던 L2 노름이 다음처럼 모든 요소를 제곱하고 다 합하여 루트를 씌운 형태로 정의되기 때문입니다.

$$\|\mathbf{w}\|_2 = \sqrt{w_1^2 + w_2^2 + w_3^2 + \cdots}$$

그래서 식 (10.2)에 $\frac{\lambda}{2}\|\mathbf{w}\|_2^2$를 페널티 항으로 추가하여 다음과 같은 형태로 변경합니다.

$$J(\mathbf{w}) = \frac{1}{2}\sum_{n=1}^{N}\{y_n - \hat{y}(x_n, \mathbf{w})\}^2 + \frac{\lambda}{2}\|\mathbf{w}\|_2^2 \qquad (10.7)$$

선형회귀의 첫 번째 목적은 식 (10.7)에서 첫 번째 항을 작게 하는 것이었습니다. **w**의 절댓값이 커진다면 두 번째 항이 커져서 줄이고 싶었던 $J(\mathbf{w})$는 오히려 커지게 됩니다. 두 번째 항이 일종의 페널티처럼 작용하는 것입니다. 결국 $J(\mathbf{w})$를 최소화 하고 싶으면 첫 번째 항과 두 번째 항을 동시에 줄여야 하므로 **w**의 절댓값이 마냥 커질 수 없게 됩니다. 페널티 항에 추가된 변수 λ는 이 페널티 항이 기여하는 정도를 조절하는 변수입니다. λ가 크면 클수록 **w**에 대한 규제는 커지게 된다는 것을 식을 통해 알 수 있습니다. 안타깝게도 어느 정도 크기가 적당한 λ인지 선험적으로 알 수 없습니다. 그래서 많은 경우 경험적으로 사용자가 결정해야 합니다. 이런 변수들을 초매개변수hyper parameter라고 합니다.

이제 오차 함수의 코드를 식 (10.7)이 되게 바꿔봅시다. 이미 만들어 둔 J() 함수가 반환하는 반환값에 $\frac{\lambda}{2}\|\mathbf{w}\|_2^2$ 항을 더해 주기만 하면 됩니다.

```
def J_L2(w, P, x, y):
    X = np.array([ x**i for i in range(P+1) ])
    y_pred = (w.reshape(-1,1) * X).sum(axis=0)
```

```
return 0.5*(((y - y_pred)**2 ).sum()) + (lamda/2.) * np.linalg.norm(w)**2
```

편의상 lamda는 인자로 만들지 않고 전역변수로 참조하도록 하였습니다. 목적함수가 바뀌었으니 경사도벡터를 구하는 코드도 수정해야 합니다. 아직 목적함수를 미분하지 않았기 때문에 여기서는 추가된 페널티 항만 미분해 봅시다. 식 (10.7)은 $\mathbf{w}$에 대한 두 항이 더해진 것입니다. 앞서 배운 덧셈 미분을 적용하여 첫 번째 항과 두 번째 항을 각각 미분하면 됩니다. 첫 번째 항은 아직 미분하지 않았으므로 상대적으로 간단한 두 번째 항만 미분해서 grad_anal() 함수에 추가해주면 될 것입니다.

$\frac{\lambda}{2}\|\mathbf{w}\|_2^2$에서 $\frac{\lambda}{2}$는 상수이므로 곱셈의 미분법에 의해

$$\frac{d}{d\mathbf{w}}\left(\frac{\lambda}{2}\|\mathbf{w}\|_2^2\right) = \frac{d}{d\mathbf{w}}\left(\frac{\lambda}{2}\right)\|\mathbf{w}\|_2^2 + \frac{\lambda}{2}\frac{d}{d\mathbf{w}}\|\mathbf{w}\|_2^2 = \frac{\lambda}{2}\frac{d}{d\mathbf{w}}\|\mathbf{w}\|_2^2$$

가 되고 $\frac{d}{d\mathbf{w}}\|\mathbf{w}\|_2^2$만 계산하면 됩니다. $\|\mathbf{w}\|_2^2$는 풀어쓰면 다음과 같은 스칼라입니다.

$$\|\mathbf{w}\|_2^2 = w_1^2 + w_2^2 + w_3^2 + \cdots + w_M^2$$

스칼라를 벡터로 미분하기 위해서는 각 벡터 성분으로 편미분하고 얻어진 결과를 다시 벡터로 모아 쓰면 됩니다. 특별한 방법이 아니라 경사도벡터를 구할 때 이미 봤던 방식입니다.

$$\frac{d}{d\mathbf{w}}\|\mathbf{w}\|_2^2 = \frac{d}{d\mathbf{w}}\left(w_1^2 + w_2^2 + w_3^2 + \cdots + w_M^2\right) = \begin{bmatrix} \frac{\partial\|\mathbf{w}\|_2^2}{\partial w_1} \\ \frac{\partial\|\mathbf{w}\|_2^2}{\partial w_2} \\ \vdots \\ \frac{\partial\|\mathbf{w}\|_2^2}{\partial w_M} \end{bmatrix} = \begin{bmatrix} 2w_1 \\ 2w_2 \\ \vdots \\ 2w_M \end{bmatrix} = 2\mathbf{w}$$

이 결과를 $\frac{\lambda}{2}\frac{d}{d\mathbf{w}}\|\mathbf{w}\|_2^2$에 대입하면 다음과 같이 됩니다.

$$\frac{d}{d\mathbf{w}}\left(\frac{\lambda}{2}\|\mathbf{w}\|_2^2\right) = \lambda\mathbf{w}$$

따라서 페널티 항이 포함된 목적함수에 대한 경사도벡터는 식 (10.8)과 같습니다.

$$\frac{d}{d\mathbf{w}}J(\mathbf{w}) = \frac{d}{d\mathbf{w}}\left(\frac{1}{2}\sum_{n=1}^{N}\{y_n - \hat{y}(x_n, \mathbf{w})\}^2\right) + \lambda\mathbf{w} \qquad (10.8)$$

결과적으로 기존에 사용하던 경사도벡터에 $\lambda\mathbf{w}$를 더해주면 됩니다. 아래처럼 간단하게 코딩할 수 있습니다.

```python
def grad_anal_L2(w, P, x, y):
    N = x.shape[0]
    PHI = np.hstack( np.array( [np.power(x.reshape(N,1), p) for p in range(P+1)] ) )

    g = np.dot( np.dot(w.T,PHI.T)-y.T , PHI)
    g_reg = lamda*w #❶
    g = g + g_reg   #❷

    return g
```

❶ 페널티 항을 미분한 결과를 g_reg에 저장합니다. ❷ 기존에 계산했던 경사도벡터에 g_reg 항을 더합니다. 이것으로 경사도벡터를 계산할 수 있습니다. 이제 학습 데이터에 십이차 기저함수를 다시 적용해 봅시다.

```python
np.random.seed(0)

P = 12
lamda = 0.00007 #❶
w = np.random.uniform(-1, 1, P+1)

ret = optimize.minimize(J_L2, w,  args=(P, X_train, Y_train), #❷
                        jac=grad_anal_L2, method='SLSQP')
print(ret)

w = ret.x
X = np.array([ x**i for i in range(P+1) ])  #❸
y = (w.reshape(-1,1) * X).sum(axis=0)
```

❶ 전역변수로 λ를 적당히 지정합니다. 적절한 값을 지정하기 위해서는 튜닝 과정이 필요합니다. ❷ 다시 정의한 J_L2, grad_anal_L2에 학습 데이터 X_train, Y_train을 적용하여 최적화시킵니다. ❸ 정의역 x에 대해서 기저함수를 적용한 후 예측 y를 계산합니다. 계산된 결과 y를 학습 데이터와 함께 그려보세요.

아주 이상적인 결과를 얻을 수 있습니다. 물론 이렇게 그림으로 결과를 확인할 수 없는 경우는 테스트 데이터에 대한 성능이 개선되는지를 보고 판단을 해야 합니

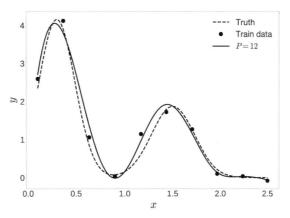

그림 10-12 규제를 적용한 학습 데이터에 대한 십이차 피팅

다. 이렇게 규제를 적용하는 과정을 '일반화generalization'한다고 이야기합니다. 좋은 일반화를 위해서 λ나 학습률처럼 실험자가 결정해야 하는 값이 있을 수 있습니다. 이런 값을 조절하면서 테스트 데이터에 대해 성능이 개선되도록 모델을 개선시켜 나갑니다. 그리고 이 책에서는 따로 준비하지 않았지만 최종적으로 한 번도 보지 못한 새로운 세 번째 데이터세트에 모델을 적용하여 최종 성능을 평가하게 됩니다.

✔ **NOTE**

여기서는 규제가 가지는 의미를 아는 것으로 충분하므로 L2 노름을 사용한 규제만 알아봤습니다. 하지만 규제에 L1 노름을 쓸 수도 있습니다. L1 노름을 쓰면 절댓값이 들어가므로 미분에 약간 더 주의를 해야 합니다. 그리고 상대적으로 덜 중요한 특징과 곱해지는 계수를 0으로 만들어 계수 벡터가 희소sparse해지는 장점도 가지고 있습니다. 구체적인 계산은 《Do it! 정직하게 코딩하며 배우는 딥러닝 입문》[5]의 139쪽을 참고하세요.

아울러 L1 노름과 L2 노름을 적당히 섞어서 사용하는 엘라스틱넷elasticnet이란 방식도 있습니다. 이런 방식들을 코드로 실험해 보려면 《파이썬 라이브러리를 활용한 머신러닝》[6]의 82쪽을 참고하면 됩니다.

---

5 박해선, 2019, Do it! 정직하게 코딩하며 배우는 딥러닝 입문, 이지스퍼블리싱
6 Müller, Andreas C., Guido, Sarah, 박해선(역), 2017, 파이썬 라이브러리를 활용한 머신러닝, 한빛미디어

확률적 경사하강법

지금까지 사이파이가 제공하는 최적화 알고리즘을 사용해서 선형회귀 모델을 학습시켰습니다. 직접 드러나진 않았지만 내부적으로 선 탐색 알고리즘도 작동을 했을 것입니다. 이제 선 탐색을 사용하지 않고 학습률을 사용하여 학습하는 일반적인 방법을 알아봅시다.

이전까지 과정은 모든 학습 데이터를 사용하여 목적함수를 구성하고 목적함수를 미분하여 탐색 방향을 찾아 선 탐색하는 알고리즘을 사용했습니다. 학습 데이터가 겨우 열 개밖에 되지 않아 어렵지 않게 이 과정이 가능했습니다. 만약 학습 데이터가 수백만 개가 된다면 어떤 일이 생길까요? 앞서 경사도벡터를 구하는 코드를 다시 한번 살펴보세요. g를 구하기 위해 PHI라는 행렬을 구성하여 행렬 곱셈을 하는 것을 알 수 있습니다. 학습 데이터 열 개, P=12일 때 PHI는 (10, 13)인 행렬이 됩니다. 학습 데이터가 많을수록 행렬 PHI가 매우 커지게 되며 이런 거대한 행렬을 곱셈하는 연산은 매우 많은 컴퓨터 자원을 필요로 합니다.

이런 문제를 해결하기 위해 목적함수를 구성할 때 모든 학습 데이터를 사용하지 않고 일부만 사용합니다. 예를 들어 학습 데이터가 백 개라면 이 중 열 개를 무작위로 골라 목적함수를 구성합니다. 이렇게 무작위로 학습 데이터를 몇 개 선택한 묶음을 미니 배치mini batch라고 하고 전체 학습 데이터를 배치라고 합니다. 미니 배치를 사용하여 구성된 목적함수는 모든 학습 데이터를 사용하여 구성한 목적함수와 모양이 다를 것입니다. 따라서 미니 배치로 구성된 목적함수에서 해를 개선하면 원래 목적함수에서 효율적으로 해를 개선하지 못할 수 있습니다. 하지만 남은 학습 데이터 구십 개에서 다시 미니 배치를 뽑고 해를 개선시키기를 반복하면 점진적으로 해가 개선됩니다. 학습 데이터 백 개에서 크기가 10인 미니 배치를 사용한다면 해를 열 번 업데이트할 수 있습니다. 이렇게 모든 학습 데이터를 미니 배치로 한 번씩 사용하는 과정을 에폭epoch이라 합니다. 에폭을 수행하면서 무작위로 미니 배치를 뽑는 과정을 충분히 반복하면 해는 확률적으로 만족할 만한 최적해로 수렴하게 됩니다. 이 과정을 확률적 경사하강법이라 합니다.

✓ **NOTE**

정확하게는 극단적으로 크기가 1인 미니 배치, 즉 데이터 하나만 사용해서 목적함수를 구성하는 경우를 확률적 경사하강법이라 합니다. 미니 배치라는 용어는 데이터 두 개 이상을 사용할 때 쓰며, 이런 경우는 미니 배치 학습이라고 합니다.
이전처럼 전체 데이터를 모두 사용하는 경우는 배치 학습이라 합니다.

해를 업데이트하기 위해 선 탐색을 하려면 많은 비용이 들어가므로 확률적 경사하
강법으로 해를 탐색할 때는 학습률이란 고정된 이동거리를 사용한다고 8장에서 이
야기했습니다. 즉, 경사도벡터의 반대 방향으로 해를 업데이트할 때 다음 식을 사
용합니다.

$$\mathbf{x} = \mathbf{x}^{(k)} - \eta \mathbf{c}^{(k)}$$

η(에타)는 고정된 학습률로 이 값 역시 사용자가 튜닝해야 하는 초매개변수입니다.
선 탐색을 하지 않는 또 다른 이유는 매 반복에서 목적함수가 바뀌기 때문에 현재
목적함수에서 정확한 선 탐색이 큰 의미가 없기 때문이기도 합니다. 적당히 줄어든
목적함숫값으로 업데이트하기를 여러 번 반복한다는 전략을 쓰기 때문입니다.

이런 전략을 사용하면 매 반복에서 개선된 해를 얻지 못할 수도 있지만 전체 과
정에서 점진적으로 해가 개선되게 됩니다. 정말 그렇게 되는지 실험해 봅시다.

```python
np.random.seed(0)

epoch = 15   #❶
batch_size = 10
P = 1
eta = 0.05
w = np.random.uniform(-1, 1, P+1)

X_test_idx = np.arange(100)          #❷

for e in range(epoch):               #❸
    np.random.shuffle(X_test_idx) #❹

    for i in range(X_test.shape[0]//batch_size): #❺
        # 배치 사이즈만큼 배치를 만든다.
        X_batch = X_test[X_test_idx[i*batch_size:i*batch_size+batch_size]]
        Y_batch = Y_test[X_test_idx[i*batch_size:i*batch_size+batch_size]]

        # 경사도벡터 계산
        c = grad_anal(w, P, X_batch, Y_batch)     #❻

        # 업데이트
        w = w - eta*c   #❼
```

전체 코드가 길어 책에는 핵심적인 부분만 표시했습니다. 전체 코드는 깃허브 저장소를 참고하기 바랍니다. ❶ 에폭을 열다섯 번, 배치 사이즈는 10으로 설정했습니다. 에폭을 몇 번 할지, 배치 사이즈는 얼마로 할지 역시 초매개변수로 테스트 데이터에서 성능을 개선할 수 있도록 튜닝을 해야 합니다. 기저함수 차수는 일차로 하여 직선으로 피팅하고 학습률은 0.05로 지정했습니다. 크기가 10인 미니 배치를 구성해야 하므로 여기서는 백 개짜리 테스트 데이터를 학습 데이터로 사용하겠습니다. 따라서 한 에폭에 w가 열 번 업데이트됩니다. ❷ 데이터 백 개를 참고할 인덱스를 0에서 99까지 만듭니다. ❸ 미리 지정한 에폭만큼 for 문을 반복합니다. ❹ 한 에폭을 시작하기 전에 미리 만들어 둔 인덱스 X_test_idx를 shuffle() 함수로 순서를 무작위로 만듭니다. ❺ 정수 나눗셈을 이용하여 전체 데이터에서 미니 배치를 몇 번 만들지 계산하고 그만큼 for 문을 반복합니다. ❹에서 무작위 순서로 섞어 놓은 인덱스에서 순차적으로 열 개씩 인덱스 번호를 가져와서 X_test, Y_test에서 데이터를 조회합니다. 이렇게 하면 매 에폭마다 다른 인덱스 순서를 사용하게 되므로 데이터가 무작위로 열 개씩 추출됩니다. ❻, ❼ 나머지 과정은 추출된 미니 배치를 이용하여 경사도벡터를 구하고 고정 이동거리 eta만큼 무조건 이동하면서 w를 업데이트합니다.

그림 10-13은 첫 번째 에폭에서 일어난 업데이트 과정 열 개를 그림으로 그린 것입니다. 그림에서 세모는 업데이트되기 전 w, 동그라미는 업데이트된 후 w를 나타냅니다. 별표는 최종적으로 도착해야 하는 최적해를 나타냅니다. 업데이트 과정을 보면 매 반복마다 등고선으로 표시된 목적함수가 변하고 있는 것을 확인할 수 있습니다. 이렇게 매 반복마다 무작위로 추출된 열 개 데이터로 만들어진 서로 다른 목적함수에서 해를 업데이트해 나갑니다. 그렇기 때문에 업데이트되는 방향은 지속적으로 별표를 지향하지 않고 마치 무작위로 이리저리 움직이는 것처럼 보입니다. 하지만 첫 번째 그림과 마지막 그림을 비교해 보면 동그라미 위치가 시작보다 별표 쪽으로 많이 이동했음을 알 수 있습니다. 이렇게 열 번을 반복한 전체 과정을 다음쪽 그림 10-14에 표시했습니다. 그림에서 실선은 첫 번째 에폭을 나타내고 점선은 두 번째 에폭부터 마지막 에폭까지의 과정을 나타내고 있습니다.

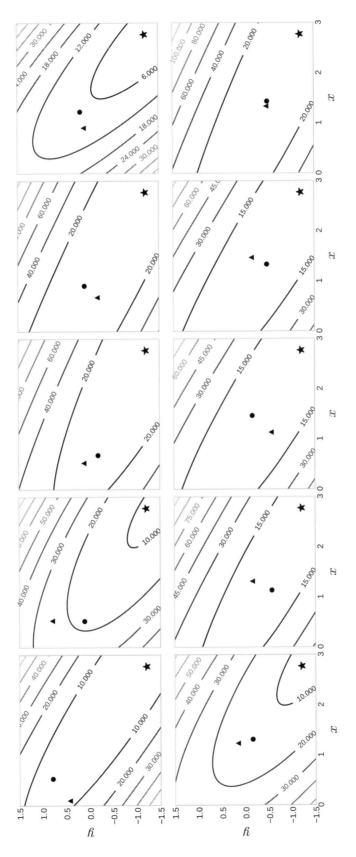

그림 10-13 첫 번째 에폭에서 업데이트 과정. ▲ : 업데이트 전 위치, ● : 업데이트 후 위치, ★ : 최적점

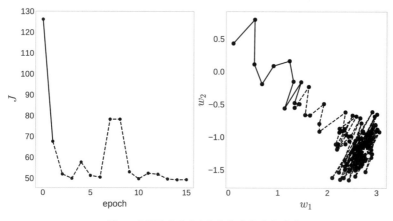

그림 10-14 확률적 경사하강법의 전체 탐색 과정

그림 10-14에서 왼쪽 그림은 매 에폭마다 목적함숫값을 나타냅니다. 목적함수가 매 에폭마다 줄어들지 않고 증가하기도 하지만 전체적으로는 차츰 감소하는 것을 확인할 수 있습니다. 오른쪽 그림은 모든 업데이트 과정을 나타낸 것입니다. 배치 학습을 사용했을 때 업데이트 경로와는 전체적으로 사뭇 다른 모습을 보여줍니다. 오른쪽 하단의 흰색 별표는 최적해를 나타내고 흰색 동그라미는 최종적으로 도착한 해의 위치를 나타냅니다. 국부적으로 업데이트 경로가 지그재그 형태를 보이지만 전체적으로는 별표를 지향하고 있으며 최종적으로 별표와 매우 가까운 위치까지 수렴했음을 확인할 수 있습니다.

지금까지 경사하강법을 이용한 선형회귀에 대해서 알아봤습니다. 그런데 식 (10.2), (10.7)을 최소화시키는 문제는 지역 최적점이 곧 유일한 전역 최적점이 되는 볼록 계획 문제입니다. 따라서 8장에서 배운 일계 필요조건을 적용해 반복 없이 바로 최적해를 구할 수 있습니다. 다음 절에서 그 과정을 이야기해 보겠습니다.

✓ **NOTE**

볼록 계획 문제convex optimization problem는 목적함수가 볼록 함수convex function이고 제약조건이 이루는 해가 존재할 수 있는 유용영역feasible region이 볼록 집합convex set인 문제를 이야기합니다. 이에 대한 자세한 내용이 더 궁금한 독자는 '모두를 위한 컨벡스 최적화'[7]의 1장 소개 부분을 읽기 바랍니다.

---

7 정태수 외 10명, 2019, 모두를 위한 컨벡스 최적화, *https://wikidocs.net/book/1896*

노멀 방정식 풀기

지금부터 반복적으로 해를 개선해 나가지 않고 계산으로 한번에 해를 찾아보겠습니다. 그러기 위해 목적함수 식 (10.2), (10.7)에 일계 필요조건을 적용하도록 합시다. 먼저 식 (10.2)를 보고 식 (10.7)을 보기로 하겠습니다.

필요조건

8장에서 최적성 조건으로 일계 필요조건을 이야기했습니다. 일계 필요조건을 적용하기 위해 풀어야 할 최적화 문제는 식 (10.2)를 제약조건 없이 $\mathbf{w}$에 대해서 최소화시키는 것입니다. 그러므로 식 (10.2)에 필요조건을 적용하면 다음을 만족하는 $\mathbf{w}$가 주어진 문제의 해가 됩니다.

$$\frac{d}{d\mathbf{w}}\left(\frac{1}{2}\sum_{n=1}^{N}\{y_n - \hat{y}(x_n, \mathbf{w})\}^2\right) = \mathbf{0}$$

x_n이 벡터인 경우로 일반화하기 위해 식에서 $\hat{y}(x_n, \mathbf{w})$을 $\hat{y}(\mathbf{x}_n, \mathbf{w})$으로 바꿔 적고 식 (10.5)를 이용하면 다음처럼 쓸 수 있습니다.

$$\frac{d}{d\mathbf{w}}\left(\frac{1}{2}\sum_{n=1}^{N}\{y_n - \mathbf{w}^{\mathrm{T}}\phi(\mathbf{x}_n)\}^2\right) = \mathbf{0} \tag{10.9}$$

이제 식 (10.9)를 미분하여 방정식을 풀면 우리가 구하고자 하는 계수 벡터 $\mathbf{w}$를 구할 수 있습니다.

미분하기

식 (10.9)에서 좌변을 미분해 봅시다. 벡터변수로 미분하는 것이 처음에는 막막할 수 있지만 차근차근 한 단계씩 풀어보면 그리 어렵지 않습니다. 우선 식 (10.9)에서 미분해야 하는 목적함수는 스칼라함수입니다. 따라서 지금 스칼라를 벡터 $\mathbf{w}$로 미분하고자 하는 것입니다. 그러므로 결과는 $\mathbf{w}$와 요소 개수가 같은 벡터가 될 것이며, 이 벡터는 바로 경사도벡터가 됩니다. 이제 직접 미분을 하면서 앞서 경사도벡터를 구해주는 함수가 왜 그렇게 코딩되었는지도 알아보겠습니다.

우선 식 (10.9)에서 합의 기호가 보입니다. 합의 기호는 여러 항이 더해진 것을 축약해서 적은 것이므로 덧셈의 미분법을 적용하여 N개 항을 각각 미분하면 됩니다. { }² 부분은 **w**에 대한 합성함수이므로 합성함수 미분법을 적용합니다. 다시 말해 $\{y_n - \mathbf{w}^T \phi(\mathbf{x})\}^2$ 부분을 합성함수 미분법에 의해 미분하는 것입니다.

$$\frac{d}{d\mathbf{w}} J(\mathbf{w}) = \frac{d}{d\mathbf{w}} \left(\frac{1}{2} \sum_{n=1}^{N} \{y_n - \mathbf{w}^T \phi(\mathbf{x}_n)\}^2 \right)$$
$$= \frac{1}{2} \sum_{n=1}^{N} 2\{y_n - \mathbf{w}^T \phi(\mathbf{x}_n)\} \left(\frac{d}{d\mathbf{w}} \{y_n - \mathbf{w}^T \phi(\mathbf{x}_n)\} \right) \tag{10.10}$$

이제 $\frac{d}{d\mathbf{W}} \{y_n - \mathbf{w}^T \phi(\mathbf{x}_n)\}$ 부분만 처리하면 됩니다. $\{y_n - \mathbf{w}^T \phi(\mathbf{x}_n)\}$는 여전히 스칼라이므로 스칼라를 벡터로 미분할 때 사용하는 분자 레이아웃, 분모 레이아웃 중 한 가지 표기 방식을 선택해야 합니다. 분자, 분모 레이아웃은 5장 야코비안을 이야기할 때 잠깐 언급했었는데 다시 한번 정리해 봅시다. $\mathbf{x}^T\mathbf{a}$를 $\mathbf{x}$로 미분하는 경우를 생각해 봅시다. 여기서 **a**는 어떤 상수 벡터이며 따라서 $\mathbf{x}^T\mathbf{a}$는 스칼라입니다.

$$\frac{d\mathbf{x}^T\mathbf{a}}{d\mathbf{x}} = \begin{bmatrix} \dfrac{\partial \sum_i x_i a_i}{\partial x_1} \\[2mm] \dfrac{\partial \sum_i x_i a_i}{\partial x_2} \\[2mm] \vdots \\[2mm] \dfrac{\partial \sum_i x_i a_i}{\partial x_n} \end{bmatrix} = \begin{bmatrix} a_1 \\ a_2 \\ \vdots \\ a_n \end{bmatrix} = \mathbf{a} \tag{10.11}$$

식 (10.11)처럼 스칼라 $\sum_i x_i a_i$를 $\mathbf{x}$의 각 요소로 편미분할 때 결과를 분모에 있는 $\mathbf{x}$의 벡터 방향이 유지되게 적으면 분모 레이아웃이라고 합니다. 반대로 다음처럼 분자에 있는 스칼라 $\mathbf{x}^T\mathbf{a}$를 적듯이 가로 방향으로 적으면 분자 레이아웃이라고 합니다.

$$\frac{d\mathbf{x}^T\mathbf{a}}{d\mathbf{x}} \begin{bmatrix} \dfrac{\partial \sum_i x_i a_i}{\partial x_1} & \dfrac{\partial \sum_i x_i a_i}{\partial x_2} & \cdots & \dfrac{\partial \sum_i x_i a_i}{\partial x_n} \end{bmatrix} = \begin{bmatrix} a_1 & a_2 & \cdots & a_n \end{bmatrix} = \mathbf{a}^T \tag{10.12}$$

어느 쪽을 사용해도 문제는 없으나 한 방식으로 통일하는 것이 좋으며 여러 참고 문헌이 보통 분모 레이아웃을 많이 사용합니다. 식 (10.8)을 구하기 위해 미분했던 방식이 분모 레이아웃이었습니다. 이번에는 분자 레이아웃을 사용해 보겠습니다. 식 (10.12)를 이용하면 간단하게 다음과 같음을 알 수 있습니다.

$$\frac{d}{d\mathbf{w}}\{y_n - \mathbf{w}^{\mathrm{T}}\phi(\mathbf{x})\} = -\phi(\mathbf{x}_n)^{\mathrm{T}} \tag{10.13}$$

식 (10.13)을 식 (10.10)에 대입하고 정리합시다.

$$
\begin{aligned}
\frac{d}{d\mathbf{w}}J(\mathbf{w}) &= \frac{d}{d\mathbf{w}}\left(\frac{1}{2}\sum_{n=1}^{N}\{y_n - \mathbf{w}^{\mathrm{T}}\phi(\mathbf{x}_n)\}^2\right) \\
&= \frac{1}{2}\sum_{n=1}^{N}2\{y_n - \mathbf{w}^{\mathrm{T}}\phi(\mathbf{x}_n)\left(\frac{d}{d\mathbf{w}}\{y_n - \mathbf{w}^{\mathrm{T}}\phi(\mathbf{x}_n)\}\right) \\
&= \frac{1}{2}\sum_{n=1}^{N}2\{y_n - \mathbf{w}^{\mathrm{T}}\phi(\mathbf{x}_n)\}\left(-\phi(\mathbf{x}_n)^{\mathrm{T}}\right) \\
&= \sum_{n=1}^{N}\{\mathbf{w}^{\mathrm{T}}\phi(\mathbf{x}_n) - y_n\}\phi(\mathbf{x}_n)^{\mathrm{T}} \\
&= \sum_{n=1}^{N}\mathbf{w}^{\mathrm{T}}\phi(\mathbf{x}_n)\phi(\mathbf{x}_n)^{\mathrm{T}} - y_n\phi(\mathbf{x}_n)^{\mathrm{T}} \\
&= \sum_{n=1}^{N}\mathbf{w}^{\mathrm{T}}\phi(\mathbf{x}_n)\phi(\mathbf{x}_n)^{\mathrm{T}} - \sum_{n=1}^{N}y_n\phi(\mathbf{x}_n)^{\mathrm{T}}
\end{aligned}
$$

네 번째 등호는 합의 기호 안에 있는 2가 바깥으로 나와 $\frac{1}{2}$과 상쇄되어 성립합니다. 이것이 굳이 목적함수에 $\frac{1}{2}$을 곱한 이유입니다. 다섯 번째 등호는 스칼라와 행렬의 곱에서 분배법칙이 성립하므로 $\phi(\mathbf{x}_n)^{\mathrm{T}}$를 괄호 안으로 넣을 수 있어 성립합니다. 마지막 등호는 합의 기호를 분리해서 적은 것입니다. 이렇게 목적함수에 대한 경사 도벡터가 구해졌습니다. 따라서 식 (10.9)는 다음처럼 됩니다.

$$\sum_{n=1}^{N}\mathbf{w}^{\mathrm{T}}\phi(\mathbf{x}_n)\phi(\mathbf{x}_n)^{\mathrm{T}} - \sum_{n=1}^{N}y_n\phi(\mathbf{x}_n)^{\mathrm{T}} = \mathbf{0} \tag{10.14}$$

식 (10.14)를 만족하는 $\mathbf{w}$를 구하는 것이 목표입니다. 우선 벡터 차원을 점검해 봅시다. $\mathbf{x}_n$은 D차원 벡터입니다. 현재 데이터는 스칼라이므로 $D = 1$인 경우로 생각할 수 있습니다. $\mathbf{w}$는 기저함수를 M개 선택했을 때 기저함수 개수와 동일한 M차원 벡터입니다. $\phi(\mathbf{x}_n)$은 $f : \mathbb{R}^D \rightarrow \mathbb{R}^M$인 벡터함수이므로 M차원 벡터가 됩니다. 따라서 첫 번째 항은 $(1, M) \times (M, 1) \times (1, M) = (1, M)$이고 두 번째 항은 $(1,) \times (1, M) = (1, M)$이어서 결과는 $(1, M)$인 행벡터임을 알 수 있습니다.

이제 식 (10.14)를 풀기 위해 둘째 항을 이항하겠습니다. 그리고 첫째 항에 $\mathbf{w}^\mathrm{T}$ $\phi(\mathbf{x}_n)\phi(\mathbf{x}_n)^\mathrm{T}$는 행렬 곱셈으로 결합법칙과 분배법칙이 성립하므로 $\mathbf{w}^\mathrm{T}$를 합의 기호 밖으로 꺼냅니다.

$$\mathbf{w}^\mathrm{T}\sum_{n=1}^{N}\phi(\mathbf{x}_n)\phi(\mathbf{x}_n)^\mathrm{T} = \sum_{n=1}^{N}y_n\phi(\mathbf{x}_n)^\mathrm{T} \tag{10.15}$$

식 (10.15)에서 $\sum_{n=1}^{N}\phi(\mathbf{x}_n)\phi(\mathbf{x}_n)^\mathrm{T}$ 부분은 어디서 많이 본 듯합니다. 7장으로 돌아가 식 (7.17)을 다시 한번 보세요. 네, 바로 식 (7.17)을 합의 기호로 표현해 놓은 것입니다. 7장에서 행렬 곱셈을 벡터의 외적합으로 해석할 수 있다고 한 부분(202쪽)을 꼭 다시 읽어보세요. 따라서 $\sum_{n=1}^{N}\phi(\mathbf{x}_n)\phi(\mathbf{x}_n)^\mathrm{T}$ 부분은 벡터의 외적합이므로 두 행렬을 곱하는 것으로 나타낼 수 있습니다. 그러기 위해 다음과 같은 행렬을 정의합시다.

$$\mathbf{\Phi} = \begin{bmatrix} \phi_1(\mathbf{x}_1) & \phi_2(\mathbf{x}_1) & \cdots & \phi_M(\mathbf{x}_1) \\ \phi_1(\mathbf{x}_2) & \phi_2(\mathbf{x}_2) & \cdots & \phi_M(\mathbf{x}_2) \\ \vdots & \vdots & \ddots & \vdots \\ \phi_1(\mathbf{x}_N) & \phi_2(\mathbf{x}_N) & \cdots & \phi_M(\mathbf{x}_N) \end{bmatrix} \tag{10.16}$$

식 (10.16)에 나타낸 행렬을 설계행렬design matrix이라고 합니다. 설계행렬은 (N, M)인 행렬입니다. 다시 말해 데이터 수를 행으로 하고 기저함수 수를 열로 가지는 행렬입니다. 이 행렬의 차원이 항상 헷갈리는데 데이터를 행렬로 표현하는 방법을 잘 생각해 보면 외우지 않아도 금방 기억할 수 있습니다. 앞서 322쪽 "데이터 표현" 절에서 D차원 데이터 $\mathbf{x}$가 N개인 데이터세트를 행렬 형태로 표현하기 위해 $\mathbf{x}$를 행벡터로 쌓아 올린 (N, D) 행렬을 사용한다고 이야기했습니다. 식 (10.16)을 보면 데이터 하나가 기저함수들에 의해 M차원 벡터로 확장되어 행벡터로 쌓여 있는 것을 확인할 수 있습니다. 그리고 설계행렬에서 열벡터는 특성 하나를 나타냅니다. 예를 들어 식 (10.16)에서 2열을 만들기 위해 사용한 ϕ_2가 이차 함수라면 2열 벡터는 이차 다항 특성이 되는 것입니다. 따라서 설계행렬에서 열은 특징 벡터가 됩니다.

결국 데이터를 저장한 행렬의 행벡터가 데이터 하나라는 것만 기억하면 설계 행렬도 이와 형태가 동일하다는 것을 알 수 있습니다. 차이점은 데이터가 기저함수에 의해 확장되었는지 여부입니다. 그렇기 때문에 기저함수를 쓰지 않는다면 설계 행렬은 데이터를 저장한 행렬과 완전히 동일합니다.

설계행렬이 다음처럼 데이터를 행벡터로 저장하고 있기 때문에

$$\mathbf{\Phi} = \begin{bmatrix} \phi_1(\mathbf{x}_1) & \phi_2(\mathbf{x}_1) & \cdots & \phi_M(\mathbf{x}_1) \\ \phi_1(\mathbf{x}_2) & \phi_2(\mathbf{x}_2) & \cdots & \phi_M(\mathbf{x}_2) \\ \vdots & \vdots & \ddots & \vdots \\ \phi_1(\mathbf{x}_N) & \phi_2(\mathbf{x}_N) & \cdots & \phi_M(\mathbf{x}_N) \end{bmatrix} = \begin{bmatrix} \phi(\mathbf{x}_1)^{\mathrm{T}} \\ \phi(\mathbf{x}_2)^{\mathrm{T}} \\ \vdots \\ \phi(\mathbf{x}_N)^{\mathrm{T}} \end{bmatrix}$$

열벡터와 행벡터의 외적합은 설계행렬끼리 행렬 곱셈으로 표시될 수 있습니다.

$$\sum_{n=1}^{N} \phi(\mathbf{x}_n)\phi(\mathbf{x}_n)^{\mathrm{T}} = \mathbf{\Phi}^{\mathrm{T}}\mathbf{\Phi} \qquad (10.17)$$

이제 식 (10.15)에서 우변도 좌변과 동일하게 행렬 곱셈 형태로 바꿔보면 식 (10.18)과 같습니다.

$$\sum_{n=1}^{N} y_n \phi(\mathbf{x}_n)^{\mathrm{T}} = \mathbf{y}^{\mathrm{T}}\mathbf{\Phi} \qquad (10.18)$$

식 (10.18)은 행벡터 $\phi(\mathbf{x}_n)^{\mathrm{T}}$을 스칼라 y_n으로 선형조합하고 있다는 사실로부터 $\mathbf{y}^{\mathrm{T}}\mathbf{\Phi}$와 동일하다는 것을 알 수 있습니다.

식 (10.17), (10.18)을 식 (10.15)에 대입하면 다음 식을 얻게 됩니다.

$$\mathbf{w}^{\mathrm{T}}(\mathbf{\Phi}^{\mathrm{T}}\mathbf{\Phi}) = \mathbf{y}^{\mathrm{T}}\mathbf{\Phi} \qquad (10.19)$$

위 식을 노멀 방정식normal equation이라 합니다.

✓ NOTE

노멀 방정식이란 이름에서 노멀이 가지는 의미는 '보통', '정규적인'이란 의미보다는 '수직', '직각을 이루는'에 더 가깝습니다. 따라서 정규 방정식이란 번역어를 사용하지 않고 원어 발음을 그대로 사용하였습니다.

양변에 전치를 취하면

$$\left(\mathbf{\Phi}^{\mathrm{T}}\mathbf{\Phi}\right)\mathbf{w} = \mathbf{\Phi}^{\mathrm{T}}\mathbf{y}$$

이제 마지막으로 (M, M) 행렬인 $(\mathbf{\Phi}^\mathrm{T}\mathbf{\Phi})$의 역행렬을 양변의 앞쪽에서 곱해주면

$$\left(\mathbf{\Phi}^\mathrm{T}\mathbf{\Phi}\right)^{-1}\left(\mathbf{\Phi}^\mathrm{T}\mathbf{\Phi}\right)\mathbf{w} = \left(\mathbf{\Phi}^\mathrm{T}\mathbf{\Phi}\right)^{-1}\mathbf{\Phi}^\mathrm{T}\mathbf{y}$$

$(\mathbf{\Phi}^\mathrm{T}\mathbf{\Phi})^{-1}(\mathbf{\Phi}^\mathrm{T}\mathbf{\Phi})$는 단위행렬이 되므로 최종적으로 다음처럼 $\mathbf{w}$를 구할 수 있게 됩니다.

$$\mathbf{w} = \left(\mathbf{\Phi}^\mathrm{T}\mathbf{\Phi}\right)^{-1}\mathbf{\Phi}^\mathrm{T}\mathbf{y} \qquad (10.20)$$

식 (10.20)으로부터 $\mathbf{w}$를 구하기 위해서는 설계행렬만 잘 구성하면 된다는 사실을 알 수 있습니다. 정말 그런지 코드로 확인해 봅시다.

```
P = 6

# DESIGN MATRIX
# 다항함수를 기반으로 하는 design matrix Φ를 만든다.
PHI = np.hstack( np.array([np.power(X_train.reshape(-1,1), p) for p in range(P+1)]) )
PHI.shape
#>>> (10,7)
```

코드는 설계행렬 PHI를 만들기 위해 for p in range(P+1) 반복문을 통해 거듭제곱 p를 0에서 6까지 반복하면서 열벡터 X_train.reshape(-1,1)를 np.power() 함수로 거듭제곱 합니다. 이 열들을 np.hstack()로 열을 적층시킵니다. 만들어진 PHI는 (10, 7)인 행렬로 (N, D)가 맞습니다. 이제 이 설계행렬을 이용하여 식 (10.20)을 구성하면 끝입니다.

```
w_normal = np.linalg.solve(np.dot(PHI.T, PHI),
                           np.dot(PHI.T , Y_train.reshape(N,1)) ) #❶
print(w_normal.shape)
#>>> (7,1)
w_normal = w_normal.reshape(-1)        #❷
print(w_normal.shape)
#>>> (7,)
y_normal = np.poly1d(w_normal[::-1]) #❸
y_normal
#>>> poly1d([-8.0594, 68.3017, -222.4347, 345.8146, -256.8088, 76.3212,
            -2.7943])
```

❶ 좌변에 있는 행렬 $\mathbf{\Phi}^\mathrm{T}\mathbf{\Phi}$과 우변에 있는 벡터 $\mathbf{\Phi}^\mathrm{T}\mathbf{y}$를 가지고 $\mathbf{w}$에 대해서 풀어냅니다. 물론 식 (10.20) 그대로 다음처럼 코딩해도 결과는 동일합니다.

```
w_normal = np.dot(np.linalg.inv(np.dot(PHI.T, PHI)),
                  np.dot(PHI.T, Y_train.reshape(N,1)))
```

다만 역행렬을 구하는 np.linalg.inv() 함수가 수치적으로 불안정할 수 있으므로 np.linalg.solve()를 사용하는 편이 훨씬 안정된 동작을 보장하는 장점이 있습니다. ❷ 그 다음 np.poly1d()에 넘겨 다항식을 구성하기 위해 (7, 1)인 행렬을 (7,)인 1차원 어레이로 변환합니다. ❸ 그런 다음 순서를 뒤집어 np.poly1d()를 이용하여 다항식 객체를 만듭니다. np.poly1d()는 다항식의 계수를 고차부터 저차 순서로 저장된 리스트를 요구하므로 앞서 구한 계수 벡터를 뒤집은 것입니다. 설계행렬을 만들 때 특성 벡터를 육차에서 영차 순서로 만들었다면 뒤집는 과정을 할 필요가 없습니다. 어쨌거나 만들어진 다항식을 그려보면 그림 10-15와 같습니다.

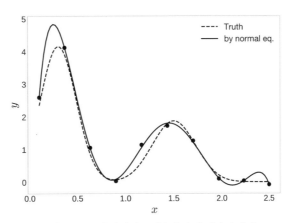

그림 10-15 노멀 방정식을 이용한 육차 다항식 피팅

결과는 경사하강법을 이용한 육차 다항식 피팅 결과와 거의 동일합니다. 반복 없이 한 번에 동일한 해를 찾은 것입니다.

이제 미뤄뒀던 경사도벡터 구하는 코드를 분석해 보겠습니다. 다시 코드를 보고 이야기합시다.

```
def grad_anal(w, P, x, y):
    N = x.shape[0]
    PHI = np.hstack( np.array( [np.power(x.reshape(N,1), p) for p in range(P+1)] ) )
    g = np.dot(np.dot(w.T,PHI.T)-y.T , PHI)

    return g
```

식 (10.14)에서 좌변이 경사도벡터를 구하는 식입니다. 이 식에 설계행렬 표기법을 적용하면 경사도벡터는 간단하게 다음처럼 쓸 수 있습니다.

$$\mathbf{w}^{\mathrm{T}}\left(\mathbf{\Phi}^{\mathrm{T}}\mathbf{\Phi}\right) - \mathbf{y}^{\mathrm{T}}\mathbf{\Phi}$$

위 식을 그대로 코딩해도 되겠지만 조금 정리를 하면 아래 식과 같이 됩니다.

$$\mathbf{w}^{\mathrm{T}}\left(\mathbf{\Phi}^{\mathrm{T}}\mathbf{\Phi}\right) - \mathbf{y}^{\mathrm{T}}\mathbf{\Phi} = \left(\mathbf{w}^{\mathrm{T}}\mathbf{\Phi}^{\mathrm{T}}\right)\mathbf{\Phi} - \mathbf{y}^{\mathrm{T}}\mathbf{\Phi} = \left(\mathbf{w}^{\mathrm{T}}\mathbf{\Phi}^{\mathrm{T}} - \mathbf{y}^{\mathrm{T}}\right)\mathbf{\Phi}$$

코드에 g는 위 형태를 np.dot(np.dot(w.T,PHI.T)-y.T , PHI)로 코딩을 한 것입니다.

페널티 항이 있는 경우

최소화해야 하는 목적함수가 식 (10.7)처럼 페널티 항을 포함한 경우도 일계 필요 조건을 적용하여 노멀 방정식을 풀 수 있습니다. 식 (10.7)에 필요조건을 적용해 봅시다.

$$\begin{aligned}
\frac{d}{d\mathbf{w}}J(\mathbf{w}) &= \frac{d}{d\mathbf{w}}\left(\frac{1}{2}\sum_{n=1}^{N}\{y_n - \hat{y}(x_n, \mathbf{w})\}^2 + \frac{\lambda}{2}\|\mathbf{w}\|_2^2\right) \\
&= \mathbf{w}^{\mathrm{T}}\left(\mathbf{\Phi}^{\mathrm{T}}\mathbf{\Phi}\right) - \mathbf{y}^{\mathrm{T}}\mathbf{\Phi} + \lambda\mathbf{w}^{\mathrm{T}} \\
&= \mathbf{w}^{\mathrm{T}}\left(\mathbf{\Phi}^{\mathrm{T}}\mathbf{\Phi}\right) + \lambda\mathbf{w}^{\mathrm{T}} - \mathbf{y}^{\mathrm{T}}\mathbf{\Phi} \\
&= \mathbf{w}^{\mathrm{T}}\left(\mathbf{\Phi}^{\mathrm{T}}\mathbf{\Phi} + \lambda\mathbf{I}_M\right) - \mathbf{y}^{\mathrm{T}}\mathbf{\Phi}
\end{aligned}$$

이미 모두 미분을 했기 때문에 식을 정리하기만 하면 됩니다. 목적함수의 첫 번째 항은 이미 미분하여 $\mathbf{w}^{\mathrm{T}}(\mathbf{\Phi}^{\mathrm{T}}\mathbf{\Phi}) - \mathbf{y}^{\mathrm{T}}\mathbf{\Phi}$임을 알고 있습니다. 페널티 항은 분모 레이 아웃으로 미분했을 때 $\lambda\mathbf{w}$이었으므로 레이아웃을 통일하기 위해서 분자 레이아웃 으로 바꿔 쓰면 $\lambda\mathbf{w}^{\mathrm{T}}$가 됩니다. 이후 항 순서를 바꾸고 $\mathbf{w}^{\mathrm{T}}$를 묶어내면 최종 식이 완성됩니다. $\mathbf{w}^{\mathrm{T}}$로 묶어 낼 때 λ에 (M, M) 단위행렬 $\mathbf{I}_M$을 곱해야 등호가 성립하는 것을 주의해야 합니다. 결과 식을 $\mathbf{0}$으로 두고 정리하면 다음 결과를 얻게 됩니다.

$$\mathbf{w} = \left(\mathbf{\Phi}^{\mathrm{T}}\mathbf{\Phi} + \lambda\mathbf{I}_M\right)^{-1}\mathbf{\Phi}^{\mathrm{T}}\mathbf{y} \tag{10.21}$$

식 (10.21)을 실험해 봅시다.

```
P = 12
lamda = 0.00007

PHI = np.hstack( np.array([np.power(X_train.reshape(-1,1), p) for p in
range(P+1)]) )
w_normal_reg = np.linalg.solve(np.dot(PHI.T, PHI)+lamda*np.eye(PHI.shape[1]), # ❶
                        np.dot(PHI.T , Y_train.reshape(N,1))
).reshape(-1)
y_normal_reg = np.poly1d(w_normal_reg[::-1])
```

코드는 이전과 완전히 동일합니다. 다만 ❶에서 `lamda*np.eye(PHI.shape[1])`가 추가되었을 뿐입니다. `np.eye()` 함수는 단위 행렬을 만들어 주는 함수입니다. 구해진 `y_normal_reg`를 이용해 그림을 그리면 다음과 같습니다.

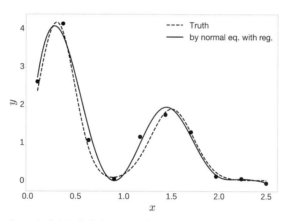

그림 10-16 페널티 항이 있는 노멀 방정식을 이용한 십이차 다항식 피팅

결과는 그림 10-12와 거의 동일합니다. 이렇게 노멀 방정식을 푸는 방식은 방법적으로 간편한 장점이 있으나 설계행렬의 크기가 커질수록 컴퓨터 자원을 많이 필요로 하는 문제가 있습니다. 설계행렬의 행은 데이터 개수와 같으므로 보통 1만 개 정도까지는 설계행렬을 만들어 노멀 방정식을 푸는 것이 효율적이라고 알려져 있습니다.[8]

이것으로 이 책에서 하고자 하는 이론적인 이야기를 모두 하였습니다. 이제 거의 막바지에 도달하였습니다. 남은 두 절에서 몇 가지 코드로 실험하면서 모든 과정을 마무리하겠습니다.

---

8 Ng, Andrew, Machine Learning, *https://ko.coursera.org/learn/machine-learning*, Coursera

입력이 여러 개인 경우

이번 장에서는 입력을 항상 벡터처럼 생각하자고 강조하고 있습니다. 설계행렬에서 데이터는 기저함수 개수를 벡터 차원으로 가지는 행벡터였습니다. 기저함수를 사용하지 않고 이미 데이터가 벡터 형태라면 데이터를 행벡터로 적층시키기만 해도 이미 설계행렬이 완성됩니다. 이렇게 이론적으로 스칼라가 입력되는 선형회귀와 벡터가 입력되는 다중 선형회귀가 크게 다르지 않다는 것을 강조했지만 실제 실험을 해보기 전에는 실감이 나지 않을 수 있으므로 간단한 코드로 살펴보겠습니다.

인터넷에 공개된 나이와 몸무게에 따른 수축기 혈압 데이터를 사용해보겠습니다 (*https://bit.ly/2sxsx8B*). 이 데이터에서 입력은 (나이, 몸무게)인 벡터입니다. 간단한 데이터세트이므로 다음처럼 넘파이 어레이에 저장하도록 하겠습니다.

```
# 1열: 혈압, 2열: 나이, 3열: 몸무게(파운드)
blood_pressure = np.array([[132,  52, 173],
                           [143,  59, 184],
                           [153,  67, 194],
                           [162,  73, 211],
                           [154,  64, 196],
                           [168,  74, 220],
                           [137,  54, 188],
                           [149,  61, 188],
                           [159,  65, 207],
                           [128,  46, 167],
                           [166,  72, 217]])
```

넘파이 어레이에서 1열은 혈압을 나타내고, 2열과 3열은 각각 나이와 몸무게입니다. 일반적으로 나이와 몸무게가 많을수록 혈압이 높다고 알고 있습니다. 실제로 그런 결과를 보이는지 선형회귀를 통해 확인해 볼 수 있습니다. 입력벡터가 가진 특성이 두 개이므로 이 회귀문제의 결과는 이변수 스칼라함수가 되고 3차원 그래프로 그려 눈으로 확인해 볼 수 있습니다. 간단한 문제이므로 경사하강법을 사용하지 않고 노멀 방정식을 이용해 보겠습니다.

```
X_train = blood_pressure[:,1:]  #❶
Y_train = blood_pressure[:,0]

# Design matrix
PHI = np.hstack((np.ones(blood_pressure.shape[0]).reshape(-1,1),  #❷
                blood_pressure[:,1:]))
```

```
w = np.linalg.solve( PHI.T@PHI, PHI.T@Y_train )  #❸

x1 = np.linspace(45, 75, 50)    # 나이
x2 = np.linspace(160, 230, 50)  # 몸무게
xx1, xx2 = np.meshgrid(x1, x2)

# 회귀 평면
P = w[0] + xx1*w[1] + xx2*w[2]   #❹
```

❶ 입력 데이터를 X_train이라는 변수에 담고 타깃 값을 Y_train에 담습니다. ❷ 이전에 했던 것처럼 설계행렬을 만듭니다. 특별히 기저함수를 사용하지 않을 것이므로 첫 번째 특성으로 1을 데이터에 추가한 벡터를 행벡터로 가지는 행렬을 만듭니다. ❸ 식 (10.20)을 사용해 $\mathbf{w}$를 계산합니다. 이때 넘파이에서 제공하는 행렬 곱셈 함수인 dot()를 사용하지 않고 파이썬 기본 연산자인 @를 사용하여 조금 깔끔해 보이는 문법을 사용했습니다. ❹ 3차원 그래프를 그리기 위해 만든 메시그리드 변수에 적당히 계산된 계수를 곱해서 결과 평면을 만듭니다. 그림을 그려보면 다음과 같이 나타납니다.

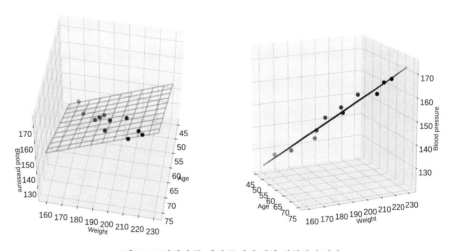

그림 10-17 입력이 두 개인 문제에 대한 선형회귀 결과

결과는 거의 완전한 선형관계를 보여줍니다. 만약 점들이 어떤 곡면처럼 분포되어 있다면 다항식 기저를 사용해 데이터에 다항 특성을 부여하여 회귀를 하면 됩니다. 이렇게 해서 입력이 여러 개인 다중 회귀도 입력이 하나인 회귀와 개념이 동일하다는 것까지 알아봤습니다.

인공신경망 모델

이번 장을 시작할 때 입력과 출력의 관계를 표현하는 함수를 인공신경망으로 표현할 수 있다고 했습니다. 마지막으로 이에 대한 간단한 실습으로 알아보겠습니다.

인공신경망 정의와 학습

파이토치나 텐서플로 같은 라이브러리를 사용하여 모델을 학습시킬 때도 이 책 전체를 통해 공부했던 목적함수 정의, 최적화 알고리즘 선정, 미분을 통한 반복적 업데이트 과정을 그대로 따르게 됩니다. 다음은 파이토치 튜토리얼[9]에서 제공하는 전형적인 뼈대 코드입니다.

```
import torch.optim as optim  #❶

# create your optimizer
optimizer = optim.SGD(net.parameters(), lr=0.01)  #❷

# in your training loop:
optimizer.zero_grad()                   #❸, zero the gradient buffers
output = net(input)                     #❹
loss = criterion(output, target)  #❺
loss.backward()                         #❻
optimizer.step()                        #❼, Does the update
```

❶ 파이토치에서 최적과 관련 모듈을 임포트합니다. ❷ 최적화 알고리즘은 확률적 경사하강법을 선택합니다. ❸ 최적화 알고리즘 객체인 optimizer가 가지고 있는 경사도벡터를 영벡터로 만듭니다. ❹ 미리 정의해 놓은 net이라는 인공신경망에 입력 input을 입력하고 결과 output을 만들어 냅니다. ❺ 이 결과와 목표 target을 사용하여 목적함수 criterion을 호출하여 목적함숫값 loss를 계산합니다. ❻ loss를 자동미분하여 경사도벡터를 구합니다. ❼ 계산된 경사도벡터를 사용하여 ❷에서 지정한 학습률만큼 이동합니다.

이 코드는 이미 해봤던 과정과 완전히 동일합니다. 다만 다른 점은 최적화 함수, 인공신경망을 구성할 수 있는 편리한 도구, 여러 가지 형태로 미리 정의된 목적함수, 자동미분을 제공한다는 점입니다. 위 과정을 편리하게 불러 쓸 수 있도록 함수로 만들어 두도록 하겠습니다.

---

9 Deep Learning with PyTorch: A 60 Minute Blitz, *https://pytorch.org/tutorials/beginner/blitz/neural_networks_tutorial.html*, Pytorch tutorial

```
def train(X, y, model, loss_fn, optimizer, max_iter=5000, log=1000):
    for i in range(max_iter):
        Y_pred = model(X)

        # 손실을 계산하고
        loss = loss_fn(Y_pred.view(-1), y)

        # 필요하면 출력
        if i % log == log-1 :
            print("Iter: {:5d}, Loss: {:f}".format(i+1, loss.item()))

        # 경사도벡터를 초기화시키고
        optimizer.zero_grad()

        # 역전파 한 후에
        loss.backward()

        # Optimizer의 step 함수를 호출하면 매개변수가 갱신됩니다.
        optimizer.step()
```

여러 번 반복하기 위해 for 문이 있는 것과 코드 중간에 결과를 출력하는 부속 코드가 추가된 것 말고는 완전히 동일한 코드입니다. 이제 이 train() 함수로 전달할 model, loss_fn, optimizer를 만드는 법만 알면 됩니다. 파이토치 사용법을 자세히 설명하는 것은 이 책의 취지를 벗어나므로 가장 직관적이고 간단한 방법을 다음 코드를 통해 알아봅시다.

```
import torch
torch.manual_seed(0)

# 데이터를 다시 초기화합니다.
X_train = D['X_train']
Y_train = D['Y_train']

X_train_torch = torch.Tensor(X_train.reshape(-1,1)) #❶
Y_train_torch = torch.Tensor(Y_train)

# 입력 특성 1차원, 히든레이어 3차원, 출력 1차원으로 구성합니다.
D_in, H, D_out = 1, 3, 1      #❷

# torch.nn.Sequential을 사용하여 신경망을 구성합니다.
model = torch.nn.Sequential( #❸
        torch.nn.Linear(D_in, H),
        torch.nn.Sigmoid(),
        torch.nn.Linear(H, D_out)
    )
```

```
loss_fn = torch.nn.MSELoss(reduction='sum')          #❹
optimizer = torch.optim.Adam(model.parameters(), lr=0.15) #❺
```

6장에서 넘파이 어레이를 파이토치 텐서형으로 바꾸는 연습을 해봤습니다. ❶ 여기서도 파이토치에서 제공하는 함수에 자료를 넘기기 위해서 넘파이 어레이로 구성된 학습 데이터를 파이토치 텐서형으로 변경합니다. 이때 입력 데이터는 2차원 행렬 형태로 바꿔줍니다. ❷ 다음으로 인공신경망이 가지는 레이어 수와 각 레이어별 노드 수를 결정합니다. 여기서는 노드 세 개짜리 은닉층이 하나 있고 입력과 출력은 노드 하나인 스칼라로 구성했습니다. 그림으로 표현하면 다음과 같은 간단한 신경망입니다.

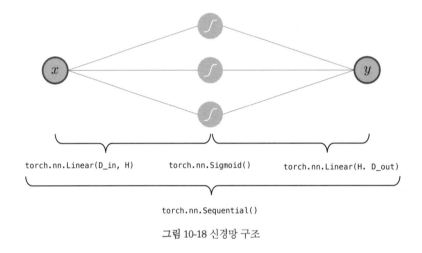

그림 10-18 신경망 구조

파이토치에서는 인공신경망을 구성하도록 여러 가지 유연한 방법을 제공하지만 여기서는 각 층을 순서대로 쌓는 torch.nn.Sequential을 사용하겠습니다. 그림 10-18 처럼 그려진 인공신경망 그림은 입력층에서 은닉층으로 '가중치 × 입력 + 편향'이라는 관계로 연결되었음을 나타냅니다. 그리고 그림에는 생략되었지만 은닉층 출력에 로지스틱 시그모이드 같은 활성화 함수를 적용하게 됩니다. 이 과정을 파이토치가 제공하는 기능들을 이용해서 그대로 묘사해야 합니다.

먼저 층과 층 사이에 늘 적용되는 '가중치 × 입력 + 편향'은 torch.nn.Linear()를 통해 제공합니다. 그래서 torch.nn.Sequential()의 첫 번째 인자는 torch.nn.Linear(D_in, H)가 되었습니다. 숫자 하나가 입력되어 숫자 세 개가 나오는 층입니다. 그다음은 torch.nn.Sigmoid()로 활성화 함수를 적용하고 다시 은닉층에서 출력층으로 관계인 torch.nn.Linear(H, D_out)을 적층시킵니다. 이것으로 인공신경망 정의는 끝났습니다.

❹에서 목적함수를 정의합니다. 손실함수라는 표현을 더 자주 사용하므로 변수명은 loss_fn으로 했습니다. MSELoss()는 파이토치에서 미리 제공하는 평균제곱오차 손실함수입니다. 앞서 정의한 목적함수 식 (10.2)에서 전체를 평균하지 않고 단지 더하고 있으므로 reduction='sum'을 지정했습니다. ❺ 다음 줄은 최적화 알고리즘을 선택한 것입니다. 여기서는 확률적 경사하강법을 사용하지 않고 조금 더 강력한 Adam이란 알고리즘[10]을 사용하였습니다.

이제 모든 준비가 끝났습니다. train() 함수를 호출하여 실제로 학습을 시켜보겠습니다.

```
train(X_train_torch, Y_train_torch, model, loss_fn, optimizer)
#>>> Iter:  1000, Loss: 0.011280
     Iter:  2000, Loss: 0.009100
     Iter:  3000, Loss: 0.008648
     Iter:  4000, Loss: 0.008624
     Iter:  5000, Loss: 0.009087
```

train() 함수는 기본으로 반복을 5000번 하면서 인공신경망의 가중치를 업데이트시킵니다. 1000번 단위로 업데이트된 가중치로 계산된 목적함숫값을 출력했습니다. 1000번 반복에서 2000번 반복 사이에 목적함숫값이 많이 줄고 그다음 반복에서는 잘 줄지 않는 것을 확인할 수 있습니다. 출력된 목적함숫값은 가중치가 매번 무작위로 초기화되기 때문에 실행할 때마다 조금씩 달라집니다. 구체적인 값보다 줄어드는 추세를 보이는지가 중요합니다. 이렇게 가중치가 업데이트된, 다시 말해 학습된 인공신경망이 입력에 대해서 어떤 출력을 내주는지 그림으로 확인해 봅시다.

```
import matplotlib.pyplot as plt

X = torch.Tensor(x.reshape(-1,1)) # ❶
Y_pred = model(X)                 # ❷

fig = plt.figure(figsize=(10,7))
ax = fig.add_subplot(1, 1, 1)
ax.xaxis.set_tick_params(labelsize=18)
ax.yaxis.set_tick_params(labelsize=18)
```

---

10 최저화 수법 중 Adam에 대한 자세한 내용은 다음 논문을 참고하세요.
Kingma, P. Diederik, Ba, Jimmy, 2015, Adam: A Method for Stochastic Optimization, ICLR

```
ax.plot(x, t, '--', color='k', label="Truth")
ax.plot(X_train, Y_train, 'o', markersize=8 , color='k')
plt.plot(x, Y_pred.detach().numpy(), color='k',
         label="NN(1-3-1) non-linear") # ❸

ax.legend(fontsize=20)

ax.set_xlabel('$x$', fontsize=20)
ax.set_ylabel('$y$', fontsize=20)

plt.show()
```

❶ 이번 장 처음 시작할 때 생성한 입력 전 구간을 저장해 둔 x를 파이토치 텐서로 변경합니다. ❷ 이 텐서를 학습된 model에 입력합니다. 나머지는 그림을 그리는 코드입니다. 다만 ❸에서 출력 텐서 Y_pred를 매트플롯립으로 넘기기 위해 다시 넘파이 어레이로 변경하는데, 바로 변경하지 않고 detach() 함수를 써서 계산 그래프에서 먼저 분리한 다음 변경한다는 점을 주의해야 합니다.

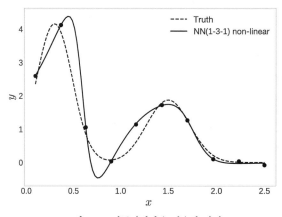

그림 10-19 인공신경망을 이용한 피팅

그림 10-19는 코드 결과입니다. 입력-은닉-출력이 1-3-1인 아주 간단한 구조로도 훌륭하게 학습 데이터를 과대적합시키는 모습을 확인할 수 있습니다.

이전 방식과 다르게 입력에 다항 기저함수 따위로 비선형적인 특성을 추가하지 않아도 회귀 결과가 곡선 형태를 띠고 있습니다. 그 이유는 은닉층 출력에 로지스틱 시그모이드 함수를 적용했기 때문입니다.

다음 절에서 이에 대한 간단한 실험을 하면서 선형회귀에 대한 의미를 마지막으로 되새기며 마무리하겠습니다.

인공신경망의 비선형성

바로 실험을 해봅시다. 다음처럼 은닉층에 적용되는 로지스틱 시그모이드 활성화 함수를 제거한 모델을 만들고 학습하겠습니다.

```
torch.manual_seed(0)

model = torch.nn.Sequential(
            torch.nn.Linear(D_in, H),
            torch.nn.Linear(H, D_out)
        )

loss_fn = torch.nn.MSELoss(reduction='sum')
optimizer = torch.optim.Adam(model.parameters(), lr=0.15)

train(X_train_torch, Y_train_torch, model, loss_fn, optimizer)
#>>> Iter:  1000, Loss: 7.770434
     Iter:  2000, Loss: 7.770416
     Iter:  3000, Loss: 7.770417
     Iter:  4000, Loss: 7.770437
     Iter:  5000, Loss: 7.770416
```

목적함숫값이 7.7 이하로 잘 줄어들지 않습니다. 이전과 동일한 코드로 그림을 그려보면 결과는 그림 10-20과 같습니다.

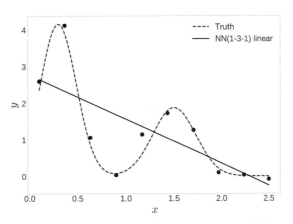

그림 10-20 활성화 함수를 제거한 인공신경망을 이용한 피팅

결과는 일차 다항식을 이용한 회귀 결과와 동일합니다. 비선형 활성화 함수를 사용하지 않고 아무리 많은 층을 적층시켜 복잡한 인공신경망을 만들어도 $ax + b$인 관계를 찾는 선형모델이 됨을 알 수 있습니다. 즉, 방금 만든 model은 입력과 출력 사

이의 '선형' 관계만을 찾을 수 있는 회귀 모델입니다.

이제 이 모델의 구조를 1-3-1에서 7-3-1로 바꾸고 입력에 육차 다항식 기저를 적용하여 입력해 보겠습니다.

```
torch.manual_seed(0)

P = 6
X_poly = np.array([ X_train**i for i in range(0, P+1) ]).T #❶
X_train_torch = torch.Tensor(X_poly)
Y_train_torch = torch.Tensor(Y_train)

D_in, H, D_out = P+1, 3, 1    #❷

model = torch.nn.Sequential( #❸
            torch.nn.Linear(D_in, H),
            torch.nn.Linear(H, D_out)
        )

loss_fn = torch.nn.MSELoss(reduction='sum')
optimizer = torch.optim.Adam(model.parameters(), lr=0.01, #❹
                              betas=(0.999, 0.9999))

train(X_train_torch, Y_train_torch, model, loss_fn, optimizer,
     max_iter=70000, log=5000) #❺
#>>> Iter:  5000, Loss: 8.756577
    Iter: 10000, Loss: 6.155366
    Iter: 15000, Loss: 5.367396
    ......
    Iter: 60000, Loss: 0.694270
    Iter: 65000, Loss: 0.369797
    Iter: 70000, Loss: 0.193353
```

❶ 이전에 했던 것과 마찬가지로 영차에서 육차까지 다항식 기저를 X_train에 적용하여 (10, 7)인 입력 데이터를 만듭니다. 이후 파이토치 텐서형으로 변경합니다. ❷ 기저함수를 적용하여 입력은 숫자 일곱 개로 늘어났기 때문에 인공신경망 구조를 7-3-1로 변경합니다. ❹, ❺ 학습이 잘 수렴하기 위해 최적화 알고리즘의 매개변수를 조금 조정하고 학습 반복 횟수를 늘렸습니다. 반복이 모두 완료된 후 모델의 출력을 그려보면 다음과 같습니다.

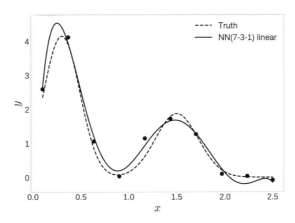

그림 10-21 육차 다항 기저함수를 적용한 입력에 활성화 함수를 제거한 인공신경망을 이용한 피팅

분명 인공신경망 자체에는 비선형 활성화 함수가 없었지만 결과는 곡선 형태를 띠고 있습니다. 이 인공신경망은 6차원으로 확장된 입력 데이터와 출력 사이에 선형 관계를 찾고 있습니다.

이제 책에서 제공하는 마지막 웹 앱을 열어봅시다. 다음 주소를 웹브라우저로 열어보세요.

✓ **URL을 반드시 열어보세요**

https://metamath1.github.io/noviceml/linearity.html

주소를 브라우저로 열면 그림 10-22와 같은 앱이 열립니다.

앱에서 뿌려진 점 데이터는 다섯 개로 이차 함수 형태를 띠고 있습니다. 이 데이터는 입력이 숫자 하나 출력이 숫자 하나인 데이터입니다. 이제 $y = bx^2 + ax + c$ 라는 이차 식으로 이 점들을 피팅하기 위해 a, b, c 슬라이드를 움직여 보세요. 여기서는 지금 이차 함수를 데이터에 피팅시키기 위해 x^2, x^1, x^0라는 기저함수를 사용하고 그에 대응되는 회귀 계수 세 개를 직접 조정하고 있습니다. 그와 동시에 왼쪽 3차원 그래프를 확인해 보세요. 왼쪽 그림은 데이터 x가 기저함수 (x, x^2)로 확장되어 3차원 공간에 그려진 그래프입니다. 오른쪽 그래프에서 적합한 이차 곡선을 찾게 되면 왼쪽 그래프에서 모든 점을 가장 가까이 지나가는 평면이 그려지는 것을 확인할 수 있습니다.

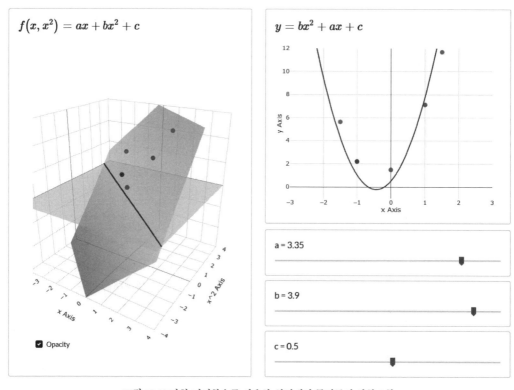

$f(x, x^2) = ax + bx^2 + c$

$y = bx^2 + ax + c$

a = 3.35

b = 3.9

c = 0.5

그림 10-22 다항 기저함수를 사용한 회귀에서 특징들의 선형조합

이 실험을 통해 곡선으로 데이터를 피팅하는 경우도 여전히 선형모델이라 부르는 이유가 명확히 이해되었길 바랍니다.

이상으로 선형회귀에 대한 내용을 모두 마쳤습니다. 선형회귀에 대해서도 다루지 못한 내용이 있지만 머신 러닝 입문에 필요한 지식은 어느 정도 마련되지 않았을까 합니다.

부록 A

더 알아볼 것들과 마무리

지금까지 이 책에서는 다항식에서 시작하여 다변수 함수에 대한 미분법을 거쳐 선형회귀까지 공부했습니다. 그 과정에서 최적화, 자동미분 그리고 인공신경망이라는 중요한 주제도 함께 알아봤습니다. 이 책의 목표는 머신 러닝·딥 러닝을 스스로 공부하기 위한 기초 지식을 익히는 것이었습니다. 그 목적을 빠르게 달성하기 위해 우선 회귀 문제에 집중하였으며 지식을 단편적으로 나열하지 않고 가급적 지식과 지식이 서로 얼개를 이루게 하여 큰 이야기 하나를 구성할 수 있게 하였습니다. 특히 입문자들이 어려움을 느끼는 역전파 알고리즘과 최적화 부분은 최대한 자세히 알아봤습니다.

이제 남은 문제와 앞으로 공부를 계속하는 데 도움이 되는 몇 가지 이야기를 하면서 책을 마무리하겠습니다.

분류 문제

책에서 분류 문제를 본격적으로 다루지 않았지만 조금씩 소개를 했습니다. 개, 고양이 분류기를 직접 만들어 보거나 인공신경망을 소개할 때 분류기를 다룬 기억이 날 것입니다. 다만 분류 문제를 확률, 통계적으로 설명하지는 않았습니다. 분류 문제뿐만 아니라 선형회귀도 확률, 통계적인 해석이 가능합니다. 하지만 입문자들의 진입 부담을 최소화하기 위해 회귀 문제를 확률, 통계적으로 해석하는 시각은 가급적 배제하였습니다.

머신 러닝·딥 러닝에서의 최근 트렌드는 확률, 통계적 해석을 중요시하기 때문에 이제부터 관련 수학 지식을 공부해야 할 필요가 있습니다. 회귀 문제를 공부하면서 미분, 최적화, 인공신경망에 대해 공부했다면 이제부터 분류 문제를 공부하면서 확률과 통계에 대해 공부해야 합니다. 즉, 지금까지 내용을 잘 이해했다면 이제 분류 문제를 본격적으로 공부하기 위해 다음과 같은 키워드에 대해서 관심을 가질 차례입니다.

- 확률과 확률변수
- 확률질량함수와 확률밀도함수
- 확률분포: 베르누이 분포, 이항 분포, 멀티누이 분포, 다항 분포, 정규분포
- 조건부 확률
- 베이즈 정리와 사전확률, 가능도, 사후확률
- 최대 가능도 추정
- 엔트로피, 크로스 엔트로피와 쿨벡라이블러 발산

이렇게 확률과 통계에 대해 공부하면 이미 알고 있던 내용도 새로운 시각으로 바라볼 수 있게 되어 훨씬 시야가 넓어지게 됩니다. 어쨌거나 많이 알면 당연히 장점이 있겠지만 공부했던 내용들이 다시 반복되기도 하고 알아야 할 것들이 상당히 많다는 느낌이 듭니다. 사실 열거한 추가 주제만으로도 이 책 분량과 비슷한 책을 한 권 더 쓸 수 있을 것입니다. 하지만 너무 걱정하지 마세요. 이 책에서 공부한 내용과 앞서 열거된 항목만 확실히 이해하고 있으면 회귀와 분류 문제에 대한 충분한 지식을 가지게 되는 셈입니다. 스스로 충분히 인공지능에 대한 공부를 해 나갈 수 있습니다.

조금 더 관심이 있는 독자라면 7장 행렬 단원에서 많이 생략된 선형대수에 대한 내용을 더 깊게 알아보는 것도 좋은 선택입니다. 하지만 위 내용을 모두 정리한 후 후순위로 공부하도록 하세요.

개발 도구

이 책에서는 공부한 이론을 확인할 목적으로 넘파이와 파이토치를 사용했습니다. 이론을 충분히 익혔다고 생각되면 본격적으로 개발 도구에 대해서 공부할 필요가 있습니다. 가장 유명하고 많이 사용하는 도구는 텐서플로TensorFlow입니다. 현업에서 제품을 개발하기 위해서 꼭 익혀야 할 라이브러리입니다. 하지만 진입 장벽이

꽤 높다는 것이 문제입니다. 이런 문제 때문에 케라스Keras라는 라이브러리는 텐서플로에서 제공하는 저수준 기능을 묶어 사용자들이 더 직관적으로 이해할 수 있도록 고수준 라이브러리를 제공합니다. 케라스는 텐서플로에 통합되어 제공되므로 딥 러닝을 빠르게 공부하기 위해서 케라스를 먼저 공부해볼 것을 추천합니다.

제품 개발보다 학습을 우선하는 독자라면 이 책에서 사용한 파이토치를 공부하는 것도 좋은 선택입니다. 이미 책을 통해 간단하게 사용해 봤지만 파이토치는 사용법이 넘파이와 비슷하고 매우 직관적입니다. 그래서 넘파이를 알고 있다면 추가 학습 부담이 줄어드는 장점이 있습니다. 그리고 저수준 연산도 직관적으로 구현 가능하므로 입문자에게 라이브러리를 단 하나 추천해 달라고 했을 때 일순위로 추천할 수 있는 라이브러리입니다.

그 외 알아 두면 좋은 라이브러리로 사이킷런scikit-learn을 추천합니다. 사이킷런은 거의 모든 전통적인 머신 러닝 알고리즘을 구현해 둔 파이썬 라이브러리입니다. 앞으로 이 책에서 공부한 수학을 바탕으로 수많은 머신 러닝 알고리즘을 공부하게 될 것입니다. 그때마다 넘파이만 이용해서 직접 모든 것을 구현할 수는 없는 노릇입니다. 그때 사용할 수 있는 라이브러리가 사이킷런입니다.

여기서는 이론 이야기를 먼저 했지만 뭔가 만드는 것을 좋아하는 독자라면 파이토치나 케라스를 먼저 익히고 난 후 그 배경이 되는 수학을 공부하는 것도 나쁘지 않습니다. 코딩 실력이 어느 정도 되는 독자라면 라이브러리의 소스 코드를 분석하는 것도 상당한 공부가 됩니다.

추천 자료

머신 러닝·딥 러닝에 필요한 수학을 정리한 책이 많지만 그중 적당한 난이도와 진입장벽을 가지고 두고두고 볼 만한 무료 책으로 다음 책을 추천합니다.

Marc Peter Deisenroth, A. Aldo Faisal, and Cheng Soon Ong, *Mathematics for Machine Learning*, Cambridge Univ. Press, *https://mml-book.com*

위 책은 1장에서 7장까지 이론 설명을 하고 9장에서 12장까지 회귀, 차원축소, 확률밀도추정, 분류라는 4가지 머신 러닝 주제에 대해서 이야기합니다. 배운 이론을 특정 주제에 실제로 적용한다는 면에서 이 책과 비슷합니다. 같은 내용 구성으로 이 책보다 더 많은 응용 주제를 다루고 있기 때문에 오랫동안 옆에 두고 읽어볼 만한 책입니다. 조금 전 열거한 확률, 통계에 대한 키워드를 공부하기에도 좋은 책입니다. 추천한 책이 조금 어렵게 느껴진다면 국내에도 훌륭한 집필서와 번역서가 몇 권 출판되어 있으므로[1] 더 친숙하게 시작할 수도 있습니다.

딥 러닝에 본격 입문하고 싶은 독자들께 추천할 수 있는 온라인 책도 있습니다.

Nielsen, Michael A., 2015, *Neural Networks and Deep Learning*, *http://neuralnet worksanddeeplearning.com*, Determination Press

위 책은 온라인에서 무료로 볼 수 있으며 분량이 많지 않고 오래됐지만 반드시 알아야 하는 내용으로만 구성되어 있어 입문 시 꼭 참고하면 좋겠습니다. 영어지만 이 책의 내용을 모두 공부했다면 어렵지 않게 읽을 수 있습니다.

최근에는 도서뿐 아니라 정말 좋은 무료 동영상 강의도 많습니다. 가장 많이 추천되는 강의는 앤드류 응 교수가 진행하는 '머신 러닝' 강의로 코세라에서 서비스하고 있습니다.[2]

또 다른 강의는 스탠포드 대학에서 공개한 딥 러닝 강의인 'cs231n'이 있습니다. 이 강의는 넘파이만 사용하여 인공지능의 고급 주제인 CNN, RNN을 구현하고 응용까지 숙제로 제공하고 있어 꼭 한번 들어보고 숙제를 풀어볼 만합니다. 강의는 유튜브로도 볼 수 있으며,[3] 2017년도에 공개된 강의에 대한 한글 자막도 제공[4]되고 있습니다.

마지막으로 국내 입문자들은 반드시 거쳐가는 김성훈 교수님의 '모두를 위한 딥 러닝'도 강력 추천합니다. 유튜브에 시즌1[5]과 시즌2[6]가 공개되어 있으며, 다른 강의와는 다르게 페이스북 그룹 TF-KR에서 많은 분이 실습 코드를 최신 라이브러리 버전에 맞게 유지보수하고 있습니다.

다른 학습 분야와는 다르게 한국 입문자들이 접하게 되는 학습 환경이 이렇게 나쁘지 않으므로 입문자들은 열심히 공부만 하면 됩니다.

이제 저렴한 GPU를 하나 장만해서 바로 코드의 바다로 뛰어들어 봅시다!

---

1 김도형, 2019, 김도형의 데이터 사이언스 스쿨, 한빛미디어
  이시카와 아키히코, 신상재, 이진희(역), 2018, 인공지능을 위한 수학, 프리렉
2 Ng, Andrew, Machine Learning, *https://ko.coursera.org/learn/machine-learning*, Coursera
3 cs231n, 2017, Convolutional Neural Networks for Visual Recognition, *https://bit.ly/30irXaY*
4 visionNoob, CS231N_17_KOR_SUB, *https://github.com/visionNoob/CS231N_17_KOR_SUB*, 깃허브
5 김성훈, 2016, 모두를 위한 딥러닝 강좌 시즌1, *https://bit.ly/2RfsuXb*
6 이진원 외 여러 명, 2019, 모두를 위한 딥러닝 시즌2 텐서플로, *https://bit.ly/2RdlyK8*
  김기현 외 여러 명, 2019, 모두를 위한 딥러닝 시즌2 파이토치, *https://bit.ly/2snErlb*

부록 B

M a t h e m a t i c s   f o r   M a c h i n e   L e a r n i n g

개발과 실습 환경

아나콘다 설치하기

이 책에서 사용한 코드는 모두 주피터 노트북 환경에서 실행하고 테스트했습니다. 그렇기 때문에 부록 B에서는 주피터 노트북 환경을 설정하는 방법을 알아보겠습니다. 주피터 노트북은 파이썬 개발 환경으로 웹브라우저를 사용해서 코드를 입력하고 결과를 브라우저에서 바로 되돌려 받을 수 있는 편리함이 있습니다. 코드뿐만 아니라 문서도 함께 작성할 수 있어서 자료를 정리하고 코드로 실험하는 분들께는 최고의 환경을 선사합니다.

현재 파이썬 개발 환경을 구성하기에 가장 편리한 방법은 아나콘다를 설치하는 것입니다. 아나콘다는 파이썬 인터프리터와 함께 수많은 라이브러리를 패키징해 놓은 세트라고 생각하면 됩니다. *https://www.anaconda.com/distribution/*에 접속하여 파이썬 3.7을 기반으로 하는 설치 파일을 내려받습니다. 내려받은 파일을 실행하여 설치하면 운영체제별로 제공하는 사용자 폴더 아래 anaconda3이라는 폴더에 아나콘다가 설치됩니다.

✓ **NOTE**

리눅스나 맥OS에서 설치는 아래 공식 설치 안내를 참고하세요.

- 리눅스: *https://docs.conda.io/projects/conda/en/latest/user-guide/install/linux.html*
- 맥OS: *https://docs.conda.io/projects/conda/en/latest/user-guide/install/macos.html*

앞으로는 윈도우 환경을 기본으로 설명합니다. 하지만 리눅스나 맥OS도 크게 다르지 않으니 따라하는 데 무리는 없을 것입니다.

아나콘다가 설치되는 폴더 경로는 영어로만 이뤄져야 합니다. 예를 들어 설치 경로가 'C:\Users\홍길동\anaconda3'처럼 한글이 포함되어 있으면 에러가 날 수 있습니다.

아나콘다 환경에서 여러 작업을 하기 위해서는 conda 명령어를 사용하는 방법과 GUI 환경을 사용하는 방법이 있습니다. 여기서는 여러 운영체제에서 공통적으로 적용할 수 있는 커맨드라인 명령어 conda를 중심으로 설명하겠습니다.

아나콘다 프롬프트 환경을 띄우기 위해서 윈도우에서는 Anaconda3 그룹에 Anaconda Prompt를 클릭하면 됩니다(리눅스와 맥OS에서는 터미널을 띄우면 됩니다). 그러면 커맨드라인 창이 뜨고 프롬프트는 다음처럼 나타납니다.

윈도우 환경

(base) C:\Users\사용자계정이름>

보통의 커맨드라인 프롬프트와 유사한데 다른 점은 (base)라는 문구가 앞에 나타난다는 점입니다. (base)는 가상 환경 이름입니다.

✓ **NOTE**

리눅스나 맥OS에서 커맨드라인으로 설치를 한 경우는 터미널에서 바로 conda 명령을 내릴 수 있으므로 (base)가 보이지 않아도 바로 conda 명령을 사용하면 됩니다.

아나콘다 환경을 사용하는 것은 가상 환경 때문이라고 해도 과언이 아닙니다. 가상 환경이란 파이썬을 한 컴퓨터에 여러 개 설치해서 쓰는 환경이라 생각하면 됩니다. 왜 한 컴퓨터에 파이썬을 여러 개 설치해야 할까요? 그 이유는 파이썬이 아주 많은 추가 라이브러리를 제공하는 언어이기 때문입니다. 오픈소스로 된 수많은 라이브러리를 사용자 필요에 따라 선택하여 설치하게 되는데, 이때 라이브러리 간 호환성이 문제가 될 수 있습니다. 예를 들어 딥러닝 라이브러리인 파이토치와 텐서플로를 함께 설치했을 때 둘 중 하나에서 문제가 발생할 수 있습니다. 이럴 때 두 라이브러

리를 굳이 동시에 사용할 필요가 없다면 가상 환경을 두 개 만들어 파이토치와 텐서플로를 한쪽 가상 환경에만 설치해서 쓰면 간단하게 문제가 해결됩니다. 또 어떤 작업을 하다가 라이브러리들이 충돌이 나서 환경에 문제가 생기면 해당 가상 환경을 지워버리고 깨끗하게 새롭게 만들어 처음부터 다시 개발 환경을 구성할 수 있는 장점도 있습니다.

앞서의 프롬프트 예시를 보면 (base)라고 되어 있는데 이것은 현재 가상 환경이 (base)임을 뜻합니다. 따라서 기본적으로 바로 conda 명령어를 쓸 수 있습니다. 윈도우에서 커맨드로 실행되는 일반 커맨드라인 창에서는 기본으로 conda 명령어가 실행되지 않으므로 꼭 Anaconda Prompt를 통해 커맨드라인 창을 열어야 합니다. (base) 환경을 사용하기보단 용도에 맞게 직접 가상환경을 만들어 사용하는 편이 좋습니다. 그럼 가상 환경을 새로이 만들어 봅시다. 프롬프트에서 다음을 입력합니다.

```
conda create -n noviceml python=3.7
```

위 명령어는 noviceml이라는 이름을 가진 가상 환경을 만드는 데 기반 언어는 파이썬 3.7 버전으로 하라는 뜻입니다. 사용자가 특별히 특정 파이썬 버전이 필요하다면 해당 버전 번호를 적어 주면 됩니다. 이제 만들어진 가상 환경으로 들어가 봅시다.

```
conda activate noviceml
```

위 명령어를 프롬프트에 입력하면 프롬프트가 다음처럼 바뀌게 됩니다.

윈도우 환경
```
(noviceml) C:\Users\사용자계정>
```

리눅스와 맥OS 환경
```
(noviceml) 사용자계정@호스트:현재폴더 $
```

(noviceml)이 현재 가상 환경이 방금 생성한 noviceml임을 알려 주고 있습니다. 현재 가상 환경을 빠져나오고 싶다면 다음과 같이 입력하세요.

```
conda deactivate
```

이제 가상 환경에서 python이라고 입력하면 파이썬 인터랙티브 환경으로 들어가게 됩니다.

```
Python 3.7.5 (default, Oct 31 2019, 15:18:51) [MSC v.1916 64 bit (AMD64)] ::
    Anaconda, Inc. on win32
Type "help", "copyright", "credits" or "license" for more information.
>>>
```

이제 >>>에 파이썬 명령어를 입력하고 바로 결과를 확인할 수 있습니다. 하지만 기본 인터랙티브 환경은 쓰기 불편하므로 주피터 노트북을 사용하겠습니다. exit()를 입력하여 인터랙티브 환경을 종료합니다.

필요 패키지 설치하기

현재 noviceml 가상 환경에 있기 때문에 안심하고 필요한 패키지를 설치할 수 있습니다. 만약 잘못된다면 다음 명령으로 noviceml 가상 환경을 지우면 아무 일도 없었던 것처럼 아나콘다 설치 초기로 되돌아 갈 것입니다.

```
conda env remove -n noviceml
```

이 책에서 필요한 패키지들을 하나씩 설치해 봅시다. 먼저 주피터 서버를 설치합니다.

```
conda install jupyter
```

위 명령을 입력하면 아나콘다가 jupyter라는 패키지를 설치하기 위해 필요한 부가 패키지를 모두 찾아서 설치해 줍니다. Proceed ([y]/n)?라고 물어보면 엔터를 입력하고 진행합니다. 설치가 종료되었으면 작업을 할 빈 폴더를 하나 만들고 그 폴더로 이동해 다음을 입력합니다.

```
jupyter notebook
```

그러면 현재 운영체제에서 기본으로 지정된 브라우저가 열리면서 다음처럼 주피터 노트북 환경이 시작됩니다. 만약 브라우저가 자동으로 실행되지 않는다면 "Copy/paste this URL into your browser when you connect for the first time, to login with a token"이라는 문구 뒤에 있는 url을 복사하여 브라우저 주소창에 붙여넣기 합니다.

그림 B-1 주피터 노트북 환경

화면 오른쪽 상단에 'New' 버튼을 클릭하고 Python 3을 선택합시다. 그러면 새로운 탭이 열리면서 다음 그림처럼 파이썬 명령어를 기다리는 빈 입력란이 나타납니다.

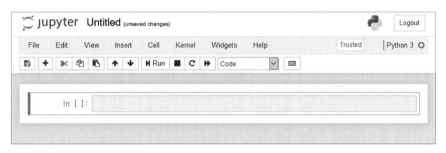

그림 B-2 주피터 노트북

이제 이 입력란에 코드와 간단한 문서를 입력할 수 있습니다. 아직 이 책에서 사용하는 여러 패키지가 설치되지 않았으므로 브라우저 창을 닫고 커맨드라인 창으로 돌아가 Ctrl+C를 눌러 주피터 서버를 종료하고 필요 패키지를 계속 설치합니다.

```
conda install numpy
conda install scipy
conda install scikit-learn
conda install matplotlib
conda install sympy
conda install pandas
```

마지막으로 파이토치를 설치하겠습니다. 파이토치 공식사이트 pytorch.org에 접속하면 conda 환경에서 설치할 수 있는 명령어를 가르쳐 줍니다. 사이트 첫 화면 하단에 본인 환경에 맞게 적절히 조건을 선택하면 다음과 같은 명령어를 조합해서 알려줍니다.

```
conda install pytorch torchvision cpuonly -c pytorch
```

위 명령어가 다 실행되었으면 다시 주피터 노트북을 실행시키고 웹브라우저 입력
란에 다음을 입력해 봅시다.

```
import numpy as np
import scipy
import sklearn
import matplotlib.pyplot as plt
import sympy
import pandas
import torch
```

그 다음 Shift+Enter를 입력합니다. Shift와 Enter 키를 동시에 입력하는 것이 명령어
를 입력한 입력란을 실행시키는 것입니다. 아무런 에러 메시지가 없이 실행되고 입
력란 왼쪽에 In [1]이라는 표시가 보이면 파이썬 실습을 할 준비가 완료된 것입니
다. 부록 C에서는 제시되는 코드를 직접 입력하면서 문법 공부를 해보겠습니다.

✓ **NOTE**

부록 B에서 설명한 실습 환경을 꾸미는 것이 번거롭다면 구글에서 제공하는 코
랩Colaboratory을 이용할 수도 있습니다. 구글 아이디만 있으면 누구나 온라인으로
주피터 노트북 환경을 사용할 수 있습니다. 코랩에 대한 개략적인 소개는 *https://
bit.ly/2t2JwMJ*에 접속하여 확인할 수 있습니다. 실제로 이 책에서 사용한 코드들
은 모두 구글 코랩에서도 테스트되었습니다. *https://drive.google.com*으로 본인의
구글 드라이브에 접속한 뒤 마우스 오른쪽 버튼을 클릭하여 나타난 팝업 메뉴에
서 [더보기] 〉 [Google Colaboratory]를 선택하여 새로운 노트북을 추가하고 코드
를 바로 입력하면 됩니다.

부록 C

Mathematics for Machine Learning

파이썬 문법

파이썬은 쉬운 문법과 수많은 라이브러리로 인해 현재 범용 언어로 가장 각광받고 있는 프로그래밍 언어입니다. 문법이 쉽다고 하지만 파이썬을 파이썬스럽게 사용하기란 여간 어려운 일이 아닙니다. 이 책이 파이썬을 유창하게 다루는 걸 목표로 하진 않기에, 여기서는 딱 필요한 만큼만 문법을 배우도록 하겠습니다.

프로그래밍 언어를 구성하는 요소는 자료를 저장하는 기능, 저장한 자료를 논리적으로 꺼내 쓰는 기능 그리고 효율성을 위한 도구가 있습니다. 크게 세 부분으로 나눈 중에서 자료를 저장하는 기능과 저장한 자료를 논리적으로 꺼내 쓰는 기능만 알아도 어떤 작업을 프로그래밍으로 구현할 수 있습니다. 물론 효율적이고 세련된 코딩을 하려면 클래스 같은 고급 문법까지 알아야 합니다. 하지만 여기서는 머신 러닝에 입문하는 것이 목적이므로 아주 제한적으로 파이썬 문법을 이용하겠습니다. 화려한 코드보다 본질을 이해하는 게 지금은 더 중요하기 때문입니다.

시작에 앞서

들여쓰기

파이썬 문법을 설명하기 전에 파이썬이 가진 가장 독특한 특징을 먼저 알아보겠습니다. 파이썬은 들여쓰기 규칙을 꼭 지켜야 문법 오류가 나지 않습니다. 다음 예를 봅시다.

```
int factorial(int x) {
    if(x == 0) {
```

```
        return 1;
    }
    else {
        return x * factorial(x - 1);
    }
}
```

이 코드는 어떤 계산을 수행하는 C 언어 코드입니다. 이 코드는 아래 코드와 완전히 동일한 코드입니다.

```
int factorial(int x) {
if(x == 0) {return 1;} else
{return x * factorial(x - 1); } }
```

들여쓰기를 모두 삭제한 코드이지만 C에서는 정상적으로 컴파일됩니다. C 언어에서 줄바꿈이나 들여쓰기는 사람이 보기 편하게 하기 위한 편의 기능에 지나지 않습니다. 다음은 같은 일을 하는 파이썬 코드입니다.

```python
def factorial(x):
    if x == 0:
        return 1
    else:
        return x * factorial(x - 1)
```

두 번째 줄은 네 칸 들여쓰기 했고 다음 줄도 다시 네 칸 들여쓰기 되어 있습니다. 만약 들여쓰기를 하지 않거나 둘째 줄 네 칸, 셋째 줄 두 칸 식으로 들여쓰기를 통일하지 않으면 코드가 실행되지 않습니다. 따라서 파이썬은 누가 코드를 쓰더라도 들여쓰기가 완전히 동일할 수밖에 없어 공동 작업 시 코드 가독성이 높아집니다. 다만 탭과 스페이스를 섞어 사용하면 사람 눈에는 들여쓰기가 제대로 된 것처럼 보이지만 컴퓨터는 들여쓰기가 잘못됐다고 판단하므로 오류를 잡기 쉽지 않다는 단점이 있습니다. 그래서 에디터 옵션 기능을 사용하여 탭을 스페이스 네 칸으로 설정하고 사용하기를 권합니다.

print()

print() 함수는 원하는 내용을 화면에 출력하기 위해 사용합니다. 다음 코드를 주피터 노트북 셀에 입력하여 실행해 보세요.

```
print('Hello, Python')
greeting = 'Hello, Machine Learning'
print(greeting)
```

첫 프린트 명령에서는 Hello, Python이라는 문장이 직접 출력됩니다. 두 번째 프린트 명령은 greeting이라는 변수에 담긴 문장이 출력됩니다. 이처럼 print() 함수는 원하는 내용을 화면에 출력합니다. 프로그래밍 경험이 없으면 이 간단한 기능이 왜 그렇게 중요한지 잘 이해되지 않을 수 있습니다. 두 번째 프린트 명령은 greeting 을 출력하지 않고 greeting에 들어 있는 값을 출력합니다. 프로그래밍은 앞서 이야 기했듯이 변수에 데이터를 저장하고 그것을 논리적으로 이용하는 과정입니다. 따라서 변수에 어떤 값이 저장되어 있는지 혹시 잘못된 값이 저장되지 않았는지 정확히 확인하는 것이 매우 중요합니다. 변수에 잘못된 값이 들어 있어서 프로그램이 오동작하는 것을 버그라고 하죠. 그래서 변수에 정확한 값이 저장되었는지 그 값이 제대로 사용되고 있는지를 확인하는 과정을 디버깅이라 합니다. 다양한 디버깅 기법이 있으나 print() 함수를 사용해서 변수를 출력해 보는 방식이 가장 기본적인 디버깅 과정입니다. 따라서 늘 변수를 출력해서 코드가 어떻게 동작하고 있는지 확인하는 습관을 가지도록 노력해야 합니다.

주석

```
# print()에 넘겨진 문장을 바로 출력합니다.
print('Hello, Python')

# greeting에 담긴 내용을 출력합니다.
greeting = 'Hello, Machine Learning'
print(greeting)
```

위 코드를 다시 실행해 보세요. # 이후 적힌 문장은 파이썬 코드가 실행될 때 무시됩니다. 이런 기능을 주석이라 합니다. 복잡한 코드를 작성할 때는 늘 상세한 주석을 다는 것이 코드를 이해하는 데 도움이 됩니다.

데이터를 담는 그릇

프로그램은 데이터를 사용하여 여러 작업을 하는 것이므로 데이터를 저장할 변수를 가장 먼저 알아보겠습니다.

변수

숫자, 문자, 불(Boolean)

다음 코드는 변수 x에 숫자 1 또는 문자 a 등을 대입하고 출력하는 코드입니다.

```
x = 1
print(x)

x = 2
print(x)

x = 'a'
print(x)

x = 'Hello, Python'
print(x)
```

주피터 노트북 코드 입력 셀에 위 내용을 입력하고 Shift+Enter 키를 누르면 결과가 출력될 것입니다. 변수에 담을 수 있는 것은 숫자 타입, 문자 타입 모두 가능합니다. 숫자 타입은 말 그대로 숫자이며 문자 타입은 작은따옴표(' ') 또는 큰따옴표(" ")로 둘러 쌓인 것을 의미합니다. 숫자와 문자 이외에 변수에 담을 수 있는 자료는 불boolean 타입이 있습니다.

```
x = True
print(x)

x = False
print(x)
```

True, False는 파이썬에서 참과 거짓을 나타내기 위해 사용하는 키워드입니다. 불 타입은 조건에 따라 어떤 일을 수행해야 할 때 판단 근거로 사용됩니다. if 문을 배우면서 다시 이야기하겠습니다.

연산자

변수에 저장한 데이터는 서로 연산이 가능합니다. 결국 우리가 하는 일도 계산을 반복하는 일이기 때문에 변수에 값을 저장하고 이것들을 연산하는 것이 우리가 알아야 할 문법의 절반이라고 해도 과언이 아닙니다. 숫자 데이터에 대해서 다음 표에 있는 연산자들이 적용됩니다.

연산자	설명	예	결과
+	덧셈	7 + 2	9
–	뺄셈	7 – 2	5
*	곱셈	7 * 2	14
/	나눗셈	7 / 2	3.5
//	정수 나눗셈	7 // 2	3
%	나머지	7 % 2	1
**	거듭제곱	7**2	49

```
7 % 2
```

주피터 노트북 셀에 위 코드를 입력하고 실행을 하면 1이 출력됩니다. 숫자를 바로 계산할 수도 있고 다음처럼 변수에 담아서 계산할 수도 있습니다.

```
a = 7
b = 2
c = a % b
print(c)
```

//, %, ** 같은 연산자가 조금 낯설지만 금방 익숙해질 겁니다. 재미있는 것은 문자에 대해서도 일부 연산이 가능하다는 점입니다.

```
a = 'a'
b = 2
print(a*b)
print(a+b)
```

위 코드를 실행하면 print(a*b)의 결과는 aa가 출력됩니다. 하지만 print(a+b)는 문법 오류를 냅니다. 자주 사용하지는 않기에 가능하다 정도만 알아두면 되겠습니다.

자료구조

앞서 변수에 값 하나를 저장하는 연습을 해봤습니다. 경우에 따라서 변수에 값 여러 개를 저장하고 사용하고 싶을 때가 있습니다. 성적 관리 프로그램을 만든다고 하면 가우스라는 학생의 수학, 과학, 영어 성적을 모두 다른 변수에 담기보다는 gauss라는 변수 하나에 담는 편이 훨씬 편리할 것입니다. 이렇게 자료를 체계적으로 저장하는 구조를 자료구조라 하고 파이썬에서는 세 가지 자료구조를 제공합니다.

튜플

튜플은 자료 여러 개를 ()로 묶어 생성할 수 있습니다.

```
gauss = (100, 98, 70)
newton = (98, 100, 80)
print(gauss, newton)
```

위 코드는 두 학생 가우스와 뉴턴의 수학, 과학, 영어 성적을 gauss, newton이란 튜플 변수에 저장한 것입니다. 가우스의 수학 점수가 궁금하면 다음처럼 하면 됩니다.

```
gauss[0]
```

가우스의 수학 성적 100점이 주피터 노트북에 출력되는 것을 확인할 수 있을 것입니다. 튜플에 저장된 변수값을 불러오기 위해 앞에서 순서대로 [0], [1], … 식으로 접근하면 됩니다. 이렇게 요소에 접근하는 숫자를 인덱스라고 하고 항상 0부터 시작합니다. 가우스의 과학 성적은 gauss[1]이 되겠네요. 그런데 가우스의 영어 성적을 잘못 입력했습니다. 고치기 위해 다음을 실행해 보세요.

```
gauss[2] = 82
```

결과가 어떻게 되나요? 오류가 발생할 것입니다. 튜플은 한번 저장한 데이터를 수정할 수 없습니다. 그래서 한번 저장하고 참조만 하는 고정된 데이터를 저장하는 데 사용됩니다. 학생의 시험 점수는 수정되어야 할 필요가 있는 데이터이므로 튜플에 저장하기는 적합하지 않습니다.

리스트

가우스와 뉴턴의 시험 성적을 리스트에 저장해 봅시다.

```
gauss = [100, 98, 70]
newton = [98, 100, 80]
print(gauss, newton)
```

이제 가우스의 영어 성적을 고쳐봅시다.

```
gauss[2] = 82
print(gauss)
```

아무 문제없이 수정됩니다. 점수를 추가할 수도 있습니다.

```
gauss.append(50)
newton.append(80)
print(gauss)
print(newton)
```

가우스와 뉴튼의 시험 점수에 마지막 점수가 추가되었습니다. gauss, newton은 파이썬 리스트인데 이 리스트에는 내장된 여러 가지 기능이 있습니다. 위 코드에서는 append라는 기능을 호출해서 값을 추가한 것입니다. 이렇게 어떤 객체의 내장된 기능에 접근할 때 .을 사용합니다. 리스트에는 append 외에도 다양한 내장 기능이 있습니다. 그런 기능을 여기서 모두 설명하는 것은 이 책의 취지에 맞지 않으므로 차차 필요할 때마다 하나씩 알아가면 되겠습니다.

그런데 출력된 결과를 보면 그냥 숫자 네 개라서 어떤 것이 수학 점수인지 과학 점수인지 만든 사람이 아니면 알아보기 쉽지 않습니다.

사전

이번에는 점수가 어떤 과목 점수인지 알아보기 힘든 단점을 보완하기 위해 아래처럼 데이터에 이름표를 붙여서 저장해 봅시다.

```
gauss = {'math':100, 'sci':98, 'eng':70}
newton = {'math':98, 'sci':100, 'eng':80}
print(gauss, newton)
```

출력 결과를 보면 어떤 과목 점수인지 쉽게 구별이 됩니다. 뉴튼의 영어 성적을 보고 싶다면 점수에 부여한 키 값으로 조회하면 됩니다. 이렇게 '키:값' 쌍으로 데이터를 저장하는 자료구조를 사전dictionary이라 합니다. 말 그대로 사전처럼 기능을 하기 때문입니다.

```
print(newton['eng'])
newton['eng'] = 90
gauss['music'] = 50
newton['music'] = 40
```

물론 위 코드처럼 뉴튼의 영어 성적을 고칠 수도 있습니다. 그리고 새롭게 음악 성적을 더 추가할 수도 있습니다. 이 책에서는 세 가지 자료구조 중 리스트를 가장 많이 사용하므로 리스트만 기억하면 됩니다.

중첩된 자료구조

앞서 설명한 세 가지 자료구조는 중첩되게 정의할 수 있습니다. 리스트로 간단한 예를 보도록 하겠습니다.

```
gauss = [[100, 98, 70], [100, 99, 80]]
newton = [[98, 100, 80], [100, 98, 90]]
```

위처럼 리스트 안에 다시 리스트를 넣을 수 있습니다. 첫 번째 리스트를 중간시험 성적, 두 번째 리스트를 기말시험 성적이라고 하겠습니다. 이 경우 특정 요소에 접근하려면 인덱스를 두 개 사용해야 합니다. 가우스의 기말시험 수학 성적에 접근하려면 gauss[1][0]으로 접근합니다. gauss[1]은 [100, 99, 80]이 되고 다시 두 번째 인덱스 [0]에 의해 100이라는 수학 점수에 접근할 수 있게 됩니다.

리스트 안에 튜플을 넣을 수도 있고, 사전 안에 값으로 리스트를 넣을 수도 있습니다. 하지만 이 책에서는 굳이 이렇게까지 복잡한 자료구조를 사용하지는 않을 것입니다. 숫자를 담고 있는 중첩된 리스트 정도만 알아두도록 합시다.

슬라이싱과 인덱싱

앞 절에서 인덱스 두 개를 사용하는 예를 보았습니다. 이렇게 특정 요소에 접근하기 위한 인덱스 사용법을 인덱싱indexing 또는 슬라이싱slicing이라고 합니다. 여기서 배울 문법 중에서 아마 가장 난해한 문법이 아닐까 합니다. 하지만 많이 사용하기 때문에 꼭 익숙해져야 할 문법입니다.

인덱스를 []에 적는 방식은 그냥 [1]처럼 숫자 하나를 지정하는 방식과 시작과 끝 인덱스를 [start:end:stride] 식으로 적는 방식이 있습니다. 이번 절에서 알아볼 방식은 두 번째 방식입니다.

```
L = [1,2,3,4,5,6,7,8,9,10]
```

위처럼 요소 열 개짜리 리스트를 생성합시다. [start:end:stride] 방식으로 요소를 지정할 때 각 항목은 시작, 끝 인덱스, 요소 몇 개마다 출력할지를 지정하게 됩니다. 그리고 start, end, stride는 필요에 따라 생략될 수 있습니다. L[1:]이라고 하면 인덱스 1번부터 시작해서 end는 생략되었으므로 끝까지라는 의미입니다.

```
L[1:]
#>>> [2, 3, 4, 5, 6, 7, 8, 9, 10]
```

이번에는 start, end를 모두 시정해 보겠습니다.

```
L[1:3]
#>>> [2, 3]
```

L[1:3]하면 인덱스 1번부터 3번까지 요소를 담고 있는 리스트가 출력될 것 같지만 결과는 인덱스 1번과 2번 요소가 저장된 리스트가 됩니다. end에 지정되는 인덱스는 제외되고 바로 앞 인덱스까지만 해당됩니다. 마지막에 지정된 인덱스 앞까지라는 사실을 잘 기억해야 합니다. stride는 다음처럼 동작합니다.

```
L[::3]
#>>> [1, 4, 7, 10]
```

위 코드에서 start와 end를 모두 생략했기 때문에 추출 대상은 처음부터 끝까지가 됩니다. stride가 3으로 지정되어 요소 3개마다 하나씩을 추출합니다. 그래서 [1], 2, 3, [4], 5, 6, [7], 8, 9, [10]처럼 []로 표시한 요소가 추출된 것입니다. 따라서 생략된 stride는 기본값이 1입니다. L[:]을 실행해서 결과를 확인해 보세요.

경우에 따라 리스트 마지막 부분에 위치한 요소를 지정해야 할 경우가 있습니다. 요소 열 개짜리 리스트에서 뒤에서 세 번째 있는 요소라고 가정하면 인덱스 9번이 마지막 인덱스이므로 L[7]이 됩니다. 이런 경우는 음수 인덱스를 쓰면 편리합니다. 그냥 간단하게 L[-3]이라고 적어주면 됩니다.

```
L[7]   # 8을 출력
L[-3]  # 8을 출력
```

앞에서 첫 번째 인덱스는 0부터 시작하고 뒤에서 첫 번째 인덱스는 -1부터 시작하는 것을 주의하세요. 음수 stride를 쓰는 것은 추출 순서를 뒤집습니다. 다음을 실행해서 결과를 비교해 보세요.

```
print(L[::])
print(L[::-1])
```

논리 흐름

if [else]

if [else]는 어떤 조건 상태에서 실행할 코드를 지정할 때 사용합니다. 다음 쪽 코드를 보면 이해하기 쉽습니다.

```
a = -3
result = ''
if a > 0 :
    result = 'positive'
else :
    result = '0 or negative'

print(result)
```

if 문이 실행될 때 a는 음수입니다. 그래서 a > 0는 거짓이 되겠죠. 따라서 else 이하가 실행되고 reult에 0 or negative를 대입하고 화면에 출력됩니다. 물론 else는 없어도 무방합니다. else가 없다면 이 경우 reult는 여전히 빈 문자열이기 때문에 아무것도 출력되지 않습니다. if 문이 구성된 들여쓰기 방식을 눈여겨 보세요. a > 0일 때 실행되어야 하는 부분과 그렇지 않을 때 실행되어야 하는 부분이 들여쓰기 되어 있습니다. 들여쓰기 된 명령들이 여러 줄이라면 여러 줄을 모두 실행합니다. 다음과 같은 경우입니다.

```
a = -3
result = ''
if a > 0 :
    result = 'positive'
    print('a > 0')
else :
    result = '0 or negative'
    print('a ==0 or a <0')

print(result)
```

if 뒤에는 항상 어떤 조건이 따라오므로 조건을 지정하는 연산자가 필요합니다.

조건 판단을 위한 비교 연산자

연산자	설명
a == b	a와 b가 같다.
a != b	a와 b가 다르다.
a < b	a가 b보다 작다.
a <= b	a가 b와 같거나 a가 b보다 작다.
a > b	a가 b보다 크다.

| a >= b | a가 b와 같거나 a가 b보다 크다. |
| a in b | ~ 안에 있다. |

수학에서 봐오던 연산자와 의미가 비슷한데 몇 개는 모양이 조금 낯섭니다. 우선 '같다'를 표현하는 연산자가 ==입니다. =는 이미 대입 용도로 사용하고 있으므로 같음을 나타내기 위해 어쩔 수 없이 = 두 개를 붙여서 사용합니다. 두 번째로 같지 않다는 것을 나타내는 연산자 !=도 처음 보는 형태입니다. 마지막으로 특이한 것은 in입니다. in은 연산자는 아니지만 if와 함께 자주 사용되므로 함께 제시하였습니다. 사용 예는 다음과 같습니다.

```
a = -3
b = (1,2,3,4,5)
if a in b :
    print('a is a member of b')
else :
    print('a is not a member of b')
```

if와 : 사이에 오는 연산자를 사용한 표현은 결국 불boolean 타입인 True 또는 False 로 해석됩니다. 따라서 전체 표현이 True인지 False인지 잘 생각해야 합니다. True 또는 False를 나타내는 표현끼리 논리적 연산을 할 수 있는 연산자도 있습니다.

연산자	설명
표현1 and 표현2	표현1과 표현2가 모두 True면 True
표현1 or 표현2	표현1, 표현2 둘 중 하나만 True면 True
not 표현	표현의 결과를 뒤집음

while

while은 코드를 반복하는 기능을 하며 while 표현 : 에서 해당 표현이 참인 동안 계속 들여쓰기 한 코드들을 실행하게 됩니다.

```
a = 1
while a >= 1 and a < 10 :
    print(a)
    a = a + 1
```

위 코드에서 while 뒤에 따라오는 표현은 'a가 1보다 같거나 크다'와 'a가 10보다 작

다'라는 두 조건이 모두 True일 경우에만 True입니다. 따라서 1에서 9까지가 출력
됩니다. 우선 a를 출력하고 a에 1을 더해서 다시 a에 대입합니다. a를 1 증가시키는
것입니다. 만약 a = a + 1이 없다면 어떻게 될까요? 이 코드는 1을 영원히 출력하
게 됩니다. 이런 경우를 무한루프에 빠졌다고 표현합니다. 이렇게 while을 쓸 때는
무한루프에 빠지지 않도록 주의해야 합니다.

for

while보다 실전에서 더 자주 사용하게 될 for입니다. for도 while처럼 반복을 수행
하지만 반복 대상이 되는 리스트나 튜플을 직접 지정해 줍니다.

```
for i in range(1, 10):
    print(i)
```

위 코드도 화면에 1에서 9를 출력합니다. 여기서 range()라는 함수가 사용되었습니
다. range()에 시작 숫자와 끝 숫자를 지정해 주면 시작 숫자에서 시작해서 끝 숫자
보다 1작은 숫자까지 포함하는 리스트를 만들어 줍니다. 여기서도 끝 인덱스는 빠
진다는 규칙을 지키고 있습니다. 따라서 위 코드는 다음 코드와 동일합니다.

```
for i in [1,2,3,4,5,6,7,8,9]:
    print(i)
```

정확히는 range()가 리스트를 만들지 않고 반복자iterator라는 것을 만들지만 그냥
같은 것으로 이해해도 우선은 괜찮습니다. 어쨌거나 이렇게 for가 구성되면 지정
된 리스트에서 요소를 하나씩 가져와서 해당 요소에 대해 들여쓰기 된 코드들을 반
복 실행합니다.

　이 정도 문법을 알아도 간단한 작업을 하는 코드 블록을 만들 수 있습니다. 초등
학교 5학년쯤 되면 주어진 수의 약수를 구하는 문제로 많은 고민을 하게 됩니다.
좀 큰 수가 나오면 고민이 깊어질 수밖에 없습니다. 예를 들어 57 같은 숫자가 제시
되면 19라는 약수를 찾기가 쉽지 않습니다. 다음 코드는 57의 약수를 모두 구해서
d에 저장합니다.

```
i = 1
N = 57
d = []
while i <= N :        # 1부터 시작하는 i가 N과 같거나 작을 동안 반복합니다.
    if N % i == 0 : # N이 i로 나눠 떨어지면 i는 약수이므로
```

```
    d.append(i) # d에 i를 추가합니다.
  i = i + 1        # i를 1씩 증가시킵니다.
```

이 정도 코드만으로도 약수 구하기 연산문제 100개를 오늘 안에 다 풀어야 하는 초 등학생에게는 가뭄에 단비 같을 것입니다. 그런데 문제 100개를 다 풀려면 N=57 부 분을 제시된 숫자로 바꾸면서 100번 반복 실행해야 합니다. 지금부터 이런 비효율 적인 부분을 개선할 수 있는 도구들을 알아보겠습니다.

효율성을 위한 도구

내포

파이썬에서 조금 배우기 힘든 문법으로 내포 또는 축약이라고 번역되는 문법이 있 습니다. 영어로는 comprehension이라고 합니다. 튜플, 리스트, 사전에 모두 적용 가 능하지만 이 책에서는 리스트만 사용할 것이므로 리스트에 대해서만 예를 들어 설 명하겠습니다. 리스트를 만드는 가장 기본적인 방법은 다음 코드와 같을 것입니다.

```
L = [1,2,3,4,5,6,7,8,9,10]
```

다음처럼도 가능할 텐데 굳이 이렇게 할 필요는 없겠죠.

```
L = []
for i in range(10):
    L.append(i+1)
```

하지만 첫 번째 방법과 두 번째 방법의 가장 큰 차이점은 첫 번째 코드는 만들어지 는 리스트가 고정되는 반면, 두 번째 코드는 range()에 넘겨주는 숫자만 바꿔주면 리스트 길이를 얼마든지 바꿀 수 있다는 것입니다. 예를 들어 다음 코드를 실행해 보세요.

```
c = int(input())
L = []
for i in range(c):
    L.append(i+1)
print(L)
```

코드가 실행되면 사용자 입력을 받게 되고 20이라고 쓰면 1에서 20까지 자연수가 저장된 리스트가 만들어집니다. 30이라고 썼다면 더 긴 리스트가 만들어지겠죠. 두 번째 코드는 이렇게 실행 중에 동적으로 필요한 만큼 크기로 리스트를 만들 수 있다는 장점이 있습니다. 그런데 모든 요소를 append()를 사용하여 추가하기 때문에 코드가 비효율적입니다. 그래서 요소를 생성하는 for 루프 부분을 오히려 리스트 내부로 넣어버리면 append()를 없앨 수 있습니다.

```
c = int(input())
L = [ i+1 for i in range(c) ]
print(L)
```

위 코드에서 리스트의 요소를 만들어 내는 for 루프 부분이 리스트 내부로 포함되었습니다. 리스트를 만들고 리스트 외부에서 요소를 주입해 주는 것이 아니라 요소를 만들어 리스트로 감싸는(내포시키는) 방식으로 이해하면 됩니다. 위 코드는 for 문이 만들어 내는 i에 1을 더해서 리스트 요소로 만들고 있습니다. 따라서 리스트에는 사용자가 입력한 수보다 같거나 작은 자연수가 저장됩니다. i는 사용자가 입력한 c에 따라 얼마나 커질지 결정되는데 100보다는 커지지 않게 하고 싶다면 다음처럼 if 조건문을 쓸 수도 있습니다.

```
c = int(input())
L = [ i+1 for i in range(c) if i < 100 ]
print(L)
```

내포를 이용하면 속도 면에서도 유리하며 코드도 한 줄로 훨씬 간결해지는 장점이 있는 반면 가독성은 떨어지는 단점이 있습니다.

함수

함수란 재사용 가능한 이름이 붙여진 프로그램의 조각이라고 이해하면 됩니다. 다음 코드처럼 함수를 정의합니다.

```
def f(a):
    a = a+1
    return a
```

함수의 이름은 f가 되고 a는 함수로 입력되는 인자입니다. f라는 함수는 a라는 인자를 받아서 1을 더해서 return 문으로 다시 돌려주는 함수입니다. 크게 의미 있는 일은 아니지만 위 함수를 호출해서 결과를 봅시다.

```
k = 1
print(f(k))
```

앞 코드는 k라는 변수 1을 대입하고 함수 f에 k를 주면서 함수에게 일을 하라고 시키는 코드입니다. 함수 f는 k라는 이름을 가진 변수를 전달받지만 자기는 그 변수를 늘 a라는 이름으로 참조합니다. 함수를 정의한 부분이 def f(a):이기 때문입니다. 함수 호출 결과는 2가 될 것입니다. f(100), f(200) 같은 식으로 호출이 가능하겠지만 f('a')처럼은 할 수 없습니다. 함수 내부에서 'a'+1을 수행하려 하면 문법 오류이기 때문입니다. 인자를 받지 않는 함수도 가능하고 반환을 하지 않은 함수도 가능합니다.

이제 약수를 구하는 코드를 함수로 만들어 봅시다.

```python
def divisor1(N):
    i = 1
    d = []
    while i <= N :
        if N % i == 0 :
            d.append(i)
        i = i + 1
    return d
```

이렇게 한번 함수로 정의해 놓으면 다음처럼 언제든지 불러 쓸 수 있습니다.

```python
divisor1(17)
#>>> [1, 17]

divisor1(60)
#>>> [1, 2, 3, 4, 5, 6, 10, 12, 15, 20, 30, 60]

divisor1(610)
#>>> [1, 2, 5, 10, 61, 122, 305, 610]
```

아주 간편하게 약수를 구할 수 있습니다. 초등학교 5학년들이 매우 좋아하겠네요. divisor1()을 for 문을 이용해서 작성해 볼까요?

```python
def divisor2(N):
    d = []
    for i in range(1, N+1):
        if N % i == 0 :
            d.append(i)
    return d
```

훨씬 코드가 간결하고 좋습니다. 내포 기능을 이용해서 조금 더 간결하게 만들어 볼까요?

```
def divisor3(N):
    return [i for i in range(1, N+1) if N % i == 0]
```

이렇게 함수 내용이 한 줄로 축약되었습니다. 특별한 문법이 사용된 것은 아니고 단지 for와 if를 [] 안으로 넣은 것뿐입니다.

lambda 함수

위처럼 한 줄 표현으로 간단히 함수를 정의할 수 있다면 lambda 함수라는 문법을 적용할 수 있습니다.

```
f = lambda x : x + 1
f(10)
#>>> 11
```

위 코드처럼 def로 함수를 정의하는 대신 lambda 키워드를 사용합니다. 이 경우 함수 이름은 없고 바로 x라는 인자를 적은 다음 : 후에 함수 내용을 작성합니다. 만들어진 이름 없는 함수를 f에 대입하여 필요할 때 쓸 수 있게 했습니다. 이 기능을 이용해서 약수 구하기 함수를 다시 써봅시다.

```
divisor4 = lambda N : [i for i in range(1, N+1) if N % i == 0]
divisor4(60)
#>>> [1, 2, 3, 4, 5, 6, 10, 12, 15, 20, 30, 60]
```

이 책에서는 간편하게 함수를 정의할 때 lambda 함수를 사용하므로 익숙해지도록 합시다.

모듈

함수가 다시 사용할 수 있도록 코드를 묶어 놓은 덩어리였다면 모듈은 그 함수를 다시 묶어 놓은 덩어리라고 생각하면 됩니다. 함수뿐 아니라 클래스라는 것도 들어가지만 이 책에서는 클래스를 배우지 않을 것이므로 어쨌거나 그런 것들의 덩어리라고 생각하도록 합시다.

모듈 안에 있는 다양한 기능을 사용하기 위해서는 제일 먼저 모듈을 불러와야 합니다.

```
import random
```

이렇게 random이라는 모듈을 불러오면 이제 random.함수()라는 식으로 모듈이 제공하는 기능을 사용할 수 있습니다. random 모듈은 무작위 난수를 생성하는 모듈이므로 직접 난수를 한번 만들어 보겠습니다.

```
random.random()
```

위 코드를 실행하면 화면에 소수가 출력됩니다. 몇 번 반복하면 실행할 때마다 다른 소수가 출력됩니다. 위 코드는 random이라는 모듈 안에 있는 random()이라는 함수를 실행한 것입니다. 이 모듈을 사용하여 100 이하 자연수 중에서 아무 수나 무작위로 선택하는 코드를 만들어 봅시다.

```
random.choice(range(1,101))
```

range() 함수로 1에서 100까지 가진 리스트를 만들고 그중 값 하나를 무작위로 선택하는 choice() 함수를 사용하고 있습니다. 이 기능을 이용해서 획득 확률 10퍼센트 정도 되는 확률형 아이템을 생성하는 코드를 만들 수 있습니다.

```
def get_item(c) :
    if c <= 10 :
        return 1
    else :
        return 0
```

```
# 사용자가 뽑기 버튼을 누를 때 다음 코드가 실행됩니다.
get_item(random.choice(range(1,101)))
```

choice() 함수가 구해주는 숫자를 get_item() 함수에 넣으면 1 또는 0을 되돌려 줍니다. 1이면 아이템을 획득한 것이며 0이면 아이템을 획득하지 못한 것이겠죠. choice()는 1에서 100까지 숫자 100개 중에 무작위로 공평하게 하나씩 선택하므로 선택한 수가 10 이하일 때 아이템을 획득하게 하면 get_item() 함수는 대략 10퍼센트 확률로 1을 돌려줄 것입니다. 정말 그렇게 되는지 검증하는 코드를 직접 만들어 확인해 보세요.

이것으로 문법 설명을 마치겠습니다. 마지막으로 클래스라는 중요한 문법이 남았지만 이 책에서는 사용하지 않습니다. 다만 방금 모듈이 가진 기능을 쓸 때도 .을 사용한 것처럼 어떤 대상 안에 들어있는 기능을 쓸 때 .으로 연결한다는 것만 알아 두면 됩니다.

찾아보기